江西省农业厅赠阅

本书编委会

编委会主任
陈日武　胡汉平

编委会成员
胡仲明　邱和生

编审人员
胡仲明　邱和生　黄世松　胡海阳　李　洪
倪赣军　钟人祥　林国水　董　蕾　金石洁
郭黎明　彭嘉瑶　王凌春　陈　奔　曹　健
刘　佳　吴宏图　饶琛丽　王齐睿

● 江西省农业普法读本

NONGYEFAGUIQINGSONGXUE

农业法规轻松学

江西省农业厅 ◎ 编

江西人民出版社
Jiangxi People's Publishing House
全国百佳出版社

图书在版编目（CIP）数据

农业法规轻松学 / 江西省农业厅编. — 南昌：江西人民出版社，2016.4（2016.8 重印）
ISBN 978-7-210-08470-9

Ⅰ.①农… Ⅱ.①江… Ⅲ.①农业法—基本知识—中国 Ⅳ.① D922.4

中国版本图书馆 CIP 数据核字（2016）第 092480 号

农业法规轻松学

责任编辑：徐　旻
封面设计：同异文化传媒
出　　版：江西人民出版社
发　　行：各地新华书店
地　　址：江西省南昌市三经路 47 号附 1 号
编辑部电话：0791-88629871
发行部电话：0791-86898815
邮　　编：330006
网　　址：www.jxpph.com
E-mail：gjzx999@126.com
2015 年 12 月第 1 版　2016 年 8 月第 2 次印刷
开　　本：880 毫米 ×1230 毫米　1/32
印　　张：14.5
字　　数：360 千
ISBN 978-7-210-08470-9
赣版权登字—01—2016—251
版权所有　侵权必究
定　　价：58.00 元
承 印 厂：南昌三联印务有限公司
赣人版图书凡属印刷、装订错误，请随时向承印厂调换

前　言

全面推进法治建设，必须弘扬法治精神，建设法治文化，培育法治信仰。坚持全民普法，深入开展法治宣传教育，推动全社会树立法治意识是重要的基础性工作。在依法护农、兴农的新阶段，加强农业普法宣传教育，提升农业部门工作人员、农村干部群众、涉农生产经营者尊法学法守法用法意识，作用更为重要。

为了做好农业普法宣传工作，适应群众需求，增强针对性、有效性，扩大受众面、覆盖率，江西省农业厅在江西广播电视台农村广播频道播出的"农业政策法规天天讲"栏目稿的基础上，组织编写了江西省农业普法读本——《农业法规轻松学》。

本书以2015年10月前新修订并实施的法律法规规章，以及国务院、江西省人民政府关于加大简政放权力度、清理行政审批等事项的决定为依据，选取与农民朋友、涉农生产经营者联系最为密切的法律法规进行解读。全书共分十五章二百九十五节，内容包括了农业法，以及种子、农药、肥料、兽药、饲料和饲料添加剂、动物防疫、渔业、植物检疫、农产品质量安全、水生野生动物保护、农民专业合作社、农村土地承包法、农村土地承包经营纠纷调解仲裁、基本农田保护等方面的法律法规规章。

本书注重用平实通俗的语言，对农业法律法规规章进行深入浅出的阐释，力求使读者看的明白、学的轻松，是学习农业法律法规知识的工具书，是普及农业法律法规知识的通俗读本。希望本书对广大读者有所裨益。

编者

2015年12月

目 录

第一章 《农业法》解读

《农业法》解读 1　实施时间和立法目的 / 2

《农业法》解读 2　农业及农业生产经营组织的范围 / 3

《农业法》解读 3　农业和农村经济发展的基本目标，农业的作用 / 4

《农业法》解读 4　农业和农村基本经济制度 / 6

《农业法》解读 5　农业发展方针和措施，农民和农业生产经营组织合法权益保护 / 7

《农业法》解读 6　农业行政管理体制 / 9

《农业法》解读 7　农村土地承包经营制度 / 10

《农业法》解读 8　农业生产经营主体 / 11

《农业法》解读 9　农业发展规划和生产区域布局，农业生产结构调整 / 13

《农业法》解读 10　改善农业生产条件 / 14

《农业法》解读 11　良种选育、推广，农业机械化 / 15

《农业法》解读 12　保障农产品质量安全，发展优质农产品 / 17

《农业法》解读 13　动植物防疫、检疫制度 / 18

《农业法》解读 14　农业生产资料生产经营和安全使用制度 / 19

《农业法》解读 15　农产品购销体制 / 21

《农业法》解读 16　农产品市场体系 / 22

《农业法》解读 17　农产品加工业和食品工业，农产品进出口贸易 / 23

《农业法》解读 18　提高粮食综合生产能力 / 25

《农业法》解读 19　粮食保护价制度，粮食安全预警制度，粮食储备制度 / 26

《农业法》解读 20　粮食风险基金，节约粮食 / 27

《农业法》解读 21　农业投入与支持保护体系 / 29

《农业法》解读 22　农业财政投入及监管 / 30

《农业法》解读 23　鼓励农民和农业生产经营组织、社会资金和外资投入农业 / 31

《农业法》解读 24　农业信息服务，农业灾害救助 / 33

《农业法》解读 25　农业生产资料生产 / 34

《农业法》解读 26　农业社会化服务 / 35

《农业法》解读 27　农村信贷 / 36

《农业法》解读 28　农业保险 / 38

《农业法》解读 29　农业科技 / 39

《农业法》解读 30　农业技术推广 / 40

《农业法》解读 31　农业教育 / 42

《农业法》解读 32　合理利用和保护自然资源和生态环境，保养耕地 / 43

《农业法》解读 33　防治水土流失，保护森林和草原 / 44

《农业法》解读 34　渔业资源和农业生物物种资源保护 / 46

《农业法》解读 35　防治农业生态环境污染 / 47

《农业法》解读 36　禁止乱收费、乱罚款、乱摊派、乱集资、乱征税 / 48

《农业法》解读 37　禁止通过农村中小学向农民乱收费 / 50

《农业法》解读 38　保护被征地农民合法权益 / 51

《农业法》解读 39　关于向村民筹资筹劳和村务公开的规定 / 52

《农业法》解读 40　农资质量纠纷赔偿 / 54

《农业法》解读 41　农民维护自身合法权益的途径 / 55

《农业法》解读 42　发展农村经济 / 56

《农业法》解读 43　农村社会救济和医疗保障 / 58

《农业法》解读 44　扶贫开发 / 59

《农业法》解读 45　执法监督 / 61

第二章　种子管理法律法规解读

种子管理法律法规解读 1　立法目的 / 64

种子管理法律法规解读 2　农作物种子的概念，主要农作物范围 / 65

种子管理法律法规解读 3　种质资源保护 / 67

种子管理法律法规解读 4　农作物品种选育 / 68

种子管理法律法规解读 5　农作物品种审定 / 69

种子管理法律法规解读 6　主要农作物商品种子生产许可 / 71

种子管理法律法规解读 7　主要农作物商品种子生产许可程序和条件 / 72

种子管理法律法规解读 8　主要农作物种子生产规范 / 74

种子管理法律法规解读 9　种子经营许可 / 75

种子管理法律法规解读 10　种子经营许可程序和条件 / 77

种子管理法律法规解读 11　种子经营规范 / 78

种子管理法律法规解读 12　销售种子应当包装 / 79

种子管理法律法规解读 13　种子标签规范 / 81

种子管理法律法规解读 14　禁止生产、经营假种子 / 82

种子管理法律法规解读 15　禁止生产、经营劣种子 / 84

种子管理法律法规解读 16　进出口种子 / 85

种子管理法律法规解读 17　种子质量监督抽查 / 87

种子管理法律法规解读 18　种子使用 / 88

第三章 《农药管理条例》解读

《农药管理条例》解读 1　实施时间和立法目的 / 91

《农药管理条例》解读 2　农药的种类 / 92

《农药管理条例》解读 3　农药监管职责分工 / 93

《农药管理条例》解读 4　农药登记制度 / 95

《农药管理条例》解读 5　农药登记程序 / 96

《农药管理条例》解读 6　禁用农药相关规定 / 97

《农药管理条例》解读 7　农药登记评审委员会 / 99

《农药管理条例》解读 8　农药登记数据保护 / 100

《农药管理条例》解读 9　农药生产企业开办条件 / 102

《农药管理条例》解读 10　农药生产许可 / 103

《农药管理条例》解读 11　农药标识 / 105

《农药管理条例》解读 12　农药标签和说明书规定 / 106

《农药管理条例》解读 13　标签违法处罚 / 107

《农药管理条例》解读 14　经营农药的资质和条件 / 109

《农药管理条例》解读 15　经营农药应注意事项 / 110

《农药管理条例》解读 16　鼠药管理规定 / 112

《农药管理条例》解读 17　农药使用 / 113

《农药管理条例》解读 18　禁止生产、经营和使用假劣农药 / 114

《农药管理条例》解读 19　农药监管规定 / 116

《农药管理条例》解读 20　农作物病虫害统防统治 / 117

第四章 《肥料登记管理办法》解读

《肥料登记管理办法》解读 1　实施时间和制定目的 / 120

《肥料登记管理办法》解读 2　肥料的种类 / 121

《肥料登记管理办法》解读 3　肥料登记管理制度 / 123

《肥料登记管理办法》解读 4　肥料临时登记资料要求 / 124

《肥料登记管理办法》解读 5　肥料正式登记资料要求 / 126

《肥料登记管理办法》解读 6　分级登记 / 127

《肥料登记管理办法》解读 7　肥料登记程序 / 128

《肥料登记管理办法》解读 8　监督管理 / 130

《肥料登记管理办法》解读 9　违法行为处罚 / 131

第五章　《兽药管理条例》解读

《兽药管理条例》解读 1　实施时间和立法目的 / 134

《兽药管理条例》解读 2　兽药的种类、管理制度 / 135

《兽药管理条例》解读 3　新兽药研制（1）/ 136

《兽药管理条例》解读 4　新兽药研制（2）/ 138

《兽药管理条例》解读 5　兽药注册 / 139

《兽药管理条例》解读 6　兽药生产许可 / 141

《兽药管理条例》解读 7　兽药生产要求 / 142

《兽药管理条例》解读 8　兽药生产质量管理规范 / 144

《兽药管理条例》解读 9　兽药产品批准文号 / 145

《兽药管理条例》解读 10　兽药生产相关规定 / 147

《兽药管理条例》解读 11　兽药标签和说明书（1）/ 148

《兽药管理条例》解读 12　兽药标签和说明书（2）/ 150

《兽药管理条例》解读 13　兽药经营许可 / 151

《兽药管理条例》解读 14　兽药经营质量管理规范 / 152

《兽药管理条例》解读 15　兽药经营要求 / 154

《兽药管理条例》解读 16　兽用生物制品的经营管理 / 155

《兽药管理条例》解读 17　兽药进出口 / 157

《兽药管理条例》解读 18　兽药进口管理 / 158

《兽药管理条例》解读 19　兽药使用 / 160

《兽药管理条例》解读 20　关于销售已使用过兽药的食用动物的规定 / 161

《兽药管理条例》解读 21　兽药监督管理（1）/ 162

《兽药管理条例》解读 22　兽药监督管理（2）/ 164

《兽药管理条例》解读 23　兽用麻醉药品监督管理 / 165

《兽药管理条例》解读 24　兽用精神药品监督管理 / 167

《兽药管理条例》解读 25　药物添加剂监督管理 / 168

第六章　《饲料和饲料添加剂管理条例》解读

《饲料和饲料添加剂管理条例》解读 1　立法目的和实施时间 / 171

《饲料和饲料添加剂管理条例》解读 2　饲料的定义和分类 / 172

《饲料和饲料添加剂管理条例》解读 3　监督管理部门 / 173

《饲料和饲料添加剂管理条例》解读 4　监督管理职责 / 175

《饲料和饲料添加剂管理条例》解读 5　饲料、饲料添加剂品种目录 / 176

《饲料和饲料添加剂管理条例》解读 6　新饲料、新饲料添加剂管理 / 177

《饲料和饲料添加剂管理条例》解读 7　新饲料、新饲料添加剂审定程序 / 179

《饲料和饲料添加剂管理条例》解读 8　进口饲料、饲料添加剂登记管理 / 180

《饲料和饲料添加剂管理条例》解读 9　设立饲料、饲料添加剂生产企业的条件 / 182

《饲料和饲料添加剂管理条例》解读 10　设立饲料、饲料添加剂生产企业许可 / 183

《饲料和饲料添加剂管理条例》解读 11　饲料添加剂、添加剂预混合饲料产品批准文号管理 / 184

《饲料和饲料添加剂管理条例》解读12　原料和生产过程管理 / 186

《饲料和饲料添加剂管理条例》解读13　生产企业质量自检制度 / 187

《饲料和饲料添加剂管理条例》解读14　饲料、饲料添加剂产品包装 / 189

《饲料和饲料添加剂管理条例》解读15　饲料和饲料添加剂产品标签管理 / 190

《饲料和饲料添加剂管理条例》解读16　饲料、饲料添加剂产品标签内容 / 191

《饲料和饲料添加剂管理条例》解读17　饲料、饲料添加剂经营条件 / 193

《饲料和饲料添加剂管理条例》解读18　饲料、饲料添加剂经营要求 / 195

《饲料和饲料添加剂管理条例》解读19　禁止经营的饲料、饲料添加剂 / 196

《饲料和饲料添加剂管理条例》解读20　饲料和饲料添加剂使用规定 / 197

《饲料和饲料添加剂管理条例》解读21　饲料和饲料添加剂产品广告宣传 / 199

《饲料和饲料添加剂管理条例》解读22　饲料和饲料添加剂产品召回制度 / 200

《饲料和饲料添加剂管理条例》解读23　饲料和饲料添加剂监督抽查 / 202

第七章　动物防疫法律法规解读

动物防疫法律法规解读1　实施时间与立法目的 / 205

动物防疫法律法规解读2　基本概念、管理职责划分、动物疫病预防 / 206

动物防疫法律法规解读3　动物疫病预防 / 208

动物防疫法律法规解读4　动物疫情的报告、通报、公布，动物疫病的控制和扑灭 / 209

动物防疫法律法规解读5　动物和动物产品的检疫 / 211

动物防疫法律法规解读6　动物诊疗管理 / 212

动物防疫法律法规解读 7　动物防疫监督管理、保障措施 / 214

动物防疫法律法规解读 8　法律责任（1）/ 215

动物防疫法律法规解读 9　法律责任（2）/ 217

第八章　渔业法律法规解读

渔业法律法规解读 1　渔业法律法规体系 / 220

渔业法律法规解读 2　渔业发展方针 / 221

渔业法律法规解读 3　渔业监督管理职责 / 223

渔业法律法规解读 4　水域滩涂水产养殖 / 224

渔业法律法规解读 5　使用国有水域、滩涂养殖需办理养殖证 / 226

渔业法律法规解读 6　养殖证办理 / 227

渔业法律法规解读 7　养殖权益保护 / 229

渔业法律法规解读 8　水产苗种管理 / 230

渔业法律法规解读 9　水产苗种生产许可制度 / 231

渔业法律法规解读 10　水产苗种进出口 / 233

渔业法律法规解读 11　对违反水产苗种管理行为的处罚 / 234

渔业法律法规解读 12　水产养殖规范和捕捞限额制度 / 236

渔业法律法规解读 13　捕捞许可制度 / 237

渔业法律法规解读 14　捕捞许可证发放规定 / 239

渔业法律法规解读 15　捕捞管理规定 / 240

渔业法律法规解读 16　渔业船舶登记 / 241

渔业法律法规解读 17　渔业船舶检验 / 243

渔业法律法规解读 18　渔业船员管理规定 / 244

渔业法律法规解读 19　渔港管理 / 246

渔业法律法规解读 20　渔业资源增殖放流 / 247

渔业法律法规解读 21　水产种质资源保护 / 249

渔业法律法规解读 22　禁渔制度 / 250

渔业法律法规解读 23　关于渔业资源保护的其他规定 / 251

第九章　《植物检疫条例》解读

《植物检疫条例》解读 1　实施时间和立法目的 / 255

《植物检疫条例》解读 2　植物检疫职责 / 256

《植物检疫条例》解读 3　植物检疫对象 / 258

《植物检疫条例》解读 4　调运检疫 / 259

《植物检疫条例》解读 5　产地检疫 / 260

《植物检疫条例》解读 6　国外引进种检疫 / 262

《植物检疫条例》解读 7　植物检疫奖罚 / 263

第十章　农产品质量安全法律法规解读

农产品质量安全法律法规解读 1　立法目的，法律规范体系 / 266

农产品质量安全法律法规解读 2　农产品以及农产品质量安全的定义 / 267

农产品质量安全法律法规解读 3　农产品质量安全监督管理职责分工 / 269

农产品质量安全法律法规解读 4　保障机制 / 270

农产品质量安全法律法规解读 5　农产品质量安全风险评估和质量安全状况信息发布 / 271

农产品质量安全法律法规解读 6　农产品生产基本原则 / 273

农产品质量安全法律法规解读 7　农产品质量安全知识宣传培训 / 274

农产品质量安全法律法规解读 8　农产品质量安全标准体系 / 275

农产品质量安全法律法规解读 9　农产品质量安全标准制定原则 / 277

农产品质量安全法律法规解读 10	农产品禁止生产区划定 / 278
农产品质量安全法律法规解读 11	农产品生产基地建设 / 280
农产品质量安全法律法规解读 12	农产品产地环境保护 / 281
农产品质量安全法律法规解读 13	农产品生产规范 / 282
农产品质量安全法律法规解读 14	农业投入品管理 / 284
农产品质量安全法律法规解读 15	农产品生产记录 / 285
农产品质量安全法律法规解读 16	农产品质量安全状况检测 / 287
农产品质量安全法律法规解读 17	农产品包装 / 288
农产品质量安全法律法规解读 18	农产品标识 / 290
农产品质量安全法律法规解读 19	农产品质量标志 / 291
农产品质量安全法律法规解读 20	无公害农产品 / 293
农产品质量安全法律法规解读 21	无公害农产品产地认定 / 294
农产品质量安全法律法规解读 22	无公害农产品产品认证 / 296
农产品质量安全法律法规解读 23	无公害农产品标志 / 297
农产品质量安全法律法规解读 24	绿色农产品 / 298
农产品质量安全法律法规解读 25	绿色食品标志使用申请 / 300
农产品质量安全法律法规解读 26	绿色食品标志使用 / 302
农产品质量安全法律法规解读 27	有机农产品 / 303
农产品质量安全法律法规解读 28	农产品地理标志 / 305
农产品质量安全法律法规解读 29	农产品地理标志使用 / 306
农产品质量安全法律法规解读 30	禁止销售的农产品 / 308
农产品质量安全法律法规解读 31	禁用限用农药 / 309
农产品质量安全法律法规解读 32	禁用限用兽药 / 312
农产品质量安全法律法规解读 33	农产品质量安全监测 / 313
农产品质量安全法律法规解读 34	农产品检测体系建设 / 315
农产品质量安全法律法规解读 35	农产品检测 / 316

农产品质量安全法律法规解读 36　农产品批发市场进场检测，农产品销售企业进货查验 / 318

农产品质量安全法律法规解读 37　农产品质量安全监管其他规定 / 319

第十一章　水生野生动物保护法规解读

水生野生动物保护法规解读 1　法律规范体系 / 322

水生野生动物保护法规解读 2　基本原则、职责分工 / 323

水生野生动物保护法规解读 3　重点保护水生野生动物种类 / 325

水生野生动物保护法规解读 4　保护措施 / 326

水生野生动物保护法规解读 5　水生动植物自然保护区 / 328

水生野生动物保护法规解读 6　特许捕捉规定 / 329

水生野生动物保护法规解读 7　驯养繁殖 / 331

水生野生动物保护法规解读 8　经营利用 / 332

水生野生动物保护法规解读 9　水生野生动物运输和进出口 / 334

第十二章　农民专业合作社法律法规解读

农民专业合作社法律法规解读 1　实施时间和立法目的 / 337

农民专业合作社法律法规解读 2　农民专业合作社的定义 / 338

农民专业合作社法律法规解读 3　农民专业合作社应当遵循的原则 / 340

农民专业合作社法律法规解读 4　农民专业合作社成员及条件 / 341

农民专业合作社法律法规解读 5　农民专业合作社的法律资格 / 343

农民专业合作社法律法规解读 6　农民专业合作社成员承担的责任 / 344

农民专业合作社法律法规解读 7　农民专业合作社的权益 / 346

农民专业合作社法律法规解读 8　农民专业合作社的扶持政策 / 347

农民专业合作社法律法规解读 9　设立农民专业合作社应当具备的条件 / 349

农民专业合作社法律法规解读 10　农民专业合作社设立大会 / 350

农民专业合作社法律法规解读 11　农民专业合作社章程（1）/ 352

农民专业合作社法律法规解读 12　农民专业合作社章程（2）/ 353

农民专业合作社法律法规解读 13　农民专业合作社设立登记 / 355

农民专业合作社法律法规解读 14　农民专业合作社联合社和分支机构的设立 / 357

农民专业合作社法律法规解读 15　农民专业合作社成员的权利 / 358

农民专业合作社法律法规解读 16　农民专业合作社成员的义务 / 359

农民专业合作社法律法规解读 17　农民专业合作社成员退社 / 361

农民专业合作社法律法规解读 18　农民专业合作社成员大会的职权 / 362

农民专业合作社法律法规解读 19　农民专业合作社成员大会的议事规则 / 364

农民专业合作社法律法规解读 20　农民专业合作社成员代表大会 / 365

农民专业合作社法律法规解读 21　农民专业合作社的理事长和理事会、执行监事或监事会 / 367

农民专业合作社法律法规解读 22　农民专业合作社管理人员的禁止规定 / 368

农民专业合作社法律法规解读 23　农民专业合作社财务管理 / 370

农民专业合作社法律法规解读 24　农民专业合作社财务公开和财务审计 / 371

农民专业合作社法律法规解读 25　农民专业合作社的合并 / 372

农民专业合作社法律法规解读 26　农民专业合作社的分立 / 374

农民专业合作社法律法规解读 27　农民专业合作社的解散 / 375

农民专业合作社法律法规解读 28　农民专业合作社清算组的职权 / 377

农民专业合作社法律法规解读 29　农民专业合作社清算组成员的义务 / 378

农民专业合作社法律法规解读 30　农民专业合作社清算的原则 / 379

第十三章　《农村土地承包法》解读

《农村土地承包法》解读 1　实施时间和立法目的 / 383

《农村土地承包法》解读 2　农村土地承包经营制度 / 384

《农村土地承包法》解读 3　保障农民享有承包土地权益 / 386

《农村土地承包法》解读 4　发包方的权利和义务 / 387

《农村土地承包法》解读 5　承包方的权利和义务 / 388

《农村土地承包法》解读 6　土地承包的原则和程序 / 390

《农村土地承包法》解读 7　土地承包期限和承包合同 / 391

《农村土地承包法》解读 8　土地承包经营权证颁发程序 / 393

《农村土地承包法》解读 9　土地承包经营权证管理 / 394

《农村土地承包法》解读 10　承包期内承包地的收回 / 396

《农村土地承包法》解读 11　承包期内承包地的调整 / 397

《农村土地承包法》解读 12　土地承包经营中妇女合法权益的保护 / 398

《农村土地承包法》解读 13　土地承包经营权的继承 / 400

《农村土地承包法》解读 14　土地承包经营权的流转 / 401

《农村土地承包法》解读 15　土地承包经营权流转方式 / 403

《农村土地承包法》解读 16　"四荒地"的承包管理 / 404

《农村土地承包法》解读 17　"四荒地"的流转和继承 / 406

《农村土地承包法》解读 18　土地承包经营纠纷的解决 / 407

《农村土地承包法》解读 19　发包方侵害土地承包经营权行为的法律责任 / 408

《农村土地承包法》解读 20　土地承包合同的无效 / 410

《农村土地承包法》解读 21　违反土地管理法规行为的法律责任 / 411

《农村土地承包法》解读 22　承包方违法使用或永久性损害土地行为的法律责任 / 413

《农村土地承包法》解读 23　国家机关及其工作人员违法干涉或侵害土地承包经营权的法律责任 / 414

第十四章 《农村土地承包经营纠纷调解仲裁法》解读

《农村土地承包经营纠纷调解仲裁法》解读 1　实施时间和立法目的 / 417
《农村土地承包经营纠纷调解仲裁法》解读 2　适用范围和基本原则 / 418
《农村土地承包经营纠纷调解仲裁法》解读 3　调解 / 419
《农村土地承包经营纠纷调解仲裁法》解读 4　调解的程序 / 421
《农村土地承包经营纠纷调解仲裁法》解读 5　仲裁委员会 / 422
《农村土地承包经营纠纷调解仲裁法》解读 6　仲裁员 / 424
《农村土地承包经营纠纷调解仲裁法》解读 7　申请仲裁 / 425
《农村土地承包经营纠纷调解仲裁法》解读 8　受理仲裁 / 427
《农村土地承包经营纠纷调解仲裁法》解读 9　仲裁庭 / 428
《农村土地承包经营纠纷调解仲裁法》解读 10　开庭审理 / 430
《农村土地承包经营纠纷调解仲裁法》解读 11　裁决和送达 / 431

第十五章 《基本农田保护条例》解读

《基本农田保护条例》解读 1　实施时间和立法目的 / 435
《基本农田保护条例》解读 2　基本农田保护的方针和政府责任 / 436
《基本农田保护条例》解读 3　基本农田的划定 / 438
《基本农田保护条例》解读 4　保护基本农田数量的措施 / 439
《基本农田保护条例》解读 5　保护基本农田质量的措施 / 441
《基本农田保护条例》解读 6　监督管理 / 442

后记

第一章 《农业法》解读

《农业法》解读1
实施时间和立法目的

　　法律法规从大的范围来讲，包括由全国人大和全国人大常委会出台的法律，国务院出台的行政法规，国务院部委出台的部门规章，各省、自治区、直辖市、省会城市及国务院批准的较大的市的人大及其常委会出台的地方性法规，以及政府出台的规章。目前现行有效的农业法律法规，有全国人大常委会制定的法律15部、国务院制定的行政法规29部、农业部出台的规章151部，还有许多地方性法规和政府规章，涉及农业农村经济发展的方方面面。在这些法律法规中，最重要的是农业农村的基本法——《中华人民共和国农业法》(以下简称《农业法》)。这一节我们来了解一下《农业法》是什么时候出台的，什么时候开始实施的，制定这部法律的目的是什么？

　　《农业法》是1993年7月2日第八届全国人大常委会第二次会议通过的，2002年12月28日第九届全国人大常委会第三十一次会议作了修订，从2003年3月1日起开始施行。全国人大常委会还于2009年8月27日、2012年12月28日作了两次修改。

　　《农业法》分十三章，包括总则、农业生产经营体制、农业生产、农产品流通与加工、粮食安全、农业投入与支持保护、农业科技与农业教育、农业资源与农业环境保护、农民权益保护、农村经济发展、执法监督、法律责任和附则,总共有九十九条。

大家都知道,农业是国民经济的基础,什么时候忽视和削弱了农业,不仅会影响农业本身,而且其他产业的发展也会出问题。经过30多年的改革开放,我国农业的基础地位得到了加强,农业进入了新的发展阶段。但是,仍然面临耕地资源减少、农业生态遭到破坏、农业基础设施脆弱、农业农村经济结构不合理等问题。农业法就是要为解决这些问题作出规定。

因此,《农业法》第一条明确了立法的目的:一是巩固和加强农业在国民经济中的基础地位;二是深化农村改革,发展农业生产力,推进农业现代化;三是维护农民和农业生产经营组织的合法权益,增加农民收入,提高农民科学文化素质;四是最终达到促进农业和农村经济的持续、稳定、健康发展,实现全面建设小康社会的目标。

《农业法》解读2
农业及农业生产经营组织的范围

按照《农业法》第二条第一款的规定,农业是指种植业、林业、畜牧业和渔业等产业,包括与其直接相关的产前、产中、产后服务。

为什么农业的范围还包括与种植业、林业、畜牧业和渔业等产业直接相关的产前、产中、产后服务?这是因为,改革开放以来,我国农业生产力得到了快速恢复和发展,单纯的农业生产越来越和农业投入、农产品加工、流通、销售以及生产技术服务等产前、产中、产后各个环节联结在一起,形成了完整的产业链条,也促进了实行种养加、产供销、贸工农等多种形式的一体化经营。为了适应这种农业产业化经营发展的需要,建设现代农业,《农业法》就将与种植业、林业、畜牧业和渔业等产业直接相关的产前、产中、产后服务纳入农业的范围当中来。

了解了农业的范围，我们接着来了解从事农业的单位和个人。从事农业的个人主要是从事家庭承包经营的农民，还有根据《农业法》第九十八条的规定，国有农场、牧场、林场、渔场等企业事业单位实行承包经营的职工，也适用《农业法》关于农民的规定。

对从事农业的单位，也就是农业生产经营组织的范围，《农业法》第二条第二款作了规定，包括农村集体经济组织、农民专业合作经济组织、农业企业和其他从事农业生产经营的组织。

农村集体经济组织，是指以农民集体所有的土地、农业生产设施和其他公共财产为基础，主要以自然村或者行政村为单位建立，从事农业生产经营的经济组织。农村集体经济组织的形式有某某村合作社、经济联合社、农工商总公司等。

农民专业合作经济组织，是指农民在家庭承包经营基础上成立的互助性经济组织，比如水稻专业合作社、养猪专业合作社、蔬菜专业合作社、农机专业合作社等。农民专业合作经济组织现在发展很快，到2014年底，全国农民专业合作社数量达到了128.88万家。

其他从事农业生产经营的组织，包括了供销合作社、国有农场、国有林场、国有牧场、国有渔场等。

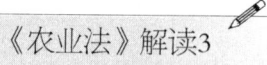

《农业法》解读3

农业和农村经济发展的基本目标，农业的作用

《农业法》第三条规定，国家把农业放在发展国民经济的首位，明确了农业和农村经济发展的三个基本目标：

第一个目标是建立适应发展社会主义市场经济要求的农村经济

体制。就是把以家庭承包经营为基础,统分结合的双层经营体制,作为最基本的农村经济制度,建立集约化、专业化、组织化、社会化相结合的新型农业经营体系。体制是关键,有好的农村经济体制,就能保障、促进农业农村经济持续健康快速发展。

第二个目标是不断解放和发展农村生产力,提高农业的整体素质和效益,确保农产品供应和质量,满足国民经济发展和人口增长、生活改善的需求,提高农民的收入和生活水平,促进农村富余劳动力向非农产业和城镇转移,缩小城乡差别和区域差别。概括起来说就是提高农业效益、增加农民收入、统筹城乡发展。要发展农村生产力,就要调整农业产业结构,发展农业产业化经营,发展优质、高产、高效、生态、安全农业,促进农业增效。农业增效了,农民收入就能增加。同时还要全面发展农村经济,加快城镇化进程,促进城乡协调发展。

第三个目标是建设富裕、民主、文明的社会主义新农村,逐步实现农业和农村现代化。也就是说要达到生产发展、生活富裕、生态良好这样一个目标。

我们讲把农业放在发展国民经济的首位,促进农业和农村经济发展,是因为农业是国民经济的基础,是因为农业的功能和作用。农业的作用有三个方面:

一是经济作用。为人类提供食物和其他农产品,保障了人类的生存、发展,比如大米、蔬菜;为工业发展提供了原料、市场,比如木材。

二是生态环境作用。农业能起到消化、处理人类废弃物,保护自然环境、维护生态平衡、治理污染的作用。比如植树造林治理水土流失。

三是社会文化作用。农业生产能够稳定社会,同时还有精神文化方面的作用,比如现在兴起的休闲农业、观光农业、旅游农业。

所以《农业法》第四条规定，国家应当采取措施，保障农业更好地发挥在提供食物、工业原料和其他农产品，维护和改善生态环境，促进农村经济社会发展等多方面的作用。

《农业法》解读4
农业和农村基本经济制度

这一节我们来了解农业和农村的基本经济制度，主要是弄清在农村生产资料归谁所有、怎么经营、收入怎么分配三个问题。在上一节我们也讲到农业和农村经济发展的一个基本目标就是要建立适应社会主义市场经济要求的农村经济体制。那么，农村实行的是什么样的经济制度呢？《农业法》第五条分三款作了规定。

第一款是关于农村的所有制结构，也就是生产资料归谁所有的问题。《农业法》规定，国家坚持和完善公有制为主体、多种所有制经济共同发展的基本经济制度，振兴农村经济。在农村以公有制为主体，主要表现是农村土地90%以上是农民集体所有，其他的为国家所有，绝不允许土地私有化。土地承包经营，只是土地使用权在承包经营，所有权还是归集体所有或国家所有，并不是土地私有。多种所有制经济共同发展，是指在家庭承包经营的基础上，放手发展农民专业合作经济组织、非公有制经济、股份合作制经济等，目的就是繁荣、发展农村经济。

第二款是关于农业的基本经营制度，也就是怎么经营的问题。有四句话：一是长期稳定农村以家庭承包经营为基础、统分结合的双层经营体制；二是发展社会化服务体系；三是壮大集体经济实力；四是引导农民走共同富裕的道路。这个经营制度要求，家庭联产承包责任制必须继续保持稳定，长期不变。同时，国家努力健全集体经营与家庭经营的统分结合双层经营体制，充分发挥集体统一经营的生产服务功能和家庭分散经营的自主创造功能，增强集体经济的实力，调动农民的积极性，提高农村生产力，逐步实现共同富裕。

第三款是关于分配制度，也就是怎么分配的问题，关系广大农民朋友的切身利益和生产积极性。《农业法》规定，国家坚持和完善以按劳分配为主体、多种分配方式并存的分配制度。这种分配制度与所有制制度和市场经济规则是相适应的。落实好这种分配制度，一要不干涉农民的生产经营自主权和承包土地的流转权利，保护农民通过诚实劳动、合法经营创造财富的积极性。二要加强对农业的支持保护，完善国家对农业生产的直接补贴方法。比如现在实行的农资综合补贴、良种补贴、农机购置补贴等，就是对农业的支持保护。三要制止对农民的乱收费、乱摊派、乱集资、乱罚款，真正减轻农民负担。

《农业法》解读5
农业发展方针和措施，农民和农业生产经营组织合法权益保护

《农业法》第六条规定了发展农业的方针和基本措施。

发展农业的方针有两个：一个是科教兴农。现在耕地等农业资源的数量在逐年减少，要提高农业综合生产能力、发展农村经济，必须依靠科技进步和提高劳动者素质。另一个是农业可持续发展。可持续发展就是能够满足当代人的需要，又不对后代人满足需要构成危害。我国农业走可持续发展道路，必须调整农业生产结构，保护和改善农业生态环境，合理利用自然资源。

发展农业生产的基本措施规定了七项：加强农业和农村基础设施建设；调整、优化农业和农村经济结构；推进农业产业化经营；发展农业科技、教育事业；保护农业生态环境；促进农业机械化和信息化；提高农业综合生产能力。之后的内容会对这些措施有详细的讲解。

《农业法》第七条对保护农民和农业生产经营组织的合法权益作了规定。农民和农业生产经营组织的财产及其他合法权益不受侵犯，农民朋友可以依法行使自己的财产权和其他权利，当权利受到不法侵害时，可以得到法律的保护。《农业法》第九十条也作了规定，侵害农民和农业生产经营组织的土地承包经营权等财产权或者其他合法权益的，应当停止侵害，恢复原状；造成损失、损害的，依法承担赔偿责任。国家工作人员利用职务便利或者以其他名义侵害农民和农业生产经营组织的合法权益的，应当赔偿损失，并由其所在单位或者上级主管机关给予行政处分。

第七条还规定各级人民政府及其有关部门应当采取措施增加农民收入，切实减轻农民负担。增加农民收入是农业农村经济发展的一个基本目标，国家采取一系列措施来实现这个目标，主要有坚持"多予、少取、放活"，完善和落实强农惠农富农政策；推进农业结构调整，拓宽农民增收门路；大力发展农村二、三产业和多种经营，发展个体私营经济，扩大就业；加快城镇化步伐；等等。

《农业法》第八条对引导全社会重视农业作了规定。农业是稳民心、安天下的产业。只有农业发展了，国家才会发展；只有农民富裕了，全国人民才富裕；只有农村稳定了，社会才会稳定。鼓励全社会都来关注农村、关心农民、支持农业。国家对发展农业和农村经济有显著成绩的单位和个人，给予奖励。

《农业法》解读6
农业行政管理体制

农业和农村经济发展工作是一项很重要的工作,由哪个政府部门来主管、负责?还有哪些部门一起来落实、服务呢?我们一起来了解一下。

《农业法》第九条规定了各级人民政府(包括国务院和地方各级政府),农业部、国家林业局和其他部委,地方农业部门、林业部门和其他部门对农业农村经济发展工作的职责。

第九条第一款规定,各级人民政府对农业和农村经济发展工作统一负责,组织各有关部门和全社会做好发展农业和为发展农业服务的各项工作。具体来讲,政府的职责主要有制定农业方面的规划并组织实施,如农业发展规划、扶贫开发规划;加大对农业的资金投入支持;加强农业基础设施建设,如农田水利、农村电网、农业气象服务;调整农业产业结构,合理布局、科学规划农业;增加农民收入、保护农民权益。对这些工作,政府要统一安排、统筹兼顾,同时还要组织农业、林业、财政、发改、水利、工商、质监等部门和全社会的力量一起来为农业和农村经济发展工作服务。

第九条第二款规定了国务院农业行政主管部门主管全国农业和农村经济发展工作,国务院林业行政主管部门和其他有关部门在各自的职责范围内,负责有关的农业和农村经济发展工作。

第九条第三款规定了县级以上地方人民政府各农业行政主管部门负责本行政区域内的种植业、畜牧业、渔业等农业和农村经济发展工作,林业行政主管部门负责本行政区域内的林业工作。县级以上地方人民政府其他有关部门在各自的职责范围内,负责本行政区域内有关的为农业生产经营服务的工作。

也就是说，农业和农村经济发展工作的主管部门是农业部和地方各级农业部门。但农业包括了种植业、林业、畜牧业和渔业等产业以及直接相关的产前、产中、产后服务，涉及的范围很广，按照职责分工，林业的主管部门是国家林业局和地方林业部门，水利、气象、国土资源等有关部门都要根据自己的职责做好为农业生产经营服务工作。

具体来说，农业部门的职责主要有研究拟订农业方面的规划、政策、标准，起草有关的法律法规规章草案；指导、协调农业农村经济结构调整；提供市场信息服务；指导、管理、服务种植业、畜牧业和渔业；对动植物防疫检疫；对种子、农药、肥料、兽药、饲料等农资产品监管等。

《农业法》解读7

农村土地承包经营制度

《农业法》第十条第一款、第二款规定，国家实行农村土地承包经营制度，依法保障农村土地承包关系的长期稳定，保护农民对承包土地的使用权。农村土地承包经营的方式、期限、发包方和承包方的权利义务、土地承包经营权的保护和流转等，适用《中华人民共和国土地管理法》和《中华人民共和国农村土地承包法》。

实行农村土地承包经营制度，保障以家庭承包经营为基础的土地承包关系长期稳定，符合广大农民的切身利益，能起到保持农村社会稳定、发展农业生产力的重大作用。为了保护农民的土地承包经营权，国家专门制定出台了《农村土地承包法》，加上《土地管理法》，保障农村土地承包经营权的规定主要有这些内容：一是明确作为农村集体经济组织成员，平等地享有土地承包经营权，出嫁妇女、离婚妇女、丧偶妇女都有一份承包地；二是明确耕地的经营权承包期为三十年，草地的经营权承包期为三十年至五十年，林地的经营权承包期为三十年至七十年；三是发包方、国家机关及其工作人员不得侵犯农民的土地承包经营权，不得违法变更或者解除承包合同，不得违法收回、调整承包地，不得干涉农民生产经营自主权、产品处置权、收益权；四是保护承包方依法、自愿、有偿地进行土地承包经营权流转的权利，禁止发包方以各种不正当的手段强迫或者阻挠承包方依法进行土地承包经营权流转；五是将土地承包经营权物权化，依法实行物权性质的保护。

同时，《农业法》第十条第三款规定，农村集体经济组织应当在家庭承包经营的基础上，依法管理集体资产，为其成员提供生产、技术、信息等服务，组织合理开发、利用集体资源，壮大经济实力。

具体来说：一要依法管好用好现有的集体资产；二要在生产、技术、信息等方面为农户提供服务，发展农产品加工、储存、运输和销售，解决一家一户难解决的困难；三要开发、利用好集体资源，寻找新的经济发展路子，增加集体财产积累。

《农业法》解读8
农业生产经营主体

《农业法》第十一条规定了农民专业合作经济组织，共有三款内容：

第一款：国家鼓励农民在家庭承包经营的基础上自愿组成各类专业合作经济组织。大家都知道，农民专业合作经济组织对于促进农业产业化、提高农民组织化程度、增加农民收入有很重要的作用，所以国家鼓励发展。但有两个条件：一要坚持以家庭承包经营为基础，不能损害家庭承包经营基本制度；二是农民自愿，不能强迫。

第二款：农民专业合作经济组织应当坚持为成员服务的宗旨，按照加入自愿、退出自由、民主管理、盈余返还的原则，依法在其章程规定的范围内开展农业生产经营和服务活动。这个内容明确了成立农民专业合作经济组织的目的，开展活动应该遵守的原则。

第三款：农民专业合作经济组织可以有多种形式，依法成立、依法登记。任何组织和个人不得侵犯农民专业合作经济组织的财产和经营自主权。农民专业合作经济组织的形式主要有三种：一是协会型；二是专业合作社；三是股份合作型农业企业。不管哪种类型，都要依法成立和登记，财产和经营自主权受保护。

第十二条规定了企业：农民和农业生产经营组织可以自愿按照民主管理、按劳分配和按股分红相结合的原则，以资金、技术和实物等入股，依法兴办各类企业。

第十三条是对产业化经营的规定：国家采取措施发展多种形式的农业产业化经营，鼓励和支持农民和农业生产经营组织发展生产、加工、销售一体化经营。国家引导和支持从事农产品生产、加工、流通服务的企业、科研单位和其他组织，通过与农民或者农民专业合作经济组织订立合同或者建立各类企业等形式，形成收益共享、风险共担的利益共同体，推进农业产业化经营，带动农业发展。

第十四条对农产品行业协会作了规定：农民和农业生产经营组织可以按照法律、行政法规成立各种农产品行业协会，为成员提供生产、营销、信息、技术、培训等服务，发挥协调和自律作用，提出农产品贸易救济措施的申请，维护成员和行业的利益。

从这几条规定看，对农民专业合作经济组织、企业、农产品行业协会和产业化经营，都要求依法、自愿、民主管理、为成员服务，国家给予鼓励、支持、引导。

《农业法》解读9
农业发展规划和生产区域布局，农业生产结构调整

《农业法》第十五条规定，县级以上人民政府应当根据国民经济和社会发展的中长期规划、农业和农村经济发展的基本目标和农业资源区划，制定农业发展规划。省级以上人民政府农业行政主管部门根据农业发展规划，采取措施发挥区域优势，促进形成合理的农业生产区域布局，指导和协调农业和农村经济结构调整。

农业发展规划，是对农业发展的方向、目标、指导方针、基本任务等作出部署，目的是使农业持续稳定健康发展。因为农业是国民经济的重要组成部分，所以制定农业发展规划要根据国民经济和社会发展中长期规划、农业和农村经济发展基本目标；又因为不同地区的农业生产条件、特点、潜力等情况不同，制定农业发展规划还要根据各个地方农业资源区划。省里的农业部门要按照农业发展规划，根据各个地方的条件、资源、环境、位置等情况，发挥各个地方的优势，通过引导、扶持，合理布局，建设优势农产品生产区域。比如江西省形成的粮食主产区、水产品主产区、生猪主产区等，就是合理的农业生产区域布局。

《农业法》第十六条对种植业、林业、畜牧业、渔业等方面的生产结构调整方向作了具体规定：国家引导和支持农民和农业生产经营组织结合本地实际按照市场需求，调整和优化农业生产结构，协调发展种植业、林业、畜牧业和渔业，发展优质、高产、高效益的农业，提高农产品国际竞争力。

种植业，以优化品种、提高质量、增加效益为中心，调整作物结构、品种结构和品质结构。

林业，加强生态建设，实施天然林保护、退耕还林和防沙治沙工程，加强防护林体系建设，加速营造速生丰产林、工业原料林和薪炭林。

畜牧业，加强草原保护和建设，加快发展畜牧业，推广圈养和舍饲，改良畜禽品种，积极发展饲料工业和畜禽产品加工业。

渔业生产，应当保护和合理利用渔业资源，调整捕捞结构，积极发展水产养殖业、远洋渔业和水产品加工业。

同时，还规定了县级以上人民政府应当制定政策，安排资金，引导和支持农业产业结构调整。

《农业法》解读10
改善农业生产条件

农民朋友有很深的体会，要保护和提高农业综合生产能力，根本和关键的问题是加强农业和农村的基础设施建设、改善农业的生产条件。

我们讲农业是弱势产业，主要就是说农业的基础设施还很薄弱，抵御自然灾害的能力还不强，有些地方还是靠天吃饭。目前我国农产品供应比较丰富，有的地方很容易会减少投入，放松农业基础设施建设。因此，《农业法》第十七条规定，各级人民政府应当采取措施，加强农业综合开发和农田水利、农业生态环境保护、乡村道路、农村能源和电网、农产品仓储和流通、渔港、草原围栏、动植物原种良种基地等农业和农村基础设施建设，改善农业生产条件，保护和提高农业综合生产能力。另外，农业结构调整也要求有更好的农业生产条件，只有进一步搞好农业基础设施建设，才能巩固和提高粮食生产能力，才能大力发展优质高效农业。

水利是农业的命脉。我国是一个自然灾害多发的国家，特别是水旱灾害，对农业生产的危害最大，造成的损失最严重。虽然经过多年的努力，农田水利建设取得了很大成就，但总体上农田水利设施还是不能适应农业发展的需要。并且我国是一个水资源紧缺的国家，水的人均占有量还不到世界平均水平的四分之一。随着国民经济发展，缺水问题更加严重。因此，《农业法》第十九条规定，各级人民政府和农业生产经营组织应当加强农田水利设施建设，建立健全农田水利设施的管理制度，节约用水，发展节水型农业，严格依法控制非农业建设占用灌溉水源，禁止任何组织和个人非法占用或者毁损农田水利设施。为了促进节约用水，《农业法》还规定，国家应当对缺水地区发展节水型农业给予重点扶持。对于非法占用或者毁损农田水利设施的行为，《农业法》第九十一条规定将依照相关法律或者行政法规的规定予以处罚。

农业生产和气候有很大的关系，一定程度上可以说农业就是靠天吃饭。气象灾害对农业生产损害特别大，甚至会使农业"颗粒无收"。气象灾害虽然是一种自然力量，但在现代科技条件下，也是可以预测和预防的。因此，《农业法》第二十一条规定，各级人民政府应当支持为农业服务的气象事业的发展，提高对气象灾害的监测和预报水平，以便提前采取相应的预防措施，降低或避免气象灾害对农业生产造成的损害。

《农业法》解读11
良种选育、推广，农业机械化

我们知道，农业生产中，首先要有好的种子，生产出来的东西质量才好，才能丰收，也就是说优良品种是农业生产的基础和关键。

比如植物方面：杂交水稻、杂交玉米、杂交油菜，动物方面：西门塔尔牛、荷斯坦奶牛，等等。这些优良品种使农产品质量提高、产量增加。可以说，谁拥有了优良品种和先进技术，谁就赢得了农产品质量竞争的优势。所以，《农业法》第十八条规定，国家扶持动植物品种的选育、生产、更新和良种的推广使用，鼓励品种选育和生产、经营相结合，实施种子工程和畜禽良种工程。1995年我国就启动了种子工程，1998年又启动了畜禽良种工程，2012年12月，国家又开始实施《全国现代农作物种业发展规划（2012—2020年）》。

动植物良种的选育和推广，有利于社会，有利于农业，但这项工作投资很大，回报的时间也长，需要国家给予扶持。所以《农业法》规定，国务院和省、自治区、直辖市人民政府设立专项资金，扶持动植物良种的选育和推广工作。

一讲到农业现代化，大家就会想到农业机械化，确实是这样，如果不能实现农业机械化，农业现代化就不能真正实现。农业机械包括农业生产、农产品加工、农用运输和农田基本建设等方面使用的机械、设备等，有播种的机械、运输的机械、收割的机械、水利机械、林业机械、饲料机械、畜牧机械、农产品加工机械等。实现农业机械化，能极大地提高农业的生产效率，也能使更多的农民从农业转移出来，从事二、三产业，增加收入。

所以，《农业法》第二十条规定，国家鼓励和支持农民和农业生产经营组织使用先进、适用的农业机械，加强农业机械安全管理，提高农业机械化水平。国家对农民和农业生产经营组织购买先进农业机械给予扶持。

我国历来鼓励推广使用先进的农业机械。1980年，提出了基本实现农业机械化的目标，小型农机得到了很快发展。近年来，国家加大了购买农业机械的扶持力度，联合收割机、大中型拖拉机和田间作业机械快速发展。但是，我国距离全面实现农业机械化还有较大差距，所以国家进一步加大农机推广政策扶持力度，连续多年实行农机购置补贴政策。

《农业法》解读12
保障农产品质量安全，发展优质农产品

"民以食为天，食以安为先"，对于农产品的质量安全，大家十分关注。这一节我们来了解《农业法》关于保障农产品质量安全和发展优质农产品的规定。

改革开放以来，农业得到了快速发展，农产品由长期短缺变为总量基本平衡、丰年有余。但同时，由于滥用农药、兽药、饲料添加剂、化肥等，加上农业生态环境的污染，农产品中有毒有害物质残留超标现象时有发生，比如"毒豇豆""红心鸭蛋""致癌多宝鱼""瘦肉精"等。农产品质量安全问题影响了人民群众的生命健康，制约了农业的可持续发展和农民收入的提高。国家对农产品质量安全十分重视，《农业法》从两个方面作了规定，一方面要求按标准生产经营，第二十二条规定，国家采取措施提高农产品的质量，建立健全农产品质量标准体系和质量检验检测监督体系，按照有关技术规范、操作规程和质量卫生安全标准，组织农产品的生产经营，保障农产品质量安全。现在，农业的国家标准、行业标准、地方标准，数量很多，不完全统计有4万多项技术规范、操作规程和质量卫生安全标准，其中农药、兽药、重金属残留限量标准和检验检测方法比较完善。同时，大力推进园艺作物标准园、水产健康养殖场和畜禽养殖标准化示范场建设，国家、省、市、县都建立了农产品质量安全检验检测机构，很多地方还建立了乡镇农产品监管机构。

另一方面要求发展优质农产品，提高质量水平。第二十三条规

定,国家支持依法建立健全优质农产品认证和标志制度。国家鼓励和扶持发展优质农产品生产。县级以上地方人民政府应当结合本地情况,按照国家有关规定采取措施,发展优质农产品生产。符合国家规定标准的优质农产品可以依照法律或者行政法规的规定申请使用有关的标志。符合规定产地及生产规范要求的农产品可以依照有关法律或者行政法规的规定申请使用农产品地理标志。现在主要通过推动"三品一标",就是"绿色农产品、有机农产品、无公害农产品、农产品地理标志",来发展优质农产品。我国还在2006年制定了专门的《农产品质量安全法》,农业部也制定了《无公害农产品管理办法》等多个配套的规章。

《农业法》解读13
动植物防疫、检疫制度

近些年,有些地方发生了人感染H7N9禽流感病例,国家及时采取了强有力的措施进行防控,疫情已经控制、解除。疫情影响了人民群众的身心健康和生命安全,给生产生活带来了不便,给农业生产造成了较大的损失,也说明了动植物防疫、检疫的重要性。

《农业法》第二十四条规定,国家实行动植物防疫、检疫制度,健全动植物防疫、检疫体系,加强对动物疫病和植物病、虫、杂草、鼠害的监测、预警、防治,建立重大动物疫情和植物病虫害的快速扑灭机制,建设动物无规定疫病区,实施植物保护工程。

动植物防疫、检疫,就是预防、控制、扑灭动物疫病和植物病虫害,保障农产品质量安全,保护人民身心健康和生命安全,促进农业生产健康发展。改革开放以来,我国基本建成了比较完善的动植物防疫、检疫体系,先后制定了《植物检疫条例》《动物防疫法》《进出境动植物检疫法》等法律法规。但是，当前的动植物防疫、检疫工作还远远不能适应农业发展的需要，有待进一步创新，解决面临的问题。

一是要健全动植物防疫、检疫体系。要稳定动植物防疫、检疫机构，重视队伍建设，加强防疫、检疫人员技术培训。动植物防疫、检疫工作的重点在基层，国家将不断加强基层动植物防疫、检疫体系建设，加大动植物防疫、检疫基础设施建设的投入力度，改善动物疫病和植物病、虫、杂草、鼠害诊断、监控和检疫条件，提高广大群众的动植物防疫意识，增加广大群众的动植物防疫知识。

二是要加强对动物疫病和植物病、虫、杂草、鼠害的监测、预警和防治。及时、准确发现动物疫病和植物病、虫、杂草、鼠害的发生，按照规定程序报告。制定完善重大动物疫情和植物病虫害防治的应急预案，做好相关物资、设备和技术的储备工作，建立重大动物疫情和植物病虫害的快速扑灭机制，确保在重大动物疫情和植物病虫害发生时，能够及时有效地予以扑灭。

三是建设动物无规定疫病区。无规定疫病区是指经国家确认的未发生特定虫害或病害的地区。通过建设动物无规定疫病区，来推动动物防疫、检疫。

四是实施植物保护工程，重点是加强建设植物检疫实验室、危险病虫疫情监测站等植物检疫基础设施。

《农业法》解读14
农业生产资料生产经营和安全使用制度

农业生产资料，也就是农资，是农民朋友需要经常购买、使用的东西，大家需要了解农资生产、经营和使用需要注意的事项。

1. 对农资的生产经营实行登记或者许可管理。《农业法》第二十五条第一款规定，农药、兽药、饲料和饲料添加剂、肥料、种子、农业机械等可能危害人畜安全的农业生产资料的生产经营，依照相关法律、行政法规的规定实行登记或者许可制度。这是因为，农药、兽药、饲料和饲料添加剂、肥料、种子、农业机械等生产资料是农业生产中不可缺少的重要物资，它们的质量安全水平直接影响到农产品质量安全和农业生产安全，并且进一步影响到人和动物的安全。同时，农资专业性和技术性较强，需要生产经营者具有一定的专业知识，熟悉有关的法律法规，以分清农资的真假优劣，指导购买者科学使用，并有能力承担给生产造成损失的赔偿责任。所以，《农药管理条例》《兽药管理条例》《饲料和饲料添加剂管理条例》《肥料登记管理办法》《种子法》《农业机械化促进法》等法律法规对农资的生产、经营规定了登记或者许可制度。也就是要有关部门审批后，才可以生产经营。

2. 农资使用者要安全、合理使用农资。第二十五条第二款规定，各级人民政府应当建立健全农业生产资料的安全使用制度，农民和农业生产经营组织不得使用国家明令淘汰和禁止使用的农药、兽药、饲料添加剂等农业生产资料和其他禁止使用的产品。如使用兽药，要严格遵守产品说明书上的休药期规定。

3. 农资生产者、销售者应当合法生产经营。假冒伪劣农资给农业生产造成的损失往往很大并且难以挽回，所以，《农业法》第二十五条第三款规定，农业生产资料生产者、销售者应当对其生产、销售的产品的质量负责，禁止以次充好、以假充真、以不合格的产品冒充合格的产品；禁止生产和销售国家明令淘汰的农药、兽药、饲料添加剂、农业机械等农业生产资料。

对于未经登记或许可，违法生产、经营农资的行为，或者生产、经营违法的农资产品的行为，或者不按规定使用农资的行为，《农业法》第九十一条规定，由国家有关监督管理部门依照相关法律或者行政法规的规定予以处罚。

《农业法》解读15
农产品购销体制

《农业法》第二十六条规定，农产品的购销实行市场调节。国家对关系国计民生的重要农产品的购销活动实行必要的宏观调控，建立中央和地方分级储备调节制度，完善仓储运输体系，做到保证供应，稳定市场。就是说，对农产品购销总体上实行市场调节。大部分农产品放开市场、放开价格，由市场来决定生产，由市场来定价，政府不干预。对与人民生活和国民经济发展有密切关系的重要农产品，实行必要的宏观调控。当前的重要农产品主要有粮食、棉花、烟叶等。对这些农产品，国家通过行政、经济、法律的手段来干预。比如，实行粮食最低收购价保护；对重要农产品建立储备调节制度，政府从市场收购一部分农产品用于储备，通过收储农产品和卖出储备农产品来调节农产品的供应和需求关系，进行宏观调控，保障市场供应，稳定市场价格。

为了促进农产品的流通，《农业法》第二十八条规定，政府鼓励和支持发展多种形式的农产品流通活动。支持农民和农民专业合作经济组织按照国家有关规定从事农产品收购、批发、贮藏、运输、零售和中介活动。

如果农产品供求信息不通，就会出现一边生产出来的东西卖不出或是低价卖出，一边是消费者买不到或高价买进农产品，所以《农业法》规定，鼓励供销合作社和其他从事农产品购销的农业生产经营组织提供市场信息，开拓农产品流通渠道，为农产品销售服务。

针对农产品运输难、费用高的问题,《农业法》规定,县级以上人民政府应当采取措施,督促有关部门保障农产品运输畅通,降低农产品流通成本。有关行政部门应当简化手续,方便鲜活农产品的运输,除法律、行政法规另有规定外,不得扣押鲜活农产品的运输工具。现在实行的鲜活农产品运输"绿色通道"政策,对整车合法装载运输鲜活农产品车辆免收车辆通行费。

为保护农民利益,《农业法》第七十五条规定,农产品收购单位在收购农产品时,不得压级压价,不得在支付的价款中扣缴任何费用。农产品收购单位与农产品销售者因农产品的质量等级发生争议的,可以委托具有法定资质的农产品质量检验机构检验。

《农业法》解读16
农产品市场体系

经过改革开放以来多年的建设,我国的农产品市场有批发市场、集贸市场,这些市场能够保证人民群众的需要,也促进了农业的发展。但随着经济社会的发展,农产品的更加丰富,城乡居民消费水平的提高,需要加强农产品市场体系建设和管理。所以《农业法》第二十七条规定:

一是国家逐步建立统一、开放、竞争、有序的农产品市场体系。统一是说在全国范围内农产品自由流动、没有分割和封锁。开放是说对内对外都要开放,与国际市场广泛联系。竞争是说好的胜出、差的淘汰,有合理的价格来使农产品顺利流通、买卖。有序是说要有一定的规章制度来维持市场的正常秩序。

二是制定农产品批发市场发展规划。农产品批发市场集中了大量农产品,能够发布农产品供销信息,形成农产品供销价格,有很重要的作用。目前农产品批发市场存在基础设施现代化水平低、管理粗放、交易秩序不健全、规划不合理等问题，要将农产品批发市场作为公益性基础设施，科学规划，合理布局，建设面向农产品主产地、集中消费地的批发市场。

三是国家扶持农村集体经济组织和农民专业合作经济组织建立农产品批发市场和农产品集贸市场。主要是为了调动各个方面建设农产品市场的积极性。考虑到农村集体经济组织和农民专业合作经济组织实力有限、投资能力有限，而农产品市场建设又是一项公益事业，各级政府应当采取提供优惠贷款、对运营收入实行减免税收等政策，来加大对农村集体经济组织和农民专业合作经济组织建立农产品批发市场和农产品集贸市场的扶持力度。

四是加强农产品批发市场管理，维护公平竞争的市场秩序。要求县级以上人民政府工商行政管理部门和其他有关部门按照各自的职责，依法管理农产品批发市场，规范交易秩序，防止地方保护与不正当竞争。"地方保护"是指地方政府及其所属的部门限制外地商品进入本地市场，或者本地商品流向外地市场，或者限定他人购买指定的商品、限制其他经营者正当经营活动。"不正当竞争"是说经营者违反规定，损害其他经营者的合法权益，扰乱市场秩序。

《农业法》解读17

农产品加工业和食品工业，农产品进出口贸易

我们知道，在工业中，农产品加工业、食品工业和农业联系最紧密，农业为农产品加工业、食品工业提供原材料和资源，农产品加工业、食品工业延伸农业的链条、充分利用农业资源、增加农产

品的附加值、解决农民就业、直接增加农民收入。发展农产品加工业和食品工业对农业农村经济有着重要作用。

《农业法》第二十九条规定，国家支持发展农产品加工业和食品工业，增加农产品的附加值。县级以上人民政府应当制定农产品加工业和食品工业发展规划，引导农产品加工企业形成合理的区域布局和规模结构，扶持农民专业合作经济组织和乡镇企业从事农产品加工和综合开发利用。国家建立健全农产品加工制品质量标准，完善检测手段，加强农产品加工过程中的质量安全管理和监督，保障食品安全。

落实好这个规定，要做好以下这几项工作：

一是出台支持发展农产品加工业和食品工业的政策措施。比如税收优惠、用电优惠、贷款贴息等。

二是制定农产品加工业和食品工业发展规划。根据本地的市场需求、资源条件、区域优势，选好发展的主导产业，合理布局。比如，江西可以根据全省农业的特点，发展稻谷深加工、茶叶加工、生猪加工等。同时要优化规模结构，既有带动力强的大型农产品加工龙头企业，也要有中小企业。

三是扶持农民专业合作经济组织和乡镇企业从事农产品加工和食品工业。因为它们靠近农民和农业资源，联结市场，有优势。

四是建立健全各类农产品和加工品的质量安全标准，加强农药、兽药、重金属等残留的检测。

改革开放以来，尤其是我国加入世界贸易组织后，农业的对外开放进程加快，农产品进出口贸易额不断增长，对农业农村经济发展有重要作用和影响。所以《农业法》第三十条规定，国家鼓励发展农产品进出口贸易。采取加强国际市场研究、提供信息和营销服务等措施，促进农产品出口。为维护农产品产销秩序和公平贸易，建立农产品进口预警制度，当某些进口农产品已经或者可能对国内相关农产品的生产造成重大的不利影响时,国家可以采取必要的措施。主要是避免进口农产品对国内相关农产品的生产造成不利影响。

《农业法》解读18
提高粮食综合生产能力

发展现代农业的首要任务是确保粮食安全、保障重要农产品有效供给,这是因为对于中国这样一个人口大国来说,解决吃饭问题只能靠自己。粮食安全始终是国家安定、经济发展的根本保障,对粮食安全问题什么时候都不能放松。《农业法》用了专门一章共六条内容对"粮食安全"问题作了规定。

第三十一条规定,国家要采取措施保护和提高粮食综合生产能力,稳步提高粮食生产水平,保障粮食安全。国家建立耕地保护制度,对基本农田依法实行特殊保护。

保护和提高粮食综合生产能力的措施,概括来讲,有政策支持、粮田建设、科技促进、高产创建、良种推广、配方施肥、专业防治、农机应用、防灾减灾、农资治理等十个方面。

要确保粮食安全,首先必须建立耕地保护制度,对基本农田实行特殊保护。我国人多地少,必须实行最严格的耕地保护制度,坚决守住18亿亩的耕地红线。一要实行基本农田保护制度。要有80%以上的耕地划为基本农田,实行严格管理。二要对农用地实行严格的用途管制。占用农用地建设的,应当办理农用地转用审批手续。三要实行严格的征地审批制度。征收基本农田、征收基本农田以外的耕地超过三十五公顷,也就是五百二十五亩的,要报国务院审批。

要确保粮食安全,还要重点扶持粮食主产区。粮食主产区生产的粮食，占了全国粮食总产量的70%以上，粮食主产区的粮食生产情况直接关系到我们国家的粮食安全。所以，《农业法》第三十二条规定，国家在政策、资金、技术等方面对粮食主产区给予重点扶持，建设稳定的商品粮生产基地，改善粮食收贮及加工设施，提高粮食主产区的粮食生产、加工水平和经济效益。这几年国家都对产粮大县给予了资金奖励，目的就是把粮食主产区的优势发挥出来，确保粮食产量。

为了搞活粮食主产区的粮食销售，国家支持粮食主产区与主销区建立稳定的购销合作关系。建立粮食批发市场，建立粮食运输绿色通道，鼓励主产区粮食企业到主销区设点销售、主销区到主产区建立生产基地。

《农业法》解读19
粮食保护价制度，粮食安全预警制度，粮食储备制度

为了促进粮食生产、保障粮食安全，《农业法》还规定了粮食保护价、粮食安全预警和粮食储备制度。

《农业法》第三十三条规定，在粮食的市场价格过低时，国务院可以决定对部分粮食品种实行保护价制度。粮食保护价政策的目的，是在粮食丰收、粮价下跌的情况下，规定最低收购价，来保护农民的种粮积极性。这个保护价根据有利于保护农民利益、稳定粮食生产的原则来确定。2013年的早籼稻最低收购价格就达到了每100斤132元。农民按保护价卖粮，国家粮食企业和委托的收购单位不得拒收、限收、停收和打白条，要按质论价，不得压级压价。

为了保证有钱收粮，县级以上人民政府要组织财政、金融等部门以及国家委托的收购单位及时筹足粮食收购资金，任何部门、单

位或者个人不得截留或者挪用。对于截留或者挪用粮食收购资金的，依据《农业法》第九十二条第一项的规定，责令限期归还资金，没收非法所得，并给予直接负责的主管人员和其他直接责任人员行政处分；构成犯罪的，依法追究刑事责任。

　　粮食生产和供应受自然灾害和市场的影响很大，特别是现在农业基础设施还比较薄弱、科技比较落后，这些都使粮食安全有很大的风险。所以，《农业法》第三十四条第一款规定，国家要建立粮食安全预警制度，采取措施保障粮食供给。国务院应当综合考虑粮食生产情况、进出口情况、人口增长情况、收入情况等，制定适当的粮食安全保障目标与粮食储备数量指标，根据需要及时组织有关主管部门进行耕地、粮食库存情况的核查，保证有充足的耕地和粮食储备。

　　为了保障粮食供应，第三十四条第二款规定国家实行粮食储备制度。国家建立中央和地方分级粮食储备调节制度，建设仓储运输体系。承担国家粮食储备任务的企业应当按照国家规定保证储备粮的数量和质量。中央粮食储备主要用于全国范围内不同省份之间粮食供求关系的调节；省级粮食储备用于省内不同地区间粮食供求关系的调节。为了加强中央储备粮食的管理，国务院专门成立中央储备粮总公司。各地粮食部门也有专门的粮食储备。政府可以保证在丰收年时，粮食收得上来，保管得好；在要稳定粮食市场时，能保证粮食供应。

《农业法》解读20

粮食风险基金，节约粮食

　　为了保障粮食安全，《农业法》还规定了建立粮食风险基金，提倡珍惜和节约粮食。

第三十五条规定，国家建立粮食风险基金，用于支持粮食储备、稳定粮食市场和保护农民利益。

粮食风险基金，是政府调控粮食市场的专项资金，资金来源由中央财政和省级财政按规定比例共同筹集，各省、自治区、直辖市人民政府按国务院的规定使用。粮食风险基金实行专款专项使用：一是支付储备粮油的利息和储备费用补贴；二是稳定粮食市场价格的波动差价等。

粮食风险基金实行财政专户管理。各级财政部门在农业发展银行设立粮食风险基金专户。地方配套的资金由省级财政统筹拨付到省级财政专户，中央财政补助资金直接拨入省级财政专户。地方财政部门会同粮食部门通过粮食风险基金专户，将粮食风险基金补贴资金逐级拨付到粮食企业。

粮食风险基金实行包干，由财政落实到位。由地方承担的配套资金原则上由省级财政安排，不得实行层层递减包干，如确需由市县承担，必须保证落实，市县落实不到位的，仍由省级财政解决。各省级筹集的粮食风险配套资金要纳入地方财政预算，专款专用，不准挤占挪用。

珍惜和节约粮食是中华民族的传统美德。据专家预测，粮食在种植、收割、运输、存储、销售、加工和消费等环节的损失至少有10%，如果将各环节的损失降到合理范围，每年至少可节约粮食两千万吨以上。因此，《农业法》第三十六条提出，国家提倡珍惜和节约粮食。在这里，我们也倡议，农民朋友都参与到节约粮食的队伍中来，加大节约粮食的宣传力度，提升节约意识和节约能力，尽量减少粮食损失。

同时，社会在发展，人民的生活质量需求也在不断提高，国家将采取措施切实改善人民的食物营养结构：一是及时调整农业生产结构，优化粮食品种和布局，提高食物综合供给能力；二是加快农产品加工和食品加工，优化农产品品质，保障农产品质量安全卫生；三是加强食物科学研究，提高食物与营养发展的科技水平；四是全面普及营养知识，提高全民营养意识；五是继续实施国家营养改善行动计划，积极推广学生营养餐等，逐步改善居民营养结构。

《农业法》解读21
农业投入与支持保护体系

改革开放以来，我国的农业在各方面都取得了很大的成就。但与其他产业的发展相比，与发达国家的农业发展相比，我国的农业发展水平还是比较低，与农业的基础地位还不相符。根本的原因就是农业的基础薄弱，发展后劲不足。从总体上看，我国的农业还是一个弱质产业。改革开放以来，国家就不断调整农业支持政策，在增加农业投入方面作了很大的努力，发挥了很大的作用，所以现在连续这么多年丰收。但是，我国农业支持的总体水平还是偏低。世界上很多国家都通过财政支持对本国的农业进行保护。像美国一直用大额资金补贴农业。日本、韩国也用价格支持或收入补贴，通过财政、信贷等对农业基础设施建设和农业科技教育事业发展提供公共服务。巴西等发展中国家也建立了比较完善的农业支持保护机制，保障本国农业持续、稳定发展。

现今我国农业的发展还存在很多的问题：农业基础设施建设资金投入严重不足，农业科学技术发展慢，农民的科技素质不高，农业生产资料价格相对较高，农产品市场信息体系、农产品质量标准及检测体系不健全，动植物病虫害监测和防治落后，社会化服务水平偏低，防灾抗灾能力差，等等。为了解决这些问题，《农业法》

第三十七条规定，国家建立和完善农业支持保护体系，采取财政投入、税收优惠、金融支持等措施，从资金投入、科研与技术推广、教育培训、农业生产资料供应、市场信息、质量标准、检验检疫、社会化服务以及灾害救助等方面扶持农民和农业生产经营组织发展农业生产，提高农民的收入水平。

因为我国加入了世界贸易组织，不能随意对农民进行补贴，所以第三十七条第二款规定，在不与我国加入的有关国际条约相抵触的情况下，要尽可能利用好世界贸易组织规则允许的支持政策，借鉴外国的做法，对农民实施收入支持政策，支持农业和农村发展，提高农民的收入水平。

《农业法》解读22
农业财政投入及监管

为了保障并持续增加财政支农的力度，《农业法》第三十八条作了详细规定：国家逐步提高农业投入的总体水平。中央和县级以上地方财政每年对农业总投入的增长幅度应当高于其财政经常性收入的增长幅度。县级以上各级财政用于种植业、林业、畜牧业、渔业、农田水利的农业基本建设投入应当统筹安排，协调增长。

第三十八条还明确了财政支农资金的用途。各级人民政府的财政支农资金主要用于这些方面：一是加强农业基础设施建设；二是支持农业结构调整，促进农业产业化经营；三是保护粮食综合生产能力，保障国家粮食安全；四是健全动植物检疫、防疫体系，加强动物疫病和植物病、虫、杂草、鼠害防治；五是建立健全农产品质量标准和检验检测监督体系、农产品市场及信息服务体系；六是支持农业科研教育、农业技术推广和农民培训；七是加强农业生态环境保护建设；八是扶持贫困地区发展；九是保障农民收入水平等。

为了实施"西部大开发"战略，《农业法》明确国家要增加对西部地区农业发展和生态环境保护的投入。

近年来，国家和地方不断增加农业投入，但在财政支农资金管理上，一直存在管理落后和管理弱化的问题，导致一方面财政支农资金到位率低，另一方面支农资金使用效率不高。为了加强支农资金的监管，《农业法》第三十九条第一款规定，县级以上人民政府每年财政预算内安排的各项用于农业的资金应当及时足额拨付。各级人民政府应当加强对国家各项农业资金分配、使用过程的监督管理，保证资金安全，提高资金的使用效率。考虑到有的地方存在挤占、挪用支农资金的情况，第三十九条第二款明确规定，任何单位和个人不得截留、挪用用于农业的财政资金和信贷资金。审计机关应当依法加强对用于农业的财政和信贷等资金的审计监督。对于违法截留、挪用财政支农资金和信贷支农资金的，《农业法》第九十二条第二项规定：责令限期归还被截留、挪用的资金，没收非法所得，并给予直接负责的主管人员和其他直接责任人员行政处分；构成犯罪的，依法追究刑事责任。

《农业法》解读23

鼓励农民和农业生产经营组织、社会资金和外资投入农业

除了财政资金支持农业以外，国家还鼓励、引导农民和农业生产经营组织、社会资金和外资投入农业。

改革开放以来，我国实行了家庭承包经营责任制，确立了农民在农业生产活动中的主体地位，广大农民取得了土地等生产资料的占有使用权，成了实实在在的农业投资主体。我国农民数量多，农

民投资的金额比较大。但农民考虑到经济效益，考虑到投资回报，投资就会有短期行为、盲目投资，再加上农业的投资效益低等，国家需要通过一定的办法来引导农民增加投资。另外，我国农业资金投入的另一部分来源于农村集体经济的资金。由于我国进入了工业化的发展时期，工业高速发展使农村集体资金大多数流向了工业和服务业，投向农业的资金数量慢慢减少，总额很小。如果能把农村集体投资引导到农业上来，将会对农村经济的发展起到十分有力的推动作用。因此，《农业法》第四十条规定了激励措施，国家运用税收、价格、信贷等手段，鼓励和引导农民和农业生产经营组织增加农业生产经营性投入和小型农田水利等基本建设投入。并且国家鼓励和支持农民和农业生产经营组织在自愿的基础上依法采取多种形式，筹集农业资金。

农民和农业生产经营组织的经济实力毕竟还是有限，但农业发展需要大量投入。除了引导农民和农业生产经营组织把资金投入农业外，还需要吸引社会上大量的闲置资金投入到农业和农村，来解决农业建设、农业科技、农业教育资金投入不足的问题。《农业法》第四十一条第一款规定，国家鼓励社会资金投向农业，鼓励企业事业单位、社会团体和个人捐资设立各种农业建设和农业科技、教育基金。国家主要是通过税收优惠、财政补贴补助、贷款贴息这些措施来鼓励支持。

除了有效地利用国内各种资源，尽可能地增加农业投入外，利用国外各种资源，大力引入外资，增加对农业的投入，改善农业生产条件，扩大农产品出口，也是各国农业发展的一个重要政策。我国引进外资取得了很大成绩，但主要是在工业方面，农业利用外资明显不足。所以《农业法》第四十一条第二款规定，国家采取措施，促进农业扩大利用外资。

《农业法》解读24
农业信息服务，农业灾害救助

现代社会是个信息化的社会，信息对于每一个人、每一个单位、每一项工作，对于经济社会的发展都很重要。同样，信息对于农业农村经济的发展也十分重要和关键。随着农业的进一步市场化，农业农村经济的发展已经离不开市场，也就离不开市场信息。目前出现的一边农产品难以卖出，一边消费者高价购买，农民收入水平低等等这样的问题，与农民掌握不了信息有很大的关系。只有及时、准确地掌握了市场信息，农民朋友们才能很快作出反应，适应市场的变化；只有更好地掌握了农业科技信息，农民朋友们才能更好地提高农业的效益。所以，《农业法》第四十二条规定，各级人民政府应当鼓励和支持企业事业单位及其他各类经济组织开展农业信息服务。

但是仅仅由企业单位、事业单位和各类经济组织开展信息服务还不够，需要政府和有关部门对开展农业信息服务进行组织、协调。所以，《农业法》要求农业部门和有关部门建立农业信息搜集、整理和发布制度，及时向农民和农业生产经营组织提供政策、市场和技术等信息服务。现在江西省农业厅开通的"12316"三农服务热线，农民朋友们可以通过打电话、发短信的办法，获得农资打假投诉、农业政策、技术咨询、农产品价格及供求查询等农业信息服务。江西省农业厅还开办了农村广播"惠农直播室"栏目，也为广大农民朋友提供农业信息服务。

我国是一个自然灾害多发的国家，像洪涝灾害、旱灾、风雹等，对农业生产的破坏大、影响大。政府除了要提供农业信息服务外，还要提供农业灾害救助服务。根据《农业法》第四十七条规定，各级人民政府应当采取措施，采用先进的技术，逐步完善灾情信息系统，建立科学的灾情管理制度，完善自然灾害预警系统，提高农业防御自然灾害的能力。在灾害发生后，立即动员和组织人力、物力、财力，进行抗灾工作。在灾情稳定后，帮助灾民恢复生产，组织生产自救，开展社会互助互济；对没有基本生活保障的灾民给予救济和扶持。如四川的两次地震，国家都第一时间组织进行了灾害救助。

《农业法》解读25
农业生产资料生产

现在投资农业不仅是人力劳动的投入，更多的是资金、物资和技术的投入，化肥、农药、农机、农用薄膜等农业生产资料的投资占了很大一部分。大量物资和技术投入，使农业的生产能力有了很大的提高，但也使农业生产的成本不断上涨。在市场上，各种商品价格会联动，提高了农产品的价格，又推动了农业生产资料价格的上涨。再加上每个农户经营的耕地面积小，生产出来的农产品数量不多，提高农产品价格增加的收入，减去上涨的生产资料成本，剩下不了多少，有时还会亏本。所以单单靠提高农产品价格还达不到增加农民收入的效果，需要采取相应的措施，通过政策的扶持和鼓励，来促进生产农业生产资料的农用工业的发展，降低农业生产资料的价格，减少农产品的生产成本，提高农产品竞争力，增加农民收入。出于这种考虑，《农业法》第四十三条规定，国家鼓励和扶持农用工业的发展，采取税收、信贷等手段鼓励和扶持农业生产资料的生产和贸易，为农业生产稳定增长提供物质保障。

近年来，由于石油的价格变动大，影响了以石油作为主要原料的农业生产资料工业的发展，使农业生产资料价格不断上涨，工农产品价格之间的"剪刀差"扩大。"剪刀差"，简单地讲，就是工业品价格和农产品价格相比较，工业品的价格高于价值，农产品价格低于价值所出现的差额。要理顺工业品和农产品的比价关系，逐步消灭"剪刀差"，需要国家加强宏观调控，大力扶持农业生产资料工业发展，提高生产效率，增加生产资料供应量，稳定市场价格。所以，《农业法》第四十三条第三款作出规定，国家采取宏观调控的措施，使化肥、农药、农用薄膜、农业机械和农用柴油等主要农业生产资料和农产品之间保持合理的比价。这里讲的宏观调控措施有加大对农业的投入、稳定农产品和农业生产资料价格等措施，还有像现在实行的农机购置补贴政策也可以起到调控作用。

《农业法》解读26
农业社会化服务

现在留在农村的大都是老人和小孩，青壮年劳动力基本上外出打工，就是留在农村的也不单是从事农业。这样的情况下，谁来种地？还有现在农业科技和农机发展很快，农民怎么掌握这些技术、使用这些农机？解决这些问题，需要发展农业社会化服务事业。

《农业法》第四十四条规定，国家鼓励供销合作社、农村集体经济组织、农民专业合作经济组织、其他组织和个人发展多种形式的农业生产产前、产中、产后的社会化服务事业。县级以上人民政府及其各有关部门应当采取措施对农业社会化服务事业给予支持。对跨地区从事农业社会化服务的，农业、工商管理、交通运输、公安等有关部门应当采取措施给予支持。

几年来的中央一号文件十分关注农业社会化服务问题，特别是

2014年的中央一号文件提出三个方面的措施：一是提高在乡镇建立的农业技术推广、动植物疫病防控、农产品质量监管等公共服务机构的能力，开展好农业公益性服务。支持学校、科研机构面向农村开展农业技术推广。二是支持农民合作社、专业服务公司、涉农企业等经营性服务组织，开展经营性服务。对这些机构参加公益性服务的给予奖励补助，或者是购买服务，符合条件的免营业税。三是通过专家大院、农村科技服务超市、庄稼医院、专业服务公司加合作社加农户、加快农业信息化等措施，创新服务的方法。总的来说，发展农业社会化服务事业，就是要能够实现农业产前、产中和产后的服务都社会化、市场化，农业整个生产过程都可以在市场上找到专门的机构来服务，自己不动手，也能把田种好。

提供农业社会化服务要双方自愿，不能强迫。《农业法》第七十四条规定，任何单位和个人向农民或者农业生产经营组织提供生产、技术、信息、文化、保险等有偿服务，必须坚持自愿原则，不得强迫农民和农业生产经营组织接受服务。对强迫农民和农业生产经营组织接受有偿服务的，根据《农业法》第九十六条的规定，由有关人民政府责令改正，并返还其违法收取的费用；情节严重的，给予直接负责的主管人员和其他直接责任人员行政处分；造成农民和农业生产经营组织损失的，依法承担赔偿责任。

《农业法》解读27

农村信贷

农业农村要发展，除了政府财政的投入、农民和农村集体的投入、社会资金的投入，很大一块要靠银行贷款投入，就是信贷。为农业农村经济发展提供信贷服务的银行金融机构主要有三类：以工商企业为主要对象的商业性金融机构,比如农业银行;主要为农户服务的合作金融机构,比如农村信用合作社;还有保证农副产品收购的政策性金融机构,比如农业发展银行。这些银行机构促进了农业农村经济的发展。但是,由于这些银行机构关系没有理顺,没有建立起合理的管理体制和良好的运行机制,还不能完全适应农村经济发展的需要。所以,《农业法》第四十五条第一款规定,国家建立健全农村金融体系,加强农村信用制度建设,加强农村金融监管。

由于农业的投资回报率低,银行信贷资金不愿意投向农业,造成农业信贷资金缺少。就是愿意提供支持,农业信贷范围也较小。在贷款品种上,短期流动资金多,对农业固定资产等方面的中长期贷款很少。随着农村规模种养业、农产品加工业和运输、销售行业的快速发展,农业对信贷资金的需要是十分迫切。要使农业增效、农民增收,一定要想办法增加银行信贷。所以,《农业法》第四十五条第二款要求有关金融机构应当采取措施增加信贷投入,改善农村金融服务,对农民和农业生产经营组织的农业生产经营活动提供信贷支持。

农村信用合作社是农村主要的信用信贷组织,在支持农业农村经济发展方面的作用十分重要,其他金融机构没有办法代替。但因为要考虑商业利益,信用社慢慢开始商业化操作,造成农村信用社的大量信贷资金投向了利润更高的其他产业,真正需要农村信用社支持的农户常常难以得到贷款。所以,《农业法》第四十五条第三款要求,农村信用合作社应当坚持为农业、农民和农村经济发展服务的宗旨,优先为当地农民的生产经营活动提供信贷服务。

要真正保证银行机构的信贷资金多投向投资回报率低的农业和农村,还要依靠国家的扶持措施。所以,《农业法》第四十五条第四款作出规定,国家应当通过贴息等措施,鼓励金融机构向农民和农业生产经营组织的农业生产经营活动提供贷款。

《农业法》解读28
农业保险

农民朋友们都有亲身体会,当种植的农作物、养殖的生猪鸡鸭等畜禽遭到灾害的时候,就会想到如果投了保险就好,可以弥补部分损失,不会亏得太大。

农业生产在很大程度上还是依靠自然环境,容易受到自然灾害和病虫害的影响,还是靠天吃饭,是一个高风险的产业。对于这种风险,经营规模不大的农民或者种养大户,包括家庭农场、农民专业合作社的抵抗能力都比较差。为了保护农业,抵御农业的高风险,世界上很多国家都对农业发展实施一系列的保障措施,农业保险是大多数国家普遍采用的一种重要方式。美国、日本、欧盟等发达国家都有一套比较成熟的农业保险制度,来保障农业生产稳定发展。我国的农业保险起步较晚,各方面的制度还不完善,存在保险业务发展慢、险种和业务量少、覆盖率低等问题。为了改变农业保险的这种现状,发挥好农业保险在保护农业发展中的作用,《农业法》第四十六条第一款规定,国家应当建立和完善农业保险制度。2012年10月,国务院出台了行政法规《农业保险条例》,从2013年3月1日起开始施行,通过专门法规的形式进一步完善农业保险制度。

农业保险风险较高,保险公司要赚钱就不愿意降低保险费,而农民因为农业本身收益不高,如果保险费高,会不愿意参加保险。解决这个问题,需要得到政府的支持。所以,《农业法》第四十六条第二款规定,国家逐步建立和完善政策性农业保险制度。鼓励和扶持农民和农业生产经营组织建立为农业生产经营活动服务的互助合作保险组织,鼓励商业性保险公司开展农业保险业务。也就是说农业保险有三类：政策性农业保险、互助合作保险、商业保险。

农业保险的目的，是保护农民和农业生产经营组织的利益。但是，农业保险是一种合同关系，要依法自愿。由于农民的经济状况承担不了保险费用，或者是农民不愿意参加保险的，任何单位和个人都不能利用行政权力、职务或者职业便利以及其他方式强迫、限制农民或者农业生产经营组织参加农业保险。所以，《农业法》第四十六条第三款明确农业保险实行自愿原则。任何组织和个人不得强制农民和农业生产经营组织参加农业保险。

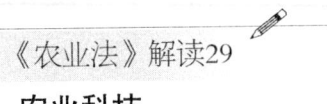

《农业法》解读29
农业科技

农业的出路，根本在科技、在教育。农业农村经济发展进入到新的阶段，农业科技和教育更加关键、更加重要。《农业法》用了专门一章共9条的内容来讲农业科技和农业教育。

我国是农业大国，由于农民普遍缺少科学文化知识，农业生产方式传统落后，严重制约了农业生产的发展。改革开放以后，农业正在实现由传统农业向现代农业、由粗放经营向集约经营、从只追求数量向提高质量、效益的转变。要实现好这种转变，需要更加重视农业科技、农业教育，对农业科技、农业教育有一个更大的投入，更好、更科学地发展。所以，《农业法》第四十八条明确要求国务院和省级人民政府应当制定农业科技、农业教育发展规划，发展农业科技、教育事业。

现在，科技兴农已成为实现农业可持续发展的强大动力，国务院和县级以上地方人民政府应当按照国家财政支持农业的有关规定逐步增加农业科技经费和农业教育经费。同时，还要通过多个渠道增加农业科技和农业教育的投资,国家应当鼓励、吸引企业等社会力量增加农业科技投入,鼓励农民、农业生产经营组织、企业事业单位等依法开展农业科技、教育事业。

提高农业科技水平,关键要加强农业科技研究,特别是基础研究和科技推广。国家要依据《农业法》第四十九条的规定,鼓励和引导农业科研、教育单位加强农业科学技术的基础研究和应用研究,传播和普及农业科学技术知识,加速科技成果转化与产业化,促进农业科学技术进步。

国家要保护植物新品种、农产品地理标志等农业科技成果和知识产权。进一步加强农业生物技术研究,运用生物技术培育植物新品种,开发农业优势产品,发展特色农业,培育具有自主知识产权的大型农业科技企业,带动农业产业升级,发展优质高效农业。

为了及时跟进国际最新的农业科技,国务院有关部门应当集中组织科研力量开展农业重大关键技术的科技攻关。在坚持自主开发的基础上,国家要采取适当的措施促进农业科技、农业教育的国际合作与交流,鼓励引进国外先进技术。

《农业法》解读30

农业技术推广

农业科技研究有了成果,有了实用技术,就要通过试验、示范、培训、指导、咨询服务等方式,把农业技术尽快应用到农业生产上去,这就是农业技术推广。

我国的农业技术推广体系是从无到有,再到全面推进,在农业技术引进、试验示范和推广应用等方面,发挥了重要的作用。《农业法》第五十条规定,国家扶持农业技术推广事业,建立政府扶持和市场引导相结合，有偿与无偿服务相结合，国家农业技术推广机构和社会力量相结合的农业技术推广体系，促使先进的农业技术尽快应用于农业生产。也就是讲，现在农业技术推广，有国家农业技术推广机构，就是我们经常讲的农技站，提供无偿服务；以及社会上的农业科研单位、学校、农民专业合作社、涉农企业、群众性科技组织，以及农民科技人员从事农技推广，提供有偿服务。

对国家农业技术推广机构，《农业法》第五十一条第一款规定，应当以农业技术试验示范基地为依托，承担公共所需的关键性技术的推广和示范等公益性职责，为农民和农业生产经营组织提供无偿农业技术服务。

为了保证国家农业技术推广机构正常开展工作，鼓励农技人员为农业服务，《农业法》第五十一条还规定，县级以上人民政府应当根据农业生产发展需要，稳定和加强农业技术推广队伍，保障农业技术推广机构的工作经费。各级人民政府应当采取措施，按照国家规定保障和改善从事农业技术推广工作的专业科技人员的工作条件、工资待遇和生活条件，鼓励他们为农业服务。

对于社会力量从事农业技术推广，《农业法》第五十二条规定，农业科研单位、有关学校、农民专业合作社、涉农企业、群众性科技组织及有关科技人员，可以提供无偿服务，也可以通过技术转让、技术服务、技术承包、技术咨询和技术入股等形式，提供有偿服务，取得合法收益。但同时明确规定，要提高服务水平，保证服务质量。

《农业法》第五十二条还规定，国家采取税收优惠、信贷优惠等措施，扶持农业科研单位、有关学校、农业技术推广机构举办的为农业服务的企业，鼓励、支持农民、供销合作社、其他企业事业单位等参与农业技术推广工作。

为了全面推进农业技术推广事业，国家还专门制定了《农业技术推广法》，对农业技术推广工作作了更全面、更明确的规定。

《农业法》解读31
农业教育

发展农业教育、提高农民朋友的科技文化素质，是发展现代农业的一条根本出路。农业教育包含了农业专业技术人员继续教育、在农村实施义务教育、发展农业职业教育、开展农民培训等方面的内容。

农业专业技术人员是我国农业技术推广的主力军。目前，我国农业技术推广工作存在的突出问题之一，就是农业专业技术人员的素质不高，制约了农业技术推广事业的发展。所以，《农业法》第五十三条规定，国家建立农业专业技术人员继续教育制度。县级以上人民政府农业行政主管部门应当会同教育、人事等有关部门制定农业专业技术人员继续教育计划，并组织实施。通过专业培训、定期进修等形式，培养一支有文化、懂技术的高素质的农业专业技术人员队伍。

教育是基础，劳动者的素质、各类人才的多少和质量往往决定了国家的强弱。我国大量人口在农村，而农村的教育又比较落后。所以，《农业法》第五十四条规定，国家在农村依法实施义务教育，并保障义务教育经费。国家在农村举办的普通中小学校教职工工资由县级人民政府按照国家的规定统一发放，校舍等教学设施的建设和维护经费由县级人民政府按照国家规定统一安排。按照《义务教育法》的规定，义务教育是九年制，小学6年，初中3年，这9年都是免缴学杂费。

我国每年都有不少农村初中、高中毕业生要从事农业，需要接受农业职业教育，还有正在从事农业的人员和其他准备从事农业的人员，也需要参加农业职业教育或培训，掌握知识、提高素质，来适用现代农业发展的需要。《农业法》第五十五条规定，国家发展农业职业教育。国务院有关部门应当按照国家职业资格证书制度的统一规定，开展农业行业的职业分类、职业技能鉴定工作，管理农业行业的职业资格证书。

农业发展进入新阶段以来，国家加快了农业技术推广，但农业科技成果的推广率还比较低，主要的原因是农民的科学技术素质比较低，接受和运用农业科技的能力还较差。为提高农民的文化科学技术素质，《农业法》第五十六条规定，国家采取措施鼓励农民采用先进的农业技术，支持农民举办各种科技组织，开展农业实用技术培训、农民绿色证书培训和其他农业就业培训，提高农民的文化技术素质。

《农业法》解读32
合理利用和保护自然资源和生态环境，保养耕地

农业对自然资源和环境的依赖性强，也对自然资源和环境影响很大。农业要实现可持续发展，也就是长远发展，就要处理好对自然资源和环境的开发利用和保护的关系。现在，农业发展和资源、环境的矛盾越来越突出，主要有三个方面的问题：一是农业的自然资源越来越少。现在全国实有耕地面积总量约为18.2亿亩，人均耕地面积由10多年前的1.58亩减少到1.38亩，为世界平均水平的40%。保障我国粮食自给自足需要耕地至少18亿亩，目前耕地的面积已经接近这个限度。水资源缺少更严重。我国人均拥有的水量大约是2000方，只相当于世界平均水平的四分之一。二是由于大量开垦森林、草原，引发水土流失，造成农业生产条件不断恶化。

三是工业废水、废气和固体废物以及化肥、农药的大量使用，使农业环境被严重污染。

为了解决这些问题，实现农业的可持续发展，保护农业资源和农业环境，《农业法》第五十七条规定，发展农业和农村经济必须合理利用和保护土地、水、森林、草原、野生动植物等自然资源，合理开发和利用水能、沼气、太阳能、风能等可再生能源和清洁能源，发展生态农业，保护和改善生态环境。县级以上人民政府应当制定农业资源区划或者农业资源合理利用和保护的区划，建立农业资源监测制度。

我国耕地资源非常缺少，土地的质量水平也比较低，后备资源也不富裕，中低产田占到全国耕地面积的三分之二，土壤肥力和土地质量还在下降，退化现象严重，需要及时采取措施，所以，国家号召要十分珍惜和合理利用每一寸土地。《农业法》第五十八条也规定，农民和农业生产经营组织应当保养耕地，合理使用化肥、农药、农用薄膜，增加使用有机肥料，采用先进技术，保护和提高地力，防止农用地的污染、破坏和地力衰退。县级以上人民政府农业行政主管部门应当采取措施，利用政策引导、经济支持、科技帮助等手段，支持农民和农业生产经营组织加强耕地质量建设，并对耕地质量进行定期监测。

《农业法》解读33

防治水土流失，保护森林和草原

水是生命之源，土是生存之本，水土资源是人类赖以生存和发展的基本条件，是农业发展的基础资源。水土资源又是有限的不可再生资源。我国不但水土资源十分缺少，而且还是世界上水土流失最为严重的国家之一，目前全国水土流失面积达356万平方公里，已超过国土面积的三分之一。严重的水土流失，威胁着国家生态安全、粮食安全。所以，《农业法》第五十九条规定，各级人民政府应当采取措施，加强小流域综合治理，预防和治理水土流失。从事可能引起水土流失的生产建设活动的单位和个人，必须采取预防措施，并负责治理因生产建设活动造成的水土流失。各级人民政府应当采取措施，预防土地沙化，治理沙化土地。国务院和沙化土地所在地区的县级以上地方人民政府应当按照法律规定制定防沙治沙规划，并组织实施。

通过保护林地和草地等措施，可以有效地治理水土流失和土地沙化，所以《农业法》第六十条、第六十一条和第六十二条就加强森林和草原保护等作出了明确规定。

第六十条规定，国家实行全民义务植树制度。各级人民政府应当采取措施，组织群众植树造林，保护林地和林木，预防森林火灾，防治森林病虫害，制止滥伐、盗伐林木，提高森林覆盖率。国家在天然林保护区域实行禁伐或者限伐制度，加强造林护林。

第六十一条规定，有关地方人民政府，应当加强草原的保护、建设和管理，指导、组织农（牧）民和农（牧）业生产经营组织建设人工草场、饲草饲料基地和改良天然草原，实行以草定畜，控制载畜量，推行划区轮牧、休牧和禁牧制度，保护草原植被，防止草原退化沙化和盐渍化。

第六十二条规定，禁止毁林毁草开垦、烧山开垦以及开垦国家禁止开垦的陡坡地，已经开垦的应当逐步退耕还林、还草。禁止围湖造田以及围垦国家禁止围垦的湿地。已经围垦的，应当逐步退耕还湖、还湿地。对于按规划要求实施退耕的农民，政府按照国家有关规定予以补助。对于违反第六十二条规定的行为，《农业法》第九十一条规定，要依照相关法律或者行政法规的规定予以处罚。

《农业法》解读34
渔业资源和农业生物物种资源保护

我们将从事鱼的养殖或捕捞这些生产经营活动叫渔业，在水中生存生活的生物就是渔业资源，包括野生的和人工饲养的。渔业对于促进农业和农村经济发展、提高农民收入、提供丰富的水产品有重要作用。但随着工业发展、人口增加、城市建设加快，大量工业废水和生活污水排进了鱼类生存的水体，还有大量集中捕捞，以及拦河筑坝、围湖造田等建设，使渔业资源减少和渔业水域生态环境恶化。为了保护渔业资源和生态环境，《农业法》第六十三条规定，各级人民政府应当采取措施，依法执行捕捞限额和禁渔、休渔制度，增殖渔业资源，保护渔业水域生态环境。国家引导、支持从事捕捞业的农（渔）民和农（渔）业生产经营组织从事水产养殖业或者其他职业，对根据当地政府统一规划转产转业的农（渔）民予以补助。比如，江西就规定鄱阳湖每年从3月20日到6月20日实行全湖范围禁渔，禁止捕捞，还有每年全省各地会大量投放鱼苗，进行增殖放流。

我国国土辽阔，气候多样，地质复杂，生物的多样性丰富。但由于人口的快速增长和经济建设的高速发展，各种污染破坏了生物的生存环境，使丰富的生物物种不断减少，再加上外来生物和转基因生物的威胁，很多生物接近灭绝。为了保护生物多样性，建设人与自然和谐的环境，《农业法》第六十四条第一款规定，国家建立与农业生产有关的生物物种资源保护制度，保护生物多样性，对稀有、濒危、珍贵生物资源及其原生地实行重点保护。这里所说的稀有、濒危、珍贵生物，是指列入国家重点保护名录的生物物种。其中的珍贵生物,是指具有较高科学研究价值的生物。并且规定从境外引进生物物种资源应当依法进行登记或者审批,并采取相应安全控制措施。

现今,大家很关注农业转基因生物。农业转基因生物,是指利用基因工程技术改变基因组构成,用于农业生产或者农产品加工的动植物、微生物及其产品。农业转基因生物可能会对人类和生态环境有一定的危险或者潜在风险。所以,《农业法》第六十四条第二款规定,从事农业转基因生物的研究、试验、生产、加工、经营及其他应用,必须按规定严格实行各项安全控制措施。

《农业法》解读35
防治农业生态环境污染

农业本身对生态环境有影响,工业生产排放的三废(废水、废气和固体废弃物)对农业生态环境也会造成污染,怎样防治农业环境污染,《农业法》作了明确规定。

农业生产要防治动植物病虫害,但使用哪些农药、兽药,怎样合理安全使用,才不会危害农业生态环境,《农业法》第六十五条第一款作了规定,各级农业行政主管部门应当引导农民和农业生产经营组织采取生物措施或者使用高效低毒低残留农药、兽药,防治动植物病、虫、杂草、鼠害。生物措施就是采取对环境没有污染,包括对农作物、畜牧、土壤以及人类本身都没有污染的措施来防治动植物病虫害。比如利用害虫的天敌以虫治虫,就是一种生物措施。当然,这种方法不能包治百病,在农业生产中,适当地利用农药、兽药以保证农业增产和消灭某些病害也很有必要。但是大量、长期地使用农药、兽药,会污染空气、水、土壤和食物,特别是高毒、高残留农药的使用会引起农产品质量安全事件,会危害人们的健康。所以,大家都要尽量使用生物措施防治病虫害,就算要使用农药、兽药,也应当使用高效低毒、低残留的农药和兽药。

对于种植业中的农作物秸秆,目前的处理办法主要是焚烧,不仅污染环境,还常引发火灾,又造成浪费,其经处理可作为一种清洁燃料。《农业法》第六十五条第二款规定,农产品采收后的秸秆及其他剩余物质应当综合利用,妥善处理,防止造成环境污染和生态破坏。对于畜牧业中的粪便、废水等的处理,第六十五条第三款也作了规定,从事畜禽等动物规模养殖的单位和个人应当对粪便、废水及其他废弃物进行无害化处理或者综合利用,从事水产养殖的单位和个人应当合理投饵、施肥、使用药物,防止造成环境污染和生态破坏。

对于"三废",《农业法》第六十六条规定,县级以上人民政府应当采取措施,督促有关单位进行治理,防治废水、废气和固体废弃物对农业生态环境的污染。排放废水、废气和固体废弃物造成农业生态环境污染事故的,环保部门或农业部门应当依法调查处理;给农民和农业生产经营组织造成损失的,有关责任者应当依法赔偿。

《农业法》解读36

禁止乱收费、乱罚款、乱摊派、乱集资、乱征税

党和国家十分重视保护农民权益,《农业法》第九章有十二条内容专门讲农民权益保护。

对治理"乱收费",《农业法》第六十七条第一款规定,任何机关或者单位向农民或者农业生产经营组织收取行政、事业性费用必

须有法律、法规的规定。收费的项目、范围和标准应当公布。没有法律、法规依据的收费，农民和农业生产经营组织有权拒绝。

对治理"乱罚款"，第六十七条第二款规定，任何机关或者单位对农民或者农业生产经营组织进行罚款处罚必须有法律、法规、规章的规定。没有法律、法规、规章依据的罚款，农民和农业生产经营组织有权拒绝。

对治理"乱摊派"，第六十七条第三款规定，任何机关或单位不得以任何方式向农民或者农业生产经营组织进行摊派。除法律、法规另有规定外，任何机关或者单位以任何方式要求农民或者农业生产经营组织提供人力、财力、物力的，属于摊派。农民和农业生产经营组织有权拒绝任何方式的摊派。

对违法向农民或者农业生产经营组织收费、罚款、摊派的，《农业法》第九十三条规定，上级主管机关应当予以制止，并予公告；已经收取钱款或者已经使用人力、物力的，由上级主管机关责令限期归已经收取的钱款或者折价偿还已经使用的人力、物力，给予直接负责的主管人员和其他直接责任人员行政处分；情节严重，构成犯罪的，依法追究刑事责任。

对治理"乱集资"，《农业法》第六十八条规定，各级人民政府及其有关部门和所属单位不得以任何方式向农民或者农业生产经营组织集资。没有法律、法规依据或者未经国务院批准，任何机关或者单位不得在农村进行任何形式的达标、升级、验收活动。非法进行集资、达标、升级、验收活动的，责令停止违法行为，给予直接负责的主管人员和其他直接责任人员行政处分，退还违法收取的集资款或者费用。

对治理"乱征税"，《农业法》第六十九条规定，农民和农业生产经营组织依照法律、行政法规的规定承担纳税义务。征税单位要依法征税，不得违法摊派税款及以其他违法方法征税。以违法方法向农民征税的，责令停止违法行为，给予直接负责的主管人员和其他直接责任人员行政处分，退还违法收取的税款。

《农业法》解读37
禁止通过农村中小学向农民乱收费

对农村中小学义务教育的收费问题。《义务教育法》对义务教育收费作了规定，《农业法》对农村义务教育收费也作了规定。

国家对农村义务教育收费很重视，一直在加大力度治理乱收费现象。但目前农村中小学义务教育还存在不少乱收费现象：一是一些学校自己制定收费项目、收费标准，比如保安费、建校费、维修费、试卷费、建档费等；二是提高收费标准、扩大收费范围，比如有的学校，不管学生是不是住校，都收取住宿费；三是继续收取国家明令取消的收费，比如补习费、补课费、杂志刊物费、转学费、学籍费等；四是作业本过多，价格过高；五是强制学生接受有偿服务，比如强制学生交钱参加各种课外辅导和特长班等；六是代收费的名目多。比如代收取作业本费、电教费、文体活动费、电影费等。

对农村中小学校义务教育收费，《农业法》第七十条规定，农村义务教育阶段，学校必须严格按照国务院的规定收费，不得超出国务院规定的标准和规定的范围收费、不得擅自加项加价。没有国务院的规定，不得向农民和学生收取其他费用。从2007年开始，国家就免除了农村中小学义务教育阶段的学杂费、教科书费，还对寄宿生生活费给予补助。

《农业法》第七十条还规定，禁止任何机关或者单位通过农村中小学校向农民收费。除国务院另有规定外，农村中小学校一律不得代收其他任何费用，各地规定的其他代收费项目应当一律取消。

这是因为，一些地方人民政府和有关部门为了避免直接违反乱收费规定，就采取变相乱收费的办法。另外，向学校摊派的问题也比较突出：一是保险公司通过学校强行要求学生保险；二是摊派党报党刊和一些学生课外读物和辅导教材；三是少数地方修路、建自来水厂、改造电路等基础设施也向农村中小学校摊派并进而向学生收钱。

对于违反《农业法》第七十条规定，通过农村中小学校向农民超额、超项目收费的，根据《农业法》第九十四条的规定，由上级主管机关责令停止违法行为，并给予直接负责的主管人员和其他直接责任人员行政处分，责令退还违法收取的费用。

《农业法》解读38
保护被征地农民合法权益

现在，城市建设、工业园建设、公路铁路水利建设都要占用土地，需要征收农民集体所有的土地。在征地中，怎么保护农民和农村集体经济组织合法的权益不受损害，特别是征地的补偿问题，大家都很关注。《农业法》对这个问题也作了规定。

《农业法》第七十一条规定，国家依法征收农民集体所有的土地，应当保护农民和农村集体经济组织的合法权益，依法给予农民和农村集体经济组织征地补偿，任何单位和个人不得截留、挪用征地补偿费用。

按照《土地管理法》的规定，农民集体所有的土地的范围，包括农村和城市郊区的土地，还有宅基地和自留地、自留山。一般来讲，农村和城市郊区的土地都属于农民集体所有，但是法律规定属于国家所有的，就属于国家所有。

《土地管理法》对征收农民集体所有的土地规定了一定的程序。

第四十七条还对征地的补偿费用标准作了明确规定。征收土地的，按照被征收土地的原来用途给予补偿。征收耕地的补偿费用包括土地补偿费、安置补助费以及地上附着物和青苗的补偿费。征收耕地的土地补偿费，为该耕地被征收前三年平均年产值的六至十倍。征收耕地的安置补助费，按照需要安置的农业人口数计算。需要安置的农业人口数，按照被征收的耕地数量除以征地前被征收单位平均每个人占有耕地的数量计算。每一个需要安置的农业人口的安置补助费标准，为该耕地被征用前三年平均年产值的四至六倍。

征收其他土地的土地补偿费标准、安置补助费标准，被征用土地上的附着物和青苗的补偿费标准，由省、自治区、直辖市规定。按照《江西省实施〈中华人民共和国土地管理法〉办法》规定，本省征用宅基地的土地补偿费，比照邻近耕地前3年平均年产值的4至5倍计算，征用荒山、荒地及其他土地的土地补偿费，比照邻近耕地前3年平均年产值的2至3倍计算；征用其他土地的安置补助费，比照邻近耕地前3年平均年产值2倍至4倍计算；征用城市郊区的菜地，或者征用精养鱼塘的，还应当按规定缴纳新菜地开发建设基金和精养鱼塘开发基金。

征地补偿费用要按照规定发给村集体和农民，对违法截留、挪用征地补偿费用的，《农业法》第九十一条规定，依照相关法律或者行政法规的规定处罚。

《农业法》解读39
关于向村民筹资筹劳和村务公开的规定

现在农村的新农村建设、农田水利设施建设、修建公路等，国家会有补助，但主要的建设资金还是靠村集体投入，特别是在取消乡统筹和村提留后,要靠农民出钱出力、筹资筹劳。为防止在筹资筹劳方面增加农民负担,《农业法》作了明确规定。

《农业法》第七十三条第一款对农村集体经济组织或者村民委员会向其成员(村民)筹资筹劳的程序作了严格规定。明确只有发展生产或者兴办公益事业才可以筹资筹劳。比如农田水利基本建设、植树造林、修建村组道路等集体生产、公益事业。规定农村集体经济组织向其成员筹资筹劳的或者村民委员会向其村民筹资筹劳的,应当经过成员(村民)会议或者成员(村民)代表会议过半数通过后才可以进行。

村民会议,是指本村年龄达到了十八周岁以上的村民参加的会议,或者是每家每户派代表参加的会议。村民代表会议,一般是村里人多,召开村民会议很难,就由几户农户选出一个代表,由这些代表参加会议。不管是村民会议还是村民代表会议,一定要超过半数的人同意才能筹资筹劳。

《农业法》第七十三条第二款还规定了筹资筹劳的标准,农村集体经济组织或者村民委员会依照前款规定筹资筹劳的,不得超过省级以上人民政府规定的上限控制标准,禁止强行以资代劳。按照《江西省农民负担监督管理条例》的规定,筹资的对象是本村户籍在册人口或者所议事项受益人口,筹劳的对象是18~60周岁的男性劳动力、18~55周岁的女性劳动力。筹资筹劳要群众自愿、量力而行。农民愿意出工的,就不能强迫农民交钱来代替出工。根据《农业法》第九十五条的规定,强迫农民以资代劳的,由乡(镇)人民政府责令改正,并退还违法收取的资金。

为了加强村集体事务的民主管理、民主监督,《农业法》第七十三条第三款规定,农村集体经济组织和村民委员会对涉及农民利益的重要事项,应当向农民公开,并定期公布财务账目,接受农民的监督。也就是我们平时就知道的村务、财务公开。按照《村民委员会组织法》的规定，涉及村民利益的事，包括村集体的财务、土地承包经营、征地补偿费的使用分配、村集体财产的处理、救灾救助资金物资的管理使用等，都要公布，每个季度最少公布一次，重大的事情要随时公布。

《农业法》解读40
农资质量纠纷赔偿

化肥、种子、农药、农机、饲料等农业生产资料，直接关系到农业生产的发展和农产品的质量安全，关系农业生产者的切身利益。随着农业生产的发展，农业生产资料使用量每年都在增加，对质量要求也越来越高。近几年农业生产资料质量，出现产品有效成分含量低、不达标，产品标签标注成分与实物不符，生产没有标准、粗制滥造等问题，对农业生产造成了直接的损失。

出现假劣农资，农民要追究农资生产的厂家的责任，有一定的困难。因为：一是有的产品包装上根本没有按照国家规定标明生产厂商，不知道追查哪个；二是有些产品是假冒正规厂家的产品，扰乱了正常的市场秩序，让人找不到真正的生产地点；三是产品生产厂家一般与使用者距离远，使用者要追究责任、维护权益要花更多的钱，还不一定能得到赔偿。既然找生产厂家困难，那可否直接找经销商索赔呢，答案是肯定的。《农业法》第七十六条规定，农业生产资料使用者因生产资料质量问题遭受损失的，出售该生产资料的经营者应当予以赔偿。从销售环节控制不合格农业生产资料是比较可行的。因为一般的农业生产资料经营者都有较为固定的经营场所，而且使用者与经营者一般都在同一个地方。且经营者与使用者之间直接买卖，没有中间环节，比较容易分清责任。

那找经营者索赔,该向经营者索赔多少钱合适呢?《农业法》第七十六条规定,经营者的赔偿额包括购货价款、有关费用和可得利益损失。购货价款是指使用者购买农资产品实际支付的货款,要以发票、收据或者其他证明为依据。有关费用,包括购买、使用该农资产品的支出,比如买农资的来回交通费,还有对农资质量鉴定的检验费等。可得利益损失,是指如果使用合格农资、没有造成损失,可以得到的经济利益。这里我们要提醒农民朋友们注意,购买农资,一定要让销售商开具发票或者收据,这样的话,万一出现质量问题时,索赔就不会有争议了。

《农业法》解读41
农民维护自身合法权益的途径

农民朋友们在碰到自己的合法权益受到侵害的时候,可以采取什么办法来维护呢?

《农业法》第七十七条规定,农民或者农业生产经营组织为维护自身的合法权益,有向各级人民政府及其有关部门反映情况和提出合法要求的权利,人民政府及其有关部门应当按照有关法律、法规和规章的规定,认真对待农民或者农业生产经营组织反映的情况和提出的合理要求,按照国家的有关政策及时给予答复,切实解决。

农民向各级人民政府及其有关部门反映情况和提出合法要求,一方面可以解决自己的问题,另一方面也可以促进有关部门改进工作,做好服务。

除了上面讲的办法外,《农业法》第七十八条也对维护农民合法权益的办法作了规定。第一款规定,违反法律规定,侵犯农民权益的,农民或者农业生产经营组织可以按照《行政复议法》的规定申请行政复议，有关人民政府及其有关部门应当根据国家有关规定受理。比如，农民朋友对行政机关作出的罚款、没收违法所得、吊销许可证或者执照等行政处罚决定，包括查封、扣押等行政强制措施不服的时候，就可以向这个行政机关的上一级行政机关依法申请行政复议，要求撤销或者修改。

农民或者农业生产经营组织认为合法权益受到侵害的时候，还可以按照规定向人民法院提起诉讼，也就是向法院告状。人民法院应当按照规定，依法及时予以受理。

这里要提醒大家，申请行政复议和向法院提起诉讼有时间上的限制，要在一定时间内提出才合法、有效，超过了这个时间是不会受理的。

农民自身的经济、社会条件有限，相对来讲，处于弱势地位。为了能够真正保护好农民朋友的合法权益，《农业法》第七十八条第二款规定，人民法院和司法行政主管机关应当依照有关规定为农民提供法律援助。法律援助是对经济困难的人免费提供法律服务。现在各个县都有法律援助中心，当遇到合法权益受到侵犯的时候，农民朋友可以到县里的法律援助中心找律师来帮助。符合规定的条件的，法律援助中心的律师可以免费帮你打官司。向法院告状，要交纳诉讼费用，按照有关规定，确有困难的，可以向法院申请缓交、减交或者免交。

《农业法》解读42
发展农村经济

我们不仅是要发展农业，还要全面发展农村经济。

《农业法》第七十九条提出，国家应当坚持城乡协调发展的方针,扶持农村第二、第三产业发展,调整和优化农村经济结构,增加农民收入,促进农村经济全面发展,逐步缩小城乡差别。这个规定是发展农村经济的基本规定,讲了发展的方针和措施。发展农村经济的目的,就是城乡协调发展,缩小城乡差别,既注重城市的发展,更要重视农村的发展。要通过发展农村的工业、服务业,来调整和优化农村的经济结构、增加农民的收入。

乡镇企业主要是工业、建筑业、服务业这些第二、第三产业,在乡村办厂,主要是农民或者村集体投资。乡镇企业可以解决农民就业、就地转移农村富余劳动力、支持农业发展。所以,《农业法》第八十条规定,各级人民政府应当采取措施,发展乡镇企业,支持农业的发展,转移富余的农业劳动力。国家还应当完善乡镇企业发展的支持措施,引导乡镇企业优化结构,更新技术,提高素质。

国家提出要推动城镇化、走新型城镇化道路。其中小城镇建设就是城镇化的重点。《农业法》第八十一条规定,县级以上地方人民政府应当根据当地的经济发展水平、区位优势和资源条件,按照合理布局、科学规划、节约用地的原则,有重点地推进农村小城镇建设。地方各级人民政府应当注重运用市场机制,完善相应政策,吸引农民和社会资金投资小城镇开发建设,发展第二、第三产业,引导乡镇企业相对集中发展。

不论是发展乡镇企业,还是推进小城镇建设,都能有效地引导农村富余劳动力转移。但国家应当加强引导,努力实现农村劳动力的合理、有序流动,所以,《农业法》第八十二条规定,国家应当打破城乡分割体制,采取措施引导农村富余劳动力在城乡、地区间合理有序流动。国家依法保护进入城镇就业的农村劳动力的合法权益。地方各级人民政府不得设置不合理限制,已经设置的应当取消。要保护进入城镇就业的农村劳动力的合法权益,不但要保护他们的土地承包经营权,还要保护他们的平等就业、取得劳动报酬、享受社会保险和福利、休息休假、接受技能培训等方面的权利。

《农业法》解读43
农村社会救济和医疗保障

《农业法》第八十三条规定,国家逐步完善农村社会救济制度,保障农村五保户、贫困残疾农民、贫困老年农民和其他丧失劳动能力的农民的基本生活。农村五保户、贫困残疾农民、贫困老年农民和其他丧失劳动能力的农民,如果没有国家保障,基本生活都难保证,所以国家对这些人要给予帮助,给予救济。我国的农村社会救济主要有五保户供养、对贫困人口的救济、自然灾害救助、对残疾人的扶助,还有农村最低生活保障制度。五保户,是村民中符合"特定条件"的老年人、残疾人和未成年人。"特定条件"是指没有劳动能力、没有生活来源并且没有法定的抚养人或者虽有法定的抚养人,但抚养人没有抚养能力。有人抚养的话,就不算五保户。国家对五保户在吃、穿、住、医、葬方面会照顾和帮助,一般是在敬老院集中供养。五保对象为未成年人的,还要送他们到学校接受义务教育。最低生活保障是政府为家庭人均纯收入低于当地最低生活保障标准的农村贫困群众,按最低生活保障标准,提供维持其基本生活的帮助。只要符合条件,都可以给予最低生活保障。现在社会救济还有很多不完善的地方,救济对象较少,救济水平还比较低,需要逐步完善。

受条件的限制,农民看病贵、看病难,一些农民因病导致贫困。为了解决这个问题,《农业法》第八十四条规定,国家鼓励、支持农民巩固和发展农村合作医疗和其他医疗保障形式,提高农民健康水平。现在我国实行的新型农村合作医疗，是由政府组织、引导、支持，农民自愿参加，个人缴费、集体扶持和政府资助，以大病统筹为主的农民医疗互助共济制度。这几年来，农民朋友基本上都参加了新型农村合作医疗，减轻了看病费用负担。

除了农村合作医疗外，国家还有对农村贫困家庭的医疗救助，开展农村妇女、幼儿和老年保健活动，进行农村疾病预防控制，还有商业医疗保险。

政府通过两种方式支持农村合作医疗和医疗救助：一是各级财政根据实际需要和财力情况安排医疗补助和医疗救助资金；二是中央财政通过专项转移支付，对贫困地区的贫困农民家庭医疗救助给予支持。

《农业法》解读44
扶贫开发

农村的贫困问题，党和国家很重视，改革开放以来，国家一直在推进扶贫开发。《农业法》对农村扶贫开发也作了规定。

《农业法》第八十五条第一款规定，国家扶持贫困地区改善经济发展条件，帮助进行经济开发。省级人民政府根据国家关于扶持贫困地区的总体目标和要求，制定扶贫开发规划，并组织实施。从二十世纪八十年代开始，我国就在全国范围内开展有组织、有计划、大规模的扶贫工作，取得了极大的成就，1978年全国贫困人口2.5亿人，到2010年减到了2688万人。现在国家继续推进农村的扶贫开发，出台了从2011年到2020年十年的农村扶贫纲要，各省级政府根据纲要也出台了十年的扶贫开发规划。

对农村扶贫开发的方针和措施，《农业法》第八十五条第二款规定，各级人民政府应当坚持开发式扶贫方针，组织贫困地区的农民和农业生产经营组织合理使用扶贫资金，依靠自身力量改变贫穷落后面貌，引导贫困地区的农民调整经济结构、开发当地资源。扶贫开发应当坚持与资源保护、生态建设相结合，促进贫困地区经济、社会的协调发展和全面进步。

为了保证农村扶贫开发资金的投入，《农业法》第八十六条第一款规定，中央和省级财政应当把扶贫开发投入列入年度财政预算，并逐年增加，加大对贫困地区的财政转移支付和建设资金投入。中央的扶贫资金主要包括支援经济不发达地区的发展资金、农业建设专项补助资金、新增财政扶贫资金、以工代赈资金、扶贫专项贷款。省级财政的扶贫投入主要有与国家扶贫资金相配套的省级扶贫资金、省级财政自己安排的扶贫资金。

国家还鼓励社会资金投入扶贫开发，《农业法》第八十六条第二款规定，鼓励和扶持银行、保险公司、信托投资公司、证券公司等金融机构，其他企业事业单位和个人投入资金支持贫困地区开发建设。

为了保证扶贫资金专款专用，《农业法》第八十六条第三款规定，禁止任何单位和个人截留、挪用扶贫资金。审计机关应当加强扶贫资金的审计监督。对于违反规定，截留、挪用扶贫资金的，依据《农业法》第九十二条规定，由上级主管机关责令限期归还被截留、挪用的资金，没收非法所得，并由上级主管机关或者所在单位给予直接负责的主管人员和其他直接责任人员行政处分；构成犯罪的，依法追究刑事责任。

《农业法》解读45
执法监督

目前,我国现行的农业行政管理体制还没有完全消除计划经济的色彩,部门分割和管理脱节问题还存在。所以,《农业法》第八十七条第一款规定,县级以上人民政府应当采取措施逐步完善适应社会主义市场经济发展要求的农业行政管理体制。第二款同时明确农业行政主管部门和有关行政主管部门应当加强规划、指导、管理、协调、监督、服务职责,依据有关农业法律、法规的规定,行使法律赋予的行政监督检查权,做到公平执法、公正执法,维护法律的尊严。

针对农业执法普遍存在政事不分、执法力量分散、多头执法、执法扰民、效率不高等问题,《农业法》第八十七条第三款规定,县级以上地方人民政府农业行政主管部门应当在其职责范围内健全行政执法队伍,实行综合执法,提高执法效率和水平。现在农业综合执法体系已在全国范围内建立起来,99%的县有农业综合执法大队,80%的地级市有农业综合执法支队。

为了加大对违反农业法律、法规行为的查处力度,提高执法效率,有效地打击农业违法行为,《农业法》第八十八条第一款赋予了执法人员必要的监督检查手段,规定县级以上人民政府农业行政主管部门及其执法人员履行执法监督检查职责时,有权要求被检查单位或者个人说明情况,提供有关文件、证照、资料;有权责令被检查单位或者个人停止违反本法的行为,履行法定义务。

为了防止农业行政执法人员滥用权力,也为了保证农业执法的严肃,《农业法》第八十八条第二款规定,农业行政执法人员在履行监督检查职责时，应当向被检查单位或者个人出示行政执法证件，遵守执法程序。有关单位或者个人应当配合农业行政执法人员依法执行职务，不得拒绝和阻碍。

为了防止农业部门及其工作人员既当运动员又当裁判员，《农业法》第八十九条规定，农业行政主管部门与农业生产、经营单位必须在机构、人员、财务上彻底分离。农业行政主管部门及其工作人员不得参与和从事农业生产经营活动。违反规定的，依据《农业法》第九十七条规定，依法给予行政处分；构成犯罪的，依法追究刑事责任。

第二章
种子管理法律法规解读

种子管理法律法规解读1
立法目的

农作物种子是农业生产最基本的生产资料，直接关系到农业生产和农民增收，非常重要。我们先来了解一下农作物种子管理方面都有哪些法律法规规章。

我国出台了1部种子管理方面的法律——《中华人民共和国种子法》（以下简称《种子法》）；农业部出台了13部规章，主要有《主要农作物范围规定》《农作物种子生产经营许可管理办法》《主要农作物品种审定办法》《农作物种质资源管理办法》《农作物种子标签管理办法》《农作物商品种子加工包装规定》等；江西省出台了1部地方性法规——《江西省农作物种子管理条例》。这些法律法规规章以《种子法》作为基础，对农作物品种选育和种子的生产、经营、使用等方面作了规定。我们在学习的时候就以《种子法》为基础，结合其他法规规章来讲。《种子法》是2000年第九届全国人大常委会第十六次会议通过，2004年、2013年作了修正。《江西省农作物种子管理条例》是2005年江西省第十届人大常委会第十四次会议通过的。

制定《种子法》和其他相关法规规章的目的，就是为了保护和合理利用种质资源，规范品种选育和种子生产、经营、使用行为，维护品种选育者和种子生产者、经营者、使用者的合法权益，提高种子质量水平，推动种子产业化。最终的目的还是为了促进种植业和林业的发展。

按照《种子法》的规定，在我国境内从事品种选育和种子生产、经营、使用、管理等活动，都要遵守《种子法》。《江西省农作物种子管理条例》只是在江西省范围内有效。这里要注意一点，《种子法》讲的种子包括农作物种子和林木种子。《江西省农作物种子管理条例》讲的种子只是农作物种子，不包括林木种子。对农作物种子工作的管理，按照规定是由各级农业部门主管。

国家对种业的发展高度重视、加大扶持。扶持种质资源保护工作和选育、生产、更新、推广使用良种，鼓励品种选育和种子生产、经营相结合，奖励在种质资源保护工作和良种选育、推广等工作中成绩显著的单位和个人。

县级以上人民政府还要根据科教兴农方针和种植业发展的需要制定农作物种子发展规划，并按照国家有关规定在财政、信贷和税收等方面采取措施保证规划的实施。

国务院和省级人民政府要设立专项资金，扶持良种选育和推广。

种子管理法律法规解读2
农作物种子的概念，主要农作物范围

按照《种子法》第二条第二款的规定，种子是指农作物和林木的种植材料或者繁殖材料，包括籽粒、果实、根、茎、苗、芽、叶、花等。农作物种子也就是农作物的种植或繁殖的材料，只要能够用于种植或繁殖的籽粒、果实、根、茎、苗、芽、叶、花等，都是农作物种子。我国的农作物包括哪些种类呢，根据2001年2月26日农业部第51号令发布的《主要农作物范围规定》第一条的规定，

农作物包括粮食、棉花、油料、麻类、糖料、蔬菜、果树（核桃、板栗等干果除外）、茶树、花卉（野生珍贵花卉除外）、桑树、烟草、中药材、草类、绿肥、食用菌等作物以及橡胶等热带作物。

从对生产生活的重要性来说，农作物又分为主要农作物和非主要农作物，《种子法》第七十四条第三项规定：主要农作物是指稻、小麦、玉米、棉花、大豆以及农业部和省级农业部门各自分别确定的其他一至二种农作物。农业部《主要农作物范围规定》第二条确定了油菜、马铃薯为全国主要农作物。在上述这七个全国主要农作物之外，江西省没有另外确定其他农作物为主要农作物。需要说明的是，江西省曾经依据《江西省主要农作物范围规定》，确定辣椒、西瓜为本省主要农作物，但2010年11月30日发布的江西省农业厅第34号公告决定取消了这两个主要农作物。所以，在江西省主要农作物范围就是国家确定的主要农作物范围，共七类，分别是稻、小麦、玉米、棉花、大豆、油菜、马铃薯。

与人种分黄种人、白种人、黑种人、棕种人一样，根据形态特征和遗传性状等生物学特性，种子也分为不同的品种。

按照种子世代类别，通俗讲就是按种子的"辈分"来划分，农作物种子可分为育种家种子、原种、杂交亲本种子、大田用种。依据种子的来源及选育方法的不同，种子的品种可分为常规种和杂交种。常规种是指能够自我繁殖、遗传性状稳定的种子，可以重复多代使用，种植者可以留种自用。如有的农民自家种植收获后留作用种的就是常规种。杂交种是指用两个强优势亲本杂交而成的杂种第一代种子，它在繁殖力、产量和品质上比其亲本优越，但后代会失去优质遗传特性，只能使用一代，不能两次做种，种植者不能留种自用，必须由专人专门进行制种。

种子管理法律法规解读3
种质资源保护

首先来了解一下什么是农作物种质资源。农作物种质资源是指选育农作物新品种的基础材料，包括农作物的栽培种、野生种和濒危稀有种的繁殖材料，以及利用上述繁殖材料人工创造的各种遗传材料，包括果实、籽粒、苗、根、茎、叶、芽、花、组织、细胞和DNA、DNA片段及基因等有生命的物质材料。

农作物种质资源关系到种子的发展水平，关系到种植业的发展水平，是实现农业可持续发展、保障国家粮食安全的战略性资源。为加强对种质资源的保护和利用，《种子法》专门用了一章来规定，农业部也出台了专门的规章《农作物种质资源管理办法》。主要有三个方面的规定：

一是加强对种质资源的保护。《种子法》第八条规定，国家依法保护种质资源，任何单位和个人不得侵占和破坏种质资源。禁止采集或者采伐国家重点保护的天然种质资源，主要是指列入国家重点保护野生植物名录的野生种、野生近缘种、濒危稀有种和保护区、保护地、种质圃内的农作物种质资源。因科研等特殊情况需要采集或者采伐的，应当经农业部或者省级农业部门批准。没有批准私自采集或者采伐国家重点保护的天然种质资源的，由农业部门依据种子法第六十一条第三项规定没收种子和违法所得，并处以违法所得一倍以上三倍以下罚款；没有违法所得的，处以一千元以上二万元以下罚款；构成犯罪的，依法追究刑事责任。

二是加强对种质资源的利用。《种子法》第九条规定，国家有计划地收集、整理、鉴定、登记、保存、交流和利用种质资源，定期公布可供利用的种质资源目录。农业部应当建立国家种质资源库，省级农业部门可以根据需要建立种质资源库、种质资源保护区或者种质资源保护地。

三是规范种质资源的交流。《种子法》第十条规定，国家对种质资源享有主权，未经农业部批准，任何单位和个人不得向境外提供种质资源；从境外引进种质资源的，经检疫合格后报农业部批准办理。没有经过农业部批准，向境外提供或者从境外引进种质资源的，由农业部或省级农业部门依据《种子法》第六十三条的规定，没收种质资源和违法所得，并处以一万元以上五万元以下罚款。

种子管理法律法规解读4
农作物品种选育

农作物品种是指经过人工选育或者发现并经过改良，形态特征和生物学特性一致，遗传性状相对稳定的农作物植物群体。选育是指通过选种选配、品系繁育、改善培养条件等措施，以提高品种性能的一种方法。

国家高度重视品种选育，要求农业部和有关部门组织有关单位进行农作物品种选育理论、选育技术和选育方法的研究，并鼓励和支持单位和个人从事良种选育和开发。

对品种选育保护加大力度，实行植物新品种保护制度。对经过人工培育的或者发现的野生植物加以开发的植物品种，具备新颖性、特异性、一致性和稳定性的，授予植物新品种权，并且国务院制定了《中华人民共和国植物新品种保护条例》，2012年农业部第2号令配套发布了《农业植物品种命名规定》，以便切实保护植物新品种权所有人的合法权益。《农业植物品种命名规定》提到，一个农业植物品种只能使用一个名称；以同一名称提出相关申请的，名称授予先申请的品种，后申请的应当重新命名；同日申请的，名称授予先完成培育的品种，后完成培育的应当重新命名。选育的品种得到推广应用的，国家将依法保障育种者依法获得的经济利益。

《江西省农作物种子管理条例》第八条还规定，农业部门应当根据农作物种子发展规划，组织有关单位开展农作物品种选育工作，制定良种推广计划，每年至少公布一次推广品种名录。第八条第二款同时规定，除在本地建立农作物专业化育种基地外，省和有条件的设区的市农业部门应当利用外地气候等资源，在异地建立农作物专业化育种基地，并加强育种、鉴定工作的管理。省农业厅以及萍乡市就利用了海南的气候和耕地资源，在三亚市建立起水稻种子南繁专业化育种基地，省级和萍乡市农业部门都成立了相应南繁管理机构，以加强育种和品种鉴定工作管理。

依据《种子法》第十四条规定，为加强对转基因植物品种的选育和审定，国务院制定了严格的安全控制措施，于2001年出台了《农业转基因生物安全管理条例》，随后农业部及时配套制定了《农业转基因生物安全评价管理办法》《农业转基因生物加工审批办法》等多部规章，形成了较为完善的农业转基因生物品种选育和审定法律法规，强化了对转基因植物品种的管理。

种子管理法律法规解读5
农作物品种审定

种子选育完了之后，可不可以直接就推广使用呢，答案是不行的。种子在推广使用之前，还要通过农作物品种审定这一关。

《种子法》第十五条规定，国家实行主要农作物品种审定制度。这句话的意思就是说，主要农作物在推广应用前应当进行品种审定，其他一般的农作物不需要进行品种审定。品种审定由农作物品种审定委员会负责，农业部和省级农业部门应当分别设立由专业人员组成的农作物品种审定委员会。按照《主要农作物品种审定办法》规定，品种审定委员会的组成人员包括科研、教学、生产、推广、管理、使用等方面的专业人员，这些人员应该具有高级专业技术职称或处级以上职务等；品种审定委员会还要按农作物种类设立专业委员会，比如设立水稻、玉米、大豆等专业委员会等。

品种审定分两级审定，一是国家级审定，二是省级审定。申请者可以申请省级审定，也可以直接申请国家级审定。但如果申请审定的主要农作物只是省级农业部门确定的主要农作物的话，只能申请省级审定。为防止地方保护，《种子法》规定，品种审定应当公正、公开，并注重科学和效率。

按照《种子法》第十六条规定，通过国家级审定的主要农作物品种，由农业部进行公告，可以在全国适宜的生态区域推广。通过省级审定的主要农作物品种，由省级农业部门公告，可以在本行政区域内适宜的生态区域推广；相邻省、自治区、直辖市属于同一适宜生态区的地域，经所在省级农业部门同意后可以引种。《江西省农作物种子管理条例》规定，申请引进相邻省份审定通过的主要农作物品种的单位或者个人，应当提交相邻省份审定通过的主要农作物品种审定证书复印件和审定公告，以及符合引种技术规范的试验报告等材料。经同意引进的主要农作物品种可以在省农业厅公告的适宜地区内种植推广。

为了控制没有通过审定的主要农作物种子进入销售和使用环节，《种子法》第十七条规定，未经审定通过的农作物品种，不得发布广告，不得经营、推广。也就是说，没有审定的主要农作物种子不但不能销售，也不能有偿或者免费推广使用。违反规定的，由农业部门依照《种子法》第六十四条的规定，没收种子和违法所得，并处以一万元以上五万元以下罚款。

种子管理法律法规解读6
主要农作物商品种子生产许可

前面我们提到，江西省利用海南的气候条件，开展了南繁水稻育种工作。有了水稻育种，接下来就是水稻制种，也就是种子生产。因为种子是一种特殊的商品，关系到农业生产和农民增收，所以国家对种子生产有严格的规定。

《种子法》第二十条规定，主要农作物的商品种子生产实行许可制度。也就是说，不是所有的种子生产都要许可。需要办理许可证才能生产的种子要具有两种情况：一是这个种子为主要农作物种子，不是主要农作物种子不需要办生产许可证；二是这个种子生产出来是作为商品种子进行销售，不是商品种子不需要办生产许可证。但还要符合一个基本前提才可以申请办理生产许可证，那就是这个主要农作物品种必须是已经审定通过的，或者经同意引进的品种。如果这个主要农作物品种没有审定通过，或者没有经同意引种的，就不能申请生产许可证进行商业化生产。法律还规定了申请种子生产许可证的单位和个人要具备的条件。

在这里，需要说明的是，考虑到不同品种的种子对生态有不同的要求，为保证种子质量和种子安全,《江西省农作物种子管理条例》第十六条第三款规定，本省实行一个品种一本种子生产许可证。比如你打算生产5个品种的主要农作物商品种子，那么必须申请办理这5个品种的种子生产许可证。

为了打击没有种子生产许可证生产主要农作物商品种子的违法行为，《种子法》第二十二条规定，禁止伪造、变造种子生产许可证；禁止买卖、租借种子生产许可证；禁止任何单位和个人无种子生产许可证生产种子。对于违反以上规定的行为，由县级以上农业部门依据《种子法》第六十条第一项的规定，没收种子和违法所得，并处以违法所得一倍以上三倍以下罚款；没有违法所得的，处以一千元以上三万元以下的罚款。

对于采取欺骗、贿赂等不正当手段取得种子生产许可证的，由原发证机关依法予以撤销，并处以五千元以上二万元以下罚款。该种子生产者在三年内不得再申请办理种子生产许可证。情节严重构成犯罪的，依法追究刑事责任。

种子管理法律法规解读7
主要农作物商品种子生产许可程序和条件

生产主要农作物商品种子要办理种子生产许可证，那怎么样办理种子生产许可证，办理种子生产许可证需要具备什么资质和条件呢？

《种子法》第二十条第二款规定，主要农作物杂交种子及其亲本种子、常规种原种种子的种子生产许可证，由生产所在地县级农业部门审核，省级农业部门核发；其他种子的生产许可证，由生产所在地县级以上地方农业部门核发。

《农作物种子生产经营许可管理办法》还规定，一个品种在生产所在地不属于省级主要农作物，但在其他省（自治区、直辖市）属于省级主要农作物的，生产者提出申请办理种子生产许可证的，生产所在地农业部门应当受理并依法核发种子生产许可证。

申请领取种子生产许可证，应当具备以下条件：

1. 注册资本要求。申请杂交稻、杂交玉米种子及其亲本种子生产许可证的，注册资本不少于3000万元；申请其他主要农作物种子生产许可证的，注册资本不少于500万元；

2. 生产的品种要通过品种审定；生产具有植物新品种权的种子，还应当征得品种权人的书面同意；

3. 具有完好的生产仪器设备，具体请查看《农作物种子生产经营许可管理办法》第七条；

4. 检验室100平方米以上；申请杂交水稻、杂交玉米种子及其亲本种子生产许可证的，检验室150平方米以上；

5. 有仓库500平方米以上，晒场1000平方米以上或者相应的种子干燥设施设备；

6. 有专职的种子生产技术人员、贮藏技术人员和经省级以上人民政府农业行政主管部门考核合格的种子检验人员各3名以上；其中，生产杂交稻、杂交玉米种子及其亲本种子的，种子生产技术人员和检验人员各5名以上；

7. 生产地点无检疫性有害生物；

8. 符合种子生产规程要求的隔离和生产条件；

9. 农业部规定的其他条件。

农业部门要从受理申请之日起20个工作日内完成审核工作。审核时要对生产地点、晒场或者干燥设施设备、贮藏设施、检验设施设备进行实地考察并查验有关证明材料原件。符合条件的，签署审核意见，上报核发机关。核发机关要从收到审核意见和申请材料之日起20个工作日内完成核发工作。核发机关认为有必要的，可以进行实地考察。符合条件的，发给种子生产许可证并予公告；不符合条件的，书面通知申请人并说明理由。

种子生产许可证应当注明许可证编号、企业名称、住所、法定代表人、注册资本、发证机关、公告文号、发证时间，以及生产种子的作物种类、品种名称、审定编号、植物新品种权号、生产地点、有效期限等项目。种子生产许可证有效期为3年，有效期满后，种子生产者需在同一核发机关申领新证的，应当在许可证期满70日前重新提出申请。

种子管理法律法规解读8
主要农作物种子生产规范

取得了种子生产许可证后，要按照规定生产种子，才能保证种子的质量和安全。

《种子法》第二十二条规定，种子生产许可证应当注明生产种子的品种、地点和有效期限等项目，这些是种子生产要遵守的规定。也就是说，主要农作物种子生产者要按照种子生产许可证的规定组织种子生产，并且必须在规定的地点生产规定的种子品种。不按照种子生产许可证的规定生产种子的，由县级以上农业部门依据《种子法》第六十条的规定，没收种子和违法所得，并处以违法所得一倍以上三倍以下罚款；没有违法所得的，处以一千元以上三万元以下的罚款；还可以吊销种子生产许可证。

法律规定，种子生产者应当建立种子生产质量保证制度，执行种子生产技术规程和种子检验、检疫规程，并严格按照质量标准对种子进行检验，不可以将不符合质量标准的种子投放市场。种子生产者要防止植物危险性病、虫、杂草及其他有害生物的传播和蔓延。禁止任何单位和个人在种子生产基地从事病虫害接种试验。违法在种子生产基地进行病虫害接种试验的，由县级以上农业部门依据《种子法》第六十七条规定责令停止试验，处以五万元以下罚款。

为了保证种子质量,《江西省农作物种子管理条例》第二十一条还规定,县级以上人民政府应当鼓励农作物种子生产单位和个人建立稳定的种子生产基地,推进种子专业化、标准化生产。

为了加强对种子生产的监督管理,《种子法》规定,种子生产者要建立种子生产档案,按照规定载明生产地点、生产地块环境、前茬作物、亲本种子来源和质量、技术负责人、田间检验记录、产地气象记录、种子流向等内容。种子生产者要在播种后的30天内,将生产地点、品种名称、生产面积等信息向生产所在地县级农业部门报告。县级农业部门应当将生产信息汇总后逐级上报到农业部。

没有建立种子生产档案,或者没有按规定载明生产地点、生产地块环境、前茬作物、亲本种子来源和质量、技术负责人、田间检验记录、产地气象记录、种子流向等相关内容的,由县级以上农业部门依据《种子法》第六十二条的规定责令改正,并处以一千元以上一万元以下罚款。

种子管理法律法规解读9

种子经营许可

《种子法》讲的种子经营,是指对生产的种子进行清选、分级、干燥、包衣等加工处理和包装、标识、销售的活动。

按照《种子法》第二十六条规定,种子经营实行许可制度,经营者要取得种子经营许可证后,才可以经营种子。

但是有下面这些情况,就不需要办理种子经营许可证:

一是农民个人自繁、自用的常规种子有剩余的,可以在集贸市场上出售、串换。

二是专门经营不再分装的包装种子的，但经营者要有固定的经营场所。

三是接受具有种子经营许可证的经营者的书面委托，代销种子的。这种情况要注意几点：委托要用书面方式，要有委托代销合同；只可以在种子经营许可证核准的有效区域范围内委托，所以接受委托的人要注意查看委托方种子经营许可证的经营有效区域范围，比如核准经营的区域范围是萍乡，那么就只能委托萍乡范围内的单位或者个人代销；代销的种子质量由委托方负责；受托方要在经营场所显著位置张挂委托书，不能再委托其他单位和个人代销。

四是种子经营者按照经营许可证规定的有效区域设立的分支机构，不需要办理种子经营许可证。但种子经营者要在办理或者变更营业执照后十五天内，向当地农业部门和原发证机关备案，备案时要提交种子经营许可证、营业执照复印件以及分支机构的住所、经营方式、负责人姓名、联系电话等材料。异地设立分支机构没有按规定备案的，由县级以上农业部门或者工商部门责令改正，并处以一千元以上一万元以下罚款。

除了上面讲的四种情况，经营种子都必须办理种子经营许可证。对于没有种子经营许可证经营种子的；或者伪造、变造种子经营许可证经营种子的；或者买卖、租借种子经营许可证经营种子的；或者不按照种子经营许可证的核准的五年有效期限、有效区域等经营种子的，法律会怎么处理呢？《种子法》第六十条规定，有上述行为之一的，由县级以上农业部门没收种子和违法所得，并处以违法所得一倍以上三倍以下罚款；没有违法所得的，处以一千元以上三万元以下罚款；情节严重的，可以吊销种子经营许可证；构成犯罪的，依法追究刑事责任。

种子管理法律法规解读10
种子经营许可程序和条件

种子经营许可证具体怎么办理呢？

第一，是到哪个部门办。《种子法》第二十六条第二款规定，种子经营许可证实行分级审批发放制度。主要农作物杂交种子及其亲本种子、常规种原种种子的种子经营许可证，由种子经营者所在地县级农业部门受理和审核，省级农业部门核发。实行种子选育、生产、经营相结合并达到农业部规定的注册资本金额的种子公司和从事种子进出口业务的公司的种子经营许可证，由省级农业部门受理和审核，农业部核发。其他种子经营许可证，由种子经营者所在地的县级农业部门核发。

第二，申请办理种子经营许可证的单位和个人，要具备哪些条件。《种子法》第二十九条规定，申请领取种子经营许可证的单位和个人，要具备以下条件：（一）具有与经营种子种类和数量相适应的资金及独立承担民事责任的能力，申请农作物种子经营许可证的，固定资产最少不能少于一百万元；（二）具有能够正确识别所经营的种子、检验种子质量、掌握种子贮藏、保管技术的人员；（三）具有与经营种子的种类、数量相适应的营业场所及加工、包装、贮藏保管设施和检验种子质量的仪器设备。对于具体的办理条件，大家可查阅《农作物种子生产经营许可管理办法》进行详细了解。

第三，在申请办证时，申请者要提交哪些材料。要有种子经营许可证申请表，营业执照复印件，种子加工、包装、检验、仓储设施和仪器设备清单、照片及产权证明种子检验、加工、仓储保管等技术人员的证明材料等。

《江西省农作物种子管理条例》对种子经营许可证的审批程序、审批时间作了详细规定,农业部门还要及时公布种子经营许可证的发放情况,方便大家及时了解和掌握,也方便种子执法监管部门查处不法行为。

如果经营者采取欺骗等不正当手段取得种子经营许可证的,原发证机关要依法予以撤销,并处以五千元以上二万元以下罚款。该种子经营者在三年内不得再申请办理种子经营许可证。

种子管理法律法规解读11
种子经营规范

取得了种子经营许可证、办理了工商营业执照以后,种子经营者就可以开始经营种子了,但是要注意在经营活动中遵守法律的规定。

为了保证种子的质量,《种子法》和《江西省农作物种子管理条例》规定,经营的农作物种子要附有植物检疫证书和标签。经营的主要农作物种子,必须是取得了种子生产许可证的单位或者个人生产的种子。

种子经营者还要向购买种子的人提供种子主要性状描述、栽培措施和适宜种植区域与品种审定公告、品种引种公告一致的说明。并向购种者开具销售凭证,负责种子的质量。受委托代销种子的,还要在销售凭证上注明种子销售的委托方。违反规定,不向购买种子的人开具销售凭证,或者不在销售凭证上注明种子销售委托方的,由农业部门依据《江西省农作物种子管理条例》第四十三条的规定,处以二百元以上一千元以下罚款。

为了保证种子经营者的自主经营权,《种子法》规定,任何单位和个人不得非法干预种子经营者的自主经营权。经营者认为有关行政机关的具体行政行为侵犯了其合法权益的,可以依法申请行政复议,也可以依法直接向人民法院提起行政诉讼。

在这里,种子经营者还要特别注意,要按照《种子法》第三十六条的规定,建立种子经营档案。档案里面要记明种子来源、种子加工、种子贮藏、种子运输和种子质量检测各个环节的简要说明及责任人、销售去向等内容。一年生农作物种子的经营档案要保存到种子销售后二年。没有按规定制作种子经营档案的或者保存种子经营档案的期限少于二年的,由县级以上农业部门或者工商部门根据《种子法》第六十二条的规定责令改正,并处以一千元以上一万元以下罚款。

生产经营种子,少不了做广告。种子广告内容要符合《种子法》和有关广告的法律、法规规定,主要性状描述应当与农作物种子审定公告、引种公告的内容一致。广告经营者、广告发布者在发布农作物种子广告时,要查验种子生产者的种子生产许可证及其营业执照,或者查验经营者提供的营业执照、种子经营许可证,以及农业部或者省农业部门发布的这个品种的审定公告、引种公告。

种子管理法律法规解读12
销售种子应当包装

种子是一种特殊的商品,是农业生产能不能获得丰收的基础,为了保证种子的质量,《种子法》还对销售的种子的包装作了明确的规定。《种子法》第三十四条规定,销售的种子应当加工、分级、包装。但是,不能加工、包装的除外。也就是说,除了不能加工、不能包装的种子以外,种子经营者销售的种子都要进行加工、进行分级、进行包装。虽然《种子法》和《江西省农作物种子管理条例》没有具体地规定哪些要加工、包装，哪些不要加工、包装，但2001年农业部第50号令发布的《农作物商品种子加工包装规定》作了具体规定，明确了哪些要加工包装、哪些不要加工包装，其中第二条规定：有性繁殖作物的籽粒、果实，包括颖果、荚果、蒴果、核果等和马铃薯微型脱毒种薯，要加工、包装后销售。这里要注意，加工、包装要符合标准，有国家标准的，按国家标准；没有国家标准，但是有行业标准的，按照行业标准。违反规定，销售的种子应当包装而没有包装的，由县级以上农业部门根据《种子法》第六十二条第一项的规定，责令当事人改正，并处以一千元以上一万元以下罚款。

不能包装的种子当然可以不要包装，那不要包装的种子具体又有哪些呢，《农作物商品种子加工包装规定》第三条也作了明确，主要包括：一是根、茎、枝、叶、芽、细胞等无性繁殖的器官和组织；二是蔬菜苗、水稻苗、果树苗木、茶树苗木、桑树苗木、花卉苗木等苗和苗木；三是其他不适合包装的种子，这是兜底的规定。随着经济社会的发展，可能会出现一些前面明确规定之外、确实不适合采取包装的种子，所以在这里有个这样的规定。

一般包装了的种子不能再拆开进行分装，对于大包装或者进口的种子，《种子法》第三十四条第二款规定可以进行分装，但是要注明分装单位和分装日期，并且规定分装种子的质量由分装单位负责。如果销售的是国内的小包装种子的，经营者不能自行拆开包装后再分装。

种子管理法律法规解读13
种子标签规范

《种子法》第三十五条规定，销售的种子应当附有标签，也就是说，所有销售的种子都要有标签，包括不要加工、包装直接进行销售的种子也要有标签。

法律规定销售的种子都要有标签，这是因为通过标签可以识别不同的种子，了解种子的质量。种子标签是指固定在种子包装物表面及内外的特定图案及文字说明。标签可以单独印制成印刷品，也可以直接印制在包装物表面。对于可以不经加工包装进行销售的种子，标签是指种子经营者在销售种子时向种子使用者提供的特定图案及文字说明。种子标签一般有蓝色、红色和白色三种，蓝色为原种标签，红色为亲本种子的标签，白色为大田生产用种标签。

种子标签要标注的内容，包括种子品种名称、种子类别和世代类别（也就是辈分）、产地、种子生产许可证编号、种子经营许可证编号或者种子进口审批文号、种子质量指标、检疫证明编号、净含量、生产年月、生产商名称、生产商地址以及联系方式等。标签标注的内容要与销售的种子相符。

对于特定的种子，法律还作了特别规定：

1. 主要农作物种子应当加注种子生产许可证编号和品种审定编号；

2. 两种以上混合种子应当标注"混合种子"字样，标明各类种子的名称及比率；

3. 药剂处理的种子应当标明药剂名称、有效成分及含量、注意事项；并根据药剂毒性附骷髅或十字骨的警示标志，标注红色"有毒"字样；

4. 转基因种子应当标注"转基因"字样、农业转移基因生物安全证书编号和安全控制措施；

5. 进口种子的标签应当附有中文标签，并加注进口商名称、种子进出口贸易许可证书编号和进口种子审批文号，等等。

农业部令2001年第49号令《农作物种子标签管理办法》对种子标签的制作、标注和使用作了详细规定，大家可以查阅了解。

对违反规定，经营的种子没有标签；种子标签标注的内容不全或者标注的内容不正确或者标注的方法不规范的，不需要包装的种子的标签没有单独制成印刷品提供给购买者等；伪造、涂改标签的，由县级以上农业部门根据《种子法》第六十二条的规定，责令当事人改正，并处以一千元以上一万元以下罚款。

种子管理法律法规解读14
禁止生产、经营假种子

种子的质量事关重大，我们来学习一下种子质量的相关规定。

有问题的种子有两类，一类是假种子，另一类是劣种子。那什么样的是假种子，什么样的又属于劣种子，先来了解假种子。

根据《种子法》的规定，假种子有两类：一类是以非种子冒充种子或者以此种品种种子冒充他种品种种子的；第二类是种子种类、品种、产地与标签标注的内容不符的。下面我们来了解怎么判别：

1. 以非种子冒充种子的判别。"非种子"是指不能作为种子使用的材料，比如普通商品粮、商品棉籽。由于现在执法查处的力度大，这种现象较少，但遇到自然灾害严重的时候，卖假种子的现象还会发生，危害极大。比如以普通商品粮冒充粮食种子、以商品棉籽冒充棉花种子、以商品玉米冒充杂交玉米种子，一般会造成大面积减产甚至可能绝收。

2.以此种品种种子冒充他种品种种子的判别。就是品种名称相同，但实际上是不同的种子。这种情况主要是利用种子形态相似进行冒充，往往都是在缺种子的年份或者某一个品种种子非常紧缺的时候，以另一个品种的种子来假冒这种品种种子，进行坑农害人。比如用博优752冒充博优141、用芥菜种子冒充甘蓝种子、以小麦种子冒充大麦种子等。

3.种子种类、品种、产地与标签标注的内容不符的，分为三种情况：

一是种子种类与标签标注的种类不符，比如将作物种类的粳稻标为籼稻；或者将种子的世代类别的大田生产用种标为原种。

二是品种名称与标签标注的名称不符，比如没有使用批准的品种名称的，以假种子处理。

三是种子的实际产地与标签标注的产地不符的，如生产地为江西的标为海南，也以假种子处理。这是因为种子生物学、遗传学特性与其生产地的气候、温度、湿度、土质等地理环境密切相关，同一个品种在不同的地方繁殖会有很大的差异，对种植地区的适用性就有很大的不同，将不适合本地种植的种子引种，可能造成大面积减产。

对违法生产、经营假种子的行为，由县级以上农业部门或者工商部门根据《种子法》第五十九条规定，没收种子和违法所得，吊销种子生产许可证、种子经营许可证或者营业执照，并处以罚款；有违法所得的，处以违法所得五倍以上十倍以下罚款；没有违法所得的，处以二千元以上五万元以下罚款；构成犯罪的，依法追究刑事责任。

种子管理法律法规解读15
禁止生产、经营劣种子

按照《种子法》第四十六条第三款规定，劣种子，就是质量低劣的种子，有五种类型：一是质量低于国家规定的种用标准的；二是质量低于标签标注指标的；三是因变质不能作种子使用的；四是杂草种子的比率超过规定的；五是带有国家规定检疫对象的有害生物的。

下面我们一一来说明：

1. 质量低于国家种用标准的。这里的"国家种用标准"是指强制性规定的标准。国家规定的种子质量标准主要有四项指标：一是纯度，就是指本品种的种子占种子总数的百分率；二是净度，也就是正常种子量占总重量的百分数；三是发芽率；四是水分，也就是含水量。这四项主要指标达到了质量标准就是合格种子，没有达到就是劣质种子。比如国家籼型水稻杂交种大田用种标准：纯度不低于百分之九十六，净度不低于百分之九十八，发芽率不低于百分之八十，水分不高于百分之十三。

2. 质量低于标签标注指标的。比如标签标注发芽率为百分之九十五，种子实际发芽率为百分之九十；比如某一个玉米品种审定公告中没有标明抗旱的特性，但是销售商在品种介绍上不负责任地标注"抗旱"，这就是劣质种子。还有比如进口的某一种农作物种子的质量尽管符合国家规定的种用标准，但是低于种子标签标注的质量标准，也可以认定为劣质种子。

3. 因变质不能作种子使用的。比如由于阴雨、温度偏高、保存不好等，使种子霉烂，净度、发芽率低于国家标准的种子，这些就是劣质种子。

4.杂草种子的比率超过规定的,这里讲的"杂草种子"主要是指限制性的杂草种子,不能超过允许的含量。比如对小麦种子,每两斤小麦种子中的野燕麦不得超过五粒;每两斤水稻良种中稗子种子不得超过五粒。

5.带有国家规定检疫对象有害生物的。比如小麦种子中有毒麦。

对违法生产、经营劣种子的行为,由县级以上农业部门或者工商部门根据《种子法》第五十九条规定,没收种子和违法所得,吊销种子生产许可证、种子经营许可证或者营业执照,并处以罚款;有违法所得的,处以违法所得五倍以上十倍以下罚款;没有违法所得的,处以二千元以上五万元以下罚款;构成犯罪的,依法追究刑事责任。

劣种子在生产经营中较多碰到,农民朋友们要多注意。

种子管理法律法规解读16
进出口种子

自从我国加入世界贸易组织,国际合作进一步紧密,种子进口和出口业务也越来越多,需要加强对种子进出口和对外合作的规范、引导和管理。

《种子法》规定,进口种子和出口种子都必须实施检疫,防止植物危险性病、虫、杂草及其他有害生物传入境内和传出境外。进出口种子的检疫,按照有关植物进出境检疫法律、行政法规的规定执行。

从事商品种子进出口业务的法人和其他组织,除应当取得种子经营许可证外,还应当依照有关对外贸易法律、行政法规的规定取得从事种子进出口贸易的许可。进出口大田用商品种子,应当具有与进出口种子类别相符的种子生产、经营权及进出口权;没有进出口权的,由农业部指定的具有农作物种子进出口权的单位代理。

进口的商品种子应符合下列两个条件:

一是品种应当经国家或省级农作物品种审定委员会审定通过,国内暂时没有开展审定工作而生产上又急需的农作物种类品种,应当提交至少两个生育周期的引种试验报告。

二是质量应当达到国家标准或者行业标准。没有国家标准或者行业标准的,可以按照合同约定或参考有关国际标准。

为境外制种而进口种子的,可以不办理种子进出口贸易许可,但应当具有对外制种合同,进口的种子只能用于制种,其繁殖的种子不得在国内销售,只能按照合同出口到境外。从境外引进农作物试验用种,应当隔离栽培,收获物也不得作为商品种子销售。进口试验用种子应当坚持少而精的原则。每个进口品种,种子以十亩播种量为限,苗木以一百株为限。

违反法律规定,为境外制种的种子在国内当作商品种子销售的;或者从境外引种试验的收获物在国内当作商品种子销售的,由县级以上农业部门依据《种子法》第六十一条的规定责令违法当事人改正,没收种子和违法所得,并处以违法所得一倍以上三倍以下罚款;没有违法所得的,处以一千元以上二万元以下罚款;构成犯罪的,依法追究刑事责任。

《种子法》还规定,禁止进出口假、劣种子以及属于国家规定不得进出口的种子。境外的企业、其他经济组织或者个人来我国投资种子生产、经营的,要经过审批,审批程序和管理办法按照有关法律、行政法规规定。

种子管理法律法规解读17
种子质量监督抽查

要保证种子的质量，一方面种子生产经营者要依法生产经营，另外一方面农业部门要加强对种子质量的监督管理。为了保证农业部门依法监督管理，《种子法》和《江西省农作物种子管理条例》专门作了规定。

每年农业部门要制定年度农作物种子质量监督抽查计划并组织实施。开展种子质量抽查不收取费用。抽查结果应当及时向社会公布。

农业部门可以委托具备资质的种子质量检验机构对种子质量进行检验。种子质量检验机构应当依法如实出具检验证明。出具虚假检验证明的，与种子生产者、销售者承担连带责任；构成犯罪的，依法追究刑事责任。

在农作物种子管理过程中，农业部门及其执法人员可以依法实施现场检查；查阅、复印、摘录有关档案、合同、发票、账簿、出入库凭证等有关资料。但执法人员在执行公务时，应当出示行政执法证件，表明执法身份。

为了保证执法公正，执法人员不得泄露当事人的商业秘密、技术秘密。农业部门及其工作人员不得参与和从事种子生产、经营活动；农作物种子生产经营机构不得参与和从事种子行政管理工作。种子的行政主管部门与生产经营机构在人员和财务上必须分开。农业部门违法核发种子生产许可证或者种子经营许可证的，对直接负责的主管人员和其他直接责任人员，依法给予行政处分；构成犯罪的，依法追究刑事责任。种子行政管理人员徇私舞弊、滥用职权、玩忽职守的，或者违法从事种子生产、经营活动的，依法给予行政处分；构成犯罪的，依法追究刑事责任。

政府有关部门在监管种子的同时，也要加强相关服务。比如农业部门应当为农作物种子生产者、经营者提供信息、咨询、技术等公共服务。

法律同时规定了种子生产者、经营者的义务：任何单位和个人不得拒绝、阻碍农作物种子执法人员依法执行公务。从事品种选育和种子生产、经营以及管理的单位和个人应当遵守有关植物检疫法律、行政法规的规定，防止植物危险性病、虫、杂草及其他有害生物的传播和蔓延。任何单位和个人不能在种子生产基地从事病虫害接种试验。违反规定，在种子生产基地进行病虫害接种试验的，由县级以上农业部门责令停止试验，处以五万元以下罚款。

种子管理法律法规解读18
种子使用

《种子法》规定，种子使用者有权按照自己的意愿购买种子，任何单位和个人不得非法干预。强迫种子使用者违背自己的意愿购买或者使用种子，给使用者造成损失的，要依法承担赔偿责任。各级农业部门要为广大农民朋友们提供咨询和技术服务，引导使用优良品种，加强种子知识的宣传、培训和普及工作，增强农民朋友们的自我保护意识。

种子使用者因种子质量问题遭受损失的，或者因种子主要性状描述与种子审定公告、种子引种公告内容不一致而遭受损失的，种子使用者有权要求种子经营者或者生产者依法予以赔偿。种子生产者、种子经营者应当予以赔偿。种子经营者赔偿后，属于种子生产者或者其他经营者责任的，种子经营者有权向生产者或者其他经营者追偿。种子生产者赔偿后，属于种子经营者责任的，种子生产者有权向经营者追偿。广告经营者或发布者有过错的，也要依法承担民事责任。

除法律、行政法规另有规定外，种子赔偿的范围一般包括购买种子的价款、可得利益损失和有关费用。赔偿额的具体计算标准，双方有合同约定的，按照合同约定；没有合同约定或者约定无效的，可以按照以下方法计算：

1.购买种子的价款，就是购买种子时实际支付的货款。货款不明确的，按照购买种子时当地的市场价格计算；有政府定价或者政府指导价的，要按照相关规定计算。

2.可得利益损失，就是本来应该得到的收益没有得到，可以按照县级统计部门出具的所在乡镇前三年单位面积同种作物的平均产值减去实际产值计算；没有统计资料的，可以参照所在乡镇当年单位面积同种作物的平均产值减去实际产值计算。

3.有关费用，包括鉴定费、误工费以及因为索赔引起的其他合理费用，比如交通费。

因使用种子发生民事纠纷的，当事人可以协商、调解解决。也可以向仲裁机构申请仲裁，或者直接向人民法院起诉。

由于自然灾害等原因，为确保生产，必须使用低于国家或者地方规定的种用标准的农作物种子的，《种子法》也考虑了这种情况，第四十七条就对此作了明确规定：使用低于国家或者地方种用标准的种子的，应当经县级以上地方人民政府批准。

第三章
《农药管理条例》解读

《农药管理条例》解读1
实施时间和立法目的

我们来了解一下农药管理方面都有哪些法规规章。

法规方面就是国务院制定的行政法规——《农药管理条例》，这是农药管理最主要的依据。《农药管理条例》由1997年5月8日第216号国务院令发布，从发布的当天开始实施；2001年11月29日，根据第326号国务院令《国务院关于修改〈农药管理条例〉的决定》，作了一次修订。

为了贯彻实施《农药管理条例》，农业部制定了4部配套的规章：《农药管理条例实施办法》《农药登记资料规定》《农药标签和说明书管理办法》《农药限制使用管理规定》；还出台了很多规范性文件，主要有《农作物病虫害专业化统防统治管理办法》《农药名称管理规定》《农药产品有效成分含量管理规定》和禁止使用高毒农药的几个公告。

我们以学习《农药管理条例》为主，结合讲讲这些规章和规范性文件。

《农药管理条例》总共四十九条，分了八章，对农药登记、生产、经营和使用等各个环节作了规定。

大家都知道，农药是一种特殊的农业生产资料，直接关系到能不能有效防治病虫害，保证农业丰产丰收，同时也与人畜安全、农产品质量安全和生态环境保护密切相关。我国是世界上农药生产、使用和出口大国,国家历来高度重视农药的监督管理工作。但目前仍然还存在一些不容忽视的问题,比如农药生产经营过程中有制假、售假行为,农药中毒和药害事件,农民违规使用禁用农药,等等。制定《农药管理条例》,就是要解决这些问题。

因此,《农药管理条例》第一条讲了立法的目的:一是加强对农药生产、经营和使用的监督管理;二是保证农药质量;三是保护农业、林业生产和生态环境,维护人畜安全。在中国境内生产、经营、使用农药,都要遵守《农药管理条例》。

《农药管理条例》解读2
农药的种类

我们要掌握了解《农药管理条例》对农药登记、生产、经营和使用方面的规定,首先要知道什么是农药,农药包括了哪些范围。

一讲到农药,可能很多人马上就想到了农民在田间地头打药防治病虫害的情况,其实农民在田里打的药只是农药的一部分,农药不仅包括这些,还包括了其他的。按照《农药管理条例》第二条的规定,农药是指用于预防、消灭或者控制危害农业、林业的病、虫、草和其他有害生物以及有目的地调节植物、昆虫生长的化学合成或者来源于生物、其他天然物质的一种物质或者几种物质的混合物及其制剂。也就是说,农药不仅是一种物质也可以是几种物质的混合物或制剂;农药不仅来源于化学合成也可以是直接来源于生物或其他天然物质。

农药的品种很多,目前我国现有农药600多种,常用的有300多种。根据农药用于不同的目的、场所,可以分为六大类:

一是预防、消灭或者控制危害农业、林业的病、虫（包括昆虫、蜱、螨）、草和鼠、软体动物等有害生物的，比如三唑磷、毒死蜱等；

二是预防、消灭或者控制仓储病、虫、鼠和其他有害生物的，比如磷化铝、溴敌隆等；

三是调节植物、昆虫生长的，比如除虫脲、苏云金杆菌等；

四是用于农业、林业产品防腐或者保鲜的，如异菌脲、咪鲜胺；

五是预防、消灭或者控制蚊、蝇、蜚蠊、鼠和其他有害生物的，比如蚊香、敌鼠钠盐；

六是预防、消灭或者控制危害河流堤坝、铁路、机场、建筑物和其他场所的有害生物的，比如联苯菊酯、帅灵等。

从这里我们可以知道，农药不仅能杀虫，还可以调节植物、昆虫生长；不仅能防病，还可以用于农业、林业产品防腐或者保鲜；农药的使用不仅限于农业和林业生产中，日常生活中人们也经常使用到卫生制剂农药。实际上，按照农药的用途来说，农药主要有杀虫剂、杀菌剂、除草剂、植物生长调节剂、杀鼠剂等。另外，根据《农药管理条例实施办法》第四十三条的规定，利用基因工程技术引入抗病、虫、草害的外源基因改变基因组构成的农业生物，用于防治有害生物的商业化天敌生物，农药与肥料等物质的混合物，这三种物质也适用《农药管理条例》和《农药管理条例实施办法》，属于农药的范围。

《农药管理条例》解读3
农药监管职责分工

农药作为一种特殊产品，可以防治病虫草、调节植物生长，但大多数有较强的毒性，对农产品质量安全、生态环境和人畜安全有一定的影响,所以需要加强对农药的监督管理。那么《农药管理条例》规定农药监督管理工作由哪个部门负责呢?

根据《农药管理条例》第五条第一款的规定,农药监督管理工作由农业部门负责,农业部负责全国的农药监督管理工作;各个地方的农业部门负责本行政区域范围的农药监督管理工作:省级农业部门负责本省范围内的农药监督管理工作,设区的市、自治州的农业部门负责本市、本州范围内的农药监督管理工作,县级农业部门负责本县范围内的农药监督管理工作。

同时,《农药管理条例》第五条第二款规定了县级以上各级人民政府其他有关部门在各自的职责范围内负责有关的农药监督管理工作,就是说,农业部门是农药执法监管的主体,其他部门根据各自的职责,在职责范围内对农药进行监督管理。这些部门有工业信息化部门、环保部门、工商部门、安全生产监督部门等。比如工业信息化部门负责审批农药生产企业,工商部门负责农药生产经营的工商注册登记、广告监管,安全生产监督部门负责属于化学危险物品的农药安全的监管,还有林业、粮食、卫生部门要对林业、储粮、卫生用农药的使用给予指导。

为了加强农药生产源头的管理,《农药管理条例》第六条规定,国家实行农药登记制度。生产(包括原药生产、制剂加工和分装)农药和进口农药,必须进行登记。按照《农药管理条例》第五条和《农药管理条例实施办法》第二条、第三条的规定,农业部负责全国的农药登记工作,所属的农药检定所负责全国农药具体登记工作,包括制定或参与制定农药安全使用、农药产品质量及农药残留的国家或行业标准;省级农业部门协助农业部做好本省范围内的农药登记工作,所属的农药检定机构协助做好本行政区域内的农药具体登记工作,包括本行政区域内农药研制者和生产者申请农药田间试验和临时登记资料的初审。

《农药管理条例》解读4
农药登记制度

国家对农药实行登记制度,生产(包括原药生产、制剂加工和分装)农药和进口农药,都要进行登记。按照《农药管理条例》的规定,经过登记的,由农业部发给农药登记证或者农药临时登记证。对没有登记、没有取得农药登记证,擅自生产、经营农药的行为,要给予相应的处罚。

《农药管理条例》第三十条规定,任何单位和个人都不能生产没有取得农药生产许可证或者农药生产批准文件的农药。任何单位和个人都不能生产、经营、进口或者使用没有取得农药登记证或者农药临时登记证的农药。进口农药要遵守国家有关规定,货主或者其代理人要向海关出示其取得的中国农药登记证或者农药临时登记证。

《农药管理条例》第四十条第一项规定,没有取得农药登记证或者农药临时登记证,擅自生产、经营农药的,或者生产、经营已撤销登记的农药的,由农业部门责令停止生产、经营,没收违法所得,并处违法所得1倍以上10倍以下的罚款;没有违法所得的,并处10万元以下的罚款。达到了犯罪标准的,依照《刑法》关于非法经营罪的规定,依法追究刑事责任。按照有关规定,个人非法经营数额在五万元以上,或者违法所得数额在一万元以上的;单位非法经营数额在五十万元以上,或者违法所得数额在十万元以上的;没有达到这些数额标准,但两年内因为同一种非法经营行为受过两次以上行政处罚,又进行同一种非法经营行为的,就达到了非法经营罪的犯罪标准,要按非法经营罪追究刑事责任。

另外，对已办理农药登记证或者农药临时登记证，但超过了有效期还在正常生产、经营的行为，《农药管理条例》也作了相应的规定。第四十条第二项规定，农药登记证或者农药临时登记证有效期限届满没有办理续展登记，擅自继续生产该农药的，责令限期补办续展手续，没收违法所得，可以并处违法所得5倍以下的罚款；没有违法所得的，可以并处5万元以下的罚款；逾期不补办的，由原发证机关责令停止生产、经营，吊销农药登记证或者农药临时登记证。

《农药管理条例》解读5
农药登记程序

根据《农药管理条例》第七条和《农药管理条例实施办法》第七条的规定，国内第一次生产的农药和第一次进口的农药，就是含有的有效成分还没有在我国批准登记的国内外农药的原药和制剂，这类农药的登记按照三个阶段进行：

一是田间试验阶段：由农药研制者提出田间试验申请，经所在地省农药检定机构初审后，报农业部农药检定所对申请资料进行审查，经审查批准后，才可以进行田间试验；农药研制者根据农药田间试验批准证书，与取得认证资格的农药登记药效试验单位签订试验合同，按照《农药田间药效试验准则》实施试验；田间试验阶段的农药不能销售。

二是临时登记阶段：田间试验后，需要进行田间试验示范、试销以及在特殊情况下需要使用的农药，由生产者申请临时登记，经所在地省农药检定机构初审后，由农业部农药检定所对申请资料进行综合评价，经农药临时登记评审委员会评审，符合条件的，由农业部发给农药临时登记证后，可以在规定的范围内进行田间试验示范、试销。

三是正式登记阶段：经田间试验示范、试销可以作为正式商品流通的农药，由其生产者申请正式登记，由农业部农药检定所对申请资料进行审查，经国务院农业、化工、卫生、环境保护部门和全国供销合作总社审查并签署意见后，由农药登记评审委员会进行综合评价，符合条件的，由农业部发给农药登记证后，才可以生产、销售。

按照《农药管理条例》第八条第一款的规定，申请农药登记时，其研制者、生产者或者向中国出售农药的外国企业要向农业部或者经过省级农业部门向农业部提供农药的样品，并按照《农药登记资料要求》提供农药的产品化学、毒理学、药效、残留、环境影响、标签等方面的资料。

农药登记证和农药临时登记证规定了有效期限，有效期限满了，需要继续生产或者继续向中国出售农药产品的，要在登记有效期限期满之前申请续展登记，也就是申请延长有效期。农药临时登记证有效期为一年，可以续展，累积有效期不得超过三年；农药登记证有效期为五年，也可以续展。

经正式登记和临时登记的农药，在登记的有效期限内改变了剂型、含量（配比）或者使用范围、使用方法的，还要申请变更登记。

《农药管理条例》解读6
禁用农药相关规定

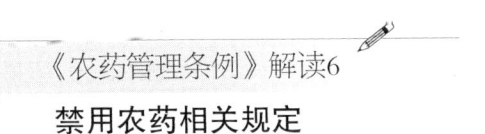

农药要经过农业部的登记才能生产、销售，但是随着经济社会的发展和人们对环境安全要求的提高，有些经过登记的高毒剧毒农

药已被证明对生态环境和人畜安全造成了严重的危害，为了保障农产品质量安全、人畜安全和环境安全，要撤销登记并且禁止生产、经营和使用。

《农药管理条例》规定，经登记的农药，在登记有效期内发现对农业、林业、人畜安全、生态环境有严重危害的，经农药登记评审委员会审议，由农业部宣布限制使用或者撤销登记。任何单位和个人不得生产、经营和使用国家明令禁止生产或者撤销登记的农药。

针对这个问题，农业部出台了几个公告，并且同工业和信息化部、环境保护部、国家工商行政管理总局、国家质量监督检验检疫总局等部门联合发布了公告。

这些公告的主要内容有：

一、明令禁止使用六六六、滴滴涕、毒杀芬、二溴氯丙烷、杀虫脒、二溴乙烷、除草醚、艾氏剂、狄氏剂、汞制剂、砷铅类、敌枯双、氟乙酰胺、甘氟、毒鼠强、氟乙酸钠、毒鼠硅等17种农药。

二、全面禁止销售、使用甲胺磷、对硫磷、甲基对硫磷、久效磷和磷胺5种高毒有机磷农药，撤销所有含这5种高毒有机磷农药的产品登记证和生产许可证。

三、停止受理苯线磷、地虫硫磷、甲基硫环磷、磷化钙、磷化镁、磷化锌、硫线磷、蝇毒磷、治螟磷、特丁硫磷、杀扑磷、甲拌磷、甲基异柳磷、克百威、灭多威、灭线磷、涕灭威、磷化铝、氧乐果、水胺硫磷、溴甲烷、硫丹等22种农药的登记申请和生产许可申请。

四、撤销氧乐果、水胺硫磷在柑橘树，灭多威在柑橘树、苹果树、茶树、十字花科蔬菜，硫线磷在柑橘树、黄瓜，硫丹在苹果树、茶树，溴甲烷在草莓、黄瓜上的登记。

五、撤销苯线磷、地虫硫磷、甲基硫环磷、磷化钙、磷化镁、磷化锌、硫线磷、蝇毒磷、治螟磷、特丁硫磷等10种农药的登记证、生产许可证，停止生产；从 2013 年 10 月 31 日起，停止销售和使用。

为了从源头上保证农产品质量安全、保障大家的健康、保护生态环境，农药生产、经营和使用的人员一定要认真执行上述这些规定，不能继续生产、经营和使用已撤销登记和禁止使用的高毒剧毒、高残留的农药。

《农药管理条例》解读7
农药登记评审委员会

我们知道农药登记要经过农药登记评审委员会的评审，符合条件的，农业部才能发给农药登记证。那么农药登记评审委员会是个什么样的机构，由什么人组成，怎么工作的呢？

按照《农药管理条例》第九条和《农药管理条例实施办法》第七条的规定，农药登记评审委员会是一个农药评审机构，在农药正式登记阶段，对农药的产品化学、毒理学、药效、残留、环境影响等作出综合评价，进行评审，提出同不同意登记的意见。农药登记评审委员会，由农业部、国家林业局、工业和信息化部、环境保护部、国家质量监督检验检疫总局、卫生计生委、国家粮食局和全国供销合作总社等部门推荐的农药管理专家和农药技术专家组成。农药登记评审委员会实行任期制，每一届任期三年，每年召开一次全体会议和一至二次主任委员会议。委员会下设农业、毒理、环保、工业等专业组，委员会的日常工作由农业部农药检定所来承担。

由于农药产品很特殊，关系到生态环境和人畜安全，所以要经过多方面的试验，只有它的毒性、药效、残留、环境影响等符合一定的标准，经过农药登记评审委员会的评审通过后，才能正式登记，才能生产。

按照《农药管理条例实施办法》的规定，农药生产者申请农药正式登记，要提供申请资料，还要提供两个以上不同自然条件地区的示范试验结果。示范试验要由省级农业、林业部门下属的技术推广部门来承担。农药正式登记的申请资料分别经过农业部、工业和信息化部、国家安全生产监督管理总局、卫生计生委、环境保护部和全国供销合作总社审查并签署意见后，由农药登记评审委员会审查资料和示范试验结果，对农药的产品化学、毒理学、药效、残留、环境影响等作出综合评价。根据农药登记评审委员会的评审，符合条件的，由农业部发给农药登记证。农药正式登记评审要从农药生产者交齐资料这一天起算一年内完成。

另外，在农药临时登记阶段，还有个农药临时登记评审委员会，对申请临时登记的农药进行评审，每一届任期三年，一到二个月召开一次全体会议。委员会的日常工作也由农业部农药检定所承担。

这里要注意，在农药登记的田间试验、临时登记和正式登记阶段，都要做试验。做药效试验、残留试验、毒理学试验和环境影响试验的单位，要经过农业部的认证，取得认证证书。

《农药管理条例》解读8
农药登记数据保护

我们知道，在研制生产一种新产品的时候，为了不让竞争对手知道，需要保守商业秘密。同样，在申请农药登记时，也有商业秘密要保守，主要是农药试验的数据。我们看看《农药管理条例》是怎么规定的。

为了鼓励农药研制者和生产者积极创新，开发出安全、高效的农药，保护农药研制者和生产者的合法权益，维护公平竞争，不让投机取巧者得利，《农药管理条例》第十条规定，国家对获得第一次登记的、含有新化合物的农药的申请人提交的其自己所取得且未披露的试验数据和其他数据实施保护。也就是说，保护申请人自己取得的，并且没有对外公开过的农药试验数据和其他数据，不让其他人取得这些数据来研制生产农药，保护申请人的商业秘密，以免不正当竞争。

　　对农药试验数据和其他数据的保护主要采取两种措施：一是6年内不重复登记。就是说从申请人登记这一天算起6年内，对其他申请人没有经过已获得登记的申请人同意，使用这些数据申请农药登记的，农药登记部门不予登记。但是，其他申请人提交其自己所取得的数据的除外。也就是说，如果其他申请人提交的数据是其自己所取得的，才可以申请登记。二是农药登记部门不能泄露这些数据。除了因为公共利益需要和已经采取措施确保信息不会被不正当地进行商业使用以外，农药登记部门不能泄露这些数据。农药登记部门和工作人员都有责任为申请人提供的资料和样品保守技术秘密，如果没有采取措施进行保护，造成试验数据和其他数据泄露的，应承担相应的责任，造成损失的还要赔偿。

　　农药生产厂家可以生产其他厂家已经登记的相同农药产品，根据《农药管理条例》第十一条的规定，这种情况也要申请办理农药登记。经过田间试验、变更登记，要提供农药样品和农药的产品化学、毒理学、药效、残留、环境影响、标签等方面的资料。如果申请登记的农药产品质量和第一家登记产品没有明显差别的，在第一家取得正式登记这一天算起6年内，经第一家登记厂家同意，农药生产者可使用第一家登记厂家原药资料和部分制剂资料；如果是6年后，就不要交原药资料和部分制剂资料。

《农药管理条例》解读9
农药生产企业开办条件

农药研制出来了,接着就是要有厂家来生产农药。因为农药这种产品很特殊,所以我国对开办农药生产企业(包括联营、设立分厂和非农药生产企业设立农药生产车间)要求严格,规定了必须具备的条件,要经过有关部门批准。

第一,根据《农药管理条例》第十二条规定,农药生产要符合国家农药工业的产业政策。目前我国农药的产量已经处于世界的前列,不仅可以满足国内的需要,而且也大量出口。但还存在重复建设、生产能力过剩、经营秩序混乱等问题,影响了农药工业的可持续发展。为加快农药工业产业结构调整,增强农药对农业生产和粮食安全的保障能力,引导农药工业持续健康发展,工信部、环保部、农业部、国家质监总局四个部门于2010年8月26日出台了《农药产业政策》,提出要控制农药生产总规模、农药企业进入化工集中区、制剂加工包装全部实现自动化控制等。农药生产要符合这个产业政策,看看哪些是鼓励的,哪些是限制和禁止的。

第二,如果符合农药产业政策,开办农药生产企业的,根据《农药管理条例》第十三条规定,还要具备下列条件:

(1)有与生产的农药相适应的技术人员和技术工人;

(2)有与生产的农药相适应的厂房、生产设施和卫生环境;

(3)有符合国家劳动安全、卫生标准的设施和相应的劳动安全、卫生管理制度;

(4)有产品质量标准和产品质量保证体系;

(5)所生产的农药是依法取得农药登记的农药;

（6）有符合国家环境保护要求的污染防治设施和措施，并且污染物排放不超过国家和地方规定的排放标准。

具备这些条件的，经企业所在地的省级工业和信息化部门审核同意后，报国家工业和信息化部批准。如果法律、行政法规对企业设立的条件和审核或者批准机关另有规定的，按照法律、行政法规的规定办理。

没有经过批准，擅自开办农药生产企业的，根据《农药管理条例》第四十一条第一项的规定，由国家工业和信息化部或者省级工业和信息化部门给予处罚，责令停止生产，没收违法所得，并处违法所得1倍以上10倍以下的罚款；没有违法所得的，并处10万元以下的罚款。

《农药管理条例》解读10
农药生产许可

开办农药生产企业经过了国家工业和信息化部批准，到工商部门办理了营业执照，要生产的农药有农药登记证或者临时登记证，是不是就可以生产农药呢？答案是不可以，还要取得农药生产许可证件，才可以生产农药。下面我们来了解这方面的规定。

按照《农药管理条例》第十四条规定，国家实行农药生产许可制度。也就是说，农药生产企业生产经过登记的农药，还要经过审批。

生产有国家标准或者行业标准的农药的，要向国家工业和信息化部申请农药生产许可证。

生产尚未制定国家标准、行业标准但已有企业标准的农药的，要经省级工业和信息化部门审核同意后，报国家工业和信息化部批准，发给农药生产批准文件。

要注意，生产有国家标准或者行业标准的农药的，是取得农药生产许可证；生产只有企业标准的农药的，是取得农药生产批准文件。实际是一回事，叫法不同。

这里，我们要简单介绍一下国家标准、行业标准、企业标准：国家标准是由国务院标准化主管部门制定，在全国范围内统一执行的质量技术要求。行业标准是由国务院有关行业主管部门制定，在行业范围内统一执行的质量技术要求，要报国务院标准化主管部门备案，如果有国家标准，行业标准作废。企业标准是由企业自己制定的产品质量规格和检验方法等技术要求，要向所在地的省级标准化主管部门备案。

取得了农药生产许可证或者农药生产批准文件后，农药生产企业要按照农药生产许可证或者农药生产批准文件的规定，按照农药产品质量标准和技术规程，进行农药生产，还要做生产记录，生产记录必须完整、准确。

第二项规定，没有取得农药生产许可证或者农药生产批准文件，擅自生产农药的，按照《农药管理条例》第四十一条第一项的规定，由国家工业和信息化部或者省级工业和信息化部门给予处罚，责令停止生产，没收违法所得，并处违法所得1倍以上10倍以下的罚款；没有违法所得的，并处10万元以下的罚款。

没有按照农药生产许可证或者农药生产批准文件的规定，擅自生产农药的，由国家工业和信息化部或者省级工业和信息化部门给予处罚，责令停止生产，没收违法所得，并处违法所得1倍以上5倍以下的罚款；没有违法所得的，并处5万元以下的罚款；情节严重的，由国家工业和信息化部吊销农药生产许可证或者农药生产批准文件。

《农药管理条例》解读11
农药标识

作为特殊的农业生产资料，《农药管理条例》对农药产品有严格的要求。

一是标签方面的要求。农药标签是附在包装上的，农药生产企业对农药产品的特性和特征的说明，也是企业向社会作出的承诺，是农民了解农药产品信息、选购农药产品的重要依据。根据《农药管理条例》第十六条的规定，农药产品包装必须贴有标签或者附具说明书。标签应当紧贴或者印制在农药包装物上。标签或者说明书上应当注明农药名称、企业名称、产品批号和农药登记证号或者农药临时登记证号、农药生产许可证号或者农药生产批准文件号以及农药的有效成分、含量、重量、产品性能、毒性、用途、使用技术、使用方法、生产日期、有效期和注意事项等。

按照《农药标签和说明书管理办法》的规定，农药生产企业在制作标签和说明书时，要做到：

1.农药名称要使用通用名称或简化通用名称，不能使用商品名称。农药商标要标注在标签的边角部位，单字面积不得大于产品名称的单字面积。

2.农药有效成分含量和剂型要醒目标注在农药名称的正下方，如果是混配制剂，还要标注总有效成分含量以及各种有效成分的通用名称和含量。

3.要标注农药产品性能，包括产品的基本性质、主要功能、作用特点等。对农药产品性能的描述要与农药登记核准的使用范围和防治对象相符。

4.要标注农药产品的用途、使用技术和方法，主要包括适用的作物或使用范围、防治对象以及施用时期、剂量、次数和方法等。

5.企业名称是指生产企业的名称，联系方式包括地址、邮政编码、联系电话等。进口农药产品要用中文注明原产国名称、生产者名称以及在我国办事机构或代理机构的名称、地址、邮政编码、联系电话等。除规定的机构名称外，标签不能标注其他任何机构的名称。

6.要标注农药登记证号、生产许可证号、产品标准号等。分装的农药产品，除标签要与生产企业所使用的标签一致外，还要标注分装企业名称及联系方式、分装登记证号、分装农药的生产许可证号或者农药生产批准文件号、分装日期等。

二是质量方面的要求。《农药管理条例》第十七条规定，农药产品出厂前，应当经过质量检验并附具产品质量检验合格证；不符合产品质量标准的，不得出厂。

《农药管理条例》解读12
农药标签和说明书规定

上一节我们讲了《农药管理条例》对农药产品的标签和说明书有严格的要求。农业部在2007年12月出台了规章《农药标签和说明书管理办法》，对农药产品标签和说明书的制作、使用、管理作了专门规定，在我国生产和销售农药都要遵守这个规定。

农药标签和说明书，是指农药包装上或附于农药包装的，以文字、图形、符号说明农药内容的一切说明物。农药产品要在包装表面印制或者贴有标签。产品包装尺寸太小、标签没有办法标注规定的内容的，还要附说明书。农药标签和说明书是在办理农药登记证的时候，由农业部审查核准，在批准农药登记的同时，公布标签和说明书的内容。经过核准的标签和说明书，农药生产、经营者不能擅自改变标注的内容。需要对标签和说明书进行修改的，必须报农业部重新核准。农业部可以根据农药产品使用中出现的安全性和有效性问题，要求农药生产企业修改标签和说明书，重新核准。

按照《农药标签和说明书管理办法》的规定，标签上要标注的内容有20多项，包括农药名称、有效成分及含量、剂型、农药登记证号或农药临时登记证号、农药生产许可证号或者农药生产批准文件号、产品标准号、企业名称及联系方式、生产日期、产品批号、有效期、重量、产品性能、用途、使用技术和使用方法、毒性及标识、注意事项、中毒急救措施、贮存和运输方法、农药类别、象形图及其他经农业部核准要求标注的内容。如果附了说明书的，说明书要全部标注这20多项内容，标签上标注的内容可以少一些，但最少要标明农药名称、剂型、农药登记证号或农药临时登记证号、农药生产许可证号或者农药生产批准文件号、产品标准号、重量、生产日期、产品批号、有效期、企业名称及联系方式、毒性及标识，并注明"详见说明书"字样。

为了防止出现农药和人用药品混淆，保障人的安全，《农药标签和说明书管理办法》还规定剧毒、高毒农药产品，不能使用与医药产品（比如口服液）相似的包装，其他农药产品使用与医药产品相似包装的，标签要标注明显的警示内容或象形图。

《农药管理条例》解读13
标签违法处罚

农药标签要标注20多项内容，反映出农药的品种、特性、用途、使用方法和注意事项等，说明农药标签十分重要。农药的生产经营者一定要重视,严格按照《农药标签和说明书管理办法》的规定制作、使用标签。对违反农药标签制作、使用规定的行为,《农药管理条例》规定了处罚,我们一起来了解一下。

《农药管理条例》第十六条规定了生产农药,产品包装上必须贴有标签或者附说明书。同时,第三十三条也规定,禁止经营产品包装上没有附标签或者标签残缺不清的农药。这就从农药的生产和经营两个方面都提出了对标签的要求。特别是农药的经营者,不能以农药不是自己生产的为理由,而不承担责任,因为《农药管理条例》第二十条和第二十二条规定,农药经营者在买进和卖出农药的时候都要核对产品标签和说明书。

违反农药标签制作、使用规定的行为主要有三种情况：第一种情况是包装上根本没有标签。第二种是标签残缺不清,就是标签标注的内容不全,按照《农药标签和说明书管理办法》规定,必须标注20多项内容,实际上没有标注这么多;或者是标注了这么多内容,但是字体和图形模糊不清,难以识别。第三种情况是擅自修改标签内容,就是标签标注的内容与经农业部核准的内容不一致。我们前面讲了需要对标签和说明书进行修改的,要报农业部重新核准。如果没有报农业部重新核准,就修改标签内容,就是违法了。目前常见的违反农药标签规定的行为主要有使用商品名或者没有标注中文通用名称;没有标注有效成分和含量;超出了登记使用范围和防治对象;没有标注毒性或者标注的毒性与登记的不符。

根据《农药管理条例》第四十条第三项的规定,对生产、经营产品包装上没有附标签、标签残缺不清或者擅自修改标签内容的农药产品的,由农业部门给予警告,没收违法所得,可以并处违法所得3倍以下的罚款;没有违法所得的,可以并处3万元以下的罚款。如果构成了犯罪的,还要由司法机关追究刑事责任。

提醒大家注意,由于农药经销商的仓库贮藏条件不好,致使刚进货一个多月的农药标签有脱落或发霉破损现象,这时虽然农药仍在有效期内,没有失效,且符合质量标准,但是这种农药也是不可继续销售的。

《农药管理条例》解读14
经营农药的资质和条件

前面几节,我们学习了有关农药生产方面的法律规定。接下来的三节,我们要为大家讲讲农药经营方面的法律规定。

根据《农药管理条例》第十八条的规定,以下七类单位可以经营农药:

1. 供销合作社的农业生产资料经营单位;
2. 植物保护站;
3. 土壤肥料站;
4. 农业、林业技术推广机构;
5. 森林病虫害防治机构;
6. 农药生产企业;
7. 国务院规定的其他经营单位。

另外,根据《农药管理条例实施办法》第二十条第二款、第三款的规定,农垦系统的农业生产资料经营单位、农业技术推广单位,按照直供的原则,可以经营农药;粮食系统的储运贸易公司、仓储公司等专门供应粮库、粮站所需农药的经营单位,可以经营储粮用农药。日用百货、日用杂品、超级市场或者专门商店可以经营家庭用防治卫生害虫和衣料害虫的杀虫剂。

经营农药一般不需要办理经营许可证,但是经营的农药属于化学危险物品的,应当按照国家有关规定到安全生产监督管理部门办理危险化学品经营许可证。

可以经营农药的单位要遵守《农药管理条例》第十九条的规定，具备下列条件：

一是人员要求，有与其经营的农药相适应的技术人员。农药经营是一项专业技术要求较高的工作，要有熟悉农药管理法律法规知识，具备农药专业知识的技术人员。

二是场所和设施要求，有与其经营的农药相适应的营业场所、设备、仓储设施、安全防护措施和环境污染防治设施、措施。也就是说，要有与经营规模相适应的独立、固定的经营门店，有相应的仓库及安全设施。

三是规章制度要求，有与其经营的农药相适应的规章制度，比如人员管理、经营台账管理、农药安全管理等制度。

四是管理手段要求，有与其经营的农药相适应的质量管理制度和管理手段，如建立进货检查验收制度、农药质量纠纷处理制度，有一定的检验仪器和设备。

这四个条件是基本的条件，如果有关法律、行政法规规定了其他条件，农药经营单位还要具备其他条件。具备条件的，要依法到工商部门办理营业执照后，才可以经营农药。

《农药管理条例》解读15
经营农药应注意事项

《农药管理条例》对农药经营单位经营农药的行为，作了严格的规定。

第一，农药经营单位采购农药的时候，要做好两件事：一是将农药产品与产品标签或者说明书、产品质量合格证核对，确保没有差错。包括查验农药包装、产品质量合格证、产品标签或说明书是不是完整；查证农药产品与产品标签或说明书、产品质量合格证是不是相符；核查农药登记证或者农药临时登记证号码，是不是真实有效，还可以上"中国农药信息网"核查是不是与网上公布的经农业部核准的农药登记信息内容相符。二是对采购的农药自行或者委托进行质量检验。如果对产品质量产生怀疑，要向供货商索要国家认证的法定质量检验机构出具的质量检验报告。供货商不能提供的，要自行或者委托有检验资质的检测机构进行质量检验。

注意不能采购没有农药登记证或者农药临时登记证、没有农药生产许可证或者农药生产批准文件、没有产品质量标准和产品质量合格证或者检验不合格的农药，也不能采购过期而没有使用效能的、没有标签或者标签残缺不清的、撤销登记的农药。

这里还要注意一点，超过产品质量保证期限的农药产品，经过省级以上农药检定机构检验，符合标准的，可以在规定期限内销售；但是，要注明是"过期农药"，还要附上使用方法和用量。

第二，农药经营单位贮存农药的时候，要按照国家有关规定做好农药储备，建立和执行仓储保管制度，确保农药产品的质量和安全。比如农药要实行专库专储，不能与食品等物品混放，不能露天存放；农药仓库的消防和通风设施要保持良好，严防火灾和中毒事故发生；对农药包装破损的要及时处理，避免农药产品变质等。

第三，农药经营单位销售农药的时候，要做好两件事：一是将农药产品与产品标签或者说明书、产品质量合格证核对，确保没有差错，保证农药的质量。二是要向购买、使用农药的单位和个人，特别是农民朋友，正确说明农药的用途、使用方法、用量、中毒急救措施和注意事项。

《农药管理条例》解读16
鼠药管理规定

杀鼠剂，就是我们平常讲的老鼠药，实际上也是一种农药。老鼠药的生产经营要符合农药生产经营的条件，生产要办理生产许可证，经营要办理经营许可证。老鼠药又是特殊的农药，属于危险化学品，可以毒杀老鼠，但因为剧毒老鼠药引发的中毒事故和投毒案件时有发生，严重危害人民群众生命健康安全。所以国家对老鼠药的管理很严格，除了有《农药管理条例》等法律法规外，2003年7月18日国家有关部门还发布了《关于清查收缴毒鼠强等禁用剧毒杀鼠剂的通告》（以下简称《通告》），这个也是对老鼠药管理的一个重要规定，我们有必要专门来了解。

《通告》是由农业部、公安部、国家发改委、卫生部、国家工商行政管理总局、国家质量监督检验检疫总局、国家环境保护总局、国家食品药品监督管理局、国家安全生产监督管理局九个部委局联合发布的，目的就是加强对老鼠药生产、销售、使用的管理，促进农业健康发展，维护生态平衡，预防和打击利用老鼠药进行的违法犯罪活动，保障公民生命财产安全。主要的内容有以下几个方面：

一是严格禁止任何单位和个人制造、买卖、运输、储存和使用、持有毒鼠强、毒鼠硅、氟乙酰胺、氟乙酸钠、甘氟（又叫三步倒、闻到死、气死猫）等国家禁用剧毒杀鼠剂。实际上早在2002年5月，农业部就发布了第199号公告，明令禁止使用毒鼠强、毒鼠硅、氟乙酰胺、氟乙酸钠、甘氟等剧毒老鼠药。这个《通告》作了进一步的规定，不但不能使用，也不准制造、买卖、运输、储存和持有。

二是严格禁止任何单位和个人违法生产、加工、销售国家允许使用的杀鼠剂。对国家允许使用的老鼠药，要按照规定，经过政府部门的批准，才可以生产、加工、销售。就是国家允许使用的老鼠药，也不能在城镇、农村摆摊设点或者走街串巷销售。

三是规定有违法行为的单位和个人，要立即停止违法活动，将杀鼠剂及其有关制造、加工设备和原材料主动上缴当地农业、公安、经贸、卫生、工商、质量技术监督、环境保护、食品药品监督管理部门。

四是用杀鼠剂进行投毒等犯罪活动的，要立即向公安机关投案自首。拒不投案自首或者继续进行违法犯罪活动的，依法严厉惩处。

《农药管理条例》解读17
农药使用

农药有毒性，可以防治病、虫、草、鼠害，但如果使用不当，就容易引发人畜中毒事故和农产品质量安全事故。农药毒性越大，越容易引起中毒事故，所以，农药要安全、合理使用。那要怎么样才能做到安全、合理使用农药呢？这就是本节要学习的内容。

使用农药要注意这几个方面：

1.要遵守农药防毒规程，正确配药、施药，做好废弃物处理和安全防护工作，防止农药污染环境和农药中毒事故。比如配药时，要戴胶手套，不能用手拌药；拌过药的种子要用工具播种，如果用手播种的话，要戴防护手套，防止皮肤中毒；配药要选安全地方，要有专人看管，防止农药丢失或者被人、畜、家禽误食；大风和高温天气不能喷药；喷过农药的地方要竖起标志，在一定时间内不能放牛、割草，以防人、畜中毒；装过农药的空箱、瓶、袋等要集中处理；打药时要戴防毒口罩，在操作时不能抽烟、喝水、吃东西，被农药污染的衣服要及时换洗，等等。

2.要按照规定的用药量、用药次数、用药方法和安全间隔期施药,防止污染农副产品。剧毒、高毒农药不能用于防治卫生害虫,不能用于蔬菜、瓜果、茶叶和中草药材。农药标签和说明书上标明了用药量、用药次数、用药方法和安全间隔期,一定要按照标明的要求用药。不然的话,农副产品的农药残留量就会超过标准,危害人体健康和生命安全。《农药管理条例》第三十八条也作了规定,禁止销售农药残留量超过标准的农副产品。

3.要注意保护环境、有益生物和珍稀物种。不能用农药毒鱼、虾、鸟、兽等。

对不按照国家有关农药安全使用的规定使用农药的,根据所造成的危害后果,给予警告,可以并处3万元以下的罚款。造成农药中毒、环境污染、药害等事故或者其他经济损失的,要依法赔偿。发生了重大事故的,还要追究刑事责任。

农业部门要加强对农药使用的监督和指导:

一要按照"预防为主,综合防治"的植保方针,组织推广安全、高效农药,开展培训活动,提高施药技术水平,并做好病虫害预测预报工作。

二要根据本地农业病、虫、草、鼠害发生情况,制定农药轮换使用规划,有计划地轮换使用农药,减缓病、虫、草、鼠的抗药性,提高防治效果。

《农药管理条例》解读18
禁止生产、经营和使用假劣农药

假农药、劣质农药是禁止生产、经营和使用的。那么什么是假农药,什么是劣质农药?

按照《农药管理条例》第三十一条第二款的规定，假农药分两种情况：一种情况是以非农药冒充农药或者以此种农药冒充他种农药的。也就是说，不是农药而冒充农药，比如用肥料冒充农药的；以这种农药冒充另外一种农药的，比如用杀虫双冒充三唑磷。另一种情况是所含有效成分的种类、名称与产品标签或者说明书上注明的农药有效成分的种类、名称不符的。也就是说，经检验有一项有效成分含量为0，或者添加了其他没有经过登记的有效成分，比如添加了禁用农药成分甲胺磷。

按照《农药管理条例》第三十二条第二款的规定，劣质农药有三种情况：一是不符合农药产品质量标准的，就是说农药的有效成分和标签上标明的是一样的，只不过含量不够，达不到国家要求的质量标准。二是失去了使用效能的过期农药。三是农药中混有了能导致农作物药害的成分。

有这些情况的，不管生产经营者是故意的，还是无意的，都是假冒伪劣农药。

由于假冒伪劣农药社会危害很大，有时甚至会给农业生产带来毁灭性灾害，所以国家对生产、经营假冒伪劣农药的行为规定了严厉的处罚。按照《农药管理条例》第四十三条规定，生产、经营假农药、劣质农药的，依照刑法关于生产、销售伪劣产品罪或者生产、销售伪劣农药罪的规定，依法追究刑事责任；还不够刑事处罚的，由农业部门或者法律、行政法规规定的其他有关部门没收假农药、劣质农药和违法所得，并处违法所得1倍以上10倍以下的罚款；没有违法所得的，并处10万元以下的罚款；情节严重的，由农业部门吊销农药登记证或者农药临时登记证，由工业和信息化部门吊销农药生产许可证或者农药生产批准文件。

按照《农药管理条例实施办法》的规定，生产、经营假冒伪劣农药的单位，在农业部门或者法律、行政法规规定的其他有关部门的监督下，负责处理被没收的假冒伪劣农药。需要进行销毁处理的，要严格遵守环境保护法律、法规的有关规定，按照农药废弃物的安全处理规程进行，防止污染环境；对有使用价值的，要经省级以上农药检定机构检验，必要时要经过田间试验，制定使用方法和用量。

《农药管理条例》解读19
农药监管规定

农药作为重要而且又特殊的农业生产资料，需要农业部门加强监督管理。

农药的特殊性，要求农药执法人员不但要具备一般执法人员必须有的法律知识，还要有一定的农药专业知识。《农药管理条例实施办法》第三十条规定，各级农业部门要配备一定数量的农药执法人员。农药执法人员应当是具有相应的专业学历、并从事农药工作三年以上的技术人员或者管理人员，经有关部门培训考核合格，取得执法证，持证上岗。现在农业部门实行综合执法，从事农药执法的执法人员，必须是从事农药工作三年以上，并且经过政府法制机构培训合格，取得了行政执法证的人员。

在对农药的监督管理中，按照《农药管理条例实施办法》第三十一条的规定，农业部门有权对本行政区域范围内的农药生产、经营和使用单位的农药进行定期和不定期的监督、检查，必要时按照规定抽取样品和索取有关资料，有关单位和个人不得拒绝和隐瞒。当然，农药执法人员要对农药生产、经营单位提供的保密技术资料，承担保密责任。

农业部门查办案件，实施行政处罚，要按照《行政处罚法》《农业行政处罚程序规定》等有关规定执行。比如要按照立案、调查取证、案件审查、事先告知、作出行政处罚决定等程序来实施行政处罚。对于农药违法案件,根据案件的金额大小和影响的范围,由不同级别的农业部门管辖,一般的农药违法案件由县级农业部门管辖。设区的市级农业部门管辖本市范围内重大、复杂的农药违法案件。省级农业部门管辖本省范围内重大、复杂的农药违法案件。农业部管辖在全国范围内重大、复杂的农药违法案件。各级农业部门要及时向上级农业部门报告发生在本行政区域范围内的重大农药案件的有关情况。

这里要注意一点,在行政处罚时,罚款、没收违法所得和没收假冒伪劣农药,是哪个农业部门管的案件就由哪个农业部门决定。但是收缴或者吊销农药登记证或农药临时登记证,只能由农业部作出决定,办案的农业部门可以向农业部提出建议,不能作决定。

农药管理工作人员在办理农药登记证、临时登记证和监督管理时,要依法、公正、廉洁、高效,滥用职权、玩忽职守、徇私舞弊、索贿受贿,构成犯罪的,要追究刑事责任;还不构成犯罪的,要给予行政处分。

《农药管理条例》解读20
农作物病虫害统防统治

因为缺少农作物病虫害防治专业知识、技术和设备,一家一户农民防病治虫的效果不好。解决这个问题,需要农作物病虫害专业化统防统治,也就是由具备专业技术和设备的服务组织,开展专门的农作物病虫害防治服务。为了推进农作物病虫害专业化统防统治,扶持发展专业化统防统治组织,提高农作物病虫害防治能力,农业部制定了《农作物病虫害专业化统防统治管理办法》。

《农作物病虫害专业化统防统治管理办法》规定,对具备条件的专业化统防统治组织,农业部门优先扶持。有五个条件:一是经过工商或民政部门注册登记,有法人资格,并经过农业植保机构备案;二是有固定的经营服务场所和符合安全要求的物资储存条件;三是有 10 名以上经过植保专业培训合格的防治队员,其中获得国家植保员资格或初级职称资格的专业技术人员不少于 1 名;四是每天的作业能力达到 300 亩(设施农业 100 亩)以上;五是具有健全的人员管理、服务合同管理、田间作业等管理制度。

农业部门是以资金补助、物资扶持、技术援助等方式扶持专业化统防统治组织的发展,植保机构为专业化统防统治组织提供必要的病虫害发生、防治等信息服务,帮助开展技术培训,指导科学防控。

《农作物病虫害专业化统防统治管理办法》还规定了病虫害防治作业的要求。

专业化统防统治组织要根据当地主要农作物病虫害发生信息和农业植物保护机构的指导意见,科学制定病虫害防治方案,与服务对象签订协议,按照协议开展防治服务;要采用农业、物理、生物、化学等综合措施开展病虫害防治服务,按照农药安全使用的有关规定科学使用农药;要安全储藏农药和有关防治用品,妥善处理农药包装废弃物,防止有毒有害物质污染环境。

对专业化统防统治组织不按照服务协议服务的,违规使用农药的,以胁迫、欺骗等不正当手段收取防治费的,不接受农业植物保护机构监督指导的等违反规定和违法的行为,由农业部门予以批评教育、限期整改;情节严重的,取消扶持措施、收回扶持资金和设备;违法的,还要依法追究法律责任。

第四章
《肥料登记管理办法》解读

《肥料登记管理办法》解读1
实施时间和制定目的

在农业生产中，不但种子、农药是重要的生产资料，肥料也是重要的生产资料。

农业部门对肥料的管理和对农药的管理有相同的地方，就是对需要登记的肥料和农药产品都实行登记管理；也有不同的地方，对农药的生产、经营和使用都要监管，对肥料的监管包括生产和经营行为两方面的监管，但仅限于在农业部门登记的肥料，而对于免于登记的肥料的监管，则依照相关法律法规在其职责范围内进行监管；对肥料的使用，农业部门根据自己的职能进行指导和服务。

农业部门对肥料的登记管理，是依据农业部发布的规章——《肥料登记管理办法》的规定。《肥料登记管理办法》是2000年农业部第32号令发布的，从发布当天也就是2000年6月23日起施行，2004年7月修订过一次。原来农业部在1989年发布的《关于肥料、土壤调理剂及植物生长调节剂检验登记的暂行规定》已经作废。

《肥料登记管理办法》总共有三十八条，分了六章，包括总则、登记申请、登记审批、登记管理、罚则、附则。肥料实际上就是农作物的"粮食"，是促进粮食增产、农业增效、农民增收的重要基础。我国用不到世界10%的耕地，解决世界22%人口的吃饭问题，与肥料的使用密切相关，肥料作出了重要贡献。现在全国每年化肥的使用量有5000多万吨，其中氮肥的使用量就占全世界的30%。从这些数据可以看出肥料对于农业生产的重要作用。目前，肥料质量总体比较稳定，合格率逐年提高，生产销售假冒伪劣肥料得到了有效遏制。若肥料质量低，过量或不适当施用肥料，会影响粮食和食品安全及农业生态环境安全。解决这些问题，就需要农业、质检、工商部门根据各自的职能，从各个方面加强对肥料的监督管理。农业部门就要根据《肥料登记管理办法》的规定，加强对肥料的监督管理。

《肥料登记管理办法》第一条就明确了制定这部规章的目的：加强肥料管理，保护生态环境，保障人畜安全，促进农业生产。在我国境内生产、经营、使用和宣传肥料产品，都要遵守这个办法。

《肥料登记管理办法》解读2
肥料的种类

要了解肥料登记管理的规定，我们先要了解什么是肥料，肥料有哪些种类？

《肥料登记管理办法》第三条规定，肥料，是指用于提供、保持或改善植物营养和土壤物理、化学性能以及生物活性，能提高农产品产量，或改善农产品品质，或增强植物抗逆性的有机、无机、微生物及其混合物料。也就说肥料有两个方面的作用：一个是改良土壤，培肥地力；还有一个是提供营养，增加作物的产量，提高农产品的品质。

因为分类方法不同，肥料的种类就有很多，成分和性质差别也很大。一般可以分为无机肥料、有机肥料和生物肥料。无机肥料又叫化学肥料，比如氮肥、磷肥、钾肥、复混肥等；有机肥料又叫农家肥，比如厩肥、绿肥、饼肥、圈肥和堆肥等；生物肥料又叫细肥料，是利用生物技术制造，改善植物营养条件，对作物有特定肥效作用的生物制剂。

根据作物对元素的需要量划分，包括大量、中量、微量元素肥料，大量元素肥料，比如氮肥、磷肥、钾肥等；中量元素肥料，比如钙肥、镁肥和硫肥等；微量元素肥料，比如铁肥、锰肥、硼肥、锌肥、铜肥和钼肥等。按肥效的作用方式又可以分为速效肥料和缓效肥料。按养分又分为单质肥料和复混（合）肥料。

我们在学习《肥料登记管理办法》时，还要懂得这些肥料产品是指什么。

配方肥，是指利用测土配方技术，根据不同作物的营养需要、土壤养分含量及供肥特点，以各种单质化肥为原料，有针对性地添加适量中、微量元素或特定有机肥料，采用掺混或造粒工艺加工而成的，具有很强的针对性和地域性的专用肥料。

叶面肥，是指施于植物叶片并能被吸收利用的肥料。

床土调酸剂，是指在农作物育苗期，用于调节育苗床土酸度的制剂。

微生物肥料，是指应用于农业生产中，能够获得特定肥料效应的含有特定微生物活体的制品。这种肥效不仅包括了土壤、环境及植物营养元素的供应，还包括了其所产生的代谢产物对植物的有益作用。

有机肥料，是指来源于植物和动物，经发酵、腐熟后，施于土壤以提供植物养分为其主要功效的含碳物料。

精制有机肥，是指经工厂化生产的，不含特定肥料效应微生物的，商品化的有机肥料。

复混肥，是指氮、磷、钾三种养分中，至少有两种养分标明量的肥料，由化学方法和物理加工制成。

复合肥，是指由化学方法制成的复混肥。

《肥料登记管理办法》解读3
肥料登记管理制度

按照《肥料登记管理办法》第五条的规定，国家实行肥料产品登记管理制度，没有经过登记的肥料产品不能进口、生产、销售和使用，不能进行广告宣传。

肥料登记分为临时登记和正式登记两个阶段。经过田间试验后，需要进行田间示范试验、试销的肥料产品，生产者要申请临时登记。经过田间示范试验、试销，可以作为正式商品流通的肥料产品，生产者要申请正式登记。也就是说，经过田间试验后，生产要田间示范试验、试销的肥料，要经过临时登记。取得了临时登记，再经过田间示范试验、试销，要生产正式销售的肥料，就要经过正式登记。

实行肥料登记管理制度，目的就是把好肥料产品有效、安全和适用的第一道准入关门，促进肥料科学、经济和生态施用，提高农产品质量安全水平，维护农民群众利益。

当然，不是所有的肥料产品都要登记，对于经过农田长期使用，有国家或者行业标准的一部分产品是不用登记的，具体的产品名单后面的内容会讲到。

按照《肥料登记管理办法》的规定，负责肥料登记工作的部门是各级农业部门，实行分级管理，每一级农业部门的管理范围和工作职责不同。

农业部负责全国的肥料登记和监督管理工作，具体由农业部的种植业管理司负责，通过农业部行政审批综合办公系统受理登记手续，审查申请资料是否齐全，承办肥料登记具体事务。除省级农业部门负责登记以外的其他肥料产品由农业部负责登记。

省级农业部门协助农业部做好本行政区域范围内的肥料登记工作，负责本行政区域范围内的复混肥、配方肥（不含叶面肥）、精制有机肥、床土调酸剂的登记审批、登记证发放和公告工作，对向农业部申请登记的肥料进行初审。省级农业部门可以委托所属的土壤肥料工作机构承担具体登记工作。在江西省，因行政审批制度改革，将省农业厅实施的"本行政区域范围内的复混肥、配方肥（不含叶面肥）、精制有机肥、床土调酸剂的登记审批、登记证发放和公告"下放至设区市农业局实施，有的设区市还下放至县级农业局实施。

设区市、县级农业部门按照上级人民政府有关下放行政审批项目的决定，负责肥料登记工作，还负责本行政区域范围内的肥料监督管理工作。

《肥料登记管理办法》解读4
肥料临时登记资料要求

肥料生产者申请肥料登记，要按照要求提供申请资料。2001年5月，农业部第161号公告公布了《肥料登记资料要求》；2015年9月，农业部第2287号公告公布了《肥料临时登记审批标准》，申请临时登记要提供11项资料：

第一项：《农业部肥料临时登记申请书》或《农业部微生物肥料临时登记申请书》；

第二项：省级农业行政主管部门初审意见表；

第三项：省级农业行政主管部门或其委托单位出具的肥料生产

企业考核表，附企业生产和检验条件相关设备照片；

第四项：企业法人营业执照复印件，境外申请人需提交代理机构营业执照复印件或外国（地区）企业常驻代表机构登记证（加盖企业确认章）；

第五项：产品执行标准，应符合《肥料登记资料要求》的规定；

第六项：产品标签，应符合《肥料登记管理办法》《肥料登记资料要求》的规定；

第七项：产品质量检验报告，由省级以上经计量认证的具备肥料承检能力的检验机构出具；

第八项：田间试验报告，申请人可按要求自行开展肥料田间试验，也可委托有关机构开展，应当是与标签式样标明的肥料产品功效相对应的、每一种1年2种以上（含）不同的土壤类型地区或2年1种土壤类型地区的试验报告，并在有效期内。试验报告有效期为3年，起始时间为报告签发之日；

第九项：安全评价试验报告，毒性试验（急性经口毒性试验报告由省级以上卫生行政部门认定单位或具有计量认证资质的单位出具；包膜材料降解试验报告由具备计量认证资质的单位出具）；抗爆性能试验报告由具备抗爆性能试验检验计量认证资质的单位出具；微生物肥料菌种毒理学报告由具有菌种安全评价能力的国家级专业权威机构出具；微生物肥料菌种鉴定报告由具有计量认证资质的或国家级专业权威菌种鉴定单位出具；

第十项：境外企业生产、销售的证明文件，所在国家（地区）肥料管理机关批准或者公证机关出具或者我国驻所在国大使馆或领事馆确认的关于申请肥料产品在其国家（地区）生产、销售及应用情况的证明文件；

第十一项：境外企业委托代理协议，代理协议应明确境内代理机构或境外企业常驻代表机构职责，确定其能全权办理在中华人民共和国境内肥料登记、标签备案、包装、进口肥料等业务，并承担相应的法律责任。

我国境内的肥料生产者不需要提供第十项和第十一项资料。

《肥料登记管理办法》解读5
肥料正式登记资料要求

申请肥料正式登记，首先要取得临时登记才能申请。

按照《肥料登记资料要求》，申请肥料正式登记，生产者要填《肥料正式登记申请表》，提供8项资料：

第一项：《农业部肥料正式登记申请书》或《农业部微生物肥料正式登记申请书》。

第二项：生产者基本概况（由于申请产品临时登记时，已提供了这方面的资料，申请正式登记时以补充新内容为原则）：

（1）企业法人营业执照复印件（加盖企业确认章）；

（2）生产企业基本情况资料；

（3）产品及生产工艺概述资料；

（4）技术负责人简历及联系方式；

（5）国外及港、澳、台地区产品补充在其他国家（地区）新登记使用情况。

第三项：产品执行标准，符合《肥料登记资料要求》的规定。

第四项：产品质量检验报告，由省级以上经计量认证的具备肥料承检能力的检验机构出具。

第五项：年度产品质量检验报告复印件，应是不同批次的产品。

第六项：产品标签，应符合《肥料登记管理办法》《肥料登记资料要求》的规定。

第七项：产品使用情况说明，该产品在获证后的使用情况，包括施用作物、应用效果和主要推广地区等。

第八项：委托检验协议原件，指企业委托检验机构对该产品进行检验所签订的协议（有自检能力的除外，已提交过的且在有效期内的不必重复提交）。

《肥料登记管理办法》解读6
分级登记

前面讲了肥料临时登记和正式登记的资料要求，提供符合要求的肥料登记资料，经过审核通过后，可以提出肥料登记申请。按照《肥料登记管理办法》第八条的规定，经过工商注册，具有独立法人资格的肥料生产者可以提出肥料登记申请。就是说肥料登记的申请人，必须是有工商营业执照、能独立承担责任的肥料生产企业。

肥料生产企业在申请肥料临时登记前要进行田间试验，田间试验要由农业部或者省级农业部门认定的试验单位进行，出具试验报告；申请肥料正式登记前要进行田间示范试验，田间示范试验要由农业部认定的试验单位进行，出具试验报告。

目前省级登记的肥料产品除床土调酸剂产品外，复混肥、配方肥（不含叶面肥）、精制有机肥登记不需要进行田间试验，农业部肥料产品正式登记免交田间示范试验报告。

经过了田间试验或者田间示范试验，提供了符合要求的肥料登记资料，具备四个方面的条件（一是生产企业合法，二是产品标准符合要求，三是产品田间试验有效、毒性检验安全，四是生产工艺合理能保证产品质量），就可以进行申请。

按照《肥料登记管理办法》第十三条的规定，有下列情况的肥料产品,登记申请不予受理:一是没有生产国使用证明(登记注册)的国外产品;二是不符合国家产业政策的产品;三是知识产权有争议的产品;四是不符合国家有关安全、卫生、环保等国家或行业标准要求的产品。

肥料登记的程序因为申请肥料产品的范围不同而不同,主要是试验、检测机构、初审单位、受理部门以及审批环节的不同。按登记的肥料产品范围可以分为免予登记产品、省级农业部门登记产品、农业部登记产品。

一是免予登记产品。按照《肥料登记管理办法》第十四条的规定,对经农田长期使用,有国家或行业标准的产品免予登记。包括硫酸铵、尿素、硝酸铵、氰氨化钙、磷酸铵(磷酸一铵、二铵)、硝酸磷肥、过磷酸钙、氯化钾、硫酸钾、硝酸钾、氯化铵、碳酸氢铵、钙镁磷肥、磷酸二氢钾、单一微量元素肥、高浓度复合肥,共16种。

二是省级农业部门登记产品。包括复混肥、配方肥(不含叶面肥)、精制有机肥、床土调酸剂。

三是农业部登记产品。除了免于登记和省级农业部门登记产品以外的所有肥料产品,由农业部登记。

《肥料登记管理办法》解读7
肥料登记程序

按照《肥料登记管理办法》第十五条的规定,农业部负责全国肥料的登记审批、登记证发放和公告工作。属于省级审批的产品,由省级农业部门负责肥料登记审批、登记证发放和公告工作。在江西省,因行政审批制度改革,将省农业厅实施的"本行政区域范围内的复混肥、配方肥(不含叶面肥)、精制有机肥、床土调酸剂的登记审批、登记证发放和公告"下放至设区市农业局实施，有的设区市还下放至县级农业局实施。

肥料登记审批前，要先经过肥料产品综合评审。肥料产品综合评审，是由农业部专门成立的肥料登记评审委员会负责。肥料登记评审委员会，每一届任期三年，由农业部聘请土壤肥料、微生物、卫生毒理、质量检测、市场监管、生产许可证管理、标准管理等方面的技术和管理专家组成，负责对申请登记肥料产品的产品化学、肥效和安全性等资料进行综合评审，提出综合评审意见。

农业部根据肥料登记评审委员会的综合评审意见，在评审结束后20天内作出审批、发放肥料临时登记证或正式登记证还是不予审批、发放肥料临时登记证或正式登记证的决定。

按照《肥料登记管理办法》第十八条规定，有些肥料不需要经过评审直接由农业部审批、发放肥料临时登记证，主要有两种产品：一是有国家或者行业标准，经过检验质量合格的产品；二是肥料登记评审委员会建议并且由农业部认定的产品类型，申请登记资料齐全，经检验质量合格的产品。不过这两种类型的产品只能获得肥料临时登记证，如果要申请肥料正式登记，也要按照正常的程序来，要经过肥料登记评审委员会的综合评审，再由农业部根据综合评审意见，来决定是不是审批、发放肥料正式登记证。

肥料临时登记证有效期为一年，有效期满，需要继续生产、销售这个产品的，要在有效期满两个月前提出续展登记申请，也就是申请延长有效期。符合条件的经过农业部批准续展登记，续展有效期为一年。续展临时登记最多不能超过两次，也就是说，经过两次续展，肥料临时登记证的有效期最多不超过三年。

肥料正式登记证有效期为五年，有效期满，需要继续生产、销售这个产品的，要在有效期满六个月前提出续展登记申请，符合条件的经农业部批准续展登记，续展有效期为五年。

登记证有效期满没有提出续展登记申请的,等于自动撤销登记。登记证有效期满后提出续展登记申请的,要重新办理登记。

经过登记的肥料产品,在登记有效期内改变使用范围、商品名称、企业名称的,要申请变更登记;改变成分、剂型的,要重新申请登记。

《肥料登记管理办法》解读8
监督管理

经过登记的肥料产品,可以生产、销售和使用,但是还要继续加强监督管理,主要是标签、说明书和产品质量方面的管理。

《肥料登记管理办法》第二十三条规定,肥料产品包装要有标签、说明书和产品质量检验合格证。标签和使用说明书要用中文,标明产品名称、生产企业名称和地址,肥料正式登记证号或者肥料临时登记证号、产品标准号、有效成分名称和含量、净重、生产日期及质量保证期,产品适用作物、适用区域范围、使用方法和注意事项,有十几项内容。这里要注意两点:一是产品名称和适用作物、区域范围要与登记批准的相一致;二是禁止擅自修改经过登记批准的标签内容。因为在申请肥料登记的时候,要求了肥料生产企业提供标签和使用说明书的样式资料,所以农业部门审批的时候也就对标签和使用说明书进行了登记批准。如果肥料生产企业要修改经过登记批准的标签内容,要经过原来的审批部门同意。如果是实际上改变了成分、剂型的,还要重新申请登记。

生产、销售的肥料产品包装上没有附标签,标签不完整、不清楚的,或者是擅自修改标签内容的,按照《肥料登记管理办法》第二十八条第三项规定,由县级以上农业部门给予处罚,处以警告,并处违法所得3倍以下罚款，罚款最高不超过2万元；没有违法所得的，处1万元以下罚款。这个处罚，不但是对肥料生产企业生产没有附标签，标签不完整、不清楚的，或者是擅自修改标签内容的肥料；也对肥料销售商销售没有附标签，标签不完整、不清楚的，或者是擅自修改标签内容的肥料。

为了保证肥料的质量，农业部门要按照规定对辖区内的肥料生产、经营和使用单位的肥料进行定期或不定期监督、检查，必要时按照规定抽取样品和索取有关资料，有关单位不能拒绝和隐瞒。对质量不合格的产品，要限期改进。对质量连续不合格的产品，肥料登记证有效期满后不予续展，就是让其自动撤销登记。取得了登记证的肥料产品，如果在登记有效期内经过证实对人、畜、作物有害，经肥料登记评审委员会审议，由农业部宣布限制使用或禁止使用。

《肥料登记管理办法》解读9
违法行为处罚

在前面的内容中，我们讲了没有经过登记的肥料产品不能生产、销售。如果生产、销售了没有经过登记的肥料产品，就违反了《肥料登记管理办法》的规定，构成了违法，要给予处罚。

《肥料登记管理办法》第二十七条第一项规定，生产、销售没有取得登记证的肥料产品的，由县级以上农业部门给予处罚，处以警告，并处违法所得3倍以下的罚款，最高不超过3万元；没有违法所得的，处1万元以下罚款。这里大家要注意，不但要对生产没有取得登记证的肥料产品处罚，也要对销售没有取得登记证的肥料产品处罚。

还有一种情况，相当于没有取得登记证，就是原来的肥料登记证有效期满，没有经过批准续展登记，如果继续生产这个肥料产品，也违法了，但是违法的后果没有生产、销售一直没有取得登记证的肥料产品这么严重，所以处罚的程度要轻一点，按照《肥料登记管理办法》第二十八条第二项的规定，处以警告，并处违法所得2倍以下的罚款，最高不超过2万元；没有违法所得的，处1万元以下罚款。

对肥料登记证要求严格管理，一般一个企业的一种产品有一个肥料登记证还有一个登记证号，不能转让给其他企业，如果转让肥料登记证和登记证号，就违法了。按照《肥料登记管理办法》第二十八条第一项的规定，由县级以上农业部门给予处罚，处以警告，并处违法所得3倍以下的罚款，最高不超过2万元；没有违法所得的，处1万元以下罚款。还有的企业假冒、伪造肥料登记证和登记证号，假冒就是用别的企业或者别的肥料产品的肥料登记证和登记证号，伪造就是造假的肥料登记证和登记证号，这两种行为都违法了，按照《肥料登记管理办法》第二十七条第二项的规定，处以警告，并处违法所得3倍以下的罚款，最高不超过3万元；没有违法所得的，处1万元以下罚款。

为了加强肥料产品的质量管理，《肥料登记管理办法》第二十七条第三项规定，对生产、销售的肥料产品有效成分或含量与登记批准的内容不符的，处以警告，并处违法所得3倍以下的罚款，最高不超过3万元；没有违法所得的，处1万元以下罚款。

依据《肥料登记管理办法》第三十六条的规定，这些处罚都讲到的"违法所得"，是指违法生产、经营肥料的销售收入。

第五章
《兽药管理条例》解读

《兽药管理条例》解读1
实施时间和立法目的

我们知道在畜牧产品、水产品养殖中不能使用禁用的兽药，不能超范围、超剂量使用兽药，使用兽药还有休药期。从这节开始，我们来学习兽药管理方面的法规。

兽药管理没有全国人大常委会出台的专门法律，只有国务院出台的行政法规——《兽药管理条例》。

《兽药管理条例》是2004年3月24日经国务院第45次常务会议通过的，2004年4月9日第404号国务院令公布，从2004年11月1日起施行。2014年7月29日第653号国务院令作了修订。

《兽药管理条例》总共有七十五条，分了九章，主要的内容包括从兽药的研制、生产、经营、进出口到使用、监督管理各个环节、各个方面的规定，以及违反这些规定要承担的法律责任。

兽药是一种特殊的农业生产资料，它的作用与人用的药品相似，用于防治动物疫病。兽药质量的好与坏、兽药使用方法的对与错会直接影响到畜牧产品、水产品的质量安全和人的生命安全，也就影响到畜牧业的健康发展。我国是世界上最大的肉类生产国，也是兽药生产、使用和出口大国，国家高度重视兽药的监督管理，但目前兽药行业还存在一些问题，为了经济利益，在兽药生产和销售方面，制假、售假现象时有发生，在兽药使用方面，滥用兽药或使用禁用兽药现象普遍存在。假劣兽药，超标的兽药残留会给畜牧产品、水产品带来危害，使畜牧产品、水产品不符合农产品质量安全标准，也就给吃这些畜牧产品、水产品的人的身体健康带来危害。所以，《兽药管理条例》第一条就明确了制定这部条例的目的：一是加强兽药管理，保证兽药质量；二是防治动物疾病，促进养殖业的发展；三是维护人体健康。

为了执行好《兽药管理条例》，农业部出台了很多部配套的规章，主要有《新兽药研制管理办法》《兽药注册办法》《兽药产品批准文号管理办法》《兽药标签和说明书管理办法》《兽药生产质量管理规范》《兽药进口管理办法》《兽药广告审查办法》《兽用生物制品经营管理办法》《兽药经营质量管理规范》《兽用处方药和非处方药管理办法》等。

《兽药管理条例》解读2
兽药的种类、管理制度

讲到兽药，从字面上理解我们就知道是用在动物上的药品，不是用在植物和人身上的药品。《兽药管理条例》第七十二条规定了什么是兽药。兽药是指用于预防、治疗、诊断动物疾病或者有目的地调节动物生理机能的物质（含药物饲料添加剂），主要包括血清制品、疫苗、诊断制品、微生态制品、中药材、中成药、化学药品、抗生素、生化药品、放射性药品及外用杀虫剂、消毒剂等。

兽药发展到今天，跟人用的药品一样可以说是品种很多，根据功效大致可以分为四类：一是一般疾病防治药；二是传染病防治药；三是体内、体外寄生虫病防治药；四是促生长药。其中，除了防治传染病的生化免疫制品（菌苗、疫苗、血清、抗毒素和类毒素等），以及畜禽特殊寄生虫病药和促生长药等专用兽药外，其他的与人用的药品相同，只是剂量、剂型和规格不同。

日常生活中，我们到医院看病，医生开个处方，凭医生开的处方再到药房拿药，这是处方药；不需要医生开处方自己在药店购买的药一般是非处方药。与人用的药品一样，兽药也分处方药和非处方药。兽用处方药，是指凭兽医处方才可以购买和使用的兽药；兽用非处方药，是指由农业部公布的、不需要凭兽医处方就可以自行购买并按照说明书使用的兽药。

兽药管理专业性、技术性很强，需要由专门的部门来负责，按照《兽药管理条例》的规定，农业部门负责兽药监督管理工作，农业部负责全国的兽药监督管理工作，地方农业部门负责本行政区域范围内的兽药监督管理工作。地方畜牧兽医部门单独设立的，畜牧兽医部门负责本行政区域范围内的兽药监督管理工作。

为了加强对兽药研制、生产、经营、进出口和使用的监督管理，《兽药管理条例》规定了兽药生产许可制度、兽药经营许可制度、兽药 GMP 制度（也就是生产质量管理规范）、兽药 GSP 制度（也就是经营质量管理规范）、兽药标签管理制度、兽药安全使用制度等，以及对兽用处方药、非处方药实行分类管理的制度。为了防范发生重大动物疫情、灾情或者其他突发事件，国家还实行兽药储备制度，农业部在紧急情况下，可以调用国家储备的兽药。

《兽药管理条例》解读3
新兽药研制（1）

上一节，我们了解了什么是兽药，还基本了解了兽药管理的一些基本制度。这一节我们来讲讲新兽药研制。

我国是兽药生产、使用和出口大国，所以国家对新兽药研制工作也非常重视，《兽药管理条例》对新兽药研制作了相关规定，主要表现在这几个方面：在政策上给予鼓励，在权益上依法保护，在资质条件上严格要求。

一是鼓励和保护新兽药研制。《兽药管理条例》第六条规定，国家鼓励研制新兽药，依法保护研制者的合法权益。第十条规定，国家对没有向外公布的依法获得注册的、含有新化合物的兽药试验数据和其他数据实施保护。从注册这一天起6年内，对其他申请人没有经过已获得注册兽药的申请人同意，使用其数据申请兽药注册的，兽药注册机关不予注册。除公共利益需要或已采取措施确保该类信息不会被不正当地进行商业使用外，兽药注册机关不能披露申请人的相关数据。这里讲的兽药注册机关就是负责兽药注册的农业部和省级农业部门。

二是要求新兽药研制单位具备一定的条件。《兽药管理条例》第七条规定，新兽药研制单位要具有与研制新兽药相适应的场所、仪器设备、专业技术人员、安全管理规范和措施。

三是研制新兽药要遵守规定的程序。《兽药管理条例》第八条、第九条规定，研制新兽药，要在临床试验前向省级农业部门提出申请，并提供该新兽药实验室阶段安全性评价报告及其他临床前研究资料。研制的新兽药属于生物制品的，要在临床试验前向农业部提出申请。如果研制新兽药需要使用一类病原微生物的，还要具备农业部规定的条件，在实验室阶段前报农业部批准。

在临床试验完成后，新兽药研制者向农业部提出新兽药注册申请，提交该新兽药的样品，以及名称、主要成分、理化性质、研制方法、生产工艺、质量标准和检测方法、药理和毒理试验结果、临床试验报告和稳定性试验报告，环境影响报告和污染防治措施等资料。研制的新兽药属于生物制品的，还要提供菌（毒、虫）种、细胞等有关材料和资料。菌（毒、虫）种、细胞由农业部指定的机构保藏。研制用于食用动物的新兽药，还要按照农业部的规定进行兽药残留试验并提供休药期、最高残留限量标准、残留检测方法及其制定依据等资料。农业部收到申请后，进行评审和审查，审查合格的，发给新兽药注册证书。

《兽药管理条例》解读4
新兽药研制（2）

对于新兽药研制的管理，农业部制定了专门的规章——《新兽药研制管理办法》。

《新兽药研制管理办法》由2005年第55号农业部令公布，从2005年11月1日起施行，目的就是为了保证兽药的安全、有效和质量，规范兽药研制活动。

这个办法在兽药临床前研究管理、临床试验审批和监管方面作了规定。

新兽药临床前研究包括药学、药理学和毒理学研究，对生物制品、其他兽药和中药制剂分类规定了具体的研究项目。在临床前研究阶段，要进行安全性评价，通过毒理学研究等对一类新化学药品和抗生素对靶动物和人的健康影响进行风险评估，包括急性毒性、亚慢性毒性、致突变、生殖毒性（含致畸）、慢性毒性试验（含致癌）以及用于食用动物时每天允许摄入量和最高残留限量的确定。负责安全性评价的单位要具有农业部认定的资格。

新兽药在上市前还要经过临床试验。申请人进行临床试验，要提前申请，提交《新兽药临床试验申请表》，申请报告,临床试验方案,委托试验合同书，试验承担单位资质证明，临床前研究有关资料，试制产品生产工艺、质量标准、试制研究总结报告及检验报告,试制单位《兽药 GMP 证书》和《兽药生产许可证》等资料。使用一类病原微生物的,还要提交农业部的批准文件。属于生物制品的新兽药临床试验,还要提供生物安全防范基本条件、菌(毒、虫)种名称、来源和特性方面的资料。属于其他新兽药临床试验,还要提供农业部认定的兽药安全评价实验室出具的安全性评价试验报告,或者提供国内外相关药理学和毒理学文献资料。

属于生物制品的新兽药临床试验,向农业部提出申请;其他新兽药临床试验,向所在地省级农业部门提出申请。农业部负责对研制新兽药使用一类病原微生物、属于生物制品的新兽药临床试验进行审批;省级农业部门负责对其他新兽药临床试验审批。农业部或者省级农业部门收到申请后,对临床前研究结果的真实性和完整性,以及临床试验方案进行审查,在 60 个工作日内作出批不批准的决定,确定试验区域和试验期限,并书面通知申请人。

临床试验要由具有农业部认定资格的单位来负责,在 2 年内完成,要执行《兽药临床试验质量管理规范》,参照农业部发布的兽药临床试验技术指导原则,根据批准的临床试验方案进行。

《兽药管理条例》解读5
兽药注册

新兽药临床试验完成后,要申请注册。为了规范兽药注册,保证兽药安全、有效和质量,农业部制定了专门的规章——《兽药注册办法》。

《兽药注册办法》由 2004 年农业部第 44 号令公布,从 2005 年 1 月 1 日起施行,主要规定了新兽药注册、进口兽药注册等。

农业部负责全国兽药注册工作。农业部设立的兽药审评委员会负责新兽药和进口兽药注册资料的评审工作。中国兽药监察所和农业部指定的其他兽药检验机构承担兽药注册的复核检验工作。

新兽药注册，要在完成临床试验后，向农业部提出申请，按《兽药注册资料要求》提交相关资料。还要提交保证书，承诺不侵犯他人的知识产权，保证自己取得的试验数据的真实性。农业部收到申请后10个工作日内，将资料送农业部兽药审评委员会进行技术评审，并通知申请人提交样品和有关资料，送指定的兽药检验机构进行复核检验。农业部兽药审评委员会在120个工作日内提出评审意见，报送农业部。兽药检验机构要在规定时间内完成复核检验，将检验报告书和复核意见送达申请人，同时报农业部和农业部兽药审评委员会。

农业部收到技术评审和复核检验结论后进行审查，必要时进行现场核查。审查合格的，发给《新兽药注册证书》，并予以公告，同时发布这个新兽药的标准、标签和说明书。兽药注册证书有效期是5年。

进口兽药注册，由出口方驻中国境内的办事机构或者委托中国境内代理机构向农业部提出申请，填写《兽药注册申请表》，并按《兽药注册资料要求》提交相关资料。农业部受理后，由农业部兽药审评委员会进行评审，由指定的兽药检验机构进行复核检验。农业部收到技术评审和复核检验结论后进行审查，合格的，发给《进口兽药注册证书》，并予以公告；中国香港、澳门和台湾地区的生产企业申请注册的兽药，发给《兽药注册证书》。农业部在批准进口兽药注册的同时，发布经核准的进口兽药标准和产品标签、说明书。进口兽药注册证书有效期5年。

已经注册的兽药要改变原来批准的事项的，向农业部申请兽药变更注册。还需要进行技术评审的，由农业部兽药审评委员会评审，由指定的兽药检验机构进行复核检验。变更注册申请的评审、检验的程序、时间和要求，同新兽药注册、进口兽药注册的规定一样。

《兽药管理条例》解读6
兽药生产许可

前面几节内容学习了新兽药研制和注册的规定。下面，我们来了解兽药生产的有关规定。

兽药是一种技术含量较高的产品，关系到动物疾病的防治，也关系到人的健康，所以要求生产兽药的企业必须具备一定的条件。达到条件，取得兽药生产许可证，才有生产兽药的资格。根据《兽药管理条例》第十一条规定，设立兽药生产企业，要符合国家兽药行业发展规划和产业政策，还要具备这些条件：一是与所生产的兽药相适应的兽医学、药学或者相关专业的技术人员；二是与所生产的兽药相适应的厂房、设施；三是与所生产的兽药相适应的兽药质量管理和质量检验的机构、人员、仪器设备；四是符合安全、卫生要求的生产环境；五是兽药生产质量管理规范规定的其他生产条件。

符合条件的，申请人可以向省农业厅提出申请，并提供符合规定条件的证明材料；省农业厅收到申请后进行审查，审查合格的，发给兽药生产许可证。兽药生产许可证有效期是5年，到期需要继续生产兽药的，要在到期前6个月到省农业厅申请换发兽药生产许可证。兽药生产许可证注明了生产范围、生产地点、有效期和法定代表人姓名、住址等事项，这些事项有变化的，要按规定申请换发兽药生产许可证。

对于没有兽药生产许可证生产兽药的，《兽药管理条例》第五十六条规定了严厉的处罚：由农业部门责令其停止生产、经营，没收用于违法生产的原料、辅料、包装材料及生产、经营的兽药和违法所得，并处违法生产、经营的兽药（包括已出售的和未出售的兽药）货值金额 2 倍以上 5 倍以下罚款，货值金额无法查证核实的，处 10 万元以上 20 万元以下罚款；情节严重的，没收其生产设备。构成犯罪的，依法追究刑事责任；给他人造成损失的，依法承担赔偿责任。生产、经营企业的主要负责人和直接负责的主管人员终身不得从事兽药的生产、经营活动。

对违反规定，提供虚假的资料、样品或者采取其他欺骗手段取得兽药生产许可证的，《兽药管理条例》也规定了严厉的处罚：吊销兽药生产许可证，并处 5 万元以上 10 万元以下罚款；给他人造成损失的，依法承担赔偿责任。其主要负责人和直接负责的主管人员终身不得从事兽药的生产、经营活动。

《兽药管理条例》解读7
兽药生产要求

前面我们讲了兽药生产企业要先取得省农业厅核发的兽药生产许可证，才有资格生产兽药。在生产中，企业还要遵守严格的生产质量管理规范要求，生产的兽药还要有兽药产品批准文号。

按照《兽药管理条例》第十四条的规定，兽药生产企业要按照农业部制定的兽药生产质量管理规范组织生产。针对这个规定，农业部出台了专门的规章——《兽药生产质量管理规范》，具体有哪些规范和要求，我们在下一节中详细讲讲。有了这个《兽药生产质量管理规范》，兽药生产企业要遵守，农业部和省农业厅还要对企业是不是符合《兽药生产质量管理规范》的要求加强监督检查，检查结果要公布。对没有按照规定实施兽药生产质量管理规范的，要根据《兽药管理条例》第五十九条的规定，给予警告，责令其限期改正；过期不改正的，责令停止兽药生产、经营活动，并处5万元以下罚款；情节严重的，吊销兽药生产许可证；给他人造成损失的，依法承担赔偿责任。

兽药生产企业符合《兽药生产质量管理规范》的要求，还不能生产，必须是生产的兽药有农业部核发的产品批准文号，才能生产。兽药产品批准文号实际上就是对兽药的批准证明文件，兽药生产企业要按规定申请，由农业部核发，具体的内容在后面会讲。兽药生产企业提供虚假的资料、样品或者采取其他欺骗手段取得兽药产品批准文号的，要撤销兽药产品批准文号，并处5万元以上10万元以下罚款；给他人造成损失的，依法承担赔偿责任。其主要负责人和直接负责的主管人员终身不得从事兽药的生产、经营和进出口活动。兽药产品批准文号也不能非法转让、买卖、出租、出借兽药产品批准文号的，要没收违法所得，并处1万元以上10万元以下罚款；情节严重的，撤销兽药产品批准文号；构成犯罪的，依法追究刑事责任；给他人造成损失的，依法承担赔偿责任。

我们知道，为了保证产品质量，工业产品要按一定的生产工艺进行生产，兽药产品也一样要按照一定的生产工艺流程进行生产。《兽药管理条例》第十六条规定，兽药生产企业要按照兽药国家标准和农业部批准的生产工艺进行生产。兽药生产企业改变影响兽药质量的生产工艺的，要报农业部审核批准。生产中，兽药生产企业要建立生产记录，生产记录要完整、准确。

《兽药管理条例》解读8
兽药生产质量管理规范

上一节中我们讲了兽药生产要严格遵守《兽药生产质量管理规范》。这一节,我们来学习一下《兽药生产质量管理规范》的主要内容。

兽药生产质量管理规范,我们一般叫兽药GMP,是兽药生产的优良标准,是在兽药生产全过程中,用科学合理、规范化的条件和方法来保证生产优良兽药的整套科学管理体系。2002年3月19日农业部第11号令公布了《兽药生产质量管理规范》,从2002年6月19日起施行。这部农业部规章全面明确了兽药生产和质量管理的基本准则,是从机构与人员、厂房和设施、设备、物料、卫生、验证、文件、生产管理、质量管理、产品销售与收回、投诉与不良反应报告、自检等各个方面和各个环节来保证兽药生产企业兽药质量的一整套管理系统。下面我们讲讲主要的内容,具体的大家可以查看这部规章。

对机构与人员的要求有:建立生产和质量管理机构,配备一定数量的与兽药生产相适应的具有专业知识和生产经验的管理人员和技术人员。企业主管兽药生产管理的负责人和质量管理的负责人,要有制药或相关专业大专以上学历,有兽药生产和质量管理工作经验。生产管理部门的负责人和质量管理部门的负责人要有兽医、制药及相关专业大专以上学历,有兽药生产和质量管理的实践经验。生产管理部门负责人和质量管理部门负责人由专职人员担任,不能互相兼任。直接从事兽药生产操作和质量检验的人员要有高中以上文化程度,具有基础理论知识和实际操作技能。从事生产辅助性工作的人员要有初中以上文化程度。从事高生物活性、高毒性、强污染性、高致敏性及与人畜共患病有关或有特殊要求的兽药生产操作人员和质量检验人员，要经过相应的专业的技术培训。

对厂房与设施的要求有：整洁的生产环境，空气、场地、水质符合生产要求。厂区周围没有影响兽药产品质量的污染源。厂房的设计、建设及布局要符合要求。厂房内划分生产区和仓储区，符合相应的清洁要求。

对设备的要求有：与所生产产品相适应的生产和检验设备，性能和主要技术参数能保证生产和产品质量控制的需要。

刈质量管理的要求有：生产企业质量管理部门负责兽药生产全过程的质量管理和检验，要配备一定数量的质量管理和检验人员，有与兽药生产规模、品种、检验要求相适应的场所、仪器、设备。

《兽药管理条例》解读9
兽药产品批准文号

生产兽药要先取得兽药产品批准文号。那什么是兽药产品批准文号，对兽药产品批准文号有些什么规定？

《兽药管理条例》规定了兽药产品批准文号的核发办法由农业部制定。2004年11月农业部出台了《兽药产品批准文号管理办法》，从2005年1月1日起施行。这个《办法》对兽药产品批准文号的申请和核发、监督检查及批准文号的编制格式作了具体的规定。

我们先了解一下什么是兽药产品批准文号？《兽药产品批准文号管理办法》第三条规定，兽药产品批准文号是农业部根据兽药国家标准、生产工艺和生产条件批准特定兽药生产企业生产特定兽药产品时核发的兽药批准证明文件。兽药产品批准文号由农业部核发。

申请兽药产品批准文号，要通过省级农业部门申请，提交自己生产的连续三个批次的样品和《兽药产品批准文号申请表》《兽药生产许可证》《兽药 GMP 证书》、标签和说明书样本、所提交样品的自检报告等资料。省级农业部门将样品送兽药检验机构进行检验，收到检验结论后进行审查，并将审查意见和检验机构的检验报告及全部申报材料报送农业部。农业部收到省级农业部门审查意见后还要进行审查。审查合格的，核发产品批准文号，公布标签和说明书。申请已有兽药国家标准的生物制品和已获得《新兽药注册证书》的兽药产品批准文号的，申请人直接向农业部申请，还要提供兽药样品和相关资料。农业部收到后进行审查，审查合格的，核发产品批准文号。

兽药产品批准文号有效期为 5 年，到期后，需要继续生产的，兽药生产企业要在有效期满前 6 个月内按照原来的批准程序申请换发产品批准文号。申请换发生物制品批准文号的，可以不再提供样品。兽药生产企业在另外的地方新建生产车间、改变生产场地生产兽药的，要另外申请兽药产品批准文号。

兽药生产企业如果出现了产品批准文号到期没有申请换发、兽药生产许可证到期没有申请延续或者申请没有获得批准、企业情况发生变化不再具备相应生产条件、企业破产、自行更改产品批准文号的情况，农业部会收回、注销兽药产品批准文号，并公告。

为了便于管理，农业部规定了兽药产品批准文号的编制格式，就是兽药类别简称＋年号＋企业所在地省份序号＋企业序号＋兽药品种编号。

《兽药管理条例》解读10
兽药生产相关规定

为了保证兽药产品的质量,《兽药管理条例》对兽药生产还作了一些规定,我们继续来了解。

生产兽药有着严格的质量要求,除了要按照批准的生产工艺进行生产外,对进厂的原料到出厂的成品都有一定的标准和要求规定。首先是原料要达标,根据《兽药管理条例》第十七条的规定,生产兽药所用的原材料、辅料,要符合国家标准或者所生产兽药的质量要求。直接接触兽药的包装材料和容器也要符合药用要求。当然仅仅是原料达标,产品质量也不一定合格。生产企业自己要对产品进行检验,合格的才能出厂。《兽药管理条例》第十八条规定,兽药出厂前要经过质量检验,不符合质量标准的不能出厂。兽药出厂要附产品质量合格证。禁止生产假兽药和劣质兽药。

兽用生物制品是一种比较特殊的兽药,在预防、诊断、治疗特定的传染病或其他有关疾病等方面有很大的作用。但由于生物制品本身的特性和安全防护方面的要求,它的安全问题影响到人的生命健康安全,所以《兽药管理条例》第十九条规定,兽药生产企业生产的每批兽用生物制品,在出厂前要由农业部指定的检验机构进行审查核对,并在必要时进行抽查检验;没有经过审查核对或者抽查检验不合格的,不能销售。强制免疫所需要的兽用生物制品,由农业部指定的企业生产。

一般生产企业都会通过产品包装上的标签或者说明书,向消费者展示产品的信息和使用方法,法律会对产品包装和标签、说明书作出规定,比如前面讲的种子、农药都有产品包装和标签、说明书方面的规定。兽药也一样,《兽药管理条例》第二十条规定,兽药包装要按照规定印有或者贴有标签,附具说明书,并在显著位置上注明"兽用"字样。兽药的标签和说明书经农业部批准并公布后,才能使用。

兽药的标签或者说明书,要以中文注明兽药的通用名称、成分及其含量、规格、生产企业、产品批准文号(进口兽药注册证号)、产品批号、生产日期、有效期、适应症或者功能主治、用法、用量、休药期、禁忌、不良反应、注意事项、运输贮存保管条件及其他要说明的内容。另外,兽用处方药的标签或者说明书还要印有农业部规定的警示内容,其中兽用麻醉药品、精神药品、毒性药品和放射性药品还应当印有农业部规定的特殊标志;兽用非处方药的标签或者说明书还应当印有农业部规定的非处方药标志。

《兽药管理条例》解读11
兽药标签和说明书(1)

通过上一节内容的学习,我们知道生产的兽药产品不仅要求质量合格,还要求包装上的标签和附具的说明书符合规定。

产品标签就像身份证一样,标明了产品的主要信息,生产企业要按照批准的内容设计、印刷、制作标签,使用者也要按照标签上标明的要求使用产品。

为了加强兽药监督管理,规范兽药标签和说明书的内容、印制、使用,保障兽药使用安全有效,农业部在2002年10月31日出台了《兽药标签和说明书管理办法》,从2003年3月1日起施行。这个《办法》在2004年、2007年修改了两次。《办法》对兽药标签和说明书规定了基本的要求。

兽药标签方面，要求除原料药外，兽药产品要同时用内包装标签和外包装标签。内包装标签要标明兽用标识、兽药名称、适应症（或功能与主治）、含量/包装规格、批准文号或《进口兽药登记许可证》证号、生产日期、生产批号、有效期、生产企业信息等9项内容。注射或内服的兽药产品因为包装尺寸限制没有办法标明全部内容的，可以适当减少项目，但至少要标明兽药名称、含量规格、生产批号。外包装标签要求标明的内容，和内包装标签的要求基本上相同，只是多了主要成分、用法与用量、停药期、贮藏、包装数量5项内容，总共有14项内容。兽药有效期按照年月顺序标注。年份用四位数表示，月份用两位数表示，比如"有效期至2013年12月"。

兽药说明书方面，分了三类作要求。兽用化学药品、抗生素产品的单方、复方及中西复方制剂的说明书要标明兽用标识、兽药名称、主要成分、性状、药理作用、适应症（或功能与主治）、用法与用量、不良反应、注意事项、停药期、外用杀虫药及其他对人体或环境有毒有害的废弃包装的处理措施、有效期、含量/包装规格、贮藏、批准文号、生产企业信息等16项内容。中兽药说明书要标明兽用标识、兽药名称、主要成分、性状、功能与主治、用法与用量、不良反应、注意事项、有效期、规格、贮藏、批准文号、生产企业信息等13项内容。兽用生物制品说明书要标明兽用标识、兽药名称、主要成分及含量、性状、接种对象、用法与用量、注意事项、有效期、规格、包装、贮藏、废弃包装处理措施、批准文号、生产企业信息等14项内容。

《兽药管理条例》解读12
兽药标签和说明书（2）

我们继续来了解兽药标签和说明书管理的有关规定。

《兽药标签和说明书管理办法》对兽药标签和说明书的内容和印刷制作方面还有一些规定。在内容方面：一是要求按规定标明内容，不能擅自加入任何没有经过批准的内容，不能超出或删减规定的项目内容。二是内容要真实、准确，不能虚假和夸大，不能印有任何带有宣传、广告色彩的文字和标识，不能印有没有获得批准的专利、兽药GMP、商标等标识。已经获得批准的专利产品，可以标注专利标记和专利号，并标明专利许可种类；注册商标要印制在标签和说明书的左上角或右上角；已经获得兽药GMP合格证的，要按照兽药GMP标识使用有关规定正确地使用兽药GMP标识。三是文字要用中文，用规范化的汉字，根据需要可以有外国文字作为对照。四是对产品作用与用途项目的表述不能违反法定兽药标准的规定，不能有扩大疗效和应用范围的内容；用法与用量、停药期、有效期等项目内容要与法定兽药标准一致，使用符合兽药国家标准要求的规范用语。

在印刷制作方面：一是要求按照农业部的规定用条形码。二是字迹清楚，容易辨认，兽用标识及外用药标识清楚醒目，没有印字脱落或粘贴不牢等现象，不能用粘贴、剪切的方式进行修改或补充。三是要标识兽药通用名称，可以同时标识商品名称。四是兽药最小包装要印有或贴有符合外包装标签规定内容的标签并附有说明书。兽药外包装箱上要印有或贴有外包装标签。

兽药标签和说明书是兽药的"身份证"、兽药生产企业的承诺书，实际上也是使用说明书，有很重要的作用。标签或者说明书内容出错，很容易引起兽药安全事故，所以对违反兽药标签和说明书管理规定的行为要严厉处罚。根据《兽药管理条例》第六十条的规定，兽药的标签和说明书没有经过批准的，责令限期改正；到期不改正的，按照生产、经营假兽药的规定来处罚；有兽药产品批准文号的，撤销兽药产品批准文号；给他人造成损失的，依法承担赔偿责任。

对兽药包装上没有附有标签和说明书（这是指已经获得了批准，但是种种原因没有附上标签和说明书），或者标签和说明书与批准的内容不一样的，责令限期改正；情节严重的，按照兽药标签和说明书没有经过批准的行为来处罚。

《兽药管理条例》解读13
兽药经营许可

兽药作为一种特殊的产品，生产兽药需要具备一定的条件，经过批准；经营兽药也需要具备一定的条件，经过批准。国家对兽药经营实行行政许可制度，也就是说，要依法取得兽药经营许可证，才能经营兽药。根据《兽药管理条例》第二十二条的规定，经营兽药的企业要具备4个条件：一是与所经营的兽药相适应的兽药技术人员；二是与所经营的兽药相适应的营业场所、设备、仓库设施；三是与所经营的兽药相适应的质量管理机构或者人员；四是兽药经营质量管理规范规定的其他经营条件。

符合这些条件的，申请人可以向市、县农业部门提出申请，提供符合规定条件的证明材料。经营兽用生物制品的，向省级农业部门提出申请。农业部门收到申请后，对申请者提供的材料进行审查。审查合格的，发给兽药经营许可证。申请人凭兽药经营许可证到工商部门办理营业执照。审查不合格的，书面通知申请人。

兽药经营许可证标明经营范围、经营地点、有效期和法定代表人姓名、住址等内容，有效期为5年。到期后，需要继续经营兽药的，在到期前6个月到原来的发证部门申请换发兽药经营许可证。在有效期内，如果兽药经营企业要变动经营范围、经营地点，要按原来的程序申请换发兽药经营许可证；变动企业名称、法定代表人，先到工商部门办理变更登记手续后15个工作日内，到原来的发证部门申请换发兽药经营许可证。

办理了营业执照，取得了兽药经营许可证，可以依法经营兽药，经营过程中还要严格遵守兽药经营质量管理规范。《兽药管理条例》第二十五条规定，兽药经营企业要遵守农业部制定的兽药经营质量管理规范。县级以上地方农业部门，会对兽药经营企业是不是符合兽药经营质量管理规范的要求进行监督检查，并公布检查结果。

兽药经营质量管理规范就是对兽药经营者在经营场所与设施、机构与人员、规章制度、采购与入库、陈列与储存、销售与运输及售后服务等方面进行规定和严格要求，通过这些规定来保证兽药质量。

《兽药管理条例》解读14
兽药经营质量管理规范

为了规范兽药经营行为，加强兽药经营质量管理，农业部在2010年1月出台了《兽药经营质量管理规范》，从2010年3月1日起施行。《兽药经营质量管理规范》主要对兽药经营企业在场所与设施、机构与人员、规章制度、采购与入库、陈列与储存、销售与运输、售后服务等方面作了具体规定。

在场所与设施方面，要求有固定的经营场所和仓库，经营场所和仓库布局合理，相对独立；经营场所的面积、设施和设备与经营的兽药品种、经营规模相适应；兽药经营区域与生活区域、动物诊疗区域分别独立，避免交叉污染。经营场所和仓库要有与经营兽药相适应的货架、柜台、避光、通风、照明的设施、设备，与储存兽药相适应的控制温度、湿度的设施、设备，防尘、防潮、防霉、防污染和防虫、防鼠、防鸟的设施、设备，进行卫生清洁的设施、设备等。这些设施、设备要备齐、整洁，根据兽药品种、类别、用途等设立醒目的标志。

在人员方面，要求有兽药质量管理人员，有条件的可以建立质量管理机构。兽药质量管理人员要有兽药、兽医等相关专业中专以上学历，或者有兽药、兽医等相关专业初级以上专业技术职称；经营兽用生物制品的，要有兽药、兽医等相关专业大专以上学历，或者具有兽药、兽医等相关专业中级以上专业技术职称，并具备兽用生物制品专业知识。

在规章制度方面，要求建立质量管理体系，制定管理制度、操作程序等质量管理文件。建立兽药质量管理档案，设置档案管理室或者档案柜，由专人负责。质量管理档案不能涂改，保存期限至少2年；购销等记录和凭证要保存到产品有效期后一年。

在采购与入库方面，要求对每批兽药的包装、标签、说明书、质量合格证等内容进行检查，必要时，对兽药进行检验。

在陈列与储存方面，要求按照品种、类别、用途以及温度、湿度等要求，分类、分区或者专库存放。

在销售和服务方面，要求建立销售记录，记明兽药通用名称、商品名称、批准文号、批号、有效期、剂型、规格、生产厂商、购货单位、销售数量、销售日期、经手人或者负责人等内容；向购买者提供技术咨询服务，指导购买者科学、安全、合理使用兽药。

《兽药管理条例》解读15
兽药经营要求

经营兽药对专业性、技术性要求比较高，为了保证兽药质量和安全正确使用兽药，法律对兽药经营行为还作了很多规定。

《兽药管理条例》的第二十六、二十七、二十八、二十九条，总共有四条对兽药经营从进货到销售作了规定：

一要把好进货关。兽药经营企业买进兽药，要核对兽药产品与产品标签或者说明书、产品质量合格证，保证没有差错。这就要求兽药经营企业进货的渠道要正规，产品质量才能保证。

二是销售时要说明兽药的情况。兽药经营企业要向来购买兽药的人说明兽药的功能主治、用法、用量和注意事项。销售兽用处方药的，要遵守兽用处方药管理办法，凭兽医处方才可以买卖。销售兽用中药材的，要注明生产地点。把兽药的有关信息向购买兽药的人讲清楚，这样能保证安全正确使用兽药。

三要确保兽药质量。兽药经营企业不能经营人用的药品和假兽药、劣质兽药。对经营人用的药品和假兽药、劣质兽药的行为，根据《兽药管理条例》第五十六条的规定，责令停止经营，没收经营的兽药和违法所得，并处违法经营的兽药货值金额2倍以上5倍以下罚款，货值金额无法查证核实的，处10万元以上20万元以下罚款；经营假、劣兽药，情节严重的，吊销兽药经营许可证；构成犯罪的，依法追究刑事责任；给他人造成损失的，依法承担赔偿责任。兽药经营企业的主要负责人和直接负责的主管人员终身不得从事兽药经营活动。

四要建立购销台账。兽药经营企业购买和销售兽药，要建立台账记录。台账记录要记明兽药的商品名称、通用名称、剂型、规格、批号、有效期、生产厂商、购销单位、购销数量、购销日期。如果农业部还要求记明其他内容的，要按规定记明。

五要建立保管制度。兽药经营企业要采取必要的冷藏、防冻、防潮、防虫、防鼠等措施，保持所经营兽药的质量。兽药入库、出库，要执行检查验收制度，有准确的记录。

这些规定实际上也是《兽药经营质量管理规范》的要求，所以兽药经营企业要按照规定实施兽药经营质量管理规范。没有按照规定实施的，农业部门会给予警告，责令其限期改正；到期不改正的，责令停止兽药经营活动，并处5万元以下罚款；情节严重的，吊销兽药经营许可证；给他人造成损失的，依法承担赔偿责任。

《兽药管理条例》解读16
兽用生物制品的经营管理

兽用生物制品是一种特殊的兽药，对它的经营比一般的兽药有更严格的规定。

为了加强兽用生物制品的经营管理，保证兽用生物制品质量，农业部在2007年2月14日专门出台了《兽用生物制品经营管理办法》，从2007年5月1日起开始施行。

按照《兽用生物制品经营管理办法》的规定，兽用生物制品是指以天然或者人工改造的微生物、寄生虫、生物毒素或者生物组织及代谢产物等为材料，采用生物学、分子生物学或者生物化学、生物工程等相应技术制成的，用于预防、治疗、诊断动物疫病或者改变动物生产性能的兽药。兽用生物制品分了两类：一类是国家强制免疫用生物制品，这一类生物制品的名单由农业部确定、公告；另一类是非国家强制免疫用生物制品，也就是除了农业部确定的强制免疫用生物制品以外的生物制品。

对这两类生物制品实行不同的管理。对国家强制免疫用生物制品的生产和销售，规定更严格。

在生产阶段，国家对强制免疫用生物制品实行定点生产。《兽用生物制品经营管理办法》第五条规定，国家强制免疫用生物制品由农业部指定的企业生产，依法实行政府采购，省级农业部门组织分发。省级农业部门分发国家强制免疫用生物制品，要建立真实、完整的记录。

在销售阶段，国家对强制免疫用生物制品实行定向供应。《兽用生物制品经营管理办法》第八条规定，农业部指定的生产企业只能将国家强制免疫用生物制品销售给省级农业部门和符合规定条件的养殖场，不能向其他单位和个人销售。养殖场购买的国家强制免疫用生物制品只能自己使用。

对非国家强制免疫用生物制品的生产、销售也有规定。生产企业可以直接销售给使用者，也可以委托经销商销售。没有经过兽用生物制品生产企业委托，经销商不能经营兽用生物制品。经销商只能经营所代理兽用生物制品生产企业生产的兽用生物制品，不能经营没有经过委托的其他企业生产的兽用生物制品。经销商只能将所代理的产品销售给使用者，不能销售给其他兽药经营企业。

由于兽用生物制品有风险性，国家对兽用生物制品的使用也进行了明确的限制。养殖户、养殖场、动物诊疗机构等使用者采购的或者经政府分发获得的兽用生物制品只能自己使用，不能转手销售。

《兽药管理条例》解读17
兽药进出口

我国是一个兽药生产、销售、使用大国，兽药进出口也多，这节我们来了解关于兽药进出口的法律规定。

先讲讲从国外进口兽药。中国境外的企业要向中国出口兽药要先申请注册，取得兽药注册证书后才可以进入中国境内。《兽药管理条例》第三十二条规定，第一次向中国出口的兽药，由出口方驻中国境内的办事机构或者其委托的中国境内代理机构向农业部申请注册，还要提交7个方面的资料和物品：一是生产企业所在国家（地区）兽药管理部门批准生产、销售的证明文件；二是生产企业所在国家（地区）兽药管理部门颁发的符合兽药生产质量管理规范的证明文件；三是兽药的制造方法、生产工艺、质量标准、检测方法、药理和毒理试验结果、临床试验报告、稳定性试验报告及其他相关资料，用于食用动物的兽药的休药期、最高残留限量标准、残留检测方法及其制定依据等资料；四是兽药的标签和说明书样本；五是兽药的样品、对照品、标准品；六是环境影响报告和污染防治措施；七是涉及兽药安全性的其他资料。

收到申请后，农业部组织初步审查。初步审查合格的，将决定受理的兽药资料送兽药评审机构进行评审，将兽药样品送指定的检验机构复核检验，并对评审和复核检验结论进行审查。经审查合格的，发给进口兽药注册证书，并发布该兽药的质量标准。进口兽药注册证书的有效期为5年。

符合条件取得了进口兽药注册证书的，境外企业也不能在中国直接销售兽药。《兽药管理条例》第三十五条规定，境外企业在中国销售兽药,要依法在中国境内设立销售机构或者委托符合条件的中国境内代理机构。

对进口兽药的要求方面,《兽药管理条例》第三十六条规定,禁止进口4类兽药:一是药效不确定、不良反应大以及可能对养殖业、人体健康造成危害或者存在潜在风险的;二是来自疫区可能造成疫病在中国境内传播的兽用生物制品;三是经考查生产条件不符合规定的;四是农业部禁止生产、经营和使用的。

对出口兽药,规定是宽松的,基本上没有什么禁止。《兽药管理条例》第三十七条规定,向中国境外出口兽药,进口方要求提供兽药出口证明文件的,农业部或者企业所在地的省级农业部门可以出具出口兽药证明文件。但国内防疫急需的疫苗,农业部可以限制或者禁止出口。

《兽药管理条例》解读18
兽药进口管理

通过上一节的学习,我们知道国家对进口兽药有严格的要求。为了加强进口兽药的监督管理,规范兽药进口行为,保证进口兽药质量,农业部、海关总署在2007年2月14日联合出台了《兽药进口管理办法》,从2008年1月1日起施行。这一节,我们就来学习这个《办法》。

除了第一次进口的兽药,要先取得进口兽药注册证书外,进口兽药要经过批准。《兽药进口管理办法》第五条规定,兽药进口要办理《进口兽药通关单》。《进口兽药通关单》由中国境内代理商向兽药进口口岸所在地省级农业部门申请。比如说江西的兽药代理商是在广州黄埔口岸进口兽药的话,就要向广东省农业厅申请《进口兽药通关单》。申请时，要提交兽药进口申请表、代理合同和购货合同复印件、《兽药经营许可证》和工商营业执照复印件、《进口兽药注册证书》复印件、产品出厂检验报告、装箱单、提运单和货运发票复印件、产品中文标签和说明书式样等资料。进口兽用生物制品的，还要提交经过农业部批准核发的兽用生物制品进口许可证。进口口岸所在地省级农业部门对这些资料进行审查，合格的发给《进口兽药通关单》。

《进口兽药通关单》是实行一单一关，在30天有效期内只能一次性使用，内容不能改动，过期要重新办理。进口时，进口单位拿《进口兽药通关单》向海关申报，海关按货物进口管理的有关规定办理通关手续。

进口少量科学研究用的兽药，注册用的兽药样品、对照品、标准品、菌（毒、虫）种、细胞，向农业部申请《进口兽药通关单》。

兽药进口后，要经营进口的兽药还有特别的要求。《兽药进口管理办法》第十一条规定，境外企业不能在中国境内直接销售兽药。进口的兽用生物制品，由中国境内的兽药经营企业作为代理商销售，但是外商独资、中外合资和合作经营企业不能销售进口的兽用生物制品。兽用生物制品以外的其他进口兽药，由境外企业依法在中国境内设立的销售机构或者符合条件的中国境内兽药经营企业作为代理商销售。这些销售机构、代理商、经销商，都要取得《兽药经营许可证》，遵守兽药经营质量管理规范。这里还要注意，进口的兽药标签和说明书要用中文标注。

兽药进口后，县级以上地方农业部门会将进口的兽药列入兽药监督抽检计划，加强对进口兽药的监督检查，发现违反规定的，依法作出处理决定。

《兽药管理条例》解读19
兽药使用

生产和经营中保证兽药的质量，关系到动物疫病的防治、动物产品的安全和人的身体健康。安全合理使用兽药，更直接关系动物疫病的防治、动物产品的安全和人的身体健康。《兽药管理条例》对兽药的使用用专门一章作了规定。如果不遵守这些规定，可就违法了。

一是兽药使用单位要遵守农业部制定的兽药安全使用规定，并建立用药记录。农业部目前没有专门的兽药安全使用规定，但是在农业部出台的《兽药管理条例》《兽用麻醉药品的供应、使用、管理办法》《兽用生物制品经营管理办法》《饲料药物添加剂使用规范》等法规规章规范性文件中都有关于兽药安全使用的规定。没有按照兽药安全使用规定使用兽药的、没有建立用药记录或者记录不完整真实的，按照《兽药管理条例》第六十二条规定给予处罚，责令立即改正，对违法单位处1万元以上5万元以下罚款；给他人造成损失的，依法承担赔偿责任。

二是不能使用假、劣兽药和农业部规定禁止使用的药品和其他化合物。农业部在2002年4月制定公布了《食品动物禁用的兽药及其它化合物清单》，有21种药品和其他化合物不能用在供人食用的动物上；2002年2月同卫生部、国家食品药品监管局共同制定公布了《禁止在饲料和动物饮用水中使用的药物品种目录》，有40种药物不能在饲料和动物饮用水中使用。使用了禁止使用的药品和其他化合物的，责令立即改正，并对饲喂了违禁药物及其他化合物的动物及其产品进行无害化处理；对违法单位处1万元以上5万元以下罚款；给他人造成损失的，依法承担赔偿责任。

三是不能在饲料和动物饮用水中添加激素类药品和农业部规定的其他禁用药品。经批准可以在饲料中添加的兽药，要由兽药生产企业制成药物饲料添加剂后才能添加。不能将原料药直接添加到饲料及动物饮用水中或者直接饲喂动物。违反了规定的，责令立即改正，并处1万元以上3万元以下罚款；给他人造成损失的，依法承担赔偿责任。

四是不能将人用的药品用于动物。违反了规定的，要依据《兽药管理条例》第六十二条规定进行处罚，责令立即改正，对违法单位处1万元以上5万元以下罚款；给他人造成损失的，依法承担赔偿责任。

《兽药管理条例》解读20
关于销售已使用过兽药的食用动物的规定

通过上一节的学习，我们知道使用兽药时要遵守兽药安全使用规定，才能有效防治动物疫病，保障动物和动物产品质量安全。但是为了保障人体的健康，仅仅注意用药安全还不够，还要遵守《兽药管理条例》中关于销售已使用过兽药的食用动物的规定。

生活中，人生病后往往要吃些药，有些药吃下去感觉病好像就好了一半，而有的吃下去后，感觉没什么作用。其实这是药物作用原理的表现。不同的药物有着不同的作用期。与人用药品一样，在动物饲养过程中由于涉及兽药的药物作用原理，不同的兽药品种有着不同的休药期和残留量。

休药期是最后一次用药到动物屠宰或者产品上市的间隔时间。休药期随动物、药物种类、制剂、用药量而不同。经过休药期，暂时残留在动物体内的药物被分解到完全消失或对人体无害的浓度。不遵守休药期规定,会造成药物在动物体内大量蓄积,产品中的残留药物量超标。如果食用在休药期内或残留量超标的动物和动物产品就会对人体健康造成危害,所以加强对销售动物产品行为的监管很重要。

一方面,在休药期内的动物和动物产品不能用于食用。有休药期规定的兽药用于食用动物时,饲养者要向购买者或者屠宰者提供准确、真实的用药记录;购买者或者屠宰者要确保动物及其产品在用药期、休药期内不被用于食品消费。

另一方面,根据《兽药管理条例》第四十三条规定,禁止销售含有违禁药物或者兽药残留量超过标准的食用动物产品。

为了保障食用动物产品的安全,农业部要制定并组织实施国家动物及动物产品兽药残留监控计划,由县级以上农业部门负责组织对动物产品中兽药残留量的检测。兽药残留检测结果,由农业部或者省级农业部门按照权限予以公布。经检测含有违禁药物或者兽药残留量超过标准的食用动物产品严禁销售。如果销售还在用药期、休药期内的动物及其产品用于食品消费的,或者销售含有违禁药物和兽药残留超标的动物产品用于食品消费的,按照《兽药管理条例》第六十三条规定,责令其对含有违禁药物和兽药残留超标的动物产品进行无害化处理,没收违法所得,并处3万元以上10万元以下罚款;给他人造成损失的,依法承担赔偿责任。

《兽药管理条例》解读21

兽药监督管理(1)

首先,我们要了解对兽药的监督管理是由哪个部门负责。按照

《兽药管理条例》第四十四条的规定,是县级以上农业部门负责对兽药的监督管理,如果畜牧兽医部门单独设立的,就由畜牧兽医部门监督管理。在对兽药的监督管理中,需要对兽药进行检验,检验工作是由农业部和省级部门设立的兽药检验机构负责,江西省农业厅就设立了兽药监察所负责兽药检验工作。当然,农业部也可以根据需要认定其他检验机构承担兽药检验工作。

为了保证公平、公正监督管理,《兽药管理条例》规定各级农业部门、兽药检验机构和这些单位的工作人员,不能参与兽药生产经营活动,不能以自己的名义推荐或者监制、监销兽药。

在对兽药进行监督检查时,对有证据证明可能是假、劣兽药的,农业部门要采取查封、扣押的行政强制措施。没有经过批准,任何人都不能擅自转移、使用、销毁、销售被查封或扣押的兽药和有关材料。采取行政强制措施后,在7个工作日内要决定是不是立案查处。需要检验的,要经过检验,在发出检验报告书后15个工作日内决定是不是立案查处。不符合立案条件的,要解除行政强制措施。如果需要暂停兽药生产、经营和使用的,要报农业部或者省级农业部门按照权限作出决定。

哪些是假、劣兽药呢?按照《兽药管理条例》的规定,不是兽药冒充兽药;一种兽药冒充另一种兽药;兽药所含成分的种类、名称与兽药国家标准不符合,这些都是假兽药。另外,还有5种兽药要按假兽药处理:一是农业部规定禁止使用的兽药;二是依照规定要经过审查批准但是没有经过审查批准就生产、进口的兽药,依照规定要经过抽查检验、审查核对但是没有经过抽查检验、审查核对就销售、进口的兽药;三是变质的兽药;四是被污染的兽药;五是标明的适应症或者功能主治超出规定范围的兽药。

劣质兽药,按照《兽药管理条例》第四十八条的规定,是指成分含量不符合兽药国家标准或者不标明有效成分的,不标明或者更改有效期或者超过有效期的，不标明或者更改产品批号的，其他不符合兽药国家标准，但不属于假兽药的。

《兽药管理条例》解读22
兽药监督管理（2）

兽药是一种特殊的农资产品，对它的管理不像农药、肥料等其他农资，还有一些特殊的措施。

在对兽用原料药的管理方面，按照《兽药管理条例》第四十九条第一款的规定，不能将兽用原料药拆零销售或者销售给兽药生产企业以外的单位和个人。对兽药生产、经营企业把原料药销售给兽药生产企业以外的单位和个人的，或者兽药经营企业拆零销售原料药的，按照《兽药管理条例》第六十七条的规定，责令立即改正，给予警告，没收违法所得，并处2万元以上5万元以下罚款；情节严重的，吊销兽药生产许可证、兽药经营许可证；给他人造成损失的，依法承担赔偿责任。

在对兽用处方药的管理方面，按照《兽药管理条例》第四十九条第二款的规定，不能没有经过兽医开具处方销售、购买、使用农业部规定实行处方药管理的兽药。违反了规定的，按照《兽药管理条例》第六十六条的规定，责令限期改正，没收违法所得，并处5万元以下罚款；给他人造成损失的，依法承担赔偿责任。当然，非处方药不需要兽医开处方就可以销售、购买、使用。

在兽药管理上，国家还实行兽药不良反应报告制度。《兽药管理条例》第五十条规定，兽药生产企业、经营企业、兽药使用单位和开具处方的兽医人员发现可能与兽药使用有关的严重不良反应，要立即向所在地农业部门报告。对兽药生产企业、经营企业、兽药使用单位和开具处方的兽医人员发现可能与兽药使用有关的严重不良反应，不向所在地农业部门报告的，依据《兽药管理条例》第六十五条规定，给予警告，并处 5000 元以上 1 万元以下罚款。

在兽药许可证件的管理方面，不能买卖、出租、出借兽药生产许可证、兽药经营许可证和兽药批准证明文件。对买卖、出租、出借兽药生产许可证、兽药经营许可证和兽药批准证明文件的，依据《兽药管理条例》第五十八条规定，没收违法所得，并处 1 万元以上 10 万元以下罚款；情节严重的，吊销兽药生产许可证、兽药经营许可证或者撤销兽药批准证明文件；构成犯罪的，依法追究刑事责任；给他人造成损失的，依法承担赔偿责任。

《兽药管理条例》解读23
兽用麻醉药品监督管理

兽药很多方面与人用的药品有相同的功效，所以对兽药的监督管理和对人用的药品一样严格。前面我们讲了对一般兽药的监督管理，接下来我们要讲讲对一些特殊兽药的监督管理。这一节，我们先讲讲兽用麻醉药品的供应、使用和管理。

早在 1980 年，农业部、卫生部、国家医药管理总局就联合发布了《兽用麻醉药品的供应、使用、管理办法》，对兽用麻醉药品从供应、使用和管理方面作了特别规定。

在麻醉药品的供应上，实行统一供应、定时供应、定量供应。要求做到：

1. 兽用麻醉药品的供应，由国家指定的中国医药公司的麻醉药品供应点统一供应，每季度限购一次。

2. 县级以上兽医医疗单位（包括动物园、牧场）和科研大专院校等部门，可以向县农业部门办理申请手续，经市农业部门批准，核定供应级别后，发给"麻醉药品购用印鉴卡"，购用时需要填写与印鉴卡相符的"麻醉药品订购单"一式三份。教学、科研临时需要用麻醉药品的，由需用单位填写"科研、教学单位申请购用麻醉药品审批单"，一式三份，报经市农业部门批准后，向麻醉药品供应点购用。

3. 每季度购用麻醉药品的数量，按"兽用麻醉药品品种范围及每季购用限量表"的规定办理，每季度的储存量，不能超过限量标准。

在麻醉药品的使用上，实行定员、定量。主要做到：

1. 兽用麻醉药品，只能用于畜、禽医疗、教学和科研上的正当需要，严格禁止以兽用名义，给人使用。

2. 使用麻醉药品的人员，必须是经过本单位领导审查批准的有一定临床经验的兽医（大专院校毕业有2年以上临床经验的、中专毕业有5年以上临床经验和相当学历的兽医）。必须直接使用于病畜，严禁交给畜主使用。

3. 麻醉药品的每张处方用量，不能超过1天的使用量。麻醉药品必须用单独处方，处方要书写完整，签全名，方便以后核查。

在麻醉药品的管理上，实行专人保管、专柜加锁、专册登记。主要做到：

1. 购用麻醉药品的单位，要指定专人负责，加强质量管理，严格保管并建立领取发放制度。

2. 麻醉药品要有专柜加锁、专用账册、单独处方、专册登记。处方要保存5年。

3. 霉变坏损的麻醉药品，使用单位每年报损一次，由本单位领导审核批准，报上级主管部门监督就地销毁，并向当地农业部门报销备查。

《兽药管理条例》解读24
兽用精神药品监督管理

这一节我们来了解一下另一种特殊的兽药，就是兽用精神药品——安钠咖的监督管理。

安钠咖是国家严格控制管理的精神药品，同时也是治疗动物疫病的兽药产品。加强对安钠咖的管理，就是防止滥用，保护人体健康。农业部在1999年3月22日发布了《兽用安钠咖管理规定》，2007年11月8日农业部第6号令作了修改。这个管理规定对安钠咖从生产、经营和供应环节上作了严格规定。

在安钠咖生产上，实行指定生产、定量生产。农业部负责制订生产销售计划，与有关部门协调兽用安钠咖原料药供应和下达制剂生产、调拨工作。兽用安钠咖由农业部指定的生产单位按计划生产，其他任何单位和个人不能从事生产活动。根据兽医临床需求，兽用安钠咖产品只能生产注射液，其他剂型的产品及含有安钠咖成分的制剂产品都不能生产。定点生产厂必须严格按农业部下达的生产和销售计划组织生产和销售，从指定的原料药生产厂按计划采购原料药。并于年底前向农业部上报实际生产数量、销售记录及库存情况，没有按规定上报材料或擅自改变生产、销售计划的，将取消其生产资格。

在经营上，实行定点经营。省级农业部门负责本辖区范围内兽用安钠咖的监督管理工作，确定省级总经销单位和基层定点经销单位、定点使用单位，负责核发兽用安钠咖注射液经销、使用卡。指定或更换省级兽用安钠咖总经销单位时，要报农业部备案。还要在每年十月底前将下年度需求计划上报农业部。

在供货渠道上,实行定量供应、定向供应。省级总经销单位凭兽用安钠咖注射液经销、使用卡负责本辖区定点经销单位的产品供应,不能擅自扩大供应范围,严格禁止跨省、跨区域供应。兽用安钠咖注射液定点经销单位要严格凭兽用安钠咖注射液经销、使用卡向本辖区兽医医疗单位供应产品,并建立相应账卡,凭当年销售记录在九月底前向省级农业部门申报下年度需求计划。且对供应单位也有明确限制,兽用安钠咖注射液只能限量供应乡以上畜牧兽医站(个体兽医医疗站除外)、家畜饲养场兽医室以及农业科研教学单位所属的兽医院等兽医医疗单位临床使用,这些单位凭兽用安钠咖注射液经销、使用卡到本省指定的定点经销单位采购。严格禁止将兽用安钠咖注射液供人使用。

《兽药管理条例》解读25
药物添加剂监督管理

前面两节我们讲了兽用麻醉药品、精神药品的监督管理,下面,我们来了解药物添加剂的监督管理。

饲料药物添加剂是一种特殊的兽药,具有预防和治疗动物疾病、促进动物生长的作用,是添加在饲料中使用,由于含量相对较低,不容易被发现,在管理上也容易被忽视。但是饲料药物添加剂对动物产品质量安全也很重要,如果滥用,会影响到人们的身体健康。为了规范和指导饲料药物添加剂的合理使用,防止滥用,农业部在2001年6月4日发布了《饲料药物添加剂使用规范》,对饲料药物添加剂的生产、使用作了规定。

一是加强对"药添字"饲料药物添加剂的管理。《饲料药物添加剂使用规范》第一条规定,农业部批准的具有预防动物疾病、促进动物生长作用，可在饲料中长时间添加使用的饲料药物添加剂，产品批准文号要用"药添字"。生产含有"药添字"饲料药物添加剂所列品种成分的饲料，要在产品标签中标明所含兽药成分的名称、含量、适用范围、停药期规定及注意事项等。

　　二是加强对"兽药字"饲料药物添加剂的管理。《饲料药物添加剂使用规范》第二条规定，农业部批准的用于防治动物疾病，并规定疗程，只是通过混合饲料给药的饲料药物添加剂，产品批准文号必须用"兽药字"，畜禽养殖场及养殖户要凭兽医处方购买、使用。

　　三是禁止非法使用没有经过批准的饲料药物添加剂。《饲料药物添加剂使用规范》第三条规定，除了经过农业部批准的"药添字"和"兽药字"品种及农业部今后批准允许添加到饲料中使用的饲料药物添加剂外，任何其他兽药产品一律不能添加到饲料中使用。

　　四是禁止直接使用兽用原料药。《饲料药物添加剂使用规范》第四条规定，兽用原料药不能直接加入饲料中使用，必须制成预混剂后才可以添加到饲料中。

　　另外，还对饲料药物添加剂报批手续进一步进行了规范。《饲料药物添加剂使用规范》第六条规定，从事饲料药物添加剂生产、经营活动的，必须履行有关的兽药报批手续，接受各级农业部门的管理和质量监督，违反规定的按照兽药管理法规进行处理。

　　到这里，兽药管理法规就全部讲完了，大家对兽药一定有了更多更全面的了解。为了人们的身体健康，请生产、经营、使用兽药的单位和个人一定要遵守兽药管理的各项规定。

第六章 《饲料和饲料添加剂管理条例》解读

《饲料和饲料添加剂管理条例》解读1
立法目的和实施时间

随着人民群众生活水平的提高、食品安全意识的增强，大家对与生活密切相关的肉、蛋、奶、鱼等动物产品的质量安全十分关注，对作为这些动物的食物——饲料的质量安全也就更为重视。饲料质量关系到养殖业的发展，关系到动物产品的质量安全。饲料行业的发展对农业农村经济发展、农民致富、生活水平的提高以及身体健康有十分重要的作用，对饲料的管理也就显得重要。饲料和饲料添加剂管理方面的法律法规主要有行政法规——《饲料和饲料添加剂管理条例》，还有农业部发布的5部配套规章——《饲料和饲料添加剂生产许可管理办法》《饲料添加剂和添加剂预混合饲料产品批准文号管理办法》《新饲料和新饲料添加剂管理办法》《进口饲料和饲料添加剂登记管理办法》《饲料质量安全管理规范》。

《饲料和饲料添加剂管理条例》是1999年5月29日国务院第266号令发布的，2001年11月修改了一次，2011年10月26日国务院作了修改，从2012年5月1日起施行,根据2013年12月7日《国务院关于修改部分行政法规的决定》又作了修订。《条例》分五章共有五十一条，对饲料、饲料添加剂的审定、登记、生产、经营和使用作了规定。

饲料实际上是人们间接的食品，动物食用饲料，生产出肉、蛋、奶和水产品,给人们提供了丰富的食品。改革开放以来,我国的饲料行业发展很快,促进了养殖业的发展。但是饲料行业的发展还存在一些问题,一些新研究出来的饲料,在安全性、有效性和对环境的影响不是十分清楚的情况下就生产;外国企业将不允许生产和使用的饲料出口到中国;假劣饲料、饲料添加剂不断流入市场销售,部分饲料产品中有害残留物超标严重,动物吃了后积存在体内,以后通过动物产品进入人体,影响人体健康,同时通过动物排泄进入土壤、水、空气中又造成环境污染,这些都给养殖业生产和人们身体健康带来难以预料的影响。特别是三聚氰胺事件发生后,国家对食品安全更加重视,对饲料的质量提出了更严的要求。

因而《饲料和饲料添加剂管理条例》明确了出台的目的,通过加强对饲料、饲料添加剂的管理,提高饲料、饲料添加剂的质量,来保障动物产品质量安全,维护公众健康。

《饲料和饲料添加剂管理条例》解读2
饲料的定义和分类

我们学习《饲料和饲料添加剂管理条例》,要先搞清楚什么是饲料,什么是饲料添加剂。

我们一般理解,饲料就是猪、牛、羊等这些动物吃的食物,包括青草、青菜、秸秆等都在内。但是法律要监督管理的饲料是什么呢?《饲料和饲料添加剂管理条例》第二条明确规定,饲料是指经工业化加工、制作的供动物食用的产品,包括单一饲料、添加剂预混合饲料、浓缩饲料、配合饲料和精料补充料。也就是说,法律要监督管理的饲料是经过工业化生产的饲料,不需要进行工业化生产的饲料,比如不经过加工生产的玉米、高粱、稻草、秸秆等,就不是《饲料和饲料添加剂管理条例》要管的饲料。

按照《饲料和饲料添加剂管理条例》的规定，饲料分了单一饲料、添加剂预混合饲料、浓缩饲料、配合饲料和精料补充料这 5 种。这里的分类是法律上的分类，其实按照不同的划分方法，饲料分类还很多，比如，按饲料的来源可以分为植物性饲料、动物性饲料；按饲料使用的对象可以分为猪饲料、鸡饲料、鸭饲料等；按饲料形态可分为液体饲料、粉状饲料、颗粒饲料等，还有其他的分类就不一一介绍了。

《饲料和饲料添加剂管理条例》第二条对什么是饲料添加剂也作了规定，饲料添加剂是指在饲料加工、制作、使用过程中添加的少量或者微量物质，包括营养性饲料添加剂和一般饲料添加剂。

就像人的日常饮食，除了吃饭还要补充一些营养成分，动物生长也需要很多营养成分，饲料作为动物的粮食，加入饲料添加剂也很有必要。饲料添加剂在饲料中用量很少，但是作用很明显，可以节省饲料成本，提高饲料利用率，在提高饲料营养价值、促进畜禽生长发育、保证动物健康、改善动物产品品质等方面都有很明显的效果。为了补充饲料营养成分而掺入饲料中的饲料添加剂就是营养性饲料添加剂。为了保证或者改善饲料品质、提高饲料利用率而掺入饲料中的饲料添加剂就是一般饲料添加剂。

《饲料和饲料添加剂管理条例》解读3
监督管理部门

为了确保饲料、饲料添加剂的质量，保障动物产品的质量安全，加强饲料、饲料添加剂的监督管理就特别重要。那么在我国到底由哪个部门来监督管理饲料呢？《饲料和饲料添加剂管理条例》第三条规定，农业部负责全国饲料、饲料添加剂的监督管理工作。县级以上地方人民政府饲料管理部门负责本行政区域范围内的饲料、饲料添加剂的监督管理工作。国家对饲料和饲料添加剂的监督管理不是分部门进行管理，而是由一个部门管理。

在国家层面，1985年2月，国家经委成立了饲料工业办公室，这是新中国成立以来国家设立的第一个负责饲料管理的全国性工作机构。1987年12月，国务院批复同意将设在国家经委的饲料工业办公室划到农业部，名称改为全国饲料工业办公室，这就解决了以前饲料管理中多部门管理的局面。从此以后，农业部一直负责全国的饲料管理工作，所以现在中央一级的饲料管理部门就是农业部。

那么，地方上饲料监督管理体制又是什么样子呢？按照《饲料和饲料添加剂管理条例》的规定，是由地方人民政府饲料管理部门负责饲料的监督管理。这就要看地方政府把饲料管理放在哪个部门，如果放在农业局，农业局就是饲料管理部门，负责饲料的监督管理；如果放在工业部门，工业部门就是饲料管理部门，负责饲料的监督管理。现在地方上基本上都是由农业部门来负责饲料的监督管理，江西省就是这种情况，省一级的饲料管理部门是省农业厅，市一级的饲料管理部门是市农业局。县一级的饲料管理部门一般是县（市、区）农业局，如果畜牧水产局不设在县农业局内，单独分开设立的，那么畜牧水产局是县里的饲料管理部门。

对饲料和饲料添加剂的监督管理，农业部主要有审定核发新饲料、新饲料添加剂证书，饲料、饲料添加剂进口登记证的职责；省级饲料管理部门主要有核发饲料、饲料添加剂生产许可证，饲料添加剂、添加剂预混合饲料产品批准文号的职责。农业部和省级管理部门还要按照职责权限对全国或者本行政区域范围内的饲料、饲料添加剂的质量安全状况进行监测。各级饲料管理部门，还要定期或者不定期组织实施饲料、饲料添加剂监督抽查。

《饲料和饲料添加剂管理条例》解读4
监督管理职责

饲料、饲料添加剂监督管理涉及研究、生产、经营、使用、进口这些环节，饲料、饲料添加剂中又包含了卫生、质量、营养、环保等多项指标，只靠一个部门难以确保工作顺利开展。所以，《饲料和饲料添加剂管理条例》第四条规定了地方人民政府的监督管理职责，县级以上地方人民政府统一领导本行政区域饲料、饲料添加剂的监督管理工作，建立健全监督管理机制，保障监督管理工作的开展。也就是说，县级以上地方政府，对自己行政区域范围内的饲料、饲料添加剂监督管理负总的责任，要组织有关部门一起来加强饲料、饲料添加剂的监督管理。比如说，对违反了饲料管理法律法规，构成了犯罪的，要移送公安机关来追究刑事责任；财政部门要保障监督管理经费。

为了把监督管理工作落到实处，加强日常监管工作，《饲料和饲料添加剂管理条例》第二十一条规定，农业部和省级饲料管理部门要对饲料、饲料添加剂质量安全状况进行监测，根据监测情况发布饲料、饲料添加剂质量安全预警信息。这里要注意，只有农业部和省级饲料管理部门才有发布监测结果和安全预警信息的权力，市、县级饲料管理部门不能发布这些信息。市、县级饲料管理部门的职责主要是宣传法律法规，加强日常检查，对违法行为进行处罚，同时指导养殖者安全、合理使用饲料、饲料添加剂。

有权力就要有责任，《饲料和饲料添加剂管理条例》第三十五条规定，农业部和县级以上地方饲料管理部门或者其他行使监督管理权的部门及工作人员，不履行本条例规定的职责或者滥用职权、玩忽职守、徇私舞弊的，对直接负责的主管人员和其他直接责任人员，依法给予处分；直接负责的主管人员和其他直接责任人员构成犯罪的，依法追究刑事责任。同时，《饲料和饲料添加剂管理条例》第六条规定了任何组织或者个人有权举报在饲料、饲料添加剂生产、经营、使用过程中违反本条例的行为，有权对饲料、饲料添加剂监督管理工作提出意见和建议，形成全社会共同关注的氛围，强化饲料监督管理部门的责任心。

《饲料和饲料添加剂管理条例》解读5
饲料、饲料添加剂品种目录

能够用来生产饲料的东西有很多，那是不是都可以作为生产饲料的原料，法律对生产饲料的原料品种和可以用来添加的东西有没有什么要求呢？

《饲料和饲料添加剂管理条例》第二条第三款规定，饲料原料目录和饲料添加剂品种目录由农业部制定并公布。这个饲料原料目录和饲料添加剂品种目录很重要，只有在这个目录内的饲料原料和饲料添加剂品种，才被允许饲料生产企业用来生产饲料，目录以外的任何东西都不能用来生产饲料；饲料经营者也不能经营用饲料原料和饲料添加剂品种目录以外的东西生产的饲料。

我们先说说饲料添加剂品种目录。一开始，生产饲料添加剂的主要是化工、医药、轻工行业的企业。进入市场经济后，随着发展，饲料添加剂生产企业数量增多，产品品种也多。为了保证饲料添加剂的安全、有效，保障养殖产品的质量安全，需要规范饲料添加剂的品种。公布允许使用的饲料添加剂品种目录也是国际上对饲料添加剂进行管理的一贯做法，美国和欧盟等国家都是这样做的。

从 1999 年开始，农业部发布了 5 期《饲料添加剂品种目录》，新的品种目录发布后，原来的就作废，现在使用的是 2013 年发布的品种目录，自 2014 年 2 月 1 日起施行。新版的《饲料添加剂品种目录》包括了附录一和附录二两部分，附录一增加了 56 个品种，删减了 2 个品种，修订了 33 个品种；附录二中的 17 个新饲料添加剂品种监测期满自动转入到附录一中，附录二中的品种都是还处于监测期内的新饲料添加剂品种。

接下来了解饲料原料目录。为了规范饲料原料生产、经营和使用，提高饲料产品质量，保障养殖动物产品质量安全，促进饲料行业稳步发展，农业部在 2012 年 6 月 1 日以第 1773 号公告发布了《饲料原料目录》，从 2013 年 1 月 1 日起施行。这个目录规定了 577 个种类的饲料原料，饲料生产企业使用的饲料原料必须是这个目录规定的品种，符合这个目录的要求。

具体可以用来生产饲料的饲料原料和饲料添加剂品种有哪些，大家可以上网查看最新的《饲料原料目录》及《饲料添加剂品种目录》。

《饲料和饲料添加剂管理条例》解读6
新饲料、新饲料添加剂管理

饲料作为动物的粮食，它的功效和安全对动物产品的质量安全很重要。为了提高饲料的营养和安全水平，一些饲料生产企业或者是科研机构经常会研究推出一些新的饲料、饲料添加剂品种。我们来了解一下对新饲料和新饲料添加剂的管理规定。

先说说什么是新饲料、新饲料添加剂？新饲料是指我国新研制开发的还没有批准使用的单一饲料。这里还要解释一下单一饲料，单一饲料是来源于一种动物、植物、微生物或者矿物质的饲料。新饲料添加剂,是新研制开发的还没有批准使用的饲料添加剂。

国家对新饲料、新饲料添加剂是鼓励支持的。《饲料和饲料添加剂管理条例》第七条明确规定,国家鼓励研制新饲料、新饲料添加剂。我国饲料工业起步迟,但发展很快,很关键的是采取了鼓励支持的政策措施。

虽然对研制新饲料、新饲料添加剂是鼓励的,但是加强对新饲料、新饲料添加剂的管理也是必要的。一般来讲,新饲料、新饲料添加剂都含有新的组合成分,只有在对安全性、有效性和对环境的影响有了把握后,才能允许生产,不然的话,就有可能给动物产品和人体健康带来难以预料的危害。所以《饲料和饲料添加剂管理条例》规定,研制新饲料、新饲料添加剂,要按照科学、安全、有效、环保的原则,保证新饲料、新饲料添加剂的质量安全。准备生产的新饲料、新饲料添加剂要经过农业部审定,才能生产。

《饲料和饲料添加剂管理条例》第八条规定,研制的新饲料、新饲料添加剂投入生产前,研制者或者生产企业要向农业部提出审定申请,提供新饲料、新饲料添加剂的样品和有关资料。这些资料主要有名称、主要成分、理化性质、研制方法、生产工艺、质量标准、检测方法、检验报告、稳定性试验报告、环境影响报告和污染防治措施,还有农业部指定的试验机构出具的新饲料、新饲料添加剂的饲喂效果、残留消解动态以及毒理学安全性评价报告。申请新饲料添加剂审定的,还要说明这个新饲料添加剂的添加目的、使用方法,提供这个饲料添加剂残留可能对人体健康造成影响的分析评价报告。

为了加强新饲料、新饲料添加剂的管理,保障养殖动物产品质量安全,2012年5月农业部还出台了专门的规章《新饲料和新饲料添加剂管理办法》,从2012年7月1日起施行。

《饲料和饲料添加剂管理条例》解读7
新饲料、新饲料添加剂审定程序

上节我们讲了新饲料、新饲料添加剂在投入生产前要经过农业部审定，本节我们就来讲讲审定的程序。

研制者或者生产企业直接向农业部提出申请，农业部受理后在5个工作日内，将新饲料、新饲料添加剂的样品和申请资料交全国饲料评审委员会。由全国饲料评审委员会采取评审会议形式对这个新饲料、新饲料添加剂的安全性、有效性和对环境的影响进行评审。这一步程序是关键。如果评审会议原则上通过了，要将样品交农业部指定的饲料质量检验机构进行质量复核。检验机构在3个月内完成质量复核，并将质量复核报告和复核意见报全国饲料评审委员会。9个月内，全国饲料评审委员会要提出最终评审结果报农业部。

农业部收到评审结果后，10个工作日内作出决定，能不能核发新饲料、新饲料添加剂证书。决定核发新饲料、新饲料添加剂证书的，由农业部予以公告，同时发布这个产品的质量标准。发布的质量标准就是对这个新产品投入生产后进行监测和监督抽查的质量依据。

为了保证新饲料、新饲料添加剂的质量安全，《饲料和饲料添加剂管理条例》还规定新饲料、新饲料添加剂有个5年的监测期。在监测期内，生产企业要收集新饲料、新饲料添加剂的质量稳定性和对动物产品质量安全的影响等信息，并向农业部报告。农业部要对新饲料、新饲料添加剂的质量安全状况组织跟踪监测，证明有安全问题的，要撤销新饲料、新饲料添加剂证书并予以公告。

在这个评审过程中有一个重要的机构，就是全国饲料评审委员会，这里向大家介绍一下。全国饲料评审委员会由养殖、饲料加工、动物营养、毒理、药理、代谢、卫生、化工合成、生物技术、质量标准、环境保护、食品安全风险评估等方面的专家组成。评审过程采取评审会议的形式，评审会议由9个以上专家参加，根据需要也可以邀请1到2个全国饲料评审委员会专家以外的专家参加。

最后，还要提醒大家，申请新饲料、新饲料添加剂审定，不要隐瞒情况或者提供假资料、假样品，也不能采取欺骗、贿赂等不正当的手段，就算申请到了新饲料、新饲料添加剂证书，一经查实，证书会被撤销，还要处以罚款，3年内不能再申请同一事项；构成犯罪的，要追究刑事责任。

《饲料和饲料添加剂管理条例》解读8
进口饲料、饲料添加剂登记管理

改革开放以来，我国的对外贸易发展很快，其中就有不少饲料和饲料添加剂产品进口，也有不少饲料和饲料添加剂产品出口。这一节我们来了解饲料和饲料添加剂进口管理方面的规定。

《饲料和饲料添加剂管理条例》第十二条规定，向中国出口中国境内还没有使用但出口国已经批准生产和使用的饲料、饲料添加剂的，要委托中国境内代理机构向农业部申请登记。第一次向中国出口中国境内已经使用且出口国已经批准生产和使用的饲料、饲料添加剂的，要按照规定申请登记。也就是说，进口饲料和饲料添加剂产品要办理登记。境外企业申请饲料、饲料添加剂进口登记证，要委托其在中国境内的代理机构办理。就是获得了饲料、饲料添加剂进口登记证，也要由其在中国境内设立的销售机构或者委托中国境内代理机构销售，境外企业不能直接在中国境内销售进口饲料、饲料添加剂的。

为了加强管理，2013 年 12 月 27 日农业部颁布了新的《进口饲料和饲料添加剂登记管理办法》。需要办理《进口饲料和饲料添加剂产品登记证》的产品包括单一饲料、添加剂预混合饲料、浓缩饲料、配合饲料和精料补充料、饲料添加剂。

这里需要注意：所有进口的饲料、饲料添加剂都要是出口国已经批准生产、使用的产品，出口国没有批准生产、使用的产品不能进口到中国。境外企业申请进口登记，应当委托中国境内代理机构办理。

进口饲料和饲料添加剂登记可分为两类：一是第一次进口在中国境内已使用过的饲料和饲料添加剂的，由农业部对申请资料进行审查，审查合格的，再对样品进行复核检测，复检合格的，农业部在 10 个工作日内核发饲料、饲料添加剂进口登记证。

二是进口下列饲料和饲料添加剂，农业部要按照新饲料、新饲料添加剂的评审程序组织评审，根据评审结果决定能不能核发饲料、饲料添加剂进口登记证：

1. 向中国出口中国境内尚未使用但生产地已经批准生产和使用的饲料、饲料添加剂的；

2. 饲料添加剂扩大适用范围的；

3. 饲料添加剂含量规格低于饲料添加剂安全使用规范要求的，但由饲料添加剂与载体或者稀释剂按照一定比例配制的除外；

4. 饲料添加剂生产工艺发生重大变化的；

5. 农业部已核发新饲料、新饲料添加剂证书的产品，自获证之日起超过 3 年未投入生产的；

6. 存在质量安全风险的其他情形。

饲料、饲料添加剂进口登记证有效期是 5 年。到期后需要继续进口饲料、饲料添加剂的,要在期满前 6 个月内申请续展。未取得进口登记证的,不得进口。

《饲料和饲料添加剂管理条例》解读9
设立饲料、饲料添加剂生产企业的条件

饲料、饲料添加剂对于养殖业发展和动物产品质量安全十分重要,那么对设立饲料、饲料添加剂生产企业,就必须有严格的条件。按照《饲料和饲料添加剂管理条例》第十四条的规定,设立饲料、饲料添加剂生产企业,第一要符合饲料工业发展规划和产业政策。2011 年农业部发布了全国饲料工业 2011 年到 2015 年的发展规划,就是"十二五"规划。设立生产企业,就要符合这个规划。

第二,要具备 6 个方面的条件:

一是有与生产饲料、饲料添加剂相适应的厂房、设备和仓储设施。比如企业要单独建厂区,厂区周边没有影响饲料产品质量安全的污染源。厂区布局要合理,有相应的生产车间、原料库、配料间、成品库等。

二是有与生产饲料、饲料添加剂相适应的专职技术人员。企业要设立技术管理机构,有专职的负责人。技术机构负责人有畜牧、兽医、水产等相关专业大专以上学历或中级以上技术职称,熟悉饲料法规、动物营养、产品配方设计等专业知识,还要通过现场考核。

三是有必要的产品质量检验机构、人员、设施和质量管理制度。企业制定了质量管理制度,设立了质量检验机构,有专职的负责人。质量机构负责人有畜牧、兽医、水产、食品、化工与制药、生物科学等相关专业大专以上学历或中级以上技术职称,熟悉饲料法规、原料与产品质量控制、原料与产品检验、产品质量管理等专业知识,

通过现场考核。设立了检验化验室，有 2 名以上专职饲料检验化验员。检验化验员有农业部职业技能鉴定机构颁发的职业资格证书，通过现场操作技能考核。

四是有符合国家规定的安全、卫生要求的生产环境。厂区内配备必要的消防设施或设备；有安全风险的设备和设施，要设置警示标识和防护设施等。

五是有符合国家环境保护要求的污染防治措施。比如生产线、投料口要设置除尘设备装置；厂区整洁卫生，生活、办公等区域有垃圾收集设施等。

六是农业部制定的饲料、饲料添加剂质量安全管理规范规定的其他条件。农业部在 2012 年 10 月专门出台了规范性文件——《饲料生产企业许可条件》，专门对设立生产添加剂预混合饲料、浓缩饲料、配合饲料和精料补充料的企业的条件作了具体规定。

《饲料和饲料添加剂管理条例》解读10
设立饲料、饲料添加剂生产企业许可

具备了设立饲料、饲料添加剂生产企业的条件，还不能生产，需要经过饲料管理部门审批，取得了生产许可证才行。这一节我们来了解设立饲料、饲料添加剂生产企业许可的有关规定。

根据《饲料和饲料添加剂管理条例》第十五条规定，饲料、饲料添加剂生产许可证由省级饲料管理部门也就是省农业厅审批核发。审批程序是申请人向省农业厅提出申请，省农业厅受理后 10 个工作日内进行书面审查，审查合格的，组织进行现场审核，根据评审结果在 10 个工作日内作出能不能核发生产许可证的决定。

在江西省，因行政审批制度改革，简政放权，将单一饲料、浓

缩饲料、配合饲料和精料补充料生产许可证的审批核发下放至设区市农业部门实施，有的设区市还下放至县级农业部门；饲料添加剂和添加剂预混合饲料生产许可证的审批核发，保留在省本级，由省农业厅实施。

饲料、饲料添加剂生产许可证，有效期是5年。生产许可证有效期满需继续生产的，应当在有效期届满6个月前向原来的审批部门提出续展申请，并提交规定的材料。

现在很多养殖场、养殖户会自己加工配制一些饲料，要不要办生产许可证呢？根据《农业部办公厅关于饲料和饲料添加剂生产许可证有关问题的答复》，养殖者遵守农业部制定的自行配制饲料使用规范，自行配制饲料，是不需要办理饲料生产许可证的，但是不能对外提供自行配制的饲料。如果对外提供了自行配制的饲料，就违法了，要受到处罚。

对于饲料、饲料添加剂生产许可证的办理，2012年农业部出台了专门的规章《饲料和饲料添加剂生产许可管理办法》，作了具体规定，从2012年7月1日开始施行。

《饲料和饲料添加剂管理条例》解读11
饲料添加剂、添加剂预混合饲料产品批准文号管理

我们知道，取得了饲料、饲料添加剂生产许可证的企业，才可以生产，但是按照规定，饲料添加剂、添加剂预混合饲料产品在生产前还要取得产品批准文号。

《饲料和饲料添加剂管理条例》第十六条规定，饲料添加剂、添加剂预混合饲料生产企业取得生产许可证后，由省级饲料管理部门按照规定核发相应的产品批准文号。

这里，先要弄清楚生产许可证和产品批准文号的关系。生产许可证是对企业的，不管是生产什么饲料、饲料添加剂的企业，都要办理生产许可证，一个企业一个生产许可证。产品批准文号是对产品的，但不是所有的饲料产品都要办产品批准文号，只有生产饲料添加剂、添加剂预混合饲料产品才要办理，取得产品批准文号后才能生产，一个产品就要一个批准文号。

企业已经取得了生产许可证，但是没有取得产品批准文号是不能生产饲料添加剂、添加剂预混合饲料的。如果违反了规定，县级以上饲料管理部门会给予处罚，责令停止生产，没收违法所得、违法生产的产品和用于违法生产的各种原料，并处货值金额1倍以上3倍以下罚款；情节严重的，发证机关可以吊销生产许可证。

为了加强饲料添加剂和添加剂预混合饲料产品批准文号管理，2012年农业部出台了专门的规章——《饲料添加剂和添加剂预混合饲料产品批准文号管理办法》，从2012年7月1日开始施行。

按照这个办法，办理的程序是这样的：生产企业向省农业厅提出申请，提交规定的资料。省农业厅受理申请后进行审查，审查合格的，通知企业将产品样品送交指定的饲料质量检验机构进行复核检测，再根据复核检测结果在10个工作日内决定能不能核发产品批准文号。产品批准文号只能由企业在批准的这个产品上使用，如果产品主要成分指标和产品名称改变了的话，要重新办理产品批准文号。禁止假冒、伪造、买卖产品批准文号。

这里还有一个特殊的情况，就是为其他饲料、饲料添加剂生产企业生产定制的饲料添加剂、添加剂预混合饲料产品，这种定制的产品是可以不办理产品批准文号。但是这种定制的产品只能由定制企业自己使用，不能提供给其他饲料、饲料添加剂生产企业、经营者和养殖者，不然的话，就违法了。

《饲料和饲料添加剂管理条例》解读12
原料和生产过程管理

饲料、饲料添加剂生产企业取得了生产许可证和产品批准文号，就可以生产产品了。为了保证产品的质量，法律还对企业的生产作了一些规定，我们一起来了解下。

一方面是对原料的管理。原料质量有保证，生产的产品质量才有保证。《饲料和饲料添加剂管理条例》第十七条规定：

一是饲料、饲料添加剂生产企业要按照农业部的规定和有关标准，对采购的饲料原料、单一饲料、饲料添加剂、药物饲料添加剂、添加剂预混合饲料和用于饲料添加剂生产的原料进行查验或者检验。

二是企业使用限制使用的饲料原料、单一饲料、饲料添加剂、药物饲料添加剂、添加剂预混合饲料生产饲料的，要遵守农业部的限制性规定。禁止使用农业部公布的饲料原料目录、饲料添加剂品种目录和药物饲料添加剂品种目录以外的任何物质生产饲料。

三是企业要如实记录采购的饲料原料、单一饲料、饲料添加剂、药物饲料添加剂、添加剂预混合饲料和用于饲料添加剂生产的原料的名称、产地、数量、保质期、许可证明文件编号、质量检验信息、生产企业名称或者供货者名称和联系方式、进货日期等。记录保存时间最少2年。

另一个方面是对生产过程的管理。按照标准和规范生产，产品才能达到质量标准。《饲料和饲料添加剂管理条例》第十八条规定：

一是饲料、饲料添加剂生产企业，要按照产品质量标准以及农业部制定的饲料、饲料添加剂质量安全管理规范和饲料添加剂安全使用规范组织生产，对生产过程实施有效控制。近些年来，国家质检总局制定了一些饲料、饲料添加剂产品的质量标准，农业部也公布了饲料、饲料添加剂质量安全管理规范和饲料添加剂安全使用规范。企业生产时要遵守这些标准和规范。

二是企业要实行生产记录和产品留样观察制度。生产记录就是对生产过程要记录下来。产品留样观察就是生产的产品要留一些保存，不销售出去。执行生产记录和产品留样观察制度可以方便监督产品质量安全，在出现产品质量问题时，又是重要的证据。

这些对原料和生产过程的管理规定，企业一定要严格遵守。如果违反了这些规定，饲料管理部门会按照《饲料和饲料添加剂管理条例》相关规定对企业进行处罚。

《饲料和饲料添加剂管理条例》解读13
生产企业质量自检制度

生产企业对生产的产品在出厂销售前要检验，这是法律的普遍规定。不管是食品药品，还是其他工业产品，基本上都有这个要求，因为保证产品质量安全，生产环节是关键，饲料、饲料添加剂产品也一样。

《饲料和饲料添加剂管理条例》第十九条规定：饲料、饲料添加剂生产企业要对生产的饲料、饲料添加剂进行产品质量检验；检验合格的，要附具产品质量检验合格证。没有经过产品质量检验、检验不合格或者没有附具产品质量检验合格证的，不能出厂销售。

要对出厂的饲料、饲料添加剂进行检验，企业就要有质量检验机构、人员、设备和质量管理制度。《饲料生产企业许可条件》明确规定，企业要设立质量管理机构，有专职的负责人和专职的检验化验员，这些人要有一定学历，通过现场考核；有专门的检验化验室，配备与生产的产品相适应的检验仪器设备；还要有质量管理制度。这些规定，生产企业都要落实。

经检验合格的产品，要附具产品质量检验合格证，这是生产企业对产品质量的承诺和保证。出现这三种情况是不能出厂销售的，如果销售了，要受到处罚：一种是根本就没有对产品进行质量检验。对于这种情况，要责令改正，处1万元以上2万元以下罚款；拒不改正的，没收违法所得和违法生产的产品、原料等材料，并处5至10万元罚款；情节严重的，责令停止生产，吊销有关证照。第二种情况是进行了质量检验，但检验结果是不合格产品。如果生产企业生产经营了不合格产品，要责令停止生产经营，没收违法所得和违法生产、经营的产品，货值金额不到1万元的，处2000元以上2万元以下罚款，货值金额1万元以上的，处货值金额2倍以上5倍以下罚款；构成犯罪的，要追究刑事责任。第三种情况就是进行了质量检验，结果合格，但是没有附具产品质量检验合格证的。对这种情况，要责令改正，情节严重的，没收违法所得和违法销售的产品，可以处违法销售的产品货值金额30%以下罚款。

这里还要注意，饲料、饲料添加剂生产企业要如实记录出厂销售的饲料、饲料添加剂的名称、数量、生产日期、生产批次、质量检验信息、购货者名称及其联系方式、销售日期等。记录保存时间最少2年。这是对产品质量的监督检查措施，企业一定要遵守。没有销售记录的，会受到处罚。

《饲料和饲料添加剂管理条例》解读14
饲料、饲料添加剂产品包装

一般出厂的产品都有包装，可以保护产品，方便储存、运输、使用。法律对产品的包装一般会作规定，同样，《饲料和饲料添加剂管理条例》对饲料、饲料添加剂产品包装也作了要求。

《饲料和饲料添加剂管理条例》第二十条规定：出厂销售的饲料、饲料添加剂要包装，包装要符合国家有关安全、卫生的规定。饲料生产企业直接销售给养殖者的饲料可以使用罐装车运输。罐装车要符合国家有关安全、卫生的规定，并随罐装车附具规定的标签。易燃或者其他特殊的饲料、饲料添加剂的包装要有警示标志或者说明，并注明储运注意事项。

包装只能由生产企业在生产时完成，经销商是不能对饲料、饲料添加剂进行拆包、分装的。进口的饲料、饲料添加剂也要进行包装，要符合中国有关安全、卫生的规定，还要附上符合规定的标签。

饲料和饲料添加剂的包装根据实际需要，有袋装、桶装、瓶装和散装等。袋装又包括麻袋、化纤编织袋和纸袋、塑料袋等不同品种和规格的包装方式。单一饲料、混合饲料、配合饲料、浓缩饲料和精料补充料，一般用塑料袋、覆膜编织袋或者加有塑料内衬的化纤编织袋等包装物进行包装多一些。

国家对于包装的要求不像标签那么严格，就是安全、卫生，目的有三个：一是能够保证产品质量的稳定，不会因包装的原因导致有效成分丢失或者减少；二是能够保证产品的运输、储藏的安全，不会因为破损造成与其他有毒、有害物质的交叉污染；三是保证养殖者在使用的时候方便和安全。《饲料和饲料添加剂管理条例》

修改后，还删除了包装不能重复使用的规定，节约能源，也节省了企业成本。同时规定了生产企业直接销售给养殖户的饲料可以用罐装车运输，方便了养殖者使用，也避免了包装浪费，有环保作用。罐装车就相当于饲料的外包装，也要符合国家有关安全、卫生的要求。

如果包装不符合规定的话，是要处罚的。《饲料和饲料添加剂管理条例》第四十一条第二款规定：饲料、饲料添加剂生产企业销售的饲料、饲料添加剂包装、标签不符合规定的，由县级以上地方人民政府饲料管理部门责令改正；情节严重的，没收违法所得和违法销售的产品，可以处违法销售的产品货值金额30%以下罚款。

《饲料和饲料添加剂管理条例》解读15
饲料和饲料添加剂产品标签管理

标签是用文字、图形、符号来标明产品质量、数量、特性、使用方法和生产者名称、地址等内容的一种载体，一般是附在包装上。我们了解一个产品，很重要的是看标签。标签介绍了产品的情况，生产企业通过标签对产品质量安全作了承诺和保证，用户通过标签了解产品质量安全状况、选择和使用产品。标签这么重要，法律对产品标签一般都会作出规定。这一节我们来了解法律对饲料、饲料添加剂产品标签的要求。

《饲料和饲料添加剂管理条例》第二十一条规定：饲料、饲料添加剂的包装上要附具标签。标签要用中文或者适用符号标明产品名称、原料组成、产品成分分析保证值、净重或者净含量、贮存条件、使用说明、注意事项、生产日期、保质期、生产企业名称及地址、许可证明文件编号和产品质量标准等。加入了药物饲料添加剂的，还要标明"加入药物饲料添加剂"字样，并标明其通用名称、含量和休药期。乳和乳制品以外的动物源性饲料，还要标明"本产品不得饲喂反刍动物"字样。

这个关于标签的规定是强制性规定，国家质检部门还专门制定了饲料标签标准，不管是本国生产还是国外进口的饲料、饲料添加剂的标签都要遵守这些规定。现在实行的饲料标签标准是2013年版标准GB10648-2013。

一般来讲，标签附在包装上有两种方法：一种是直接将标签印在饲料、饲料添加剂的包装物上；另一种是单独印制标签，粘贴或附在包装物上。不管用哪一种方法，标签一定要附在包装上，不要分开。如果是散装的产品，标签要和发货单一起传送。

饲料标签标准对标签规定了一些基本的要求，比如：标签的印制材料要结实耐用，不容易脱落、损坏；文字、符号、图形等内容要清楚，保证用户能看清；要用规范的汉字；一个标签只能标示一个产品，不能一个标签上同时标出几个产品；出现的符号、代号、术语、计量单位要符合国家规定。

总的来说，标签要合法、科学、真实。合法就是符合有关法律、法规和标准的规定。科学就是通俗易懂、科学准确，使用户能够理解掌握。真实就是标注的内容与产品的内在质量一致，不虚假、夸大。

《饲料和饲料添加剂管理条例》解读16
饲料、饲料添加剂产品标签内容

饲料、饲料添加剂必须附具产品标签,但是要标明哪些内容呢？根据《饲料标签标准（GB10648-2013）》规定,主要包括卫生要求、产品名称、产品成分分析保证值、原料组成、产品标准编号、使用说明、净含量、生产日期、保质期、贮存条件及方法、行政许可证明文件编号、生产企业名称和地址、其他等十三项内容，少了任何一项内容，都不符合规定，按照《饲料和饲料添加剂管理条例》第四十一条的规定要予以处罚。我们来了解这些要标明的内容。

1. 卫生要求。饲料、饲料添加剂和饲料原料应符合相应卫生要求。饲料和饲料原料应标有"本产品符合饲料卫生标准"字样。

2. 产品名称。要采用通用名称，能反映饲料、饲料添加剂和饲料原料的真实属性并符合相关法律法规和标准规定。

3. 产品成分分析保证值。指生产者根据规定的保证值项目，对产品成分作出明示承诺和保证，保证在保质期内，采用规定的分析方法能得到的、符合标准要求的产品成分值。保证值的高低表示了产品质量的好坏。

4. 原料组成。标明用来加工饲料产品使用的主要原料名称以及添加剂、载体、稀释剂的具体名称。

5. 产品标准编号。标明产品所执行的产品标准编号。实行进口登记管理的产品，应标明进口产品复核检验报告的编号。

6. 使用说明。配合饲料、精料补充料应标明饲喂阶段。浓缩饲料、复合预混合饲料应标明添加比例或推荐配方及注意事项。饲料添加剂、微量元素预混合饲料和维生素预混合饲料应标明推荐用量及注意事项。

7. 净含量。包装类产品应标明产品包装单位的净含量；罐装车运输的产品应标明运输单位净含量，净含量是指除了包装后，里面装的饲料、饲料添加剂的实际重量，要在标签的显眼位置标明。

8. 生产日期。要标明年月日。

9. 保质期。用"保质期为__天（日）或__月或__年"或"保质期至：__年__月__日"表示。

10. 贮存条件及方法。要标明能保证产品质量的贮存条件和贮存方法。

11. 行政许可证明文件编号。实行行政许可管理的饲料和饲料添加剂产品应标明行政许可证明文件编号。

12. 生产者、经营者的名称和地址。要标明和营业执照一样的生产者的名称和详细地址、邮政编码和联系方式。进口产品应标明与进口产品登记证一致的生产厂家名称，以及与营业执照一致的在中国境内依法登记注册的销售机构或代理机构名称、地址、邮政编码和联系方式等。

13. 其他。比如委托加工产品，除标明以上规定的基本内容外，还应标明委托企业的名称、注册地址和生产许可证编号。定制产品应标明"定制产品"字样。还应标明定制企业的名称、地址和生产许可证编号。进口产品应用中文标明原产国名或地区名。

一个标签只能标示一个产品。标签印制材料应结实耐用，文字、符号、数字、图形清晰醒目，易于辨认。

《饲料和饲料添加剂管理条例》解读17
饲料、饲料添加剂经营条件

按照《饲料和饲料添加剂管理条例》第二十二条的规定，饲料、饲料添加剂经营者要符合三个条件：一是有与经营饲料、饲料添加剂相适应的经营场所和仓储设施；二是有具备饲料、饲料添加剂使用、贮存等知识的技术人员；三是有必要的产品质量管理和安全管理制度。

具体来说，就是场所、人员、管理三个方面的条件：

在经营场所方面，要有一定面积的店面、仓库，面积大小与经营的规模相适应；店面和仓库整洁卫生，有货架、柜台，有防霉、防潮、防火、防鼠、防虫的设施。

在人员方面，要求有技术人员，技术人员要懂得饲料、饲料添加剂基本知识，使用、贮存知识，有关法律法规。有的地方会要求技术人员要经过饲料管理部门的培训。

在管理方面，没有生产企业那样严格，但是为了保证饲料、饲料添加剂的质量，还是要求经营者有质量管理和安全管理制度。比如进货查验制度，进货时查验产品标签、产品质量检验合格证和相应的许可证明文件；建立产品购销台账，记录购销产品的名称、许可证明编号、数量、保质期、生产企业名称等；仓库管理制度等等。

这里我们注意了，法律没有规定经营饲料、饲料添加剂要经过哪个部门核发经营许可证，就是说经营饲料、饲料添加剂是放开的，只要具备了法律规定的条件，办理了工商营业执照就可以经营。这点和种子、兽药不同，经营种子、兽药需要到农业部门办理经营许可证。

尽管不要办理经营饲料、饲料添加剂的许可证，但是法律规定了要具备一定的条件，目的就是为了保证饲料、饲料添加剂的质量。如果不具备这些条件经营饲料、饲料添加剂，《饲料和饲料添加剂管理条例》第四十二条规定"不符合本条例第二十二条规定的条件经营饲料、饲料添加剂的，由县级人民政府饲料管理部门责令限期改正；逾期不改正的，没收违法所得和违法经营的产品，违法经营的产品货值金额不足1万元的，并处2000元以上2万元以下罚款，货值金额1万元以上的，并处货值金额2倍以上5倍以下罚款；情节严重的，责令停止经营，并通知工商行政管理部门，由工商行政管理部门吊销营业执照"。

《饲料和饲料添加剂管理条例》解读18
饲料、饲料添加剂经营要求

符合条件的饲料、饲料添加剂经营者在办理营业执照后就可以经营，但是为了保证产品的质量，《饲料和饲料添加剂管理条例》还对经营者的经营活动作了一些规定，这些规定有三个方面：

第一个方面是进货要查验。经营者进货时要查验饲料、饲料添加剂产品标签、产品质量检验合格证和相应的许可证明文件。

为什么要查验产品标签、产品质量合格证和相应的许可证明文件呢？这是因为《饲料和饲料添加剂管理条例》规定了饲料、饲料添加剂产品包装上要附标签；生产企业要对生产出来的饲料、饲料添加剂产品进行质量检验，检验合格附上产品质量合格证，才能出厂销售；饲料、饲料添加剂生产企业要取得生产许可证才能生产，饲料添加剂、添加剂预混合饲料还要有产品批准文号。有许可证明文件说明生产企业是合法生产；有产品质量合格证，说明产品经过了检验，初步可以认为合格；有完整的标签，说明产品的情况标明清楚了。所以经营者查验产品标签、产品质量合格证和相应的许可证明文件，就是为了从进货这个环节保证产品的质量。

第二个方面是产品要原封不动。也就是经营者不能对饲料、饲料添加剂进行拆包、分装，不能对饲料、饲料添加剂进行再加工或者添加任何物质。作这个规定，是因为有这些情况的话，就很难保证产品的质量，甚至还会出现非法加工、添加禁止物质引起饲料质量安全事故。

第三个方面是要建立产品购销台账。主要是记录购销产品的名称、许可证明文件编号、规格、数量、保质期、生产企业名称、联系方式、购销时间等。购销台账保存时间最少要2年。

如果没有遵守以上规定,《饲料和饲料添加剂管理条例》第四十四条规定,饲料、饲料添加剂经营者有下列行为之一的,由县级人民政府饲料管理部门责令改正,没收违法所得和违法经营的产品,并处2000元以上1万元以下罚款:

1. 对饲料、饲料添加剂进行拆包、分装的;
2. 不依照本条例规定实行产品购销台账制度的;
3. 经营的饲料、饲料添加剂失效、霉变或者超过保质期的。

《饲料和饲料添加剂管理条例》解读19
禁止经营的饲料、饲料添加剂

为了保证产品的质量,维护用户的利益,《饲料和饲料添加剂管理条例》还规定了经营者不能经销六种产品。

第一是用饲料原料目录、饲料添加剂品种目录和饲料药物添加剂品种目录以外的物质生产的饲料。只有在农业部制定和公布的饲料原料目录、饲料添加剂品种目录和饲料药物添加剂品种目录范围内的物质,才允许饲料、饲料添加剂生产企业使用,所以用这些目录以外的物质生产出来的产品都不能销售。

第二是没有生产许可证、产品标签、产品质量标准、质量检验合格证的饲料、饲料添加剂,没有产品批准文号的饲料添加剂、添加剂预混合饲料。

第三是没有取得新饲料证书的新饲料和没有取得新饲料添加剂证书的新饲料添加剂。国家对新饲料、新饲料添加剂实行审定制度,所有研制的新饲料、新饲料添加剂要通过农业部的审定,取得新饲料、新饲料添加剂证书,才允许投入生产。所以没有取得新饲料证书的新饲料、没有取得新饲料添加剂证书的新饲料添加剂就是不能生产的产品，也就不能经营。

第四是没有取得进口登记证的进口饲料、饲料添加剂。所有进口饲料、饲料添加剂都必须是出口国家已经批准生产、使用，并且取得中国进口登记的产品，不然的话就不能进口到中国，也就不能在中国销售。

第五是失效、霉变或者超过保质期的饲料、饲料添加剂。失效的产品，已经不能起作用了，所以不能销售。霉变的产品会有毒性，动物吃了危害很大，也会对人造成危害。超过保质期的产品，有可能会失效，也有可能还有一点作用，总的来讲就是没有原来的质量。这些产品都不能销售，特别是发霉的产品不能销售出去害人。

第六是禁止使用的饲料、饲料添加剂。禁止使用的产品是什么情况下都不可以使用的，比如用"瘦肉精""三聚氰胺"等有毒有害物质生产的产品。国家还发布了禁止在饲料中添加的药物品种目录，这个目录大家可以到网上去查看，只要添加了里面的物质，这种饲料就不能使用了，也就不能经销。

《饲料和饲料添加剂管理条例》解读20
饲料和饲料添加剂使用规定

饲料、饲料添加剂只有使用了，才会影响到养殖动物的安全，所以说养殖者使用饲料、饲料添加剂这个环节很重要。《饲料和饲料添加剂管理条例》对这个问题作了专门规定，主要是四个方面：

第一个方面是按照说明使用饲料、饲料添加剂。饲料、饲料添加剂产品标签上会标明使用说明、注意事项，养殖者要按照这个使用说明和注意事项来使用。这里还要特别注意，使用饲料添加剂，要遵守农业部制定的《饲料添加剂安全使用规范》《饲料药物添加剂使用规范》，违反了这两个规定，要受到处罚。

第二个方面是使用自行配制的饲料要遵守规定。按照规定，经销商不可以对饲料、饲料添加剂进行再加工或者添加物质，但是养殖户自己配制饲料给自己使用是可以的。这里要注意两点：一个是使用自行配制的饲料要遵守农业部制定的自行配制饲料使用规范。基本要求就是用来配制饲料的物质，一定要是允许使用的物质，使用的时候不能添加禁止使用的物质。另一个就是自行配制的饲料只能自己使用，不能对外提供，就是交换甚至免费赠送也不可以。养殖者对外提供自行配制的饲料的，要责令改正，处 2000 元以上 2 万元以下罚款。

第三个方面是要遵守禁止和限制使用的规定。使用限制使用的物质养殖动物的，要遵守农业部的限制性规定。不能在饲料、动物饮用水中添加农业部公布禁用的物质以及对人体具有直接或者潜在危害的其他物质，或者直接用这些物质养殖动物。农业部出台了两个文件《禁止在饲料和动物饮用水中使用的药物品种目录》《禁止在饲料和动物饮用水中使用的物质》，明确了禁用的物质。还有不能在反刍动物饲料中添加乳和乳制品以外的动物源性成分。违反了这些规定，是要受到处罚的。

第四个方面是不能使用不符合要求的饲料、饲料添加剂。没有取得新饲料、新饲料添加剂证书的新饲料、新饲料添加剂，没有取得饲料、饲料添加剂进口登记证的进口饲料、进口饲料添加剂，没有产品标签、生产许可证、产品质量标准、产品质量检验合格证的饲料、饲料添加剂，没有产品批准文号的饲料添加剂、添加剂预混合饲料，这些都不能使用。

《饲料和饲料添加剂管理条例》解读21
饲料和饲料添加剂产品广告宣传

我们知道，食品和保健品是不能在说明书和宣传广告中讲其有防病治病的作用，因为它不是药品。同样，饲料和饲料添加剂也不能讲有防病治病的作用。

《饲料和饲料添加剂管理条例》第三十条对这个问题作了明确规定，禁止对饲料、饲料添加剂作具有预防或者治疗动物疾病作用的说明或者宣传。

饲料就是动物的食品，目的是为动物生长、发育提供基本的营养；饲料添加剂是在饲料加工生产或者使用过程中添加的少量物质，是动物的保健品，目的是补充饲料的营养、保证和改善饲料的品质。饲料、饲料添加剂和兽药不一样，它没有预防和治疗动物疾病的作用，所以不能对它作预防或者治疗动物疾病的说明宣传。包括不能在标签上印制，不能在使用说明书上标明，不能在推销产品时口头宣传，也不能在电视广播报纸杂志广告牌宣传单上做广告说有防病治病作用。

但是有个特殊情况，如果饲料中添加了药物饲料添加剂的，可以对所添加的药物饲料添加剂的作用加以说明。这是因为药物饲料添加剂实际上是可以混合在饲料中使用的兽药，有明确的预防和治疗动物疾病的作用，所以，可以说明添加的药物饲料添加剂的作用，但是也不能作虚假说明或者夸大功效。

如果做广告宣传饲料和饲料添加剂具有防病治病的作用，或者夸大药物饲料添加剂的功效，就违反了《广告法》的规定，工商部门会责令停止发布广告，处以罚款；使购买饲料的养殖户合法权益受到损害的，还要承担赔偿责任。如果在标签上标明具有防病治病的作用，就违反了标签管理的规定，根据《饲料和饲料添加剂管理条例》第四十一条第二款，要责令改正，没收违法所得和违法销售的产品，处以罚款。

在普及饲料知识、指导养殖户使用方面，饲料管理部门要发挥作用。《饲料和饲料添加剂管理条例》第二十六条规定，农业部和地方饲料管理部门要加强饲料、饲料添加剂质量安全知识的宣传，提高养殖者的质量安全意识，指导养殖者安全、合理使用饲料、饲料添加剂。主要是通过举办培训班、开展科技下乡入户活动，印发宣传资料，开展现场或电话咨询活动来宣传指导。广大养殖户可以多留心当地饲料管理部门举办的各种宣传活动，多学习，提高自己的质量安全意识，确保饲养的动物安全健康。

《饲料和饲料添加剂管理条例》解读22
饲料和饲料添加剂产品召回制度

汽车存在质量安全问题，厂家要召回。饲料产品也一样，有安全隐患，厂家要召回。这一节就来了解关于饲料和饲料添加剂产品召回的规定。

按照《饲料和饲料添加剂管理条例》第二十八条的规定，生产企业发现自己生产的饲料、饲料添加剂对养殖动物、人体健康有害或者存在其他安全隐患的，要马上做好三件事：一是停止生产这个产品；二是通知经销商和养殖户，告诉他们情况；三是召回产品并向饲料管理部门报告，报告的内容包括召回产品的名称、规格、生产批次和数量、已销售的数量、召回原因、召回数量、已销售使用产品可能产生的危害、召回产品的处理措施等。产品召回后，要在饲料管理部门监督下进行无害化处理或者销毁。

对企业不主动召回问题产品的,《饲料和饲料添加剂管理条例》第四十五条规定了处罚措施,由县级以上饲料管理部门责令召回,并监督生产企业对召回的产品予以无害化处理或者销毁;情节严重的,没收违法所得,并处要召回的产品货值金额1倍以上3倍以下罚款,可以由省级农业部门吊销、撤销相关许可证明文件。如果企业对召回的产品不进行无害化处理或者销毁的,由县级饲料管理部门代为销毁,所需费用由生产企业承担。

如果经销商发现了自己销售的饲料、饲料添加剂有对养殖动物、人体健康有害或者存在其他安全隐患的,一要立即停止销售这种产品;二要通知生产企业、供货商和养殖户,并记录通知情况;三要向饲料管理部门报告。决定了要召回产品的,经销商要协助召回产品,及时告诉养殖户产品召回信息,收回存在安全隐患的产品。发现产品有问题需要召回,经销商不停止销售的,由县级以上饲料管理部门责令停止销售;拒不停止销售的,没收违法所得,处1000元以上5万元以下罚款;情节严重的,责令停止经营,由工商部门吊销营业执照。

如果养殖户发现了自己使用的饲料、饲料添加剂有安全隐患的,要立即停止使用,通知供货商,并向饲料管理部门报告有关情况。

《饲料和饲料添加剂管理条例》同时还规定,饲料、饲料添加剂在使用过程中被证明确实对养殖动物、人体健康或者环境有害的,由农业部决定禁止使用并向社会公布。

《饲料和饲料添加剂管理条例》解读23
饲料和饲料添加剂监督抽查

饲料和饲料添加剂对动物产品的质量安全这么重要,就需要饲料管理部门加强监管。

《饲料和饲料添加剂管理条例》规定,农业部和县级以上地方饲料管理部门,要根据需要定期或者不定期组织实施饲料、饲料添加剂监督抽查;饲料、饲料添加剂监督抽查检测工作由农业部或者省级饲料管理部门指定的具有相应技术条件的机构承担。

从这条规定,我们可以看出监督抽查是饲料和饲料添加剂监管的一种重要方式,饲料管理部门依据法律规定,对饲料和饲料添加剂产品进行抽样,交由法定检测机构进行质量检测,这是一项强制性的管理措施。通过监督抽查,有利于饲料管理部门掌握质量状况,更好地进行监管。

为了保证质量检测的公正规范,对检测机构资质有严格规定,只有农业部和省级饲料管理部门指定的具有相应技术条件的机构才可以检测。为了杜绝监督抽样中借机收费,增加企业负担,规定监督抽查不能收费。

对于监督抽查结果,由农业部和省级饲料管理部门按照职责权限公布,还可以公布具有不良记录的生产企业、经营者名单,也就是我们平常讲的黑名单。公布这些情况,使养殖户能正确判断,购买合格的饲料产品;也迫使有不良记录的生产企业和经营者尽快改正,不然的话,就不能生存下去。

为了加强日常监管,《饲料和饲料添加剂管理条例》规定,县级以上饲料管理部门要建立监督管理档案,记录日常监督检查、违法行为查处等情况。还规定饲料管理部门在监督检查中可以采取有关的措施，对生产、经营、使用场所实施现场检查；查阅、复制有关合同、票据、账簿和其他相关资料；查封、扣押有证据证明用于违法生产饲料和饲料添加剂的各种原料，用于违法生产的工具、设施，违法生产、经营、使用的饲料和饲料添加剂。

对饲料的监管，既要到位又不能缺位、越位。饲料管理部门包括其他监管部门和有关工作人员，不履行职责或者滥用职权、玩忽职守、徇私舞弊的，对直接负责的主管人员和其他直接责任人员，依法给予处分；构成犯罪的，要依法追究刑事责任。

为了大家的健康安全，广大从事饲料生产、经销和动物养殖的朋友们，一定要遵守法律规定。

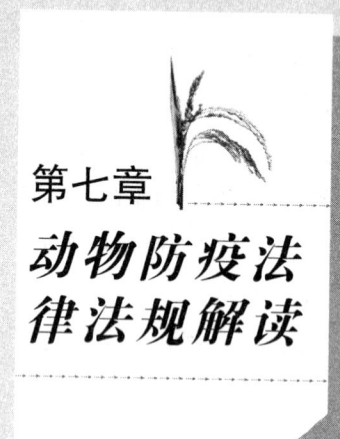

第七章
动物防疫法律法规解读

动物防疫法律法规解读1
实施时间与立法目的

说起动物防疫，大家可能不太了解，但是说到人们打预防针，大家就熟悉了。动物也一样，每年春秋两季都要打防疫针。再说起近些年发生在一些地方的"H7N9型禽流感"，大家肯定有所了解。一个养殖场如果发生了禽流感，不但整个场的鸡鸭，而且附近的家禽都要扑杀、烧毁和深埋。

为什么要这样呢？这是因为动物疫病影响到动物的健康。如果不能有效防治动物疫病，养殖业就发展不起来，就没有办法生产出安全、丰富的肉产品。再加上很多的疫病是可以通过畜禽传染给人的。所以说，动物疫病的防治和我们密切相关，十分重要。这么重要的事，肯定要有法律法规来规范，我们先了解有哪些动物防疫方面的法律法规。

目前，动物防疫方面的法律主要的就是全国人大常委会制定的《中华人民共和国动物防疫法》，是1997年7月3日出台的，2007年8月30日修改了，修改的《动物防疫法》从2008年1月1日开始实施。2013年6月29日第十二届全国人大常委会又进行了修改。还有一部法律是全国人大常委会1991年10月30日制定的《中华人民共和国进出境动植物检疫法》，专门规定了动物、植物和有关的产品进出口的检疫。国务院出台了两部行政法规，一部是《重大动物疫情应急条例》，专门规定怎么控制、扑灭重大动物疫情；另一部是《中华人民共和国进出境动植物检疫法实施条例》，主要是细化《进出境动植物检疫法》的有关规定。为了落实这些法律法规，农业部制定了7部配套的规章——《动物疫情报告管理办法》《无规定动物疫病区评估管理办法》《动物防疫条件审查办法》《动物检疫管理办法》《动物诊疗机构管理办法》《执业兽医管理办法》和《乡村兽医管理办法》。

在江西省，为了执行好《动物防疫法》，结合江西的实际，省人大常委会制定了《江西省动物防疫条例》，是2003年9月26日出台的。2013年3月29日作了修改，新修改的《江西省动物防疫条例》从2013年5月1日起施行。

制定这些法律法规规章，目的是要通过加强对动物防疫活动的管理，预防、控制、扑灭动物疫病，促进养殖业的发展，保护人体健康，维护公共卫生安全。

动物防疫法律法规解读2
基本概念、管理职责划分、动物疫病预防

我们学习动物防疫法律知识，先要掌握一些基本的概念和含义。

《动物防疫法》讲的动物，是指猪、牛、羊、鸡、鸭、鹅等家畜家禽，和人工饲养或者是合法捕获的其他动物，在大自然中的野生动物就不包括在内。动物产品包括动物的肉、生皮、原毛、绒、内脏、脂肪、血液、精液、卵、胚胎、骨、蹄、头、角、筋和可能传播动物疫病的奶、蛋等。

动物疫病专门指动物传染病和寄生虫病，不包括其他的病。动物疫病分三类：一类疫病，对人和动物危害严重，要采取紧急、严

厉的措施进行预防、控制和扑灭，比如口蹄疫、高致病性禽流感。二类疫病，是可能造成重大经济损失的疫病，要采取严格措施进行控制和扑灭，比如狂犬病。三类疫病，常见多发，要控制和净化，比如猪副伤寒。动物防疫就是预防、控制、扑灭动物疫病，以及对动物、动物产品进行检疫。

在动物防疫工作中，各级政府和有关部门都有责任：县级以上人民政府负责对动物防疫工作的统一领导、防疫队伍和体系建设、制定和组织实施动物疫病防治规划，乡镇人民政府负责组织群众协助做好动物疫病预防和控制工作；各级兽医主管部门主管本行政区域的动物防疫工作；县级以上动物卫生监督机构负责动物、动物产品的检疫工作和其他有关动物防疫的监督管理执法工作。

国家对动物疫病实行预防为主的方针，主要有这些措施：

第一，农业部会根据动物疫病的发生情况和保护养殖业及人体健康的需要，制定并公布动物疫病的预防、控制措施和技术规范。

第二，国家对严重危害养殖业生产和人体健康的动物疫病实施强制免疫。农业部确定强制免疫的病种和区域，制订全国强制免疫计划。目前，在全国范围内实施强制免疫的病种有口蹄疫、猪瘟、猪蓝耳病和禽流感等。各个省兽医主管部门（江西省是指省农业厅）根据国家的计划，制订本省的计划，可以根据情况增加强制免疫的病种和区域。市县兽医主管部门负责组织实施计划。

饲养了动物的单位和个人都有义务，按兽医主管部门的要求做好强制免疫工作。

第三，动物疫病预防控制机构按照规定监测动物疫病的发生、流行情况。从事动物饲养、屠宰、经营、加工等活动的单位和个人要积极配合监测。农业部和省农业厅根据对动物疫病发生、流行趋势的预测，及时发出预警。各个地方接到预警后，采取相应的预防、控制措施。

动物防疫法律法规解读3
动物疫病预防

这一节继续学习动物疫病预防方面的规定，主要是对从事动物生产、屠宰、经营和加工等活动的单位和个人作的要求，有这几个方面：

第一，要按照规定做好免疫、消毒等预防工作。

第二，用来配种和产奶的动物，还有宠物，要符合规定的健康标准。用来配种和产奶的动物经检测不合格的，按照规定处理。

第三，兴办动物养殖场（养殖小区）和隔离场所，动物屠宰加工场所，以及动物和动物产品无害化处理场所，要具备一定的动物防疫条件：位置要远离居民生活区、生活饮用水源地、学校、医院等公共场所；生产区封闭隔离，工程设计和工艺流程符合防疫要求；对污水、污物、病死动物、已经感染疫病的动物产品，有无害化处理的设施设备和清洗消毒的设施设备；有动物防疫技术人员；有完善的动物防疫制度。符合条件的，向兽医主管部门申请，兽医主管部门审查合格后会发给《动物防疫条件合格证》。

经营畜禽的集贸市场也要具备农业部规定的动物防疫条件，接受动物卫生监督机构的监督检查。这些条件是距离人口集中区域、生活饮用水源地、动物饲养场和养殖小区、动物屠宰加工场所500米以上，距离种畜禽场、动物隔离场所、无害化处理场所3000米以上，距离动物诊疗场所200米以上；市场周围有围墙，场区进出口有与门一样宽，长4米、深30厘米以上的消毒池；不同种类的动物交易场所要相对分开；有清洗、消毒和处理污水污物的设施设备；有专门的兽医工作室；等等。

第四，动物、动物产品的运输工具、垫料、包装物、容器等要符合规定的动物防疫要求。感染疫病的动物和排泄物、感染疫病的动物产品，病死或者死因不明的动物尸体，运输工具中的动物排泄物和垫料、包装物、容器等污染物，按照规定进行处理。比如对病死动物可以采取焚烧、深埋等方法进行处理。

第五，有些传染病是人和动物之间会互相传染的，比如狂犬病、高致病性禽流感等。患有这些病的人员不能直接从事动物诊疗活动，也不能从事易感染动物的饲养、屠宰、经营、隔离、运输等活动。

第六，对封锁疫区内与所发生动物疫病有关的，疫区内易感染疫病的，没有检疫的，已感染疫病或疑似感染疫病的，病死或死因不明的动物和动物产品，禁止屠宰、经营、运输、生产、加工、贮藏。

动物防疫法律法规解读4

动物疫情的报告、通报、公布，动物疫病的控制和扑灭

这一节我们来了解发生了动物疫情怎么处理。

任何单位和个人发现了动物感染疫病或者疑似感染疫病的情况，都要马上报告，可以向当地的兽医主管部门或者动物卫生监督机构或者动物疫病预防控制机构报告。这些单位接到报告后，要及时采取必要的控制处理措施，并且按照程序上报。发现有动物感染疫病或者疑似感染疫病的单位也要采取控制措施，防止疫情扩散。

农业部要及时向其他部门和省级兽医主管部门通报重大动物疫情的发生和处理情况；发生人畜共患传染病的，县级以上兽医主管部门和同级卫生主管部门要及时相互通报。

农业部负责向社会及时公布全国动物疫情。省级兽医主管部门也可以根据农业部的授权公布本省范围内的动物疫情。其他单位和

个人不能发布动物疫情。

发生了动物疫病后，要及时采取控制和扑灭的措施。按照动物疫病的分类，有不同的措施：

发生一类动物疫病的，当地县级以上兽医主管部门要马上派人到现场，划定疫点、疫区和受威胁区，调查病源，及时报请本级政府对疫区实行封锁。政府要马上组织畜牧兽医、公安、卫生、交通运输、环保等部门和乡镇政府采取封锁、隔离、扑杀、销毁、消毒、无害化处理、紧急免疫接种等强制性措施，快速扑灭疫病。对疫区实行封锁后，禁止感染疫病、疑似感染疫病和容易感染疫病的动物、动物产品流出疫区，禁止疫区以外地方的容易感染疫病的动物进入疫区，并根据需要对进出疫区的人、运输工具和有关物品采取消毒和其他限制性措施。

发生二类动物疫病的，当地县级以上兽医主管部门要划定疫点、疫区和受威胁区。政府根据需要组织有关部门和单位采取隔离、扑杀、销毁、消毒、无害化处理、紧急免疫接种，限制容易感染疫病的动物和动物产品及有关物品进出疫区等措施。

发生三类动物疫病的，由当地县、乡两级政府按照规定组织做好防治和净化工作。

二、三类动物疫病爆发性流行时，按照发生一类动物疫病的情况进行处理。如果出现一、二、三类动物疫病突然发生，快速传播，造成严重威胁和危害，属于重大动物疫情的，要按规定采取应急处理措施。

为了控制、扑灭动物疫病，动物卫生监督机构要派人在检查站监督检查；经过批准，可以设临时的检查站监督检查。

发生人畜共患传染病时，卫生主管部门要组织对疫区的人群进行监测，采取相应的措施。

动物防疫法律法规解读5
动物和动物产品的检疫

我们知道植物要检疫，同样动物也要检疫。动物检疫是对动物和动物产品进行疫病检查，发现有疫病的，按规定处理，防止动物传染病传播，保护畜牧业生产和人体健康。

动物和动物产品的检疫工作由动物卫生监督所负责，动物卫生监督所的官方兽医具体实施。根据需要，动物卫生监督所也可以指定其他兽医专业人员协助官方兽医实施检疫工作。官方兽医在检疫的时候，要佩戴专门标志，持证上岗。

屠宰、销售或者运输动物和销售或者运输动物产品之前，货主要按照规定向当地动物卫生监督机构申报检疫。销售、运输动物产品和供屠宰、继续饲养的动物提前3个工作日；销售、运输产奶、配种用的动物和精液、卵、胚胎、种蛋，以及参加展览、演出和比赛的动物提前15个工作日申报检疫。因为生产、生活特殊需要，销售、调运和携带动物或者动物产品的，随报随检。动物卫生监督所接到申报后，会及时指派官方兽医到现场检疫；检疫合格的，出具检疫合格证明、加施检疫标志。官方兽医在检疫证明、检疫标志上签字或者盖章，对检疫结果负责。

屠宰、经营、运输和参加展览、演出和比赛的动物，要附带检疫合格证明；经营和运输的动物产品除了附带检疫合格证明外，还要有检疫标志。动物卫生监督所可以查验检疫证明、检疫标志，进行监督抽查。

通过铁路、公路、水路、航空运输动物和动物产品的，托运单位或个人在托运时要提供检疫合格证明；没有检疫合格证明的，不能运输。运输之前之后要对运输工具清洗和消毒。

向无规定动物疫病区运输相关容易感染疫病的动物和动物产品的,除附带产地的动物检疫合格证明外,还要向目的地省动物卫生监督所申报检疫,检疫合格的,才可以进入。动物还要在指定的隔离场所进行隔离检疫。

从外省引进产奶、配种用的动物和精液、胚胎、种蛋的,货主要到本省动物卫生监督所办理审批手续。动物引进后,还要按照规定进行隔离观察。

人工捕获的可能传播动物疫病的野生动物,要向当地的动物卫生监督所申报检疫。检疫合格后,才可以饲养、经营和运输。

凡是经过检疫不合格的动物、动物产品,货主都要在动物卫生监督所的监督下按照规定进行处理,处理费用自己负担。

动物防疫法律法规解读6

动物诊疗管理

人有病要治疗,同样动物有病也要治疗。给动物看病,叫作动物诊疗。

设立动物诊疗机构,要具备一定的条件:一要有固定的地方。面积符合规定,距离畜禽养殖场、屠宰加工场、动物贸易市场最少200米,有单独的进出口,进出口不能建在居民住宅楼内或者院子内,不能与同一栋楼房的其他用户共用通道。二要有设施设备。有布局合理的诊疗室、手术室、药房等设施,有诊断、手术、消毒、冷藏、常规化验、污水处理等器械设备。三要有执业兽医。最少有1个取得执业兽医师资格的人员。四要有完善的管理制度。在诊疗服务、疫情报告、卫生消毒、兽药处方、药物和无害化处理等方面都要有管理制度。另外，从事动物颅腔、胸腔、腹腔手术诊疗活动的机构还要有手术台、X光机或者B超等器械设备，有3个以上取得执业兽医师资格的人员。

动物诊疗机构符合条件的，向当地县级兽医主管部门申请办理动物诊疗许可证。兽医主管部门受理申请后，审核材料，到实地考察，审查合格的，发给动物诊疗许可证，就可以从事动物诊疗活动了。

动物诊疗机构要用规范的名称，没有从事动物颅腔、胸腔、和腹腔手术能力的不能用"动物医院"的名称。动物诊疗机构办的分支机构，要另外办理动物诊疗许可证。经营场所、诊疗活动范围等有变化的，要重新办理或者换发动物诊疗许可证。

动物诊疗机构里面的医生，我们叫作兽医，要有一定的资格。国家实行执业兽医资格考试制度。具有兽医相关专业大学专科以上学历的人，可以申请参加执业兽医资格考试；考试合格的，由省级兽医主管部门颁发执业兽医资格证书。取得了执业兽医资格证书要从事动物诊疗的，还要向当地县级兽医资格部门申请注册。经过注册的执业兽医，才可以从事动物诊疗、开具兽药处方等活动。

对符合一定条件的人员，尽管没有取得执业兽医资格，但是经过登记，可以在乡村从事动物诊疗服务活动，这就是乡村兽医。

执业兽医和乡村兽医要按照当地人民政府或者兽医主管部门的要求，参加预防、控制、扑灭动物疫病的活动。从事动物诊疗活动，要遵守有关技术规范，使用符合规定的兽药和兽医器械，不能用假劣兽药和禁止使用的药品。

动物防疫法律法规解读7
动物防疫监督管理、保障措施

对动物饲养、屠宰、经营、隔离、运输以及动物产品生产、经营、加工、贮藏、运输等活动中的动物防疫，是由动物卫生监督所来监督管理的。

动物卫生监督所在监督检查时，可以采取这些措施：查验检疫证明、检疫标志和畜禽标识；到有关场所进行调查取证，查阅、复制与动物防疫有关的资料；对动物、动物产品按照规定采集样本、留样检验和抽样检查；对感染疫病或者可能感染疫病的动物和动物产品及其他相关物品进行隔离、查封、扣押和处理；对依法要检疫但是没有经过检疫的动物进行补检；对依法要检疫但是没有检疫的动物产品，能补检的进行补检，不能补检的没收销毁。

动物卫生监督所根据预防、控制动物疫病的需要，经过当地政府批准后，可以向车站、港口、机场等相关场所派驻官方兽医。

官方兽医在监督检查时，要出示行政执法证件，佩戴专门标志。进行监督检查不能收取任何费用。动物卫生监督所和工作人员不能从事与动物防疫有关的经营性活动。

做好动物防疫工作，要有一定的保障措施：

一方面，县级以上人民政府要将动物防疫纳入本级国民经济和社会发展规划和年度计划；将动物疫病预防、控制、扑灭、检疫和监督管理所需要的经费纳入本级财政预算；储备动物疫情应急处理工作所需要的防疫物资，比如药品、疫苗、器械、防护用品等；对在动物疫病预防和控制、扑灭过程中强制扑杀的动物、销毁的动物产品和相关物品，政府要补偿。

另一方面，县级人民政府和乡级人民政府要抓好基层，建立好村级防疫员队伍，县级兽医主管部门可以根据需要向乡镇派驻兽医机构。

还有，对从事动物疫病预防、检疫、监督检查、现场处理疫情和在工作中接触动物疫病病原体的人员，有关单位要按规定采取卫生防护措施和医疗保健措施。比如：防疫人员不能在没有防护的条件下接触和处置病死动物及动物产品，从事解剖、病料采集和运输等工作；防控人员在工作中要穿工作服和胶靴、戴手套、口罩、防护帽。工作结束或离开现场时，在场地出口处脱掉防护装备，消毒洗手、洗浴；工作服要用70度以上的热水浸泡10分钟或用消毒剂浸泡，然后用肥皂洗涤，在太阳下晾晒；一次性物品要作无害化处理。

动物防疫法律法规解读8
法律责任（1）

法律的规定，大家都要遵守，违法就要承担法律责任。《动物防疫法》第九章专门规定了法律责任。先来了解一下，政府和有关部门还有工作人员的法律责任。

地方各级政府和工作人员没有依照《动物防疫法》规定履行职责，对直接负责的主管人员和其他直接责任人员依法给予处分。

县级以上兽医主管部门和工作人员没有及时采取预防、控制、扑灭措施，或者对不符合条件的颁发动物防疫条件合格证、动物诊疗许可证，或者对符合条件的拒绝颁发动物防疫条件合格证、动物诊疗许可证的，由本级政府责令改正，通报批评；对直接负责的主管人员和其他直接责任人员依法给予处分。

动物卫生监督所和工作人员对没有经过现场检疫或者检疫不合格的动物、动物产品出具检疫证明、加施检疫标志，或者对检疫合格的动物、动物产品不出具检疫证明、加施检疫标志；对有检疫证明、检疫标志的动物、动物产品重复检疫；从事与动物防疫有关的经营性活动或者乱收费的，由本级人民政府或者兽医主管部门责令改正，通报批评；对直接负责的主管人员和其他直接责任人员依法给予处分。

动物疫病预防控制机构和工作人员没有履行动物疫病监测、检测职责或者伪造监测、检测结果；发生动物疫情时没有及时进行诊断、调查的，由本级人民政府或者兽医主管部门责令改正，通报批评；对直接负责的主管人员和其他直接责任人依法给予处分。

地方各级人民政府、有关部门和工作人员瞒报、谎报、迟报、漏报或者授意他人瞒报、谎报、迟报动物疫情，或者阻碍他人报告动物疫情，由上级人民政府或者有关部门责令改正，通报批评；对直接负责的主管人员和其他直接责任人员依法给予处分。

其他从事动物防疫活动的单位和个人，违反法律规定的，要受到行政处罚。

对饲养的动物不按照强制免疫计划进行免疫接种；配种和产奶用的动物没有经过检测或者经过检测不合格但是不按规定处理；动物、动物产品的运载工具在装载前和卸载后没有马上清洗、消毒的，由动物卫生监督所责令改正，给予警告；拒不改正的，由动物卫生监督所代作处理，费用由违法行为人承担，可以处一千元以下罚款。

对经过强制免疫的动物没有按照规定建立免疫档案、加施畜禽标识的行为，按照《畜牧法》的规定处罚。

动物防疫法律法规解读 9
法律责任（2）

这一节继续学习法律责任。

不按照规定处置感染疫病的动物和排泄物，感染疫病的动物产品，病死或者死因不明的动物尸体，运载工具中的动物排泄物和垫料、包装物、容器等污染物，其他经检疫不合格的动物、动物产品的，由动物卫生监督所责令无害化处理，费用由违法行为人承担，可以处三千元以下罚款。

屠宰、经营、运输不符合规定的动物或者生产、经营、加工、贮藏、运输不符合规定的动物产品的，由动物卫生监督所责令改正、采取补救措施，没收违法所得和动物、动物产品，并处同类检疫合格动物、动物产品货值金额一倍以上五倍以下罚款。其中依法要检疫而没有检疫的行为，处同类检疫合格动物、动物产品货值金额百分之十以上百分之五十以下罚款；还要对运输的人处以运输费用一倍以上三倍以下罚款。

兴办动物饲养场或养殖小区和隔离场所、动物屠宰加工场所、动物和动物产品无害化处理场所，没有取得动物防疫合格证；没有办理审批手续，从外省引进配种和产奶用动物及精液、胚胎、种蛋；没有经过检疫，向无规定动物疫病区输入动物、动物产品的，由动物卫生监督所责令改正，处以一千元以上一万元钱以下罚款；情节严重的，处以一万元以上十万元以下罚款。

参加展览、演出和比赛的动物没带检疫证明的，由动物卫生监督所责令改正，处一千元以上三千元以下罚款。

转让、伪造或者变造检疫证明、检疫标志或者畜禽标识的，由动物卫生监督所没收违法所得，收缴这些证明标识，处三千元以上三万元以下罚款。

不遵守政府和兽医主管部门依法作出的有关控制、扑灭动物疫病规定；藏匿、转移、盗掘已被依法隔离、封存、处理的动物和动物产品；违反规定，发布动物疫情的，由动物卫生监督所责令改正，处一千元以上一万元以下罚款。

没有取得动物诊疗许可证从事动物诊疗活动的，由动物卫生监督所责令停止诊疗活动，没收违法所得；违法所得在三万元以上的，处一倍以上三倍以下罚款；没有违法所得或者违法所得不到三万元的，处三千元以上三万元以下罚款。

动物诊疗机构违反规定，造成动物疫情扩散的，由动物卫生监督所责令改正，处一万元以上五万元以下罚款；情节严重的，吊销动物诊疗许可证。

第八章

渔业法律法规解读

渔业法律法规解读1
渔业法律法规体系

渔业方面最基本的法律就是《中华人民共和国渔业法》(以下简称《渔业法》),这部法律是1986年1月20日第六届全国人大常委会第十四次会议通过的,从1986年7月1日起实施。在2000年、2004年、2009年、2013年作了四次修改。国务院制定了配套的行政法规——《中华人民共和国渔业法实施细则》,从1987年10月20日发布后,一直没有修改过。

渔业法律法规中,还有一个很重要的内容,就是水生野生动物保护法律法规,主要就是全国人大常委会制定的《中华人民共和国野生动物保护法》和国务院制定的《中华人民共和国水生野生动物保护实施条例》。因为有专门的水生野生动物保护法律法规,所以《渔业法》只是在第三十七条对水生野生动物保护作了原则性的规定。为了加强水生野生动物的保护和管理,合理利用水生野生动物资源,农业部还专门制定了规章——《中华人民共和国水生野生动物利用特许办法》。

为了贯彻实施《渔业法》,国家还配套制定了很多法规、规章,主要有《中华人民共和国渔港水域交通安全管理条例》《中华人民共和国渔业船舶检验条例》《水域滩涂养殖发证登记办法》《水产养殖质量安全管理规定》《水产苗种管理办法》《渔业捕捞许可管理规定》《中华人民共和国渔业船舶登记办法》《中华人民共和国渔业船员管理办法》《水生生物增殖放流管理规定》《中华人民共和国水生动植物自然保护区管理办法》《水产种质资源保护区管理暂行办法》等将近40部法规规章。江西省也制定了《江西省渔业条例》和《江西省水产种苗管理条例》。《江西省渔业条例》是2012年5月25日第十一届省人大常委会第三十一次会议通过的，从2012年7月1日起开始实施，2013年11月作了修改。原来1987年出台、1997年修改的《江西省实施〈中华人民共和国渔业法〉办法》已经作废，没有法律效力了。《江西省水产种苗管理条例》是1998年8月21日第九届省人大常委会第四次会议通过的，从1998年8月21日起开始实施。

《渔业法》第一条指出了制定这部法律的目的，就是为了加强渔业资源的保护、增殖、开发和合理利用，发展人工养殖，保障渔业生产者的合法权益，促进渔业生产的发展，以便适应社会主义建设和人民生活的需要。

《渔业法》第二条明确了这部法律的适用范围，在中国的内水、滩涂、领海、专属经济区以及中国管辖的一切其他海域从事养殖和捕捞水生动物、水生植物等渔业生产活动，都必须遵守《渔业法》的规定。

渔业法律法规解读2
渔业发展方针

渔业是指捕捞和养殖水生动物、水生植物的产业。渔业可为群众生活和国家建设提供食品和原料。渔业资源是指有开发利用价值的鱼、虾、蟹、贝、藻等水生动植物资源，以及各种能适应渔业发展的自然条件，比如水域、滩涂等。

我国海域面积大，河流湖泊多，渔业资源丰富，有鱼类2万多种，水产品总量连续多年世界第一。江西也拥有得天独厚的渔业优势，有全国最大的淡水湖——鄱阳湖，还有赣江、信江、饶河、抚河、修河等河流，渔业资源可说是非常丰富。但是，由于人口增加和经济增长，对渔业的需求不断增加，特别是工业发展带来的环境污染，渔业资源面临的形势还是很严峻。为了加强渔业资源总体规划，保护渔业资源，促进渔业可持续发展，国家对渔业生产给予鼓励、支持，《渔业法》第三条规定，国家对渔业生产实行以养殖为主，养殖、捕捞和加工三项措施并举，因地制宜，各有侧重的方针。各级人民政府应当把渔业生产纳入国民经济发展计划，采取措施，加强水域的统一规划和综合利用。

同时，国家高度重视科技在渔业发展中的作用。《渔业法》第四条规定，国家鼓励渔业科学技术研究，推广先进技术，提高渔业科学技术水平。国家将充分发挥科技支撑作用，大力实施科技兴渔战略，加强产学研基地建设。加快建立以企业为主体、市场为导向、产学研相结合的渔业技术推广、渔业技术创新体系。进一步扩大渔业生产企业和大专院校等科研院所的合作，吸收转化先进实用技术成果。大力发展海洋与渔业职业教育，培养一批海洋与渔业科技应用型技术人才和海洋综合管理人才。实施精养鱼塘建设，发展现代渔业装备，提高鱼类生产质量，保障水产品质量安全，推进现代渔业建设。江西就建立了水产科研所，主要开展淡水渔业的科学研究、技术开发与推广，特别是在水产健康养殖、遗传育种、病害防控、现代生物技术、资源环境保护方面有很好的基础。

为了引导、鼓励社会各界积极参与渔业生产和渔业资源保护，《渔业法》第五条规定，对在增殖和保护渔业资源方面成绩显著的单位和个人，对在发展渔业生产方面成绩显著的单位和个人，对在进行渔业科学技术研究等方面成绩显著的单位和个人,由各级人民政府给予精神的或者物质的奖励。

渔业法律法规解读3
渔业监督管理职责

《渔业法》规定,农业部主管全国的渔业工作。县级以上地方渔业主管部门主管本行政区域范围内的渔业工作。在地方上,一般来讲农业部门是渔业主管部门,但是有的地方将渔业部门从农业部门分出去了,单独设立了渔业局或者水产局或者叫作畜牧水产局,不归农业部门管,那么主管渔业的部门就是渔业局或者是畜牧水产局。地方渔业主管部门可以在重要的渔业水域、渔港设渔政监督管理机构。比如,江西省政府批准省农业厅在鄱阳湖设立了江西省鄱阳湖渔政局,有的市在大型水库也专门设了渔政站。

渔业主管部门及其所属的渔政监督管理机构可以配备渔政检查人员,渔政检查人员执行渔业主管部门和渔政监督管理机构交付的任务。

渔业的监督管理,是实行统一领导、分级管理。国务院会划定一些海域和特定渔业资源渔场由农业部和所属的渔政监督管理机构直接监督管理,除此以外的海洋渔业由毗邻海域的省级渔业主管部门监督管理。江河、湖泊等水域的渔业,也就是内陆渔业,按照行政区域范围由有关县级以上渔业主管部门监督管理;跨了行政区域的,由有关县级以上地方政府协商制定管理办法,或者由上一级渔业主管部门和所属的渔政监督管理机构监督管理。江西没有海洋,只有江河、湖泊,属于内陆渔业,《江西省渔业条例》就规定由设区的市、县级渔业主管部门和所属的渔政监督管理机构监督管理渔业。

为了加强对全国渔业和各海区渔业的监督管理，原来农业部设立了中华人民共和国渔政局，并在黄渤海、东海、南海3个海区设立了渔政监督管理机构，分别是黄渤海区渔政局、东海区渔政局、南海区渔政局。2013年机构改革后，海区渔业的监督管理由国家海洋局负责。

《渔业法》第八条对外国人、外国渔船进入中国管辖的水域，从事渔业生产或者渔业资源调查活动，作了严格规定：必须经国务院有关主管部门批准，并遵守中国的法律规定。违反规定擅自进入中国管辖的水域从事渔业生产和渔业资源调查活动的，责令其离开或者将其驱逐，可以没收渔获物、渔具，并处五十万元以下的罚款；情节严重的，可以没收渔船；构成犯罪的，依法追究刑事责任。同中国订有条约、协定的，按照条约、协定办理。

渔业法律法规解读4
水域滩涂水产养殖

发展渔业要以水产养殖为主。那么，对于水产养殖，法律上有哪些规定呢？我们先了解几个基本概念。

一是渔业水域。渔业水域是发展渔业和水产养殖使用的水域，按照《渔业法实施细则》的规定，渔业水域是指我国水域中鱼、虾、蟹、贝类的产卵场、索饵场、越冬场、洄游通道，还有鱼、虾、蟹、贝、藻类和他水生动植物的养殖场所。

二是滩涂。滩涂包括了海滩、河滩和湖滩。海滩是指沿海大潮高潮位与低潮位之间的潮浸地带，河滩是指河流湖泊常水位至洪水位间的滩地，湖滩是指时令湖、河洪水位以下的滩地，以及水库、坑塘的正常蓄水位与最大洪水位间的滩地面积。由于潮汐的作用，滩涂有时被水淹没，有时又出露水面，其上部经常露出水面，其下部则经常被水淹没。

《渔业法》讲的水域、滩涂，是指经过政府规划确定的、可以用于水产养殖业的水域、滩涂。水域滩涂养殖权，就是依法取得的使用水域、滩涂从事水产养殖的权利。国家鼓励单位和个人充分利用适宜养殖的水域、滩涂，发展养殖业。

国家对水域利用进行统一规划，确定可以用于养殖的水域和滩涂。一般来讲，是由渔业主管部门同发展改革、国土、水利、环保、规划、林业等主管部门编制一个本行政区域范围内的水产养殖规划，规划的时候要考虑土地利用、水利水保、环境保护、湿地保护、交通航运、城乡建设等情况。按照《渔业法实施细则》第十二条的规定，全民所有的水面、滩涂中的鱼、虾、蟹、贝、藻类的自然产卵场、繁殖场、索饵场，以及重要的洄游通道要保护，不能划为养殖场所。

单位和个人使用确定用于养殖业的国家所有的水域、滩涂的，要先向县级以上地方渔业主管部门申请，经本级人民政府核发养殖证后，才可以使用这块水域、滩涂从事养殖生产。养殖证的具体办法，我们在下一节再为大家介绍。

集体所有的或者国家所有由农村集体经济组织使用的水域、滩涂，可以由个人或者集体承包，从事养殖生产。

农业部在2010年发布了《水域滩涂养殖发证登记办法》，第二条对养殖证的发证机关作了规定，县级以上地方渔业主管部门负责水域、滩涂养殖发证登记具体工作，并建立登记簿，记载养殖证载明的事项。

渔业法律法规解读5
使用国有水域、滩涂养殖需办理养殖证

《渔业法》第十一条规定，单位和个人使用国家规划确定用于养殖业的全民所有的水域、滩涂的，使用者要向县级以上地方渔业主管部门申请，由本级人民政府核发养殖证。

《水域滩涂养殖发证登记办法》第三条规定，使用水域、滩涂从事养殖生产，由县级以上地方人民政府核发养殖证，确认水域滩涂养殖权。

这两条规定明确了养殖证的核发机关是县级以上地方人民政府，不是渔业主管部门。渔业主管部门只是负责受理申请并具体承办养殖证核发工作。这个和国有土地使用权证一样，国土部门具体经办，证件由县级以上地方人民政府核发。一般来讲，国家所有的水域、滩涂在一个县范围内的，由县人民政府核发养殖证；如果跨了县，就由有关县人民政府协商，必要的话由上级人民政府核发养殖证。关键是看这块水域、滩涂是哪一级政府直接管辖的。

这两条规定还明确了养殖证的发放范围：对使用集体所有的水域、滩涂进行养殖的，或者使用国家所有由集体使用的水域、滩涂进行养殖的，法律没有要求一定要办理养殖证后才可以养殖。要不要办理养殖证，养殖户自己决定。现在很多养殖户都会办理养殖证，因为凭养殖证可以贷款和享受国家的扶持政策。

但是，使用国家所有的水域、滩涂从事养殖的，必须办理养殖证。办证后才能养殖，并且使用的水域、滩涂必须是国家规划确定可以用于水产养殖的，不能使用规划范围以外的水域、滩涂。按照《渔业法》第四十条规定，没有依法取得养殖证，擅自在全民所有的水

域从事养殖生产的,责令改正,补办养殖证或者限期拆除养殖设施。没有依法取得养殖证或者超越养殖证许可范围在全民所有的水域从事养殖生产,妨碍航运、行洪的,责令限期拆除养殖设施,可以并处一万元以下的罚款。

办理了养殖证,就一定要将国家所有的水域、滩涂真正用于养殖生产。没有正当理由不从事养殖生产,使水域、滩涂荒芜满一年的,由发放养殖证的机关责令限期开发利用;过期没有开发利用的,吊销养殖证,可以并处一万元以下的罚款。对使用集体的水域、滩涂,或者国家所有由集体使用的水域、滩涂,没有这个要求。

渔业法律法规解读6
养殖证办理

养殖证如何办理呢?

办理养殖证,先要申请。《水域滩涂养殖发证登记办法》第五条规定:使用国家所有的水域、滩涂从事养殖生产的,要向县级以上地方渔业主管部门提出申请。一般是向县级渔业主管部门申请;如果这块水域、滩涂是设区市渔业主管部门直接管,就向设区市渔业主管部门申请;如果这块水域、滩涂是省级渔业主管部门直接管,就向省级渔业主管部门申请。

申请要符合条件:一是养殖的水域、滩涂符合规划,二是养殖户有生产经营能力,包括法律规定的其他条件。

申请的时候,要交三种材料:

一是养殖证申请表。

二是身份证明。如果申请人是个人,要交公民个人身份证明;如果申请人是法人,要交法人资格证明和法定代表人身份证明;如果申请人是其他组织,要交资格证明、主要负责人的身份证明。

三是依法要提交的其他证明材料。

办理养殖证,第二个程序就是受理和审查。渔业主管部门在受理后的15个工作日内(请注意,这里是工作日,就是上班的时间,江西规定的是10个工作日)对申请材料进行书面审查,看材料齐不齐全、真不真实;还要到养殖水域、滩涂实地核实。

办理养殖证,第三个程序就是公示。经过书面审查和实地核查,符合规定的,要将申请在水域、滩涂所在地进行公示,公示的时间10天(请注意这里是10天,不是10个工作日);不符合规定的,书面通知申请人。

办理养殖证,最后的程序就是发证。公示到期后,如果水域、滩涂依法可以用于养殖生产、证明材料合法有效、没有权属争议的,渔业主管部门报请本级人民政府核发养殖证。渔业主管部门还要将养殖证记明的事项记入登记簿。

国家所有的水域、滩涂数量有限,根据《水域滩涂养殖发证登记办法》第八条规定,要优先安排给当地的这三类渔业生产者。

一是以水域、滩涂养殖生产为主要生活来源的;

二是因渔业产业结构调整,由捕捞业转产从事养殖业的;

三是因养殖水域滩涂规划调整,需要另行安排养殖水域、滩涂从事养殖生产的。

如果由于一些特殊情况,不能继续从事养殖生产,需要转让国家所有水域、滩涂的养殖权的,根据《水域滩涂养殖发证登记办法》第九条的规定,接手的养殖者要拿原来的养殖证,按照规定重新办理养殖证,没有重新办理的,属于无证养殖。

渔业法律法规解读7
养殖权益保护

《渔业法》第十三条规定，当事人因为使用水域、滩涂从事养殖生产发生争议的，按照有关法律规定的程序处理。在争议解决以前，任何一方不能破坏养殖生产。按照法律的程序进行处理，可以按照《民事诉讼法》的规定到法院起诉；按照《人民调解法》的规定，请调解组织来调解。不管怎么样，不能破坏养殖生产，包括不能破坏养殖生产活动和不能破坏养殖生产设施设备。对于偷捕、抢夺他人养殖的水产品的，或者破坏他人养殖水体、养殖设施的，除了责令改正外，还可以处二万元以下的罚款；造成损失的，依法承担赔偿责任；构成犯罪的，依法追究刑事责任。

依法取得养殖证的水域、滩涂的使用权和承包经营权是受法律保护的，任何单位和个人不能侵犯。如果养殖的水域或者滩涂属于集体所有，要被国家征收了，怎么办呢？要知道，根据社会发展和经济建设的需要，国家不可避免地要征收集体所有的土地，这些土地就包括了水域和滩涂。按照《渔业法》第十四条的规定，国家征收集体所有的水域或者滩涂，必须严格按照《中华人民共和国土地管理法》有关征地的规定办理。

如果养殖的水域或者滩涂属于国家所有，国家根据公共需要是可以提前收回这些水域和滩涂的，但是要依法给予补偿。

如果养殖的水域、滩涂位于当地的商品鱼生产基地或者位于城市郊区重要养殖区的，养殖生产权利会有更好的保障，可能还会有一些政府政策支持。因为《渔业法》第十五条规定，县级以上地方人民政府要采取措施，加强对商品鱼生产基地和城市郊区重要养殖水域的保护。

当然，也要提醒养殖生产者，权利和义务是对等的。国家会依法保护养殖权利，同时我们也要切实履行养殖义务，那就是必须真实地进行养殖生产。上一节我们也讲到，对于取得养殖证而不使用水域、滩涂进行养殖生产超过一年的，会被责令在规定期限内进行养殖生产，超过规定期限没有进行渔业养殖生产的，会被吊销养殖证，并可能会受到处以一万元以下罚款的行政处罚。

渔业法律法规解读8
水产苗种管理

要搞好渔业养殖生产，最基本的是要有好的苗种。可以说，苗种关系到渔业的发展。

《渔业法》第十六条对于水产苗种管理作了原则性规定，国家鼓励和支持水产优良品种的选育、培育和推广。农业部在2005年修订发布了新的《水产苗种管理办法》，这个办法对水产苗种的管理作了专门规定。

在种质资源保护和品种选育方面，规定：

国家保护水产种质资源，禁止任何单位和个人侵占和破坏水产种质资源。在具有较高经济价值和遗传育种价值的水产种质资源的主要生长繁殖区域，建立水产种质资源保护区。没有经过农业部批准，任何单位或者个人不能在水产种质资源保护区捕捞。

农业部和省级渔业主管部门根据渔业生产发展的需要和自然条件，以及种质资源特点，合理布局和建设水产原种场、良种场，负责保存或选育种用遗传材料和亲本，向水产苗种繁育单位提供亲本。

用于杂交生产商品苗种的亲本必须是纯系群体。对可育的杂交种不能用作亲本繁育。养殖可育的杂交个体和通过生物工程等技术改变遗传性状的个体和后代的，养殖场所要建立严格的隔离和防逃措施，禁止投放在河流、湖泊、水库、海域等自然水域。

渔业主管部门要组织科研单位、教学单位和生产单位选育、培育水产优良新品种。

农业部设立全国水产原种和良种审定委员会，负责对水产新品种进行审定。对审定合格的水产新品种，经农业部公告后才可以推广。

在生产经营方面，规定：

从事水产苗种生产的，要经过县级以上地方渔业主管部门批准，取得水产苗种生产许可证，按照许可证规定的范围、种类等进行生产。渔业生产者自育自用水产苗种的，不用经过批准。

水产苗种的生产要遵守农业部制定的生产技术操作规程，保证苗种质量。

县级以上地方渔业主管部门要加强对水产苗种的产地检疫。从外地引进水产苗种的，要先到当地渔业主管部门办理检疫手续，检疫人员按照检疫规程实施检疫，经检疫合格后才可以运输和销售。

禁止在水产苗种繁殖、栖息地从事采矿、挖沙、爆破、排放污水等破坏水域生态环境的活动。对水域环境造成污染的，依照有关法律规定处理。

渔业法律法规解读9
水产苗种生产许可制度

按照《水产苗种管理办法》的规定，水产种苗生产实行许可制度，就是经过了批准才能生产。除渔业生产者自育自用水产苗种外，单位和个人从事水产苗种生产，都要经过县级以上地方渔业主管部门批准，取得水产苗种生产许可证。

水产苗种生产许可证实行分级审批。水产原种场、良种场的水产苗种生产许可证，由省级渔业主管部门审批。但是江西省在2014年行政审批制度改革时将水产原种场、良种场的水产苗种生产许可证审批，下放至设区市渔业行政主管部门实施，有的设区市还下放至县级渔业行政主管部门实施。

其他的，按照《江西省水产种苗管理条例》的规定，年繁殖鱼苗能力在5000万尾以上的苗种场和其他水产苗种生产单位和个人，由设区市渔业主管部门核发许可证（江西省有的设区市已将该项审批下放至县级渔业行政主管部门实施）；年繁殖鱼苗能力在5000万尾以下的苗种场和其他水产苗种生产单位和个人，由县（市、区）级渔业主管部门核发许可证。

申请水产苗种生产许可证的单位和个人，要具备4个条件，还要提供相应的证明材料。

一是有固定的生产场地，水源充足，水质符合渔业用水标准；
二是用于繁殖的亲本来源于原、良种场，质量符合种质标准；
三是生产条件和设施符合水产种苗生产技术操作规程的要求；
四是有与水产种苗生产和质量检验相适应的专业技术人员。申请单位是水产原种场、良种场的，还要符合农业部《水产原良种场生产管理规范》的要求。

申请人直接向有审批权限的渔业主管部门申请，渔业主管部门收到申请后二十天内，进行材料审查和现场考核，再作出要不要发放水产苗种生产许可证的决定。如果不发放水产苗种生产许可证，要书面通知申请人。

水产种苗生产单位和个人，要按照许可证规定的范围、品种和时间从事生产。需要变更生产范围、种类的，要向原发证机关办理变更手续。

水产苗种生产许可证的许可有效时间是三年。到期后需要延期的，要在到期前三十天内向原来的发证机关提出申请，办理延期手续。在有效期限内结束生产的，要办理注销手续。

各类水产种苗场要严格执行水产种苗生产技术操作规程，生产的种苗应当符合种质标准。良种场、苗种场要按照操作规程定期更换亲本。

渔业法律法规解读10
水产苗种进出口

现在世界上各个国家联系越来越紧密，国际贸易发展很快，水产苗种的进出口也很多。为了加强对水产苗种进出口的管理，《渔业法》第十六条规定，水产苗种的进口、出口由农业部或者省级渔业主管部门审批。也就是说，要经过审批才能进出口水产苗种。

《水产苗种管理办法》对水产苗种进出口管理作了具体规定：

第一，规定了哪些水产苗种能进出口，哪些水产苗种不能进出口。农业部会同国务院有关部门制定水产苗种的进口名录和出口名录，分为Ⅰ、Ⅱ、Ⅲ类。列入进口名录Ⅰ类的水产苗种不能进口，列入出口名录Ⅰ类的水产苗种不能出口；其他的都可以进出口。

第二，规定了农业部和省级渔业主管部门的审批权。列入名录Ⅱ类的水产苗种和没有列入名录的水产苗种的进出口由农业部审批，列入名录Ⅲ类的水产苗种的进出口由省级渔业主管部门审批。

第三，规定了申请进口水产苗种的单位和个人要提交的5个材料：水产苗种进口申请表，水产苗种进口安全影响报告，与境外签订的意向书、赠送协议书复印件，进口水产苗种所在国家主管部门出具的产地证明，营业执照复印件。

出口水产苗种的材料简单一点，一般提交出口申请表和营业执照复印件就可以了。

第四，规定了审批的程序。申请进出口水产苗种，要向省级渔业主管部门提出。省级渔业主管部门受理后15天内审核完材料，直接审批。属于农业部审批的，要将审查意见和全部材料报农业部。

农业部收到材料后，对申请进口的，在5天内组织专家进行安全影响评估，并在收到安全影响评估报告后15天内作出同不同意进口的决定；对申请出口的，在10天内作出同不同意出口的决定。

第五，规定水产苗种进出口要检疫，防止病害传入境内和传出境外。进口没有列入进口名录的水产苗种的，进口单位和个人要在检疫合格后，在专门的地方进行试养，特殊情况下要在农业部指定的地方试养。试养的时间一般是进口水产苗种的一个繁殖周期。在试养这段时间，农业部不再批准这个水产苗种的进口，进口单位不能向试养场所外扩散试养苗种。试养到期后，苗种要经过全国水产原种和良种审定委员会审定、农业部公告后才可以推广。进口的水产苗种要投放到河流、湖泊、水库、海域等自然水域的，要严格遵守有关外来物种管理的规定。

渔业法律法规解读11
对违反水产苗种管理行为的处罚

为了保障水产苗种的质量安全，法律法规作了很多规定，需要大家遵守。对违反这些规定的行为，法律作了处罚规定。

《渔业法》第四十四条规定，非法生产、进口、出口水产苗种的，没收苗种和违法所得，并处五万元以下的罚款。经营没有经过审定批准的水产苗种的，责令立即停止经营，没收违法所得，可以并处五万元以下的罚款。

《江西省水产种苗管理条例》规定的更细，主要有这些情况：

没有取得水产苗种生产许可证从事水产种苗生产的，责令停止生产，没收违法所得，并处违法所得1倍以上5倍以下罚款。

出售没有检验或者出售检验不合格的苗种，责令停止生产经营，没其违法所得，并处违法所得1倍以上5倍以下罚款；造成损失的，要承担赔偿责任。

从省外调入水产苗种没有经过检验检疫就销售和使用的，没收全部苗种；造成疫病传播的，处以1万元以上3万元以下罚款。

买卖、出租、转让水产苗种生产许可证、检疫证书的，收缴证书，没收违法所得，并处违法所得3倍以上5倍以下罚款；没有违法所得的，处以500元以上5000元以下罚款。

推广没有经过审定的水产新品种、国外境外引进种的，没收违法所得，并处违法所得1倍以上5倍以下罚款；没有违法所得的，处以500元以上5000元以下罚款；造成损失的，要承担赔偿责任。

违法将可育的杂交种及苗种作为繁殖亲本的，吊销水产苗种生产许可证；造成严重后果的，并处5000元以上1万元以下罚款。

违法将可育的杂交个体和通过生物工程改变了遗传性状的个体及后代投放天然水域或者人工形成的大中型水体的，处以1万元以上3万元以下罚款。

养殖可育的杂交个体和通过生物工程改变遗传性状的个体及后代的场所没有采取隔离措施的，责令改正，并处以500元以上5000元以下罚款。

不按照生产技术操作规程从事种苗生产又拒不改正的；因生产环境或者人员等发生变化，经整改还不合格的；变更生产品种没有办理变更手续或者有效期满没有办理延期手续，继续从事生产的，吊销水产苗种生产许可证。

渔业法律法规解读12
水产养殖规范和捕捞限额制度

水产养殖，不但关系到水产品供应和水产品质量安全，还关系到养殖水域的生态环境。《渔业法》规定，渔业主管部门要加强对水产养殖的技术指导和病害防治工作。从事养殖生产的单位和个人要掌握一定的水产养殖技术和鱼病防治知识，不能使用含有毒有害物质的饵料和饲料，还要保护水域生态环境，合理确定养殖密度，合理投饵、施肥和使用药物，不造成养殖水域的环境污染。《江西省渔业条例》还规定了不能在饮用水水源保护区进行投饵养殖；不能在江河、湖泊、水库使用无机肥、有机肥、生物复合肥等进行水产养殖。

现在水产品除了人工养殖的，就是到海洋、江河捕捞的。但是渔业资源是有限的，捕捞要控制一个量，不能无限制地随意捕捞。《渔业法》第二十一条规定，国家在财政、信贷和税收等方面采取措施，鼓励、扶持远洋捕捞业的发展，并根据渔业资源的可捕捞量，安排内水和近海捕捞力量。

远洋捕捞业是指到公海和其他国家管辖的海域从事海洋捕捞。内水是指国家陆地内的水域和领海基线向陆地一面的水域，包括港口、河流、湖泊、内海、封闭性海湾等。近海，根据《渔业法实施细则》的规定，有渤海、黄海，东海近海渔场、南海近海渔场。

为了保护渔业资源，使渔业能可持续发展，《渔业法》第二十二条规定，国家根据捕捞量低于渔业资源增长量的原则，确定渔业资源的总可捕捞量，实行捕捞限额制度。农业部负责组织渔业资源的调查和评估，为实行捕捞限额制度提供科学依据。国家内海、领海、专属经济区和其他管辖海域的捕捞限额总量由农业部确定,报国务院批准后逐级分解下达;国家确定的重要江河、湖泊的捕捞限额总量由有关省级人民政府确定或者协商确定,逐级分解下达。

江西没有海域,但是有长江和鄱阳湖,这是重要的江河、湖泊,所以长江江西段、鄱阳湖的捕捞限额总量由江西省农业厅拟定,报省政府批准后逐级分解下达。

分配捕捞限额总量要公平、公正,分配的办法和分配的结果要向社会公开,接受监督。农业部和省级渔业主管部门要加强对捕捞限额制度实施情况的监督检查,对超过上级下达的捕捞限额指标的,要在第二年的捕捞限额指标中核减。

渔业法律法规解读13
捕捞许可制度

捕捞量要低于渔业资源增长量,那么怎么控制捕捞量呢?《渔业法》规定捕捞要许可,就是经过批准才能捕捞。

按照《渔业法》和《渔业法实施细则》的规定,除了娱乐性的游钓和在还没有养殖、管理的滩涂手工捕捞零星水产品,不需要办理捕捞许可证外,其他捕捞都要先办理捕捞许可证。没有取得捕捞许可证就擅自捕捞是违法的,要受到渔业主管部门的处罚,没收捕捞的水产品和违法所得,并处十万元以下的罚款;情节严重的,可以没收渔具和渔船。

捕捞许可证是分级审批。按照《渔业法》第二十三条的规定,到中国与有关国家协定共同管理的渔区或者公海从事捕捞作业的捕捞许可证,由农业部批准发放。海洋大型拖网、围网作业的捕捞许可证，由省级渔业主管部门批准发放。其他作业的捕捞许可证，由县级以上地方渔业主管部门批准发放；但是，批准发放海洋作业的捕捞许可证不能超过国家下达的船网工具控制指标。

到其他国家管辖的海域从事捕捞作业，要经过农业部批准，还要遵守中国签订的或者参加的有关条约、协定和有关国家的法律。

《江西省渔业条例》对江西境内的捕捞许可证审批是这样规定的：一般捕捞许可证是由县级渔业主管部门审批，如果这个江河、湖泊、水库是设区市渔业主管部门直接管理的，那就由设区市渔业主管部门审批。鄱阳湖的捕捞许可证是由县级渔业主管部门审批，如果这个县有专门的鄱阳湖渔政局，就由县鄱阳湖渔政局审批。

那么，具备哪些条件，才可以办理捕捞许可证呢？法律规定要同时符合三个条件：一是要有渔业船舶检验证书；二是要有渔业船舶登记证书；三是要符合农业部规定的其他条件。

但是，有这些情况的，不能发放捕捞许可证：

一是使用破坏渔业资源、使用明令禁止使用的渔具或者捕捞方法进行捕捞的；

二是不按照国家规定办理批准手续，违法制造、更新改造、购置或者进口捕捞渔船的；

三是不按国家规定依法领取渔业船舶证书等证件的。

捕捞许可证不能买卖、出租和以其他形式转让，不能涂改、伪造、变造。违法涂改、买卖、出租或者以其他形式转让捕捞许可证的，没收违法所得，吊销捕捞许可证，可以并处一万元以下的罚款；伪造、变造、买卖捕捞许可证，构成犯罪的，依法追究刑事责任。

渔业法律法规解读14
捕捞许可证发放规定

办理捕捞许可证有哪些要求呢？农业部于2002年8月出台了《渔业捕捞许可管理规定》，2004年、2007年、2013年作了三次修订，该《规定》对渔业捕捞许可作了明确要求。

首先，捕捞作业场所要由农业部或者省级渔业主管部门核定。

再就是办理渔业捕捞许可证，要提供这些资料：申请书，企业法人营业执照或个人户籍证明复印件，渔业船舶检验证书和登记证书的原件、复印件，渔具和捕捞方法符合规定的说明资料。办理特许渔业捕捞许可证的，还要提供海洋渔业捕捞许可证或者内陆渔业捕捞许可证。

在许可证有效期内发生船名变化、船籍港变化、渔船所有权共有人变化，或者到期的，要申请换发捕捞许可证。如果发生渔船作业方式变化，渔船主机、主尺度、总吨位变更，或者买卖渔船所有人变化了的，要重新申请捕捞许可证。如果发生捕捞许可证损毁无法使用或者丢失捕捞许可证的，要申请补发捕捞许可证。

捕捞许可证丢失的，持证人要在一个月内向原来的发证机关报告，由发证机关在有关媒体公告原来的捕捞许可证作废后，才可以补发新证。

海洋渔业捕捞许可证和内陆渔业捕捞许可证的使用期限都是5年。其他种类渔业捕捞许可证的使用期限可根据实际需要确定，但是最高不能超过3年。

使用期一年以上的渔业捕捞许可证要年审。公海渔业捕捞许可证的年审期为二年一次。年审不合格的，年审机关可责令持证人限期改正后,再审验一次。再次审验合格的,其渔业捕捞许可证有效。

到期没有年审或者年审不合格的、证书载明的渔船主机功率与实际功率不符的、要贴附但是没有贴附功率凭证或者功率凭证贴附不足或贴附无效功率凭证的、以欺骗或其他方法非法取得的,以及涂改、伪造、变造、买卖、出租或以其他形式转让的渔业捕捞许可证,都是无效渔业捕捞许可证。使用无效的渔业捕捞许可证,或没有携带渔业捕捞许可证从事渔业捕捞活动的为无证捕捞,要受到处罚。

渔业法律法规解读15
捕捞管理规定

办理了捕捞许可证后,要按规范进行捕捞,并且接受渔业主管部门的监督管理。

《渔业法》规定,从事捕捞作业的单位和个人,要按照捕捞许可证关于作业类型、场所、时限、渔具数量和捕捞限额的规定进行作业,遵守国家有关保护渔业资源的规定,大中型渔船还要填写捕捞日志。渔业捕捞许可证要随船携带,妥善保管,接受执法人员的检查。违反捕捞许可证关于作业类型、场所、时限和渔具数量的规定进行捕捞的,没收渔获物和违法所得,可以并处五万元以下的罚款;情节严重的,还可以没收渔具,吊销捕捞许可证。

渔业捕捞许可证分为七类:第一类是海洋渔业捕捞许可证,适用于许可在我国管辖海域的捕捞作业。第二类是公海渔业捕捞许可证,适用于许可我国渔船在公海的捕捞作业。国际或区域渔业管理组织有特别规定的,要同时遵守有关规定。第三类是内陆渔业捕捞许可证,适用于许可在内陆水域的捕捞作业。第四类是特许渔业捕捞许可证，适用于许可在特定水域、特定时间或对特定品种的捕捞作业，包括在B类渔区的捕捞作业，与海洋渔业捕捞许可证或内陆渔业捕捞许可证同时使用。第五类是临时渔业捕捞许可证，适用于许可临时从事捕捞作业和非专业渔船从事捕捞作业。第六类是外国渔船捕捞许可证，适用于许可外国船舶、外国人在我国管辖水域的捕捞作业。第七类是捕捞辅助船许可证，适用于许可为渔业捕捞生产提供服务的渔业捕捞辅助船，从事捕捞辅助活动。

捕捞作业类型分为刺网、围网、拖网、张网、钓具、耙刺、陷阱、笼壶和杂渔具共9种。渔业捕捞许可证核定的作业类型最多不会超过其中的2种，并会明确每种作业类型中的具体作业方式。拖网、张网不能与其他作业类型兼作。非渔业生产单位的专业旅游观光船舶除垂钓之外，不能使用其他捕捞作业方式。捕捞辅助船不能直接从事捕捞作业，其携带的渔具应捆绑、覆盖。

作业场所核定在B类渔区、C类渔区的渔船，不得跨海区界限作业。作业场所核定在A类渔区或内陆水域的渔船，不得跨省、自治区、直辖市管辖水域界限作业。因传统作业习惯或资源调查及其他特殊情况，需要跨界捕捞作业的，应当申请取得作业水域的主管机关核发的临时渔业捕捞许可证。

渔业法律法规解读16
渔业船舶登记

渔业船舶是指从事渔业生产的船舶以及为渔业生产服务的船舶，包括捕捞船、养殖船、渔政船等。为了加强渔业船舶的监督管理，确定渔业船舶的所有权、国籍、船籍港及其他有关法律关系，保障渔业船舶所有人的合法权益，我国从法律上确立了渔业船舶登记制度。中国公民或法人所有的渔业船舶，以及中国公民或法人以光船条件从境外租进的渔业船舶，都要依法进行船舶登记。

农业部主管全国渔业船舶登记工作。农业部渔业渔政局具体负责全国渔业船舶登记和监督管理工作。县级以上地方渔业主管部门主管本行政区域范围内的渔业船舶登记工作。县级以上地方渔业主管部门所属的渔港监督机关依照规定权限负责本行政区域范围内的渔业船舶登记和监督管理工作。

渔业船舶经登记取得中国国籍，才可以悬挂中国国旗航行。渔业船舶不能有双重国籍，凡在境外登记的渔业船舶，没有中止或者注销的，不能取得中国国籍。

渔业船舶所有人向户籍所在地或企业注册地的县级以上登记机关申请渔业船舶登记。远洋渔业船舶登记由渔业船舶所有人向所在地省级登记机关申请办理。中央在京直属企业所属远洋渔业船舶登记由渔业船舶所有人向船舶所在地的省级登记机关申请办理。

渔业船舶登记的港口是渔业船舶的船籍港。每艘渔业船舶只能有一个船籍港。省级登记机关根据本行政区域渔业船舶管理实际确定省级以下登记机关的登记权限和船籍港名称，并对外公告。

登记机关会建立渔业船舶登记簿，权利人和利害关系人有权依法查阅渔业船舶登记簿。

登记机关应当自受理申请之日起20个工作日内作出是否准予渔业船舶登记的决定。不予登记的，书面通知当事人并说明理由。

渔业船舶登记有所有权登记、国籍登记、抵押权登记、光船租赁登记、变更登记、注销登记。申请所有权登记时，一般要填写登记申请表，提交所有人户口簿或者企业法人营业执照、取得渔业船舶所有权的证明文件、渔业船舶检验证书、船舶照片等材料。

渔业法律法规解读17
渔业船舶检验

下水作业的渔业船舶安全十分重要,《渔业法》规定了必须经过渔业船舶检验部门检验。

按照《渔业船舶检验条例》的规定,国家对渔业船舶实行强制检验制度。强制检验分为初次检验、营运检验和临时检验。制造、更新改造、购置、进口的从事捕捞作业的船舶必须经渔业船舶检验部门检验合格后,才可以下水作业。

农业部主管全国渔业船舶检验和监督管理工作。地方渔业船舶检验机构负责有关的渔业船舶检验工作。

渔业船舶的初次检验,是指渔业船舶检验机构在渔业船舶投入营运前进行的全面检验。哪些渔船需要实施初次检验呢?《渔业船舶检验条例》第七条规定,制造的渔业船舶、改造的渔业船舶、进口的渔业船舶需要申报初次检验。制造、改造的渔业船舶的初次检验,应当与渔业船舶的制造、改造同时进行。进口的渔业船舶在投入营运前申报初次检验。渔业船舶检验机构对初次检验合格的渔业船舶,要从初次检验完后5个工作日内签发渔业船舶检验证书;经检验不合格的,书面通知当事人,并说明理由。

渔业船舶的营运检验,是指渔业船舶检验机构对正在使用的渔业船舶实施的常规性检验。正在使用的渔业船舶的所有者或者经营者要按照农业部规定的时间申报营运检验。

渔业船舶检验机构从申报营运检验的渔业船舶到达受检地后3个工作日内实施检验。经检验合格的,从检验完后5个工作日内在渔业船舶检验证书上签署意见或者签发渔业船舶检验证书。经检验不合格的，书面通知当事人，并说明理由。

渔业船舶的临时检验，是指渔业船舶检验机构对正在使用的渔业船舶出现特别情况的时候实施的非常规性检验。有下列情况的渔业船舶，所有者或者经营者要申报临时检验：一是因检验证书失效而无法及时回船籍港的；二是因不符合水上交通安全或者环境保护法律、法规的有关要求被责令检验的；三是具有农业部规定的其他特定情形的。

渔业船舶检验机构从申报临时检验的渔业船舶到达受检地后2个工作日内实施检验。经检验合格的，从检验完后3个工作日内在渔业船舶检验证书上签署意见或者签发渔业船舶检验证书；经检验不合格的，书面通知当事人，并说明理由。

渔业船舶不经过检验、没有取得渔业船舶检验证书擅自下水作业的，没收渔业船舶。报废的渔业船舶继续作业的，责令立即停止作业，强制拆解，还要罚款。

渔业法律法规解读18
渔业船员管理规定

渔船检验合格后，要安全作业关键要靠船员。为了加强船员管理，农业部于2014年5月23日发布了《中华人民共和国渔业船员管理办法》。

各种渔船要配备相应的渔业船员。渔业船员分为职务船员和普通船员。职务船员是负责船舶管理的人员，包括驾驶人员（职级分为船长、船副、助理船副）；轮机人员（职级分为轮机长、管轮、助理管轮）；机驾长；电机员；无线电操作员。其他船员为普通船员。

渔业船员要具备一定的条件。普通船员应当年满16周岁，符合渔业船员健康标准，经过基本安全培训。职务船员年龄一般不超过60周岁，符合任职岗位健康条件要求，任职表现和安全记录良好，完成相应的职务船员培训。

中国籍渔业船舶的船员应当由中国籍公民担任。外国籍船员不得担任驾驶人员和无线电操作员，人数不得超过船员总数的30%。

渔业船员在船工作期间，应当服从船长及上级职务船员在其职权范围内发布的命令，不得在生产航次中辞职或者擅自离职。

船长是渔业安全生产的直接责任人，在保障水上人身与财产安全、防治渔业船舶污染水域和处置突发事件等方面，具有独立决定权。船长在其职权范围内发布的命令，船舶上所有人员必须执行。船长可以责令不称职的船员离岗。弃船时，船长应当最后离船。

渔业船舶所有人或经营人应当依法与渔业船员订立劳动合同，应当依法为渔业船员办理保险，并履行其他法定义务。渔业船舶所有人或经营人未履行法定义务并拒不改正的，处5000元以上5万元以下罚款。

以欺骗、贿赂等不正当手段取得渔业船员证书的，由渔政渔港监督管理机构撤销有关证书，可并处2000元以上1万元以下罚款，3年内不再受理申请人渔业船员证书申请。

伪造、变造、转让渔业船员证书的，由渔政渔港监督管理机构收缴有关证书，并处2000元以上5万元以下罚款；有违法所得的，没收违法所得；构成犯罪的，依法追究刑事责任。

渔业船员违反岗位职责要求情节严重的，处200元以上至2000元以下罚款，情节特别严重的，并可吊销渔业船员证书。船长违反岗位职责要求的，处2000元以上2万元以下罚款；情节严重的，并可暂扣渔业船舶船长职务船员证书6个月以上2年以下；情节特别严重的，并可吊销职务船员证书。渔业船员证书被吊销的，自被吊销之日起5年内，不得申请渔业船员证书。

渔业法律法规解读19
渔港管理

渔港是指主要为渔业生产服务和供渔业船舶停泊、避风、装卸渔获物和补充渔需物资的人工港口或者自然港湾。

渔港的港池、锚地、避风湾和航道这些就是渔港水域。

《渔业法》规定，渔港建设要遵守国家的统一规划，实行谁投资谁受益的原则。地方政府对本地的渔港要加强监督管理，维护渔港的正常秩序。

船舶进出渔港要遵守渔港管理规定以及国际海上避碰规则，并依法办理签证，接受安全检查。公务船舶在执行公务时进出渔港，通报渔政渔港监督管理机关，可免于签证、检查。渔港内的船舶要服从渔政渔港监督管理机关对水域交通安全秩序的管理。船舶进出渔港依照规定要到渔政渔港监督管理机关办理签证但是没有办理签证的，或者在渔港内不服从渔政渔港监督管理机关对水域交通安全秩序管理的，由渔政渔港监督管理机关责令改正，可以并处警告、罚款；情节严重的，扣留或者吊销船长职务证书。

船舶在渔港内停泊、避风和装卸物资，不能损坏渔港的设施装备；造成损坏要向渔政渔港监督管理机关报告，承担赔偿责任。

船舶在渔港内装卸易燃、易爆、有毒等危险货物，在渔港内新建、改建、扩建各种设施，或者进行其他水上、水下施工作业，要事先申请，经过渔政渔港监督管理机关批准。

在渔港水域范围内禁止从事妨碍水上交通安全的捕捞、养殖等生产活动；确实需要从事捕捞、养殖等生产活动的，要经过渔政渔港监督管理机关批准。

没有经过批准擅自实施有关作业的，由渔政渔港监督管理机关责令停止违法行为，可以并处警告、罚款；造成损失的，承担赔偿责任；对直接责任人员由所在单位或者上级主管机关给予行政处分。

渔船之间发生交通事故，向就近的渔政渔港监督管理机关报告，并在进入第一个港口四十八小时之内向渔政渔港监督管理机关递交事故报告书和有关材料，接受调查处理。

渔港内的船舶、设施有违法，或者不适宜航行，或者交通事故手续没有办结，或者其他妨害水上交通安全情况的，渔政渔港监督管理机关有权禁止船舶离港，或者责令停航、改航、停止作业。渔港内的船舶、设施发生事故，对水上交通安全造成或者可能造成危害，渔政渔港监督管理机关还有权采取强制性处置措施。

渔业法律法规解读20
渔业资源增殖放流

国家每年都会举办大型的渔业资源增殖放流活动，目的就是为了增殖渔业资源。那么增殖放流要注意些什么呢？

《渔业法》规定，县级以上渔业主管部门对管理的渔业水域统一规划，采取措施，增殖渔业资源。为了规范渔业资源增殖放流活动，农业部在2009年3月出台了一部规章——《水生生物增殖放流管理规定》。规定各级渔业主管部门要加大对渔业增殖放流的投入，还要积极引导、鼓励社会资金支持水生生物资源养护和增殖放流事业，鼓励单位、个人和社会各界通过认购放流苗种、捐助资金、参加志愿者活动等多种途径和方式参与水生生物增殖放流活动。

为保护现有的水生生物资源安全、不受破坏，法律规定，用于增殖放流的人工繁殖的水生生物物种，必须是有资质的生产单位生产的苗种。其中，属于经济物种的，苗种生产单位要有《水产苗种生产许可证》；属于珍稀、濒危物种的，苗种生产单位要有《水生野生动物驯养繁殖许可证》。用于增殖放流的亲体、苗种等水生生物应当是本地种原种或者子一代。确实需要放流其他苗种的，要通过省级以上渔业主管部门组织专家论证。禁止使用外来种、杂交种、转基因种以及其他不符合生态要求的水生生物物种进行增殖放流。用于增殖放流的水生生物要依法经检验检疫合格，确保健康，没有病害和禁止使用的药物残留。

渔业主管部门组织开展增殖放流活动，要通过招标或者议标的方式采购用于放流的水生生物或者确定苗种生产单位。放流的时候，邀请渔民、有关科研单位和社会团体等方面的代表参加，接受社会监督。增殖放流的水生生物的种类、数量、规格等，还要向社会公示。

根据《水生生物增殖放流管理规定》，开展增殖放流活动，需要考虑很多方面，单位和个人自行开展规模性水生生物增殖放流活动的，要提前15天向当地县级以上地方渔业主管部门报告增殖放流的种类、数量、规格、时间和地点等事项，接受监督检查。

为确保效果，增殖放流要遵守省级以上渔业主管部门制定的技术规范，采取适当的放流方式，防止或者减轻对放流水生生物的损害；在增殖放流水域采取划定禁渔区、确定禁渔期等保护措施，加强增殖资源保护。

违反这些规定的，按照《渔业法》《野生动物保护法》等有关法律法规，给予处罚。

渔业法律法规解读21
水产种质资源保护

用于增殖放流的水生生物必须是本地种，那本地种资源就得有保障。但实际上由于经济发展，各个地方的本地野生水产种质资源越来越少。所以国家采取了很多措施来加强对水产种质资源的保护。

《渔业法》规定，国家保护水产种质资源和生存环境，在有较高经济价值和遗传育种价值的水产种质资源的主要生长繁育区域建立水产种质资源保护区。水产种质资源保护区分了国家级和省级。水产种质资源保护区的名称、位置、范围和主要保护对象等内容会向社会公布。到2014年，江西有26个水产种质资源保护区，其中国家级21个、省级5个。

农业部和省农业厅会分别针对国家级和省级水产种质资源保护区主要保护对象的生长繁育关键阶段设定一个特别保护期。在这个特别保护期内不能从事捕捞、爆破作业和其他可能对保护区内生物资源、生态环境造成损害的活动。特别保护期外的时间要从事捕捞的，要经过批准。没有经过农业部或者省农业厅批准，任何单位或者个人不能在江西范围内的水产种质资源保护区内从事捕捞活动。违反规定的，由县级以上渔业主管部门或者渔政监督管理机构处罚，责令立即停止捕捞，没收渔获物和渔具，可以并处一万元以下的罚款。

在水产种质资源保护区内从事修建水利工程、建闸筑坝、勘探和开采矿产资源等工程建设的，要编制对水产种质资源保护区的影响专题论证报告。农业部或者省农业厅参与涉及水产种质资源保护区的建设项目环境影响评价，组织专家审查专题论证报告后，出具意见。建设单位要根据渔业主管部门的意见采取有关保护措施。

在水产种质资源保护区内从事水生生物资源调查、科学研究、参观游览等活动，要遵守有关法律法规和保护区管理制度，不能损害水产种质资源和生存环境。

禁止在水产种质资源保护区内从事围湖造田、造地工程。禁止在水产种质资源保护区内新建排污口。在水产种质资源保护区附近新建、改建、扩建排污口，要保证保护区水体不受污染。违反这些规定，将依法追究责任。对破坏、侵占水产种质资源保护区的行为，任何单位和个人都有权向渔业行政主管部门或者渔政监督管理机构、水产种质资源保护区管理机构举报。

渔业法律法规解读22
禁渔制度

为了保护渔业资源，法律规定了禁渔区、禁渔期、禁用渔具和禁用捕捞方法等禁渔制度。

禁渔区是指禁止捕捞的水域，禁渔期是指禁止捕捞的时间，一般是根据鱼类产卵繁殖、幼鱼生长、索饵育肥和越冬洄游季节和水域来确定。农业部统一规定了长江流域，包括鄱阳湖的禁渔区、禁渔期。鄱阳湖禁渔区是湖体水线及五河干流入湖口（赣江北支望湖亭以下、中支朱港码头以下、南支程家池以下；抚河湘子口以下；信江下泗潭以下；修河望湖亭以下；饶河龙口以下）以内水域。长江江西段禁渔区上起瑞昌市码头镇江西岭，下至彭泽县马垱镇牛矶山水域，全长152公里。鄱阳湖禁渔时间为3月20日12时至6月20日12时；长江江西段禁渔时间为4月1日12时至6月30日12时。江西其他水域的禁渔区、禁渔期，由省农业厅提出，报省政府批准。

在禁渔区范围和禁渔期限内，禁止所有捕捞作业和其他任何形式的破坏渔业资源、生态环境的作业活动。

在禁渔区或者禁渔期内禁止销售非法捕捞的渔获物。违反规定的，没收渔获物和违法所得，处五百元以上五千元以下罚款。

要捕捞就要使用捕捞工具，也就是渔具。有些渔具对渔业资源破坏很大，在天然水域是禁止使用的。常见的禁用渔具有定置网、机动底拖网、拦河网；长江江西段水域还禁止使用深水张网、插网和三层刺网。

炸鱼、毒鱼、电鱼和吸螺、吸蚌、吸蚬、迷魂阵等捕捞方法会大面积地破坏渔业资源，法律规定禁止使用这些捕捞方法。

法律同时规定，在天然水域不得使用小于最小网目尺寸的网具进行捕捞，渔获物中幼鱼也不能超过规定比例。

禁止生产、销售、使用禁用的渔具或者宣传禁用的渔具、捕捞方法。生产、销售禁用的渔具的，没收非法制造、销售的渔具和违法所得，并处以一万元以下的罚款。

非法使用炸鱼、毒鱼、电鱼等破坏渔业资源方法进行捕捞；违反禁渔区、禁渔期规定进行捕捞；或者使用禁用渔具、禁用捕捞方法，或者使用小于最小网目尺寸的网具进行捕捞，或者渔获物中幼鱼超过规定比例的，没收渔获物和违法所得，处五万元以下的罚款；情节严重的，没收渔具，吊销捕捞许可证；情节特别严重的，没收渔船；构成犯罪的，依法追究刑事责任。

渔业法律法规解读23
关于渔业资源保护的其他规定

为了保护渔业资源和生态环境，《渔业法》和《江西省渔业条例》

除规定了禁渔制度外，还有其他一些规定。

在渔业水域、滩涂从事采砂、筑坝、建闸、建桥、建码头、整治河道（航道）、采矿、爆破、设置工厂排污口等施工作业，县级以上环保部门在批准环境影响评价文件之前，要征求同级渔业主管部门意见。进行水下爆破、勘探等施工作业，对渔业资源和生态环境有严重影响的，作业单位事先要同有关县级以上渔业主管部门协商，采取防范措施，防止或者减少损害；造成渔业资源损失的，由有关县级以上人民政府责令赔偿。

养殖水域用于农业灌溉、排涝、蓄洪的，要渔业农业兼顾，由当地人民政府根据实际情况确定渔业生产需要的最低水位线。不按照确定的最低水位线作业造成渔业资源损失的，依法予以赔偿。水库养鱼不能影响饮用水水源、灌溉、通航、防洪、发电和大坝安全。

禁止围湖造地、围湖养殖。沿江、沿湖的滩涂不能擅自围垦；重要的苗种基地和养殖场所不能围垦。

各级人民政府要采取措施，保护和改善渔业水域生态环境，防治污染。《江西省渔业条例》还规定，禁止在饮用水水源保护区投饵养殖，违反规定的，责令改正，处一千元以上五千元以下罚款。不能在江河、湖泊、水库使用无机肥、有机肥、生物复合肥等进行水产养殖，违反规定的，责令改正；造成水域环境严重污染的，处一万元以上五万元以下罚款。

禁止向渔业水域、滩涂倾倒污染物、废弃物。任何单位和个人造成渔业水域污染事故的，都要接受渔政监督管理机构的调查处理。直接经济损失在百万元以上的重大渔业水域污染事故由省渔政监督管理机构管辖。千万元以上的特大渔业水域污染事故和涉外渔业水域污染事故由农业部渔业渔政局管辖或者指定省级渔政监督管理机构管辖。其他渔业水域污染事故由设区市或者县级渔政监督管理机构管辖。

因为渔业水域污染事故发生引起赔偿纠纷，当事人可以申请渔政监督管理机构调解处理，也可以直接向法院起诉。

渔业水域遭受突发性污染时，经本级人民政府批准，县级以上渔业主管部门可以发布公告，禁止在规定的期限和受污染区域内采捕水产品。违反规定的，责令停止违法行为，处五千元以上二万元以下罚款。

第九章 《植物检疫条例》解读

《植物检疫条例》解读1
实施时间和立法目的

植物检疫，对大多数人来说可能是个比较陌生的话题，好像跟我们日常生活不太相关，实际上植物检疫是一项保护植物的措施。近几年，赣州市发生的柑橘黄龙病成了一个热门话题。果树感染了黄龙病就像人得了绝症一样，治不好，树枝慢慢枯萎，产果量慢慢减少，直至死亡。黄龙病还会传播，主要是通过柑橘木虱传播，还可以通过得病的苗木、接穗传播，是一种毁灭性的病害，危害很大。防治黄龙病，要打药杀除柑橘木虱，清除烧毁病树，另一个很关键的措施就要严格实行植物检疫，禁止从病区调运苗木，减少人为的传播。我们用七节的内容，为大家讲讲植物检疫方面的法规。

植物检疫是通过法律、行政和技术的手段，防止危险性植物病、虫、杂草和其他有害生物的人为传播，保障农业和林业的安全，促进贸易发展的措施。我们可以这样来理解植物检疫的意思，就是一个地方发生了危险性植物病、虫、杂草和其他有害的生物，不能让它通过调运植物传播出去；外面有危险性植物病、虫、杂草和其他有害的生物，不能让它通过调运植物传播进来，还要采取措施消灭这个危险性植物病、虫、杂草和其他有害的生物，保护农业、林业安全。

从这个角度来说，植物检疫是一种最有效、最经济的植物保护的措施。现在各个国家普遍实行了植物检疫，我国的植物检疫工作开展得比较早，已经有80多年了。特别是改革开放后，国家更加重视这项工作，制定了专门的行政法规——《植物检疫条例》。

《植物检疫条例》是1983年1月3日由国务院第98号令公布的，从公布这一天起施行，在1992年5月13日修改了一次。这部条例总共有二十四条，立法的目的就是防止为害植物的危险性病、虫、杂草传播蔓延，保护农业、林业生产安全。

植物分了农业植物和林业植物，所以植物检疫也就分了农业植物检疫和林业植物检疫，农业植物检疫由农业部门负责，林业植物检疫由林业部门负责。为了实施《植物检疫条例》，农业部制定了规章——《植物检疫条例实施细则（农业部分）》，国家林业局也制定了规章——《植物检疫条例实施细则（林业部分）》。《植物检疫条例实施细则（农业部分）》1995年2月25日农业部第5号令发布，从发布这一天起施行，后来修改了三次。我们学习的主要内容是农业植物检疫。

《植物检疫条例》解读2
植物检疫职责

我们首先来了解由哪些单位负责农业植物检疫工作。

按照《植物检疫条例》和《植物检疫条例实施细则（农业部分）》的规定，农业部主管全国的农业植物检疫工作，省级农业主管部门主管本省的农业植物检疫工作。具体执行植物检疫任务的是各级农业主管部门下属的植物检疫机构。农业部的植物检疫机构是种植业管理司，具体承办植物检疫工作的是全国农技推广服务中心。江西省执行植物检疫任务的机构，省里是省植保植检局，市里是市植保植检站，县里是县植保植检站。这些单位都有专门的植物检疫人员，他们在执行任务的时候，会穿专门的检疫制服，佩带检疫标志，大家能认得出来。

从国家到省到设区市到县级，有四级农业植物检疫机构，每一级的工作职责范围不同：

农业部的植物检疫机构主要是提出有关植物检疫法规、规章、规划的建议；调查研究和总结推广植物检疫工作经验；汇编全国植物检疫资料，拟订全国重点植物检疫对象的普查、疫区划定、封锁和防治消灭措施的实施方案；组织植物检疫技术的研究和示范；负责国外引进种子、苗木和其他繁殖材料的检疫审批。

省植保植检局主要是制订本省的植物检疫实施计划和措施；检查、指导设区市、县级植物检疫机构的工作；拟订本省的植物检疫规章制度和《补充的植物检疫对象及应施检疫的植物、植物产品名单》；拟订省内划定疫区和保护区的方案，提出全省检疫对象的普查、封锁和控制消灭措施；培训全省的植物检疫人员；组织植物检疫技术的研究和推广；签发植物检疫证书，承办授权范围内的国外引种检疫审批和省间调运应施检疫的植物、植物产品的检疫手续，监督检查引种单位进行消毒处理和隔离试种。

设区市和县级的植保植检站的工作职责范围一样，主要是向基层干部和农民宣传普及检疫知识；拟订和实施当地的植物检疫工作计划；开展检疫对象调查，编制当地的检疫对象分布资料，负责检疫对象的封锁、控制和消灭工作；在种子、苗木和其他繁殖材料的繁育基地执行产地检疫；按照规定承办应施检疫的植物、植物产品的调运检疫手续；对调入的应施检疫的植物、植物产品，必要时进行复检。

《植物检疫条例》解读3
植物检疫对象

这一节我们来了解哪些是植物检疫要发现的病、虫、杂草，也就是植物检疫对象。

按照《植物检疫条例》的规定，凡是在局部地区发生的危险性大、能够随着植物和产品传播的病、虫、杂草，都要定为植物检疫对象。农业植物检疫对象由农业部统一制定。2009年农业部发布了第1216号公告，制定了《全国农业植物检疫性有害生物名单》，有29种病、虫、杂草作为农业植物检疫对象，其中昆虫9种、线虫2种、细菌6种、真菌6种、病毒3种、杂草3种。各个省农业厅可以根据本省的实际情况，补充制定本省的植物检疫对象。

这些植物检疫对象是随着植物和产品传播的，实际检疫的时候是检疫植物和产品身上有没有携带这些植物检疫对象。那么哪些植物需要检疫呢？一般来讲，有可能携带、传播植物检疫对象的植物和产品都要检疫。根据规定，有三类：第一类是粮、棉、油、麻、桑、茶、糖、菜、烟、果（干果除外）、药材、花卉、牧草、绿肥、热带作物等植物；第二类是这些植物的各个部分，包括种子、块根、块茎、球茎、鳞茎、接穗、砧木、试管苗、细胞繁殖体等繁殖材料；第三类是这些植物的产品，主要是没有经过加工的产品，还包括经过了加工但是还有可能传播疫情的产品。这个要检疫的农业植物和产品名单由农业部规定，在第1216号公告里面有。各个省农业厅根据需要，还可以补充名单。

这里要注意，在要检疫的名单内的植物和产品，运出发生疫情的县级范围之前，要经过检疫；凡是种子、苗木和其他繁殖材料，不管在不在要检疫的名单内，运到哪里，之前都要经过检疫；对可能受到疫情污染的包装材料、运输工具、场地、仓库等也要检疫。

经过检疫，没有发现植物检疫对象的，由植物检疫机构发给植物检疫证书。跨省调运种子、苗木等繁殖材料和其他要检疫的植物、产品，由省植保植检局签发植物检疫证书，省植保植检局也可以授权设区市、县级植保植检站签发；本省范围内调运的，由设区市、县级植保植检站签发检疫证书。

植物检疫证书要盖植物检疫专用章，由专职植物检疫员署名签发；省植保植检局授权设区市、县级植保植检站签发的，要盖省植保植检局的专用章。植物检疫证书一式四份，按照规定使用。

《植物检疫条例》解读4
调运检疫

通过前面的学习，我们知道对跨省调运的植物和产品要检疫，这一节我们来了解如何办理跨省调运检疫。

根据《植物检疫条例》第九条和第十条规定，跨省调运要检疫的植物和产品，检疫程序有这些：

第一，调进单位或个人事先要经过所在地的省植保植检局同意，如果省植保植检局授权了设区市、县级植保植检站的，就经过设区市、县级植保植检站同意，他们还会提供一个检疫要求书。

第二，调出单位所在地的省植保植检局，凭调出单位或个人提供的调进地检疫要求书受理报检，进行检疫。如果省植保植检局授权了设区市、县级植保植检站，就由设区市、县级植保植检站检疫。

按照《植物检疫条例实施细则（农业部分）》第十六条的规定，调出单位所在地的植物检疫机构，根据不同情况签发植物检疫证书：

在没有植物检疫对象发生地区调运植物和产品,经核实后签发植物检疫证书;在零星发生植物检疫对象的地区调运种子、苗木等繁殖材料的,要根据产地检疫合格证签发植物检疫证书;对产地植物检疫对象发生情况不清楚的植物和产品,按照《调运检疫操作规程》进行检疫,证明不带植物检疫对象后,签发植物检疫证书。如果发现有检疫对象,要严格进行除害处理,合格后,签发植物检疫证书;没有经过除害处理或者处理不合格的,不准放行。

第三,取得了植物检疫证书就可以调运。这里大家要搞清楚,调运不仅是通过货车运输,还包括托运、邮寄、随身携带等方式,有汽车、火车、飞机、轮船等不同的交通工具。通过托运、邮寄的,托运、邮寄企业要查看还要留存一份植物检疫证书。在调运过程中,不能擅自开拆检疫了的植物和产品,调换或者夹带其他没有经过检疫的植物和产品。

最后,到了目的地后,按照《植物检疫条例实施细则(农业部分)》第十七条的规定,目的地的植物检疫机构,对来自发生疫情的县级行政区域的要检疫的植物和产品,或者其他可能带有检疫对象的要检疫的植物和产品,可以进行复检。复检中发现问题的,与原来签证的植物检疫机构共同查清事实,分清责任,由复检的植物检疫机构按照规定处理。

《植物检疫条例》解读5
产地检疫

这一节我们来讲讲产地检疫。

先来了解一下什么是产地检疫。产地检疫是指对植物种子、苗木等繁殖材料和植物产品在生产地进行检疫。实施产地检疫,可以从源头上发现病、虫、杂草,及时消灭,防止传播。《植物检疫条例》第十一条和《植物检疫条例实施细则(农业部分)》第十八条规定,各级植物检疫机构对管辖范围内的原种场、良种场、苗圃和其他繁育基地,按照国家和地方制定的《植物检疫操作规程》实施产地检疫。

大家都知道赣州市防治柑橘黄龙病,除了打药和清除烧毁病树外,还要补栽没有病毒的苗木。而要保证补栽的柑橘苗木没有病毒,就要对生产柑橘苗木的苗圃加强产地检疫,从源头上来控制。

作为生产植物种子、苗木等繁殖材料的单位或个人要做好这些事:一是要在没有植物检疫对象的地方建立种苗繁育基地。新建良种场、原种场、苗圃等种苗繁育基地,在选地方之前,要征求当地植物检疫机构的意见。植物检疫机构会帮助选择符合检疫要求的地方建立繁育基地。

二是良种场、原种场、苗圃等种苗繁育基地发现了检疫对象的,要立即采取措施封锁、消灭。在检疫对象没有消灭以前,繁育的材料不能扩散,不准调进没有检疫对象的地方;经过严格除害处理并经过检疫合格的,才可以调运。

三是试验、示范、推广的种子、苗木和其他繁殖材料,事先要经过植物检疫机构检疫,查明确实不带植物检疫对象,发给植物检疫证书后,才可以进行试验、示范和推广。

接下来我们来了解植物检疫对象发生较为严重的情况,怎么处理。如果是少数地方发生植物检疫对象的,要划为疫区,采取封锁、消灭措施,防止植物检疫对象传出;如果多数地方发生植物检疫对象的,就将没有发生的地方划为保护区,防止植物检疫对象传进来。

这里还要注意,有些农业学校、科研单位会对植物检疫对象进行研究,为了防止检疫对象的扩散、传播,《植物检疫条例》第十三条规定,不能在检疫对象的非疫区进行研究。

我们知道,农业部统一制定了全国植物检疫对象名单,各个省根据需要还会补充植物检疫对象。如果植物检疫机构在检疫中发现了新的检疫对象和其他的危险性病、虫、杂草，要按照《植物检疫条例》第十四条的规定，及时查清情况，立即报告省农业厅，采取措施，彻底消灭，并报告农业部。

《植物检疫条例》解读6
国外引进种检疫

近年来，随着国家扩大对外开放，从国外引进农作物种子、苗木越来越多，促进了农业经济和对外贸易的发展。但是也带来了一些危险性病、虫、杂草，比如微甘菊、一枝黄花、红火蚁等，给农业生产和人类健康带来很大的危害。所以，从国外引进种子、苗木和其他繁殖材料，要严格检疫审批。我们一起来了解这方面的规定。

按照《植物检疫条例》第十二条和《植物检疫条例实施细则（农业部分）》第二十一条的规定，从国外引进种子、苗木和其他繁殖材料，实行农业部和省农业厅两级审批。一般情况下，是由省农业厅审批；引进种子、苗木数量大的，由农业部审批；国务院有关部门下属在北京的单位、在北京的部队、外国在北京的机构，从国外引进种子、苗木和其他繁殖材料的，由农业部审批。

办理检疫审批的程序是这样的：

第一，申请。引进单位要在签订对外贸易合同30天前就申请办理国外引种检疫审批手续。属于农业部审批的，向农业部种植业司或者全国农技推广中心申请；属于省农业厅审批的，向省农业厅下属的省植保植检局申请。引进单位按规定填写《引进种子、苗木检疫审批申请书》，提供有关疫情资料。

第二，审批。收到检疫审批申请书后15天内，农业部和省农业厅就会审批或者答复,发给《引进种子、苗木检疫审批单》。这个审批单的有效期限一般是6个月,特殊情况可以延长,但最长有效期不能超过一年。审批单过了有效期,或者引进种苗的品种、数量、输出国家或者地区有变化的,要重新办理检疫审批手续。

引进单位要在对外贸易合同中,写明《引进种子、苗木检疫审批单》提的检疫要求,还要写明输出国家或者地区政府植物检疫机关出具植物检疫证书,证明符合中国的植物检疫要求。

第三,引进后要试种。引进单位要按照《引进种子、苗木检疫审批单》上指定的地方进行隔离试种。隔离试种的时间,一年生植物最少一个生育周期,多年生植物最少要两年。在隔离试种期内,经当地植物检疫机关检疫,证明确实不带检疫对象的,才可以分散种植。在隔离试种期间,发现植物检疫对象或者其他危险性病、虫、杂草的,引进单位要在植物检疫机构的指导和监督下,及时采取封锁、控制和消灭措施,防止扩散,并承担全部费用。

《植物检疫条例》解读7
植物检疫奖罚

检疫作为一种预防性保护植物措施,世界上各个国家都很重视,基本上都采用了。植物检疫,不仅能保护植物健康生长,保障粮食丰产丰收,而且还保护了人类赖以生存的生态环境。为了加强植物检疫管理,规范植物检疫程序,《植物检疫条例实施细则(农业部分)》第七章专门对奖励和处罚作了规定。

在奖励方面规定,对执行《植物检疫条例》作出突出成绩的单位和个人,由农业部、省政府或者省农业厅给予奖励:一是在开展植物检疫对象和危险性病、虫、杂草普查方面有显著成绩的;二是在植物检疫对象的封锁、控制、消灭方面有显著成绩的；三是在积极宣传和模范执行检疫条例、植物检疫规章制度、与违法行为作斗争等方面成绩突出的；四是在植物检疫技术的研究和应用上有重大突破的；五是铁路、交通、邮政、民航等部门和当地植物检疫机构密切配合，贯彻执行《条例》成绩显著的。

一般奖励是评为先进单位或者先进个人，给予荣誉，也可以给予一定的奖金。

在处罚方面规定，存在违法行为，还没有构成犯罪的，由植物检疫机构处以罚款：一是在报检过程中故意谎报受检物品种类、品种，隐瞒受检物品数量、受检作物面积，提供虚假证明材料的；二是在调运过程中擅自开拆检讫的植物、植物产品，调换或者夹带其他未经检疫的植物、植物产品，或者擅自将非种用植物、植物产品作种用的；三是伪造、涂改、买卖、转让植物检疫单证、印章、标志、封识的；四是违反规定，擅自调运植物、植物产品的；五是违反规定，试验、生产、推广带有检疫对象的种子、苗木和繁殖材料，或没有经过批准在非疫区进行检疫对象活体试验研究的；六是违反规定，不在指定地点种植或者不按要求隔离试种，或者隔离试种期间擅自分散种子、苗木和其他繁殖材料的。

罚款按照以下标准执行：对于非经营活动中的违法行为，处以 1000 元以下罚款；对于经营活动中的违法行为，有违法所得的，处以违法所得 3 倍以下罚款，但最高不得超过 30000 元；没有违法所得的，处以 10000 元以下罚款。

对违反规定调运的植物和植物产品，植物检疫机构还可以封存、没收、销毁或者责令改变用途。对引起疫情扩散的，责令当事人销毁或者除害处理。造成损失的，责令赔偿。以赢利为目的的，可以没收非法所得。

第十章
农产品质量安全法律法规解读

农产品质量安全法律法规解读1
立法目的，法律规范体系

"民以食为天，食以安为先"。我们每天消费的食物大部分是农产品，农产品的质量安全状况，直接关系着我们的身体健康和生命安全。国家历来十分重视农产品质量安全工作，从2001年开始实施"无公害食品行动计划"，公布淘汰和禁止使用、限制使用的兽药、农药目录，启动了农药残留、兽药残留等专项检测。经过多年来不断的努力，我国农产品质量安全的整体状况已有好转，农产品源头污染得到初步遏制。但是，农产品质量安全的形势仍然严峻。虽然在2006年以前，国家制定了《中华人民共和国食品卫生法》（以下简称《食品卫生法》）和《中华人民共和国产品质量法》（以下简称《产品质量法》），但《食品卫生法》不直接管理种植业和养殖业等农业活动；《产品质量法》又只适用于经过加工、制作的工业产品。对农产品的监督管理，法律上是处于空白的。所以，为了加强农产品的监管，2006年4月29日第十届全国人大常委会第二十一次会议通过了《中华人民共和国农产品质量安全法》（以下简称《农产品质量安全法》），从2006年11月1日起实施。《农产品质量安全法》分了八章共五十六条。第一条就明确了制定农产品质量安全法的目的：为保障农产品质量安全，维护公众健康，促进农业和农村经济发展。

2009年2月28日第十一届全国人大常委会第七次会议通过

了《中华人民共和国食品安全法》(以下简称《食品安全法》),从2009年6月1日起施行。第十二届全国人大常委会第十四次会议于2015年4月24日修订了《食品安全法》,自2015年10月1日起施行。该法对食用农产品的市场销售、有关质量安全标准的制定、有关安全信息的公布和农业投入品使用作了规定。

相对于工业产品来讲,农产品有鲜活、容易腐坏、不易储藏等特点,同时,农产品要经过农业产地环境、农业投入品使用、收获包装、储藏运输等多个环节,生产过程长,生产环境复杂,污染源多。针对上述特点及我国农产品生产经营方式分散、规模小的现实,《农产品质量安全法》确立了相关的基本制度,主要包括政府管理体制、信息发布制度、农产品生产记录制度、农产品包装与标识制度、质量安全监测检查制度、安全事故报告制度等。围绕这些制度,农业部配套制定了《农产品产地安全管理办法》《农产品包装和标识管理办法》《无公害农产品管理办法》《绿色食品标志管理办法》《农产品地理标志管理办法》《农产品质量安全监测管理办法》等一系列规章。

农产品质量安全法律法规解读2
农产品以及农产品质量安全的定义

日常生活中,我们以五谷杂粮来表示农产品,而《农产品质量安全法》所讲的农产品意思不同。《农产品质量安全法》第二条第一款规定,农产品是指来源于农业的初级产品,即在农业活动中获得的植物、动物、微生物及其产品。要分清是不是《农产品质量安全法》所讲的农产品,要注意两点:一是农业活动。这里讲的"农业活动",既包括传统的种植、养殖、采摘、捕捞等农业活动,也包括设施农业、生物工程等现代农业活动。二是初级产品。初级产品有两类：一类是在农业活动中直接获得的没有经过加工的产品，比如直接采摘的辣椒、番茄等蔬菜，西瓜、葡萄等瓜果；一类是经过分拣、去皮、剥壳、清洗、切割、冷冻、打蜡、分级、包装等简单处理，也就是初加工，并且没有改变基本自然性状和化学性质的产品，如大米、芝麻等。工业生产活动中以农产品为原料加工、制作的产品不属于农产品。具体来讲，《农产品质量安全法》所讲的农产品主要包括这些种类：

一是粮油作物，包括小麦、稻谷、玉米、大豆、杂粮、山芋、芝麻、菜籽、棉籽等。

二是新鲜蔬菜，包括没有加工的蘑菇、生姜、生鲜茉莉花、生鲜菜用玉米，新鲜的花生、淮山、粉葛、马铃薯、马蹄、莲藕、食用菌等。

三是时鲜瓜果，包括果蔗、保鲜瓜果、新鲜板栗等。

四是鲜活或者是没有经工业化加工的畜禽和水产品，以及活虫、两栖动物等。比如生猪、牛、羊、牛蛙等。

五是生鲜蛋和鲜奶等。

六是毛茶，也就是从茶树上采摘下来的鲜叶和嫩芽（即茶青），经吹干、揉拌、发酵、烘干等工序初制的茶。

了解了什么是农产品，我们还要知道《农产品质量安全法》讲的质量安全又是什么。《农产品质量安全法》第二条第二款规定，农产品质量安全是指农产品质量符合保障人的健康、安全的要求。也就是说，农产品的质量安全是以人的食用标准来制定的。能保障人的健康和安全，这样的农产品才算质量安全达到要求。只有依法不断加强对农产品质量安全的监督管理，才能保障直接食用的农产品或者以农产品为原料加工、制作的食品的质量安全，才能最终保障人的身体健康和生命安全。

农产品质量安全法律法规解读3
农产品质量安全监督管理职责分工

《农产品质量安全法》在总则这一章中,规定了农业部门依法监督管理,其他有关部门分工负责的农产品质量安全管理体制。

根据《农产品质量安全法》的规定,农业部门在农产品质量安全监督管理中的职责主要有:

一是设立农产品质量安全风险评估专家委员会,对可能影响农产品质量安全的潜在危害进行风险分析和评估;二是发布农产品质量安全状况信息;三是参与制定并实施农产品质量安全标准;四是划定禁止特定农产品生产区域;五是推进各类农产品标准化生产示范区建设;六是制定保障农产品质量安全的生产技术要求和操作规程;七是对农药、兽药、饲料和饲料添加剂、肥料等农业投入品进行监督抽查;八是对农业投入品使用的管理和指导;九是对农产品包装和标识的管理;十是对农产品质量安全进行监测和对生产中、市场上销售农产品的监督抽查;十一是对农产品质量检验机构资质认定和审核;十二是对经检测不符合农产品质量安全标准的农产品采取查封和扣押的行政强制措施;十三是对农产品质量安全事故进行处理;十四是对违法出具检验结果、生产记录违法、违法使用添加剂、生产企业和农民专业合作经济组织生产销售不符合质量安全标准的农产品等违法行为进行查处。

其他有关部门的职责,比如工商部门要对农产品销售企业销售的农产品和农产品批发市场中销售的农产品进行监管;环保部门要对污染农产品产地环境的行为进行查处;卫生部门要会同农业部门制定农产品质量安全标准等。

为了保证农业部门依法监管、其他有关部门分工监管的管理体制顺畅运行，《农产品质量安全法》第五条规定，县级以上地方人民政府统一领导、协调本行政区域内的农产品质量安全工作，并采取措施，建立健全农产品质量安全服务体系，提高农产品质量安全水平。这也是食品安全监管的一贯做法和要求。农产品作为食品原料和食品安全的源头，更加重要，所以法律明确农产品质量安全监管工作由县级以上地方人民政府统一领导、协调，才能更好地保障农产品质量安全。

农产品质量安全法律法规解读4
保障机制

农产品质量安全关系到广大人民群众的身体健康和生命安全，关系到农业和农村经济的健康发展，所以说农产品质量安全工作极其重要，需要加强监管，要监管就要有机构，就要有人员，关键还要有经费保障。这一节，我们就来了解法律对农产品质量安全管理工作保障方面的规定。

国家一直高度重视农产品质量安全工作，农业部和地方各级农业部门采取了一系列措施，比如开展农药、兽药、饲料和饲料添加剂等农业投入品的专项监管整治，实施"无公害食品行动计划"，对提高农产品质量安全起到了积极的促进作用。但是存在的问题还很突出，比如农产品质量安全管理经费不足、没有专门的机构和人员。所以，《农产品质量安全法》第四条规定，县级以上人民政府要将农产品质量安全管理工作纳入本级国民经济和社会发展规划，并安排农产品质量安全经费，用于开展农产品质量安全工作。

这条规定包含了三个方面的内容：

一是规定县级以上人民政府要将农产品质量安全管理工作纳入本级国民经济和社会发展规划。国民经济和社会发展规划是国家和各个地方社会主义现代化建设的宏伟蓝图,各级政府通过国民经济和社会发展规划实现统筹规划和部署经济社会发展。农产品质量安全事关国家大局,事关群众利益,事关每一个人的身体健康和生命安全,是最大的民生工程、民心工程,应当得到各级政府的高度重视,理所当然要纳入国民经济和社会发展规划。以法律的形式进行明确,确保各级政府将农产品质量安全工作列入重要日程、向社会作出公开承诺并切实抓好落实,确保人民吃上放心肉、放心菜、放心农产品,确保人民不但吃得饱、关键还要吃得好,吃得安全,吃得健康。

二是根据《农产品质量安全法》第五条的规定,县级以上人民政府要建立健全农产品质量安全服务体系。关键要成立相应的农产品质量安全监管机构,配备人员。没有必要的机构和人员,农产品质量安全工作就无法落到实处。

三是规定农产品质量安全管理和执法工作要有经费保障,并且规定安排经费的应当是县级以上人民政府。以法律的形式规定县级以上地方政府必须安排农产品质量安全经费,这是保障农产品质量安全工作依法开展的最强有力措施。

农产品质量安全法律法规解读5
农产品质量安全风险评估和质量安全状况信息发布

《农产品质量安全法》第六条规定,农业部要设立由有关方面专家组成的农产品质量安全风险评估专家委员会,对可能影响农产品质量安全的潜在危害进行风险分析和评估。并且规定农业部要根据农产品质量安全风险评估结果采取相应的管理措施,并将农产品质量安全风险评估结果及时通报国务院有关部门。

《农产品质量安全法》实施后，在2007年5月17日，农业部就成立了国家农产品质量安全风险评估专家委员会，这个委员会由农业、卫生、商务、工商、质检、环保和食品药品等部门的农学、兽医学、毒理学、流行病学、微生物学、经济学专家组成，是我国农产品质量安全风险评估工作的最高学术和咨询机构。主要工作就是组织制定国家农产品质量安全风险评估规划和计划、农产品质量安全风险评估准则，组织协调国内农产品质量安全风险评估工作的开展，提供风险评估报告，提出有关农产品质量安全风险管理措施的建议。

农产品质量安全风险评估，实际就是变事后监管为事前预防，同时风险评估结果还作为农产品质量安全管理的科学根据。风险评估结果要通报国家卫生计生委、商务部、工商总局、质检总局、环保部、食品药品监督管理总局等有关部门，以便其他部门加强食品的监管。

为了维护公众健康，《农产品质量安全法》第七条规定，农业部和省级农业部门要按照职责权限，发布有关农产品质量安全状况信息。这条规定明确了农产品质量安全状况信息，只能由农业部和省级农业部门发布，其他部门和市、县农业部门都不能发布，目的是建立统一有序的信息发布制度，及时向社会公布农产品质量安全状况，维护消费者和农民的正当权益，推进农业健康发展。

农产品质量安全状况信息包括了三类：第一类是农产品质量安全监管工作信息，主要有农业部门开展的农产品、农业投入品质量安全例行监测、监督抽查、专项监测等农产品质量安全方面的信息和农产品质量安全预警信息，这一类信息要定期发布；第二类是农产品质量安全突发应急事件信息，这一类信息要及时发布；第三类是农产品科学安全消费信息，普及农产品质量安全基本知识，正确引导科学消费,这一类信息要通过举办各类宣传活动、培训或在报纸、电视上宣传。

农产品质量安全法律法规解读6
农产品生产基本原则

国家对于农产品生产有什么基本原则?

《农产品质量安全法》第八条规定,国家引导、推广农产品标准化生产,鼓励和支持生产优质农产品,禁止生产、销售不符合国家规定的农产品质量安全标准的农产品。这条规定明确了国家对农产品生产的要求,就是要采取引导、推广、鼓励、支持措施,通过标准化生产,来生产优质农产品、符合农产品质量安全标准的农产品,以保证消费安全,提高农产品的品质和市场竞争力。

从国内看,随着人民生活水平的不断提高,优质、高效、生态、安全的农产品受到广大消费者的欢迎和喜爱。从国际上看,我国加入世界贸易组织后,农产品参与国际市场竞争的机会增加了,但我们的农产品出口没有达到预期水平,主要原因是遇到技术性贸易限制,一些指标达不到标准。所以,国家要引导、推广农产品标准化生产,实行专业化生产、集约化经营、社会化服务,来提高农业综合生产能力和农产品整体质量水平。

同时,国家强调要通过科技来提高农产品质量安全水平,《农产品质量安全法》第九条规定,国家支持农产品质量安全科学技术研究,推行科学的质量安全管理方法,推广先进安全的生产技术。农产品质量安全与农产品的产地环境、生产过程的投入品使用,以及收获、储存、加工、运输等一系列环节密切相关,必须有强有力的科学技术,才能实现良性循环,才能有效提高农产品质量安全水平，增强农产品的市场竞争力。现在我国农产品质量安全存在的问题还很突出，农产品质量安全水平的整体水平提高不是很快，农产品质量安全事件时有发生。影响农产品质量安全的因素很多，有生产、加工、运输、储存等方面的原因，也有技术、管理等方面的原因。从技术的角度来看，主要有这几点：一是科技力量薄弱；二是科研投入不足；三是农产品质量安全标准体系还不完善，跟国际对接还有一定的差距；四是农产品质量安全生产和检测技术水平还很低；五是农产品风险分析与安全性评价等基础工作还处于起步阶段。所以，国家要加强农产品质量安全科研工作，加强对农产品"从农田到餐桌"的全程科学管理，加快农产品标准化生产能力、农业投入品监管能力、农产品质量安全例行监测能力等建设。

农产品质量安全法律法规解读7
农产品质量安全知识宣传培训

法律知识要向群众普及，需要宣传培训。对于农产品质量安全知识的宣传培训，法律也作了专门规定。这一节我们来详细了解一下。

我国的农业生产长期以来主要是千家万户分散经营，农业机械化水平较低，农业标准化、现代化生产与发达国家相比有很大的差距。加入世界贸易组织后，这个问题更加突出。只有让社会、农产品生产者，特别是广大农民了解、掌握农产品质量安全知识，提高公众的农产品质量安全意识，才能保证先进的农业生产技术、相应的技术标准和操作规范在农业生产中得到应用，才能保证农产品质量安全。所以，《农产品质量安全法》第十条规定，各级人民政府及有关部门应当加强农产品质量安全知识的宣传，提高公众的农产品质量安全意识,引导农产品生产者、销售者加强质量安全管理,保障农产品消费安全。

同时,《农产品质量安全法》第二十三条还规定,农业科研教育机构和农业技术推广机构要加强对农产品生产者质量安全知识和技能的培训。这条规定明确了农科所、农科院还有农业方面的学校等农业科研教育机构,农技推广站等农业技术推广机构在宣传农产品质量安全知识中的职责,他们有义务做好农产品生产者质量安全技能培训工作,帮助农产品生产者掌握农产品质量安全知识和技术。在我国,从事农产品生产的有农产品生产企业、农民专业合作社,但是更多的是千家万户的农民,他们普遍存在科学文化水平不高的问题。在科学文化素养有限的情况下,通过参加培训来获得相应的知识和技能是十分有效的办法。农产品质量安全涉及面广,技术相对复杂,对农产品生产者进行农产品质量安全知识和技能的培训,不仅可以提高农产品生产者素质,而且可以推动高产、优质、高效、生态、安全农产品的发展。农产品生产者只有掌握了质量安全知识和技能,才能在增加农产品产量的同时,改善农产品品质,提高农产品安全水平,降低生产经营成本,减少农业活动对环境的污染,实现资源及环境的可持续发展。

农产品质量安全法律法规解读8
农产品质量安全标准体系

农产品质量安全,就是要符合保障人的健康、安全的要求,但是还要有个具体的标准。今天为大家介绍农产品质量安全标准的法律规定。

《农产品质量安全法》第十一条规定:国家建立健全农产品质

量安全标准体系。农产品质量安全标准是强制性的技术规范。农产品质量安全标准的制定和发布，依照有关法律、行政法规的规定执行。

我们来理解这条规定：

首先，明确了农产品质量安全标准具有法律强制力。比如农产品中农药、兽药等化学物质残留的限量，农产品中重金属等有毒有害物质的允许量，致病性寄生虫、微生物或者生物毒素的规定等，经过依法制定，就具有法律强制力，农产品生产经营者要遵守，违反了要受到处罚。

其次，明确国家要建立健全农产品质量安全标准体系。我国现行的农产品卫生标准、无公害食品系列标准等有关的强制性国家标准和行业标准都属于农产品质量安全标准。按照不同的分类，包括了这些内容：

1. 从范围来说，包括种植业、畜牧业、渔业等行业标准。种植业包含水稻、小麦、玉米、大豆、油菜、棉花、蔬菜、水果、茶叶、花卉、食用菌、糖料等标准；畜牧业包含猪、牛、马、羊、鸡、鸭、兔、蜂产品标准；渔业包含鱼、虾、贝、藻等产品标准。

2. 从内容来说，包括安全和质量两类标准。安全类标准，主要是影响农产品安全的物理性、化学性和生物性危害因素方面的标准，比如动物性食品中兽药最高残留限量。

3. 从形式来说，既包括标准，也包括行政决定，还包括部门技术性文件。比如《茶叶中铬、镉、汞、砷及氟化物限量》就是标准；国家明令禁止使用的农药和不得在蔬菜、果树、茶叶、中草药材上使用的高毒农药品种清单是行政决定；部门技术性文件，比如《中华人民共和国兽药典》。

到 2010 年底，农业部已组织制定农业国家标准和行业标准 4800 余项，农产品安全限量标准和检验检测方法标准 1800 多项，包括了农产品产地环境、农业投入品、生产规范、产品质量、安全限量、检测方法、包装标识、储存运输等环节。在"十三五"期间，要健全食用农产品质量安全标准体系。

最后，要明确农产品质量安全标准的制定和发布必须依照《食品安全法》的规定执行。

农产品质量安全法律法规解读9
农产品质量安全标准制定原则

继续来了解农产品质量安全标准制定和实施的有关规定。

农产品质量安全标准具有强制性，所以农产品质量安全标准制定的程序、方法和科学性、适应性、可靠性都十分重要。农产品质量安全标准的制定，有两个最基本的立足点，一个是要保障人体健康和安全，另一个是要有利于农业发展和环境安全。为保证农产品质量安全标准制定的科学性和适应性，《农产品质量安全法》第十二条明确规定，制定农产品质量安全标准要充分考虑农产品质量安全风险评估结果，并听取农产品生产者、销售者和消费者的意见，保障消费安全。国家现行的农产品质量安全标准的制定，就按照了风险评估和科学原则，制定和发布的标准是科学的、合理的。农业部为规范和推进农产品质量安全标准的制定，先后出台了《农业标准化管理办法》《农业标准审定规范》《食品中农药残留风险评估指南》等规定，对标准的规划、计划、立项、起草、征求意见、审查、批准、发布、出版、复审等环节工作作出了明确的要求。为保证科学原则，农业部依托农业科研院所建立了农药残留、兽药残留等17个专业化的标准化技术委员会，组建了国家农产品质量安全风险评估专家委员会，由农学、兽医学、毒理学、流行病学、微生物学、经济学等领域的知名专家组成。2007年,由于中国在农业标准中的科技优势,国际食品法典农药残留委员会吸收中国为这个委员会的主席国。

从2013年开始,农业部监管农产品质量安全的职责将从种植、养殖环节延伸到农产品收购、农产品储藏、农产品运输环节,并且新增了畜禽屠宰环节监管,按照"优质、高效、生态、安全"现代农业的发展需要,为确保上市农产品消费安全,依据《农产品质量安全法》第十三条"农产品质量安全标准应当根据科学技术发展水平以及农产品质量安全的需要,及时修订"的规定,"十三五"期间,农业部将继续加大农产品质量安全标准制定和修订的力度,建立健全以农兽药残留限量标准为重点、生产规范规程为基础的农产品质量安全标准体系。

标准制定了,关键还是要实施。《农产品质量安全法》第十四条对农产品质量安全标准的实施作出了专门规定,农产品质量安全标准由农业行政主管部门商有关部门组织实施。

农产品质量安全法律法规解读10
农产品禁止生产区划定

要实施农产品标准化生产,首先要确保生产农产品的产地是安全的。

现在农产品质量安全事件中,比较突出的是稻米镉污染问题。据测算,中国镉污染的耕地有8000万亩左右,水稻是吸收镉最强的谷类作物,而大米又是65%的中国人的主食,所以稻米镉污染的影响很大。镉污染大多数是由环境污染长期积累形成的,属于土壤污染。从这里我们可以看出,良好的产地环境是保证农产品质量安全的必要条件。为了防止因农产品产地污染危及农产品质量安全，《农产品质量安全法》第十五条规定：县级以上地方人民政府农业行政主管部门按照保障农产品质量安全的要求，根据农产品品种特性和生产区域大气、土壤、水体中有毒有害物质状况等因素，认为不适宜特定农产品生产的，提出禁止生产的区域，报本级人民政府批准后公布。农业部在2006年9月出台了《农产品产地安全管理办法》，自2006年11月1日施行。对划定禁止农产品生产区域作了规定。其中第九条规定，禁止生产区划定由县级以上农业部门提出建议，报省级农业部门审核。省级农业部门组织专家论证后，附具产地安全监测结果、农产品检测结果等材料报本级人民政府批准后公布。同时规定，禁止生产区划定后，不得改变耕地、基本农田的性质，不得降低农用地征地补偿标准。县级以上人民政府要采取措施对禁止生产区进行治理。经过治理后，禁止生产区安全状况改善并符合相关标准的，农业部门要及时提出调整建议。地方农业部门要及时将本行政区域范围内农产品禁止生产区划定与调整结果逐级上报农业部备案。

这里要注意的是：农产品禁止生产区域是指为特定农产品限制生产区域，不一定是禁止生产所有农产品。比如，镉含量超标的土地，不可以生产水稻，但可以生产其他作物；禁止生产食用农产品的区域，还可以生产非食用的农产品。

《农产品产地安全管理办法》同时规定，县级农业部门要在禁止生产区设置标示牌，标明禁止生产区地点、禁止生产的农产品种类等。禁止生产区调整的，要变更标示牌内容或者撤除标示牌。任何单位和个人都不能擅自移动和损毁标示牌。擅自移动、损毁禁止生产区标牌的，由县级以上农业部门责令限期改正，可处以一千元以下罚款。

农产品质量安全法律法规解读11
农产品生产基地建设

为了明确政府在改善农产品生产条件，保障农产品质量安全水平的责任，《农产品质量安全法》第十六条规定，县级以上人民政府应当采取措施，加强农产品生产基地建设，改善农产品的生产条件。农业部门要推进保障农产品质量安全的标准化生产综合示范区、示范农场、养殖小区和无规定动植物疫病区的建设。

农产品生产基地建设主要突出生产条件的标准化，加快形成优势产业带，带动提升农产品质量和效益，增加农民收入。农产品生产基地要具备的基本条件有这些：

一是生态环境优、专业化程度高、产业化经营基础好、社会化服务能力强、标准化生产基础实，具有一定的生产规模；

二是具有较好的农田水利等基础设施；

三是具有良好的环境条件；

四是农技推广服务体系健全，有较好的推广服务能力；

五是生产、加工、销售的组织化程度较高；

六是产品有品牌、有包装，有一定的市场占有率和较高的知名度；

七是有健全的标准体系，产前、产中、产后全过程都有相应的标准和技术规程；

八是检测体系健全，有一定的检验检测手段。

近年来，农业部门通过推进标准化生产综合示范区、示范农场、养殖小区和无规定动植物疫病区建设，各地农产品标准化生产示范基地建设蓬勃发展。农产品生产基地标准化程度大幅度提高，基本实现规范化生产；农产品质量显著提高，达到优质安全水平；农业生产效率明显提高，取得良好的经济、社会和生态效益；农业产业化程度进一步提高，产供销一条龙关系更加紧密。

农业生物的生长过程，也是与周围环境进行物质能量传递、转化的过程，如果生长区域大气、土壤或者水体中存在过量的有毒有害物质，会被动植物在生长过程中吸收，在体内积累富集，造成农产品中有毒有害物质超标，食用后会危害人体和动植物健康。为了确保食用农产品的质量安全，《农产品质量安全法》第十七条规定，禁止在有毒有害物质超过规定标准的区域生产、捕捞、采集食用农产品和建立农产品生产基地。

农产品质量安全法律法规解读12
农产品产地环境保护

加强农产品生产基地建设是基础，但更重要的是，要保护农产品产地环境。

由于人们生产和生活过程中产生的"三废"——废水、废气和固体废物往往含有大量有毒有害物质，会污染农产品产地环境。所以，《农产品产地安全管理办法》规定，农业部门要制定农产品产地污染防治与保护规划，纳入本地农业农村经济发展规划；要大力推广清洁生产技术和方法，发展生态农业。农业生产用水和用作肥料的城镇垃圾、污泥等固体废物，要经过无害化处理并符合国家有关标准。禁止在农产品的产地堆放、贮存、处置工业固体废物。在农产品产地的周围堆放、贮存、处置工业固体废物的，要采取有效措施，防止对农产品产地安全造成危害。禁止违反法律、法规的规定向农产品产地排放或者倾倒废水、废气、固体废物或者其他有毒有害物质。违法向农产品产地排放或者倾倒废水、废气、固体废物或者其他有毒有害物质的,依照有关环境保护法律、法规的规定处罚;造成损害的,依法承担赔偿责任。

多年来,由于化肥、农药等过量使用或不合理使用,投入量大、利用率低,导致农产品产地和农产品污染问题突出,比如没有被利用的化肥养分通过吸附和侵蚀等方式进入环境,污染水体,引起水体富营养化,造成地下水硝酸盐污染等环境问题。所以,农产品生产者要按相关标准或规范,合理使用化肥、农药、兽药、农用薄膜等农业投入品,严格执行农业投入品使用安全间隔期或者休药期的规定,防止危及农产品质量安全。农产品生产者要及时清除、回收农用薄膜、农业投入品包装物等,防止对农产品产地造成污染。不能使用国家明令禁止、淘汰的或者没有经过许可的农业投入品。违法使用农业投入品的,依照有关法律法规的规定处罚。

法律还规定,农业部门要加强产地污染修复和治理的科学研究和技术推广工作,采取生物、化学、工程等措施,对农产品禁止生产区和有毒有害物质不符合安全标准的农产品生产区域进行修复和治理。农业建设项目要经县级农业部门依法审核后,报有关部门审批。已经建成的企业或者项目污染农产品产地的,当地农业部门要报请本级人民政府采取措施,减少或消除污染危害。

农产品质量安全法律法规解读13
农产品生产规范

好的产地环境,只是生产农产品的基础条件。要生产出优质农产品,还要注意规范生产。在规范农产品生产方面,法律又有哪些具体规定,我们一起来了解一下。

要规范生产，首先必须先有生产规范。为此，《农产品质量安全法》第二十条规定，农业部和省级农业部门要制定保障农产品质量安全的生产技术要求和操作规程。生产技术要求和操作规程是现代科技成果和实践经验的结合，是对农产品生产过程的要求和规范，既能保证质量安全，又可以节约成本、增加效益。生产技术要求和操作规程涉及农业资源和环境保护、病虫害测报、动植物疫病防治、种子种苗繁育、种植养殖过程操作和管理等方方面面，与农产品的地域范围、品种特点、生产条件、生产方式有着密切关系，关系到农业的发展。所以法律规定，保障农产品质量安全的技术要求和操作规程，要由农业部和省级农业部门组织制定，以保证农业生产的需要。

多年来，农业部门充分利用农业教学科研、行政管理、生产企业等方面的技术力量，先后组织制定了一大批农产品生产、病虫害防治、检验检疫、农产品加工、农村资源环境等各类技术规范和种植养殖、检验检疫规程、种畜种苗育种、加工等各类农业技术操作规程。

农产品生产技术规范制定后，要产生效果，关键还是要在农产品生产中严格遵守执行。为此，《农产品质量安全法》规定，农业部门要加强对农产品生产的指导，引导农产品生产者严格按照规范开展生产。

为了推进农产品生产者遵守执行农产品生产技术规范，法律还规定农民专业合作经济组织和农产品行业协会有义务提供农产品生产技术服务。《农产品质量安全法》第二十七条规定：农民专业合作经济组织和农产品行业协会对其成员应当及时提供生产技术服务，建立农产品质量安全管理制度，健全农产品质量安全控制体系，加强自律管理。农民专业合作经济组织和农产品行业协会应当为其成员提供的生产技术服务包括：

1. 按照法律法规和农业部的规定,合理使用农业投入品,严格执行农业投入品使用安全间隔期或者休药期的规定;

2. 提供高效低毒农业投入品的统一配送和使用技术指导;

3. 提供动植物疫病防治技术、收获储运保鲜加工和包装、标识的指导等。

农产品质量安全法律法规解读14
农业投入品管理

前面我们讲到,农药、肥料等农业投入品如果使用不当,会对农产品产地造成污染,甚至直接危害农产品质量安全。所以《农产品质量安全法》特别强调要加强农业投入品的管理。

《农产品质量安全法》第二十一条规定,对可能影响农产品质量安全的农药、兽药、饲料和饲料添加剂、肥料、兽医器械,要依照有关法律、行政法规的规定实行许可制度。使用不合格的农药、兽药、种子、水产苗种、种畜禽、饲料、肥料等农业投入品,都会危及农产品的质量安全。现在一些发达国家通过立法和制定严格的质量安全标准,不断提高对进口农产品的农药、兽药残留限制水平,这已经成为影响我国农产品出口的主要限制。比如欧盟对进口我国茶叶的检测指标从原来的72项增加到227项,限制使用的农药从原来的29种增加到现在的62种。所以,为了保证农产品质量安全,必须对可能影响农产品质量安全的农业投入品实行许可准入,也就是没有经过批准,不能生产经营。目前实行了许可的农业投入品有农药、兽药、饲料和饲料添加剂、种子、农业机械等。肥料产品要经过登记,才能生产经营。

法律还规定,农业部和省级农业行政主管部门要定期对可能危及农产品质量安全的农药、兽药、饲料和饲料添加剂、肥料等农业投入品加大监督抽查力度，并及时公布抽查结果。

农业投入品使用不当是影响农产品质量安全和导致环境污染的一个很重要的原因。现在从事农业生产的大多数是农民，科学文化素质相对较低，生产规模小，没有政府部门的管理和指导，难以做到安全、合理使用农业投入品，要减少或避免农药、兽药、重金属等污染，保障农产品质量安全，还必须在农业投入品使用上进行规范，所以《农产品质量安全法》第二十二条规定，农业部门要加强对农业投入品使用的管理和指导，建立健全农业投入品的安全使用制度。截至目前，农业部相继制定了兽药生产和经营规范、农药合理使用准则等一系列规定。但总体来讲，我国农业投入品安全使用制度还不健全，与发达国家相比，农药、兽药残留指标的差距不仅表现在规定的药物的种类和数量上，而且表现在残留规定的水平上，建立健全农业投入品安全使用制度还要继续加强。

农产品质量安全法律法规解读15
农产品生产记录

作为农产品生产者，除了要按照规范进行生产、科学合理使用农业投入品外，还要将生产的关键过程记录下来，这是法律的强制规定。《农产品质量安全法》第二十四条规定，农产品生产企业和农民专业合作经济组织应当建立农产品生产记录，如实记载使用的农业投入品的名称、来源、用法、用量和使用、停用的日期，动物疫病、植物病虫草害的发生和防治情况，收获、屠宰或者捕捞的日期。

根据我国的实际情况，法律只要求农产品生产企业和农民专业合作经济组织要建立生产记录，但会采取订单农业等措施鼓励其他农产品生产者建立农产品生产记录。这是因为农产品生产企业和农民专业合作经济组织具有一定的生产规模和技术，有一定的组织管理能力和市场营销能力，生产的农产品绝大多数是为了市场销售。建立完善的生产过程记录，既有利于生产过程中技术的统一，也有利于品牌的打造，有利于质量安全问题的追根溯源，而且更重要的是便于带动农产品的标准化生产，引导周边的农户树立质量安全意识、责任意识和科学生产意识。

农产品生产记录主要是对农产品生产过程中的关键控制点和控制措施的记录。农产品生产周期长，影响环节多，作为农产品生产企业和农民专业合作经济组织，要把握农产品质量安全的最基本的控制点，以达到安全有保障，问题可追根溯源。

首先是严格投入品的使用，特别是农作物种子、水产苗种、种畜禽、农药、兽药、肥料、饲料和饲料添加剂的科学合理使用，这是从最初源头进行控制的关键。

其次是严把动物疫病及植物病、虫、草害的发生和防治情况，这是用药的原因。

最后就是掌握收获、屠宰或者捕捞的日期，主要是过了农药使用后的安全间隔期或兽药休药期，才能收获、屠宰或者捕捞。

法律还规定了生产记录保存年限，第二十四条第二款规定，农产品生产记录要保存两年，并且规定要如实记录，不能伪造。对农产品生产企业、农民专业合作经济组织没有建立生产记录的，或者没有按照法律规定的两年期限保存农产品生产记录的，或者是伪造农产品生产记录的，由农业部门责令限期改正；逾期不改正的，可以处二千元以下罚款。

农产品质量安全法律法规解读16
农产品质量安全状况检测

《农产品质量安全法》第二十六条规定，农产品生产企业和农民专业合作经济组织，应当自行或者委托检测机构对农产品质量安全状况进行检测；经检测不符合农产品质量安全标准的农产品，不得销售。

也就是说，农产品生产企业和农民专业合作经济组织，在销售自己生产的农产品前，有义务对农产品进行自检，防止不合格产品流入市场，损害消费者的利益。销售前对农产品进行自检，是农产品质量控制的一项重要措施，可以从源头上更好地确保农产品质量安全。

"自检"有两种方式：

一种是农产品生产企业和农民专业合作经济组织自己有检测仪器和检验人员的，可以自己进行检测。

另一种是农产品生产企业和农民专业合作经济组织自己没有检测仪器和检验人员，可以通过委托有关检测机构进行检测。这里要注意，"有关检测机构"必须是具备法定资质的农产品质量安全检测机构。委托不具备法定农产品检验资质的检测机构进行检测，检测结果没有法律效力。

大家可能注意到了，对于其他的农产品生产者，《农产品质量安全法》并没有规定他们要对生产出来的农产品进行检测。这主要是考虑到我国现在的农产品生产还是以千家万户分散、小规模生产为主，如果规定所有生产者都要在销售前检测，在实际中是不可能做到的。所以，考虑实际情况，没有强制规定所有农产品生产者都要对农产品质量安全开展自行检测。因为农产品生产企业和农民专业合作经济组织具有一定的经济实力,生产的规模大,示范带动的作用大,所以法律规定要开展农产品质量安全自检。

经过检测,发现有不符合农产品质量安全标准的农产品,农产品生产者就不能销售,要按照规定依法进行无害化处理和销毁。不符合安全标准的农产品,主要有四类:一是含有国家禁止使用的农药、兽药或者其他化学物质的;二是农药、兽药等化学物质残留或者含有的重金属等有毒有害物质不符合农产品质量安全标准的;三是含有的致病性寄生虫、微生物或者生物毒素不符合农产品质量安全标准的;四是使用的保鲜剂、防腐剂、添加剂等材料不符合国家有关强制性技术规范的。

农产品质量安全法律法规解读17
农产品包装

农产品包装是指对农产品进行装箱、装盒、装袋、包裹、捆扎等。对农产品进行包装,有利于储藏、运输、销售,有利于保障安全,也能实现质量升级和市场增值。所以,《农产品质量安全法》第二十八条规定,农产品生产企业、农民专业合作经济组织、农产品收购者销售的农产品,按照规定应当包装的,必须包装后才可以销售。

哪些农产品是要包装的呢?法律考虑农产品的特殊性,采取了分类指导和分步推进的原则。对一些包装销售条件成熟的农产品,要求必须经过包装后才可以销售;对一些没有条件和没有办法包装的,比如鲜活的畜禽、鲜活的水产品,就不作强制规定,鼓励按照市场消费需求,采用相应的保鲜方式进行销售。根据2006年农业部第 70 号令发布的《农产品包装和标识管理办法》的规定，这些农产品必须包装：

一是获得无公害农产品、绿色食品、有机农产品等认证的农产品，但鲜活畜、禽、水产品除外。

二是省级以上人民政府农业行政主管部门规定的其他需要包装销售的农产品。

考虑到销售的实际情况，法律还规定，符合规定包装的农产品拆包后直接向消费者销售的，可以不再另行包装。

农产品大多以鲜活产品为主，在包装、贮存、运输过程中很容易腐烂变质，失去原有的色、香、味和营养品质，失去相应的商品价值。所以，采取一定的保鲜防腐措施是必要的。但是在实际操作过程中，一些农产品生产者和销售者，往往不顾农产品消费者的健康，在农产品包装、保鲜、贮存、运输过程中追求色、香、味和商业利益，违法使用有毒有害物质，严重威胁到了广大消费者的身体健康和生命安全，也破坏了农产品的品质。为了保障公众消费安全，保证农产品品质，《农产品包装和标识管理办法》规定农产品在包装、保鲜、贮存、运输中使用的保鲜剂、防腐剂、添加剂等物质和包装材料，必须符合国家强制性技术规范要求，要防止机械损伤和二次污染，确保农产品质量安全。

农产品生产企业、农民专业合作经济组织、农产品收购者销售的农产品，应当包装没有包装的，或者没有按照规定要求进行包装的，由县级以上农业主管部门责令限期改正；逾期不改正的，处二千元以下罚款。

农产品质量安全法律法规解读18
农产品标识

与农产品包装紧紧连在一起的是在包装或者标签上要标明的内容，也就是标识。

对销售的农产品进行标识，标明农产品的有关信息，可以起到宣传生产者和销售者的品牌作用，也有利于对农产品质量问题进行追究。所以，《农产品质量安全法》第二十八条规定，农产品生产企业、农民专业合作经济组织以及从事农产品收购的单位或者个人销售的农产品，按照规定应当附加标识的，必须附加标识后才可以销售。按照《农产品包装和标识管理办法》第十条的规定，"按照规定应当附加标识的农产品"，是指农产品生产企业、农民专业合作经济组织以及农产品收购者销售的所有农产品，包括法律规定要包装的和可以不包装的农产品。农产品生产企业、农民专业合作经济组织、农产品收购者销售的要包装的农产品，要在包装物上进行标注或者附加标识标明品名、产地、生产者或者销售者名称、生产日期；农产品生产企业、农民专业合作经济组织、农产品收购者销售的不包装的农产品，要采取附加标签、标识牌、标识带、说明书等形式标明农产品的品名、生产地、生产者或者销售者名称等内容。这里特别要说明一下，不同的农产品，它的生产日期也不同：植物产品的生产日期是指收获日期；畜禽产品的生产日期是指屠宰或者出栏日期；水产品的生产日期是指起捕日期；其他产品的生产日期是指包装或者销售时的日期。

农产品标识使用的文字，要使用规范的中文。标识标注的内容要准确、清楚、显著。

农产品有分级标准的,要标明产品质量等级;使用添加剂的,还要按照规定标明添加剂的名称;属于农业转基因生物的农产品,要按照农业转基因生物安全管理的有关规定进行标识。依法需要实施检疫的动植物及其产品,要附具检疫合格标志、检疫合格证明。

销售获得无公害农产品、绿色食品、有机农产品等质量标志使用权的农产品,要标注相应的质量标志和发证机构。

农产品生产企业、农民专业合作经济组织、农产品收购者销售的农产品没有标识的,或者没有按照规定进行标识的,由县级以上农业行政主管部门责令限期改正;逾期不改正的,可以处二千元以下罚款。

农产品质量安全法律法规解读19
农产品质量标志

销售无公害农产品等质量标志的农产品,要标注相应的农产品质量标志。那么,农产品质量标志都有哪些呢?

首先,我们来看看农产品质量标志。农产品质量标志是指由国家有关部门制定并发布,由农产品生产者申请,经过国家有关部门验收,对获得特定质量认证的农产品的予以认可并进行证明的标识。农产品质量标志是国家有关部门对农产品质量安全进行有效监督和管理的重要手段。现在我国的农产品质量标志有无公害农产品、绿色食品、有机农产品和农产品地理标志,合起来可以叫作"三品一标"。

无公害农产品,是指产地环境、生产过程和产品质量符合国家有关标准和规范的要求,经认证合格获得认证证书并允许使用无公害农产品标志的未经加工或者初加工的食用农产品。

绿色食品，是指产自优良生态环境、按照绿色食品标准生产、实行全程质量控制并获得绿色食品标志使用权的安全、优质食用农产品及相关产品。

有机农产品，是指生产、加工、销售过程符合有机产品国家标准的供人类消费、动物食用的农产品及相关产品。

农产品地理标志，是指标示农产品来源于特定地域，产品品质和相关特征主要取决于自然生态环境和历史人文因素，并以地域名称冠名的特有农产品标志。

为了规范农产品质量标志的使用管理，保证农产品质量安全，《农产品质量安全法》第三十二条规定，销售的农产品必须符合农产品质量安全标准，生产者可以申请使用无公害农产品标志。农产品质量符合国家规定的有关优质农产品标准的，生产者可以申请使用相应的农产品质量标志。

农产品生产，质量安全是关键。我们要通过大力实施农产品质量标志战略，推动农产品生产者不断改进生产条件，科学合理使用农业投入品，生产出更多符合各种农产品质量标志的农产品，以满足社会消费需要，促进社会进步，提高公众健康水平。

法律规定，不能假冒无公害农产品、绿色食品、有机农产品、农产品地理标志等质量标志。冒用无公害农产品、绿色食品、有机农产品、农产品地理标志等农产品质量标志的，由县级以上农业行政主管部门责令改正，没收违法所得，并处二千元以上二万元以下罚款。

农产品质量安全法律法规解读20
无公害农产品

农业部和国家质监总局在2002年专门出台了部门规章——《无公害农产品管理办法》,2007年作了修改。《无公害农产品管理办法》规定,无公害农产品,是指产地环境、生产过程和产品质量符合国家无公害的标准和规范的要求,经认证合格获得认证证书并允许使用无公害农产品标志的没有经过加工或者初加工的食用农产品。无公害农产品可以在产品或者包装上使用证明性标记,也就是无公害农产品标志。

根据《无公害农产品管理办法》,无公害农产品的管理及质量监督工作,由农业部门、质监部门和国家认证认可监督管理委员会按照各自的职责分工负责。各级农业部门和质监部门要在政策、资金、技术等方面扶持无公害农产品的发展,组织无公害农产品新技术的研究、开发和推广。无公害农产品认证机构对获得认证的产品有义务进行跟踪检查,受理有关的投诉或者申诉工作。

这里要提醒大家注意,不是所有的农产品都可以申请无公害农产品认证。《无公害农产品管理办法》规定,实施无公害农产品认证的产品范围由农业部、国家认证认可监督管理委员会共同确定、调整。

获得无公害农产品认证并加贴标志的产品,经检查、检测、鉴定,不符合无公害农产品质量标准要求的,由县级以上农业部门或者各地质监部门责令停止使用无公害农产品标志的,由认证机构暂停或者撤销认证证书。

任何单位和个人不能伪造、冒用、转让、买卖无公害农产品产地认定证书、产品认证证书和标志。伪造、冒用、转让、买卖无公害农产品产地认定证书、产品认证证书和标志的，由县级以上农业部门和各地质监部门根据各自的职责分工责令其停止，并可处以违法所得1倍以上3倍以下的罚款，但是最高罚款不超过3万元；没有违法所得的，可以处1万元以下的罚款。

为了保证无公害农产品监督管理工作公正公平开展，法律规定，从事无公害农产品管理的工作人员滥用职权、徇私舞弊、玩忽职守的，由所在单位或者所在单位的上级行政主管部门给予行政处分；构成犯罪的，依法追究刑事责任。

从事无公害农产品的产地认定的部门和产品认证的机构不得收取费用。检测机构的检测、无公害农产品标志按国家规定收取费用。

农产品质量安全法律法规解读21
无公害农产品产地认定

无公害农产品实行对产地进行认定和对产品进行认证，具体怎么认定认证，我们一一介绍。这一节讲讲无公害农产品产地认定方面的内容。

《无公害农产品管理办法》对无公害农产品产地的条件作了严格规定：

一是产地环境符合无公害农产品产地环境的标准要求；

二是区域范围明确；

三是有一定的生产规模。

同时，对无公害农产品的生产管理也作了规定，要求：

一是生产过程符合无公害农产品生产技术的标准，比如，要严格按规定使用农业投入品，不能使用国家禁止使用的农业投入品；

二是有相应的专业技术和管理人员；

三是有完善的质量控制措施，有完整的生产和销售记录档案。

无公害农产品产地的认定工作是由省级农业部门负责组织实施。

申请无公害农产品产地认定，首先要向县级农业部门书面申请，县级农业部门在10个工作日内完成材料初审工作。申请材料不符合要求的，书面通知申请人。申请材料符合要求的，县级农业部门逐级将推荐意见和有关材料上报省级农业部门。

省级农业部门从收到推荐意见和有关材料之日起，在10个工作日内完成审核工作，符合要求的，组织有关人员进行现场检查。现场检查不符合要求的，书面通知申请人。现场检查符合要求的，通知申请人委托具有资质资格的检测机构，对产地环境进行检测。承担产地环境检测任务的机构，根据检测结果出具产地环境检测报告。

省级农业部门对材料审核、现场检查和产地环境检测结果符合要求的，从收到现场检查报告和产地环境检测报告之日起，30个工作日内颁发无公害农产品产地认定证书，并报农业部和国家认证认可监督管理委员会备案。不符合要求的，书面通知申请人。

无公害农产品产地认定证书的有效期为3年。到期需要继续使用的，要在有效期满90天前按照程序，重新办理。

获得无公害农产品产地认定证书的，要在无公害农产品产地树立标示牌，标明范围、产品品种、责任人。

无公害农产品产地被污染或者产地环境达不到标准要求的；或者无公害农产品产地使用的农业投入品不符合无公害农产品相关标准要求的；或者擅自扩大无公害农产品产地范围的，由省级农业部门警告，并责令限期改正；逾期未改正的，撤销无公害农产品产地认定证书。

农产品质量安全法律法规解读22
无公害农产品产品认证

无公害农产品的产品认证工作，是由取得法定认证资格的无公害农产品认证机构负责。经国家认证认可监督管理委员会审批，农业部农产品质量安全中心具体承担无公害农产品的产品认证工作。

通过上几节的讲解，我们知道，必须是列入实施无公害农产品认证的产品目录的农产品，才可以申请无公害农产品认证。现在实行的产品目录是2013年12月，由农业部和国家认证认可监督管理委员会发布的第2034号公告，有稻谷等567个食用农产品列入产品目录。

凡是列入了实施无公害农产品认证的产品目录内的农产品，获得了无公害农产品产地认定证书的，都可以申请无公害农产品认证。申请者可以通过省级农业部门申请，也可以直接向农业部农产品质量安全中心申请，申请时提交《无公害农产品认证申请书》等材料。农业部农产品质量安全中心在收到无公害农产品认证申请之日起15个工作日内完成对申请材料的审核。申请材料不符合要求的，书面通知申请人。申请材料符合要求的，农业部农产品质量安全中心可以根据需要派人对产地环境、区域范围、生产规模、质量控制措施、生产计划、标准和规范的执行情况等进行现场检查。现场检查不符合要求的，书面通知申请人。

材料审核和现场检查符合要求的，农业部农产品质量安全中心通知申请人委托具有资质资格的检测机构对产品进行检测。承担产品检测任务的机构，根据检测结果出具产品检测报告。产品检测结果符合要求的，农业部农产品质量安全中心要在从收到现场检查报告和产品检测报告之日起30个工作日内颁发无公害农产品认证证书。产品检测结果不符合要求的,书面通知申请人。

农业部农产品质量安全中心从颁发无公害农产品认证证书后30个工作日内,将颁发的认证证书副本同时报农业部和国家认证认可监督管理委员会备案,由农业部和国家认证认可监督管理委员会公告。

无公害农产品认证证书的有效期为3年。到期需要继续使用的,在有效期满90日前按照规定程序重新办理。

在有效期内生产无公害农产品认证证书以外的产品品种的,要到农业部农产品质量安全中心办理认证证书的变更手续。

农产品质量安全法律法规解读23
无公害农产品标志

无公害农产品标志如何识别,印制和使用无公害农产品标志有什么规定,这是我们下面要了解的内容。

农业部和国家认证认可监督管理委员会第231号公告发布的《无公害农产品标志管理办法》,对无公害农产品标志作了详细规定。

无公害农产品标志的基本图案主要由麦穗、对勾和"无公害农产品"字样组成,麦穗代表农产品,对勾表示合格。标准颜色由绿色和橙色组成,橙色表示成熟和丰收,绿色表示环保和安全。标志规格有五种:1号10毫米;2号15毫米;3号20毫米;4号30毫米;5号60毫米。无公害农产品标志都采用了防伪技术。

农业部农产品质量安全中心按照认证证书标明的产品品种、产品数量发放无公害农产品标志,并建立无公害农产品标志出入库登记制度。无公害农产品标志出入库时,应当清点数量,登记台账;无公害农产品标志出入库台账要存档,保存时间为5年。无公害农产品标志的发放情况每6个月报农业部和国家认监委。

无公害农产品标志的印制工作由经农业部和国家认监委考核合格的印制单位承担，其他任何单位和个人不能擅自印制。印制在包装、标签、广告、说明书上的无公害农产品标志图案，不能作为无公害农产品标志使用。

印制的无公害农产品标志，只能定向销售给农业部农产品质量安全中心。印制单位要建立无公害农产品标志登记制度，无公害农产品标志出入库应当清点登记；无公害农产品标志出入库台账应当存档，期限为5年。对废、残、次无公害农产品标志要进行销毁，并予以记录。

申请使用无公害农产品标志的单位和个人，要按照无公害农产品标志的管理规定正确使用无公害农产品标志。无公害农产品标志可用在产品、包装、标签、广告、说明书上，用以证明产品符合无公害农产品标准。但要注意必须在无公害农产品认证证书规定的产品范围和有效期内使用，不得超范围和过期使用，不能买卖和转让。使用者要建立无公害农产品标志的使用管理制度，对无公害农产品标志的使用情况如实记录并存档。

伪造、变造、盗用、冒用、买卖和转让无公害农产品标志以及违反《无公害农产品标志管理办法》的行为，按照国家有关法律法规的规定，予以行政处罚；构成犯罪的，依法追究其刑事责任。

农产品质量安全法律法规解读24
绿色农产品

无公害是农产品的基本质量要求，但随着生活水平的提高，大家会追求更好的农产品。下面为大家介绍绿色农产品，它的质量和安全比无公害农产品更好。

绿色农产品属于绿色食品。绿色食品是指产自优良生态环境、按照绿色食品标准生产、实行全程质量控制并获得绿色食品标志使用权的安全、优质食用农产品及相关产品。分为 AA 级绿色食品和 A 级绿色食品两种。

AA 级绿色食品，是指在生态环境质量符合规定标准的产地，生产过程中不使用任何有害化学合成物质，按特定的生产操作规程生产、加工，产品质量及包装经检测、检查符合特定标准，并经中国绿色食品发展中心认定通过的产品。

A 级绿色食品，是指在生态环境质量符合规定标准的产地，生产过程中允许限量使用限定的化学合成物质，按特定的生产操作规程生产、加工，产品质量及包装经检测、检查符合特定标准，并经中国绿色食品发展中心认定通过的产品。

绿色食品的标准包括产地生态环境质量标准、生产操作规程、产品标准、包装标准、储藏和运输标准及其他相关标准，有一个完整的质量控制标准体系。

绿色食品的产地生态环境质量标准具体包括大气环境质量评价、用水评价和土壤评价，产品的生长区域内没有工业企业的直接污染，水域上游、上风口没有污染源对该区域构成污染威胁，这个区域内的大气、土壤质量及灌溉用水、养殖用水质量都符合绿色食品的相关标准，并有一套保证措施，确保这个区域在今后的生产过程中环境质量不下降。

绿色食品的生产操作规程包括种植业、养殖业各个环节要遵守的规范程序，以及农药、肥料、食品添加剂、饲料及饲料添加剂和兽药的使用规则。AA 级绿色食品在生产过程中禁止使用任何有害化学合成肥料、化学农药及化学合成食品添加剂；A 级绿色食品在生产过程中允许限量使用限定的化学合成物质。

绿色食品的产品标准一般高于或等于现行国际标准、国家标准、部门标准和行业标准，有些还增加了检测项目。分质量标准和卫生标准两部分，其中卫生标准包括农药残留、有害重金属污染和有害微生物污染。

绿色食品的产品包装还要符合相关要求，取得绿色食品标志使用资格的单位应将绿色食品标志用于产品的内外包装。

农产品质量安全法律法规解读25
绿色食品标志使用申请

我们继续来了解绿色农产品，讲讲怎么申请绿色食品标志使用权。

《绿色食品标志管理办法》规定，绿色食品标志依法注册为证明商标，受法律保护。中国绿色食品发展中心负责全国绿色食品标志使用申请的审查、颁证和颁证后跟踪检查工作。省级绿色食品工作机构负责本省范围内的绿色食品标志使用申请的受理、初审和颁证后跟踪检查工作。

申请使用绿色食品标志，要向省级绿色食品工作机构提出申请。省级绿色食品工作机构从收到申请之日起十个工作日内完成材料审查。符合要求的，予以受理，在产品及产品原料生产期内完成现场检查；不符合要求的，不予受理，书面通知申请人并告知理由。

现场检查不合格的，省级绿色食品工作机构退回申请并书面告知理由。现场检查合格的，省级绿色食品工作机构书面通知申请人，由申请人委托有法定资质的检测机构进行检测。检测机构要如实出具检测报告，伪造检测结果的，依法予以处罚，并且永久不能再承担绿色食品产品和产地环境检测工作。

省级绿色食品工作机构从收到检测报告之日起二十个工作日内提出初审意见。初审合格的，将材料报送中国绿色食品发展中心。初审不合格的，退回申请并书面告知理由。

中国绿色食品发展中心从收到材料之日起三十个工作日内完成书面审查，并在二十个工作日内组织专家评审。必要时，要进行现场核查。

中国绿色食品发展中心根据专家评审的意见，在五个工作日内作出是否颁发绿色食品标志使用证书的决定。同意颁证的，与申请人签订绿色食品标志使用合同，颁发使用证书，并公告；不同意颁证的，书面通知申请人并告知理由。

绿色食品标志使用证书要注明准许使用的产品名称、商标名称、获证单位及其信息编码、核准产量、产品编号、标志使用有效期、颁证机构等内容。

绿色食品标志使用证书有效期是三年。有效期满，需要继续使用的，要在有效期满三个月前书面提出续展申请。省级绿色食品工作机构在四十个工作日内组织完成审核。初审合格的，由中国绿色食品发展中心在十个工作日内作出决定。准予续展的，续签绿色食品标志使用合同，颁发新的绿色食品标志使用证书并公告；不予续展的，书面通知标志使用人并告知理由。

标志使用人到期没有提出续展申请，或者申请续展没有通过的，不能继续使用绿色食品标志。

农产品质量安全法律法规解读26
绿色食品标志使用

取得绿色食品标志使用证书后,标志使用人有哪些权利,怎么使用绿色食品标志?

《绿色食品标志管理办法》规定,标志使用人在证书有效期内,可以在获证产品及包装、标签、说明书上使用绿色食品标志;在获证产品的广告宣传、展览展销等市场营销活动中使用绿色食品标志;在农产品生产基地建设、农业标准化生产、产业化经营、农产品市场营销等方面优先享受相关扶持政策。

享受权利,也要承担相应义务。在证书有效期内,标志使用人要严格执行绿色食品标准,保持绿色食品产地环境和产品质量稳定可靠;遵守标志使用合同及相关规定,规范使用绿色食品标志;积极配合县级以上农业部门的监督检查及绿色食品工作机构的跟踪检查。

在证书有效期内,标志使用人的单位名称、产品名称、产品商标等发生变化的,标志使用人要申请办理变更手续。产地环境、生产技术等条件发生变化,使产品不再符合绿色食品标准要求的,标志使用人要立即停止标志使用,并向中国绿色食品发展中心报告。

县级以上地方农业部门要加强绿色食品标志的监督管理,依法对绿色食品产地环境、产品质量、包装标识、标志使用等情况进行监督检查。

省级绿色食品工作机构要组织对绿色食品标志使用人使用绿色食品标志的情况进行年度检查。检查合格的,在标志使用证书上加盖年度检查合格章。

标志使用人有下列六种情况之一的,中国绿色食品发展中心取消其标志使用权,收回标志使用证书,并公告:

一是生产环境不符合绿色食品环境质量标准的;

二是产品质量不符合绿色食品产品质量标准的;

三是年度检查不合格的;

四是没有遵守标志使用合同约定的;

五是违反规定使用标志和证书的;

六是以欺骗、贿赂等不正当手段取得标志使用权的。

标志使用人被取消标志使用权的,三年内中国绿色食品发展中心不再受理其绿色食品标志使用申请;情节严重的,中国绿色食品发展中心永久不再受理其绿色食品标志使用申请。

没有经中国绿色食品发展中心许可,任何单位和个人不得使用绿色食品标志。禁止将绿色食品标志用于非许可产品及其经营性活动。禁止伪造、转让绿色食品标志和标志使用证书。违反规定的,要依法处罚。

农产品质量安全法律法规解读27
有机农产品

农产品质量安全最高级别产品是有机农产品,下面就来详细了解有机农产品。

有机农产品,是根据有机农业原则和有机农产品生产方式及标准生产加工,并通过有机食品认证机构认证的农产品。有机农产品在生产和加工过程中绝对禁止使用农药、化肥、激素等人工合成物质,也不使用基因工程生物及其产物,主要通过建立和恢复农业生态系统的生物多样性和良性循环,来维持农业的可持续发展。在有机农业生产体系中，作物秸秆、畜禽粪肥、豆科作物、绿肥和有机废弃物是土壤肥力的主要来源；作物轮作以及各种物理、生物和生态措施是控制杂草和病虫害的主要手段。所以，有机农产品是真正源于自然、富营养、高品质的生态农产品。

所以有机农产品除了要遵守《农产品质量安全法》的规定外，还要遵守《有机产品认证管理办法》(2013年11月15日国家质量监督检验检疫总局令第155号公布，根据2015年8月25日《国家质量监督检验检疫总局关于修改部分规章的决定》修订)的规定。有机农产品的认证由具备法定资质的有机产品认证机构负责。国家制定统一的国内有机产品认证基本规范、规则和统一的标志式样。认证机构可以设计专用的机构标识。国家按照平等互利的原则开展有机产品认证认可的国际互认。

有机产品认证机构要具备有机产品认证的技术能力，配备经认可机构注册的有机产品认证检查员。国家认监委定期公布符合规定的有机产品认证机构和有机产品检测机构的名录。不在目录所列范围之内的认证机构和产品检测机构，不能从事有机产品的认证和相关检测活动。截至目前，有机产品认证机构有近30家。有机产品认证机构依法独立开展有机产品认证工作。对符合有机产品认证的出具有机产品认证证书。

生产、加工、销售有机农产品的单位及个人，要按照认证证书确定的产品范围和数量销售有机农产品，保证有机农产品的生产和销售数量的一致性。

有机农产品认证证书有效期为1年。获证产品的认证委托人应当在获证产品或者产品的最小销售包装上，加施中国有机产品认证标志、有机码和认证机构名称。对伪造、变造、冒用、非法买卖、转让、涂改认证证书的，地方认证监管部门责令改正，处3万元罚款。

农产品质量安全法律法规解读28
农产品地理标志

这一节介绍农产品地理标志。

农产品地理标志,是指标示农产品来源于特定地域,产品品质和相关特征主要取决于自然生态环境和历史人文因素,并以地域名称冠名的特有农产品标志。为规范农产品地理标志的使用,保证地理标志农产品的品质和特色,2007年农业部制定了《农产品地理标志管理办法》。

《农产品地理标志管理办法》规定,国家对农产品地理标志实行登记制度。经登记的农产品地理标志受法律保护。

农业部负责全国农产品地理标志的登记工作,农业部农产品质量安全中心负责农产品地理标志登记的审查和专家评审工作,农产品地理标志登记专家评审委员会具体负责专家评审。省级农业部门负责本省范围内农产品地理标志登记申请的受理和初审工作。县级以上农业部门要依法加强农产品地理标志的保护和利用,在政策、资金等方面予以支持。

《农产品地理标志管理办法》规定申请地理标志登记的农产品,必须具备这些条件:一是名称由地理区域名称和农产品通用名称构成,比如信丰脐橙;二是产品有独特的品质特性或者特定的生产方式;三是产品品质和特色主要取决于独特的自然生态环境和人文历史因素;四是产品有限定的生产区域范围;五是产地环境、产品质量符合国家强制性技术规范要求。

《农产品地理标志管理办法》对农产品地理标志登记申请人的条件也作了规定:必须是具有独立承担民事责任能力的农民专业合

作经济组织、行业协会等组织；必须具有监督和管理农产品地理标志及其产品的能力；必须具有为地理标志农产品生产、加工、营销提供指导服务的能力。

符合条件的申请人要经县级以上地方政府确定后，才可以向省级农业部门提出申请。经省级农业部门初审合格的，报农业部农产品质量安全中心审查。

农业部农产品质量安全中心在规定期限内提出审查意见并组织专家评审。经专家评审通过的，由农业部农产品质量安全中心进行公示。公示没有异议的，由农业部决定并颁发《中华人民共和国农产品地理标志登记证书》，公布登记产品相关技术规范和标准。

农产品地理标志登记证书长期有效。登记的地理标志农产品或登记证书持有人不符合规定的，由农业部注销其地理标志登记证书并对外公告。禁止伪造、冒用农产品地理标志登记证书。违反规定的，要依法给予处罚。

农产品质量安全法律法规解读29
农产品地理标志使用

首先，我们来了解一下农产品地理标志的样式。农产品地理标志样式分为两部分，一部分是公共标识，另一部分是地域产品名称。公共标识基本图案由"中华人民共和国农业部"中英文字样、"农产品地理标志"中英文字样和麦穗、地球、太阳、月亮等元素构成，组成色彩为绿色和橙色，具体样式大家可以上网搜索查看。

要特别告诉大家的是，并不是只有农产品地理标志登记证书持有人才可以使用农产品地理标志，其他农产品生产者也可以向农产品地理标志登记证书持有人申请使用农产品地理标志。但申请使用地理标志的农产品生产者必须要符合下列条件：一是申请人生产经营的农产品产自地理标志登记确定的地域范围；二是申请人已取得地理标志登记的农产品的生产经营资质；三是申请人能够严格按照规定要求组织开展生产经营活动；四是申请人具有地理标志农产品市场开发经营能力。

使用农产品地理标志，要按照生产经营年度与登记证书持有人签订农产品地理标志使用协议，在协议中明确使用的数量、范围及相关的责任义务。

农产品地理标志使用协议生效后，申请人可以在农产品和包装上使用农产品地理标志，可以使用登记的农产品地理标志进行宣传和参加展览、展示、展销活动。

地理标志登记证书持有人要建立规范有效的标志使用管理制度，对农产品地理标志的使用实行动态管理、定期检查，并提供技术咨询与服务。

使用人使用农产品地理标志不需要向地理标志登记证书持有人交纳使用费，但要自觉接受登记证书持有人的监督检查，正确规范地使用地理标志，保证地理标志农产品的品质和信誉。使用人要建立使用档案，如实记录地理标志使用情况，农产品地理标志使用档案要保存至少五年。

地理标志登记证书持有人要定期向所在地县级农业部门报告农产品地理标志使用情况。县级以上农业部门要加强对农产品地理标志使用情况的监督检查，并定期将农产品地理标志使用及监督检查情况逐级报省级农业部门。

任何单位和个人不得冒用农产品地理标志。冒用农产品地理标志的，依照《农产品质量安全法》第五十一条规定处罚。

农产品质量安全法律法规解读30
禁止销售的农产品

农产品要上市销售，要符合哪些规定呢？

《农产品质量安全法》第二十六条规定：经检测不符合农产品质量安全标准的农产品，不得销售。《农产品质量安全法》第三十三条作了更明确的规定，这五类农产品不能销售：

一是含有国家禁止使用的农药、兽药或者其他化学物质的；

二是农药、兽药等化学物质残留或者含有的重金属等有毒有害物质不符合农产品质量安全标准的；

三是含有的致病性寄生虫、微生物或者生物毒素不符合农产品质量安全标准的；

四是使用的保鲜剂、防腐剂、添加剂等材料不符合国家有关强制性的技术规范的；

五是其他不符合农产品质量安全标准的。

销售了这些农产品，要怎么样处理呢？按照《农产品质量安全法》第四十一条的规定，县级以上农业部门在农产品质量安全监督管理中，发现了这些农产品，要按照农产品质量安全责任追究制度的要求，查明责任人，依法予以处理或者提出处理建议。

使用的保鲜剂、防腐剂、添加剂等材料不符合国家有关强制性的技术规范的，按照《农产品质量安全法》第四十九条的规定，由县级以上农业部门责令停止销售，对被污染的农产品进行无害化处理，对不能进行无害化处理的予以监督销毁；没收违法所得，并处二千元以上二万元以下罚款。

农产品生产企业、农民专业合作经济组织销售了上述第一、二、

三、五类不得销售的农产品的,按照《农产品质量安全法》第五十条规定,由县级以上农业部门责令停止销售,追回已经销售的农产品,对违法销售的农产品进行无害化处理或者予以监督销毁;没收违法所得,并处二千元以上二万元以下罚款。

在这里,要提醒注意的是,《农产品质量安全法》第五十条规定的处罚对象只是农产品生产企业和农民专业合作经济组织。如果是个体农民销售自己生产的不符合农产品质量安全标准的农产品,是否要处罚呢?答案是肯定的。农业部门可依据《食品安全法》《国务院关于加强食品等产品安全监督管理的特别规定》《农药管理条例》等重点处罚其违法使用农业投入品行为,由于涉及农业投入品监管,这里就不再详述。

农产品质量安全法律法规解读31
禁用限用农药

上一节我们讲到,含有国家禁止使用的农药、兽药或者其他化学物质的农产品,不能上市销售。那国家禁止使用的农药又有哪些呢?

一些农药对农产品质量安全和人体健康有害,为了保障农产品质量安全和人体健康安全,我们国家明令禁止在农业生产中使用某些农药或者限制某些农药使用在特定的农作物上。比如《食品安全法》《农药管理条例》等明确规定农药使用者不能将剧毒、高毒农药用于蔬菜、瓜果、茶叶和中草药材,严禁用农药毒鱼、虾、鸟、兽等。任何农药产品都不得超出农药登记批准的使用范围使用。从2013年10月31日开始,我国全面禁止在农业上使用的农药达到了33种,2016年1月1日起将增加5种,2016年7月1日起再增加 1 种。

除了全面禁止使用的农药外，国家还规定了不能使用在特定农作物上的农药，就是限用农药。目前，我国的限用农药有 19 种。大家可以到农业部网站详细查询了解。

禁止在蔬菜、果树、茶树和中草药材作物上使用的有甲拌磷、甲基异柳磷、内吸磷、克百威、涕灭威、灭线磷、硫环磷和氯唑磷。

其中，禁止在茶树上使用的还有硫丹、灭多威、三氯杀螨醇和氰戊菊酯。

禁止在十字花科蔬菜上使用的还有灭多威。

禁止在柑橘树上使用的还有灭多威、水胺硫磷、氧乐果。

禁止在苹果上使用的还有灭多威、硫丹。

禁止在甘蓝上使用的还有氧乐果。

禁止在花生上使用的还有丁酰肼。

禁止在草莓和黄瓜上使用的还有溴甲烷。

氟虫腈只能用于卫生用杀虫，或者用作玉米等部分旱田种子的包衣剂，禁止在其他方面的使用。

国家禁限用农药名录

39 种国家禁止使用的农药				19 种国家限制使用的农药		
序号	农药名称	序号	农药名称	序号	农药名称	限制使用作物
1	甲胺磷	20	甘氟	1	克百威	蔬菜、果树、茶树、中草药材
2	甲基对硫磷（甲基1605）	21	毒鼠强	2	甲拌磷	蔬菜、果树、茶树、中草药材
3	对硫磷(1605)	22	氟乙酸钠	3	灭线磷	蔬菜、果树、茶树、中草药材
4	久效磷	23	毒鼠硅	4	氯唑磷	蔬菜、果树、茶树、中草药材
5	磷胺	24	苯线磷	5	甲基异柳磷	蔬菜、果树、茶树、中草药材
6	六六六	25	地虫硫磷	6	内吸磷	蔬菜、果树、茶树、中草药材

续表

39 种国家禁止使用的农药				19 种国家限制使用的农药		
序号	农药名称	序号	农药名称	序号	农药名称	限制使用作物
7	滴滴涕	26	甲基硫环磷	7	涕灭威	蔬菜、果树、茶树、中草药材
8	毒杀芬	27	硫线磷	8	硫环磷	蔬菜、果树、茶树、中草药材
9	二溴氯丙烷	28	蝇毒磷	9	三氯杀螨醇	茶树
10	杀虫脒	29	治螟磷	10	氰戊菊酯	茶树
11	二溴乙烷	30	特丁硫磷	11	硫丹	茶树、苹果树
12	除草醚	31	磷化钙	12	氧乐果	柑橘树、甘蓝
13	艾氏剂	32	磷化镁	13	灭多威	柑橘树、苹果树、茶树、十字花科蔬菜
14	狄氏剂	33	磷化锌	14	水胺硫磷	柑橘树
15	汞制剂			15	溴甲烷	草莓、黄瓜
16	砷类	34	氯磺隆（2016年1月1日起）	16	氟虫腈	除卫生用、旱田种子包衣剂外，禁止在其他方面使用
17	铅类	35	福美胂（2016年1月1日起）	17	丁酰肼（比久）	花生
18	敌枯双	36	福美甲胂（2016年1月1日起）	18		
19	氟乙酰胺	37	百草枯水剂（2016年7月1日起）	19	毒死蜱	2016年12月31日起，禁止在蔬菜上使用
38	胺苯磺隆（单剂2016年1月1日起禁止使用；原药和复配制剂2017年7月1日起禁止使用）				三唑磷	2016年12月31日起，禁止在蔬菜上使用
39	甲磺隆（单剂2016年1月1日起禁止使用；原药和复配制剂2017年7月1日起禁止使用；保留出口境外登记）					

农产品质量安全法律法规解读32
禁用限用兽药

前面,我们讲了农业生产中禁止或限制使用的农药,下面我们继续来为大家介绍禁止或者限制用于畜禽产品、水产品、饲料和动物饮用水中的兽药和其他药物。

为了防止不当的药物使用而使农产品质量安全达不到标准,危害人体健康,法律规定在畜禽、水产品生产和饲料、动物饮用水中,禁止超范围、超剂量、违反休药期规定等使用兽药和饲料添加剂,不能滥用违禁药品。农业部根据《饲料和饲料添加剂管理条例》《兽药管理条例》等有关规定,公布了《食品动物禁用的兽药及其它化合物清单》《禁止在饲料和动物饮用水中使用的药物品种目录》。

禁止用于食品动物的药物按禁用的级别分为五类:

第一类是绝对禁止使用的药物,主要有瘦肉精。使用瘦肉精,是要作为犯罪来打击的。大家听得多,但见得就少,具体是什么药,可能有很多人不一定清楚。其实,瘦肉精是一类药物的统称,而不是某一种特定的药物。凡是能够促进动物瘦肉生长、抑制肥肉生长的物质都可以叫作"瘦肉精"。瘦肉精对人体健康有危害所以不能使用。通常讲的"瘦肉精"是指盐酸克伦特罗。根据国家有关规定,"瘦肉精"包括盐酸克伦特罗、莱克多巴胺、沙丁胺醇、硫酸沙丁胺醇、盐酸多巴胺、硫酸特布他林、苯乙醇胺A、盐酸氯丙那林、西马特罗、班布特罗、盐酸齐帕特罗、马布特罗、西布特罗、溴布特罗、酒石酸阿福特罗和富马酸福莫特罗等。

其他绝对禁止使用的还有大家熟悉的孔雀石绿等。

第二类是限制使用对象的药物,比如乙酰水杨酸可以用于牛、猪、鸡，但产奶牛、产蛋鸡禁用。比如安普霉素可以用于猪、兔、山羊和鸡，但产奶羊、产蛋鸡禁用。如癸氧喹酯可以用于牛和山羊，但产奶动物禁用。

第三类是可作治疗用，但不能在动物性食品中检出的药物。主要有氯丙嗪、安定、地美硝唑、苯甲酸雌二醇、潮霉素B、甲硝唑、苯丙酸诺龙、丙酸睾酮、塞拉嗪等。

第四类是可以使用但有最高残留限量规定的药物。比如阿维菌素、阿莫西林等。

第五类是允许使用，也没有残留量限制规定的药物。这一类非常多，如咖啡因、葡萄糖酸钙、樟脑、叶酸、甲醛、缩宫素、普鲁卡因、维生素系列等。

禁止在饲料和动物饮用水中使用的药物品种有四十种，与禁用于食品动物的药物大部分相同。

农产品质量安全法律法规解读33
农产品质量安全监测

农产品质量安全状况关系到国计民生，影响重大。那国家怎么掌握农产品的质量安全状况呢？

《农产品质量安全法》第三十四条规定，国家建立农产品质量安全监测制度。一是通过对影响农产品质量安全的有害因素进行检验、分析和评价，掌握农产品质量安全风险状况，包括农产品质量安全例行监测、普查和专项监测；二是通过对生产中或市场上销售的农产品、农资进行抽样检测，监督农产品质量安全。

农业部制定和组织实施全国农产品质量安全监测计划，地方农业部门制定和组织实施本级农产品质量安全监测计划。监督抽查的结果由农业部或者省级农业部门按照权限予以公布。

为保证监测工作正常开展，农业部门要将农产品质量安全监测工作经费列入本部门财政预算，并要加强农产品质量安全检测机构建设，提升检测机构的检测能力。

监督抽查按照抽样机构和检测机构分离的原则实施。抽样工作由当地农业部门或者所属的农业执法机构负责，检测工作由农产品质量安全检测机构负责。检测机构根据需要可以协助实施抽样和样品预处理等工作。

抽样人员在抽样前要向被抽查人出示执法证件或工作证件。具有执法证件的抽样人员不得少于两名。抽样人员没有出示执法证件或者工作证件的，或者具有执法证件的抽样人员少于两名的，被抽查人可以拒绝抽样。

抽样人员抽样时要填写抽样单，抽样单要加盖抽样单位印章，并由抽样人员和被抽查人签字或按手印。抽样单一式四份，要给被抽查人留一份，抽取的样品经抽样人员和被抽查人签字或按手印确认后现场封样。

从事农产品生产、农资生产、销售和使用的单位和个人，有义务配合开展农资或者农产品监督抽查工作。2012年6月13日公布的第7号农业部令——《农产品质量安全监测管理办法》第二十三条规定，被抽查人没有正当理由拒绝抽样的，抽样人员要告知拒绝抽样的后果和处理措施。被抽查人仍拒绝抽样的，对被抽查农产品以不合格论处。

各级农业部门开展监督抽检不得向被抽查人收取费用，监测样品要向被抽查人购买。抽取的样品不能超过农业部规定的数量。上级农业部门已经组织开展了监督抽查的同一批次农产品，下级农业部门不能重复抽查。对于违反程序和法律规定抽样的，被抽查人有权拒绝。

农产品质量安全法律法规解读34
农产品检测体系建设

这一节，我们为大家介绍农产品检测机构。

上一节我们提到，监督抽查农产品的检测，由符合条件的农产品质量安全检测机构负责。《农产品质量安全法》第三十五条第二款对农产品安全检测机构的资质作了规定：从事农产品质量安全检测的机构，必须具备相应的检测条件和能力，由省级以上人民政府农业行政主管部门或者其授权的部门考核合格。并应当依法经计量认证合格。为避免重复建设，法律规定，要充分利用现有的符合条件的检测机构开展农产品质量安全检测工作。

农产品质量安全检测机构，作为农产品质量安全执法监管的重要技术支撑，在农产品质量安全监管工作中地位重要。

二十世纪九十年代以来，随着高产、优质、高效农业的提出和发展，农业部部级农产品质量安全检测机构开始规划建设。"十五"和"十一五"期间，国家把农产品质量安全检验检测体系作为农业和农村经济发展的重要支撑来规划和建设。特别是"十一五"期间，农产品质量安全检验检测体系纳入国家国民经济和社会发展第十一个五年规划纲要，启动实施《全国农产品质量安全检验检测体系建设规划（2006—2010年）》，安排专项资金，加大农产品质量安全检验检测体系建设投入，总投资五十多亿元。到2010年，国家投资已建设省（部）级、县级农产品质检中心（站、所）一千多个，其中县级农产品质检站建设九百多个。

为满足农产品质量安全监管所面临的新形势、新任务，国家发改委和农业部在"十一五"建设的基础上，对还没有建设和缺乏检测能力的农产品质检机构，编制了农产品质量安全检验检测体系"十二五"建设规划——《全国农产品质量安全检验检测体系建设规划（2011—2015年）》，争取通过五年左右的建设，建立产地环境、投入品和农产品全程可控的质检体系。重点补充建设一批部级专业质检中心，全方位建设市级综合性农产品质检中心和县级综合性农产品质检站，实现全国地市全覆盖。每个市级综合检测中心将投资一千万元，重点配备农业产地环境、农业投入品和农畜水产品中农药、兽药残留、有害有毒物质、有害微生物等定性定量分析检测仪器，主要承担辖区内农产品质量安全监督抽查检验、市场准入检测、产地认定检验、评价鉴定检验、质量安全事故、纠纷调查、鉴定和评价等任务，并对县级质监机构开展技术指导和服务。

农产品质量安全法律法规解读35

农产品检测

农产品检测机构是怎样开展农产品检测工作的呢？这是我们这节要学习的内容。

农产品检测机构只能自己开展检测，不能将监督抽查检测任务委托其他检测机构承担。接收监督抽查的样品后，要检查、记录样品的外观、状态、封条有没有破损及其他可能对检测结果或者综合判定产生影响的情况，并确认样品与抽样单的记录是不是相符，对检测和备份样品分别加贴相应标识后入库。必要时，在不影响样品检测结果的情况下，可以对检测样品分装或者重新包装编号。

农产品检测机构按照农业部门指定的方法和判定依据进行检测与判定。采用快速检测方法检测的，要遵守相关操作规范。检测过程中遇到样品失效或者其他情况使检测不能进行时，检测机构应当如实记录，并出具书面证明。

检测结果出来后，检测机构要及时报送下达任务的农业部门。检测结果不合格的，在确认后二十四小时内将检测报告报送下达任务的农业部门和抽查地农业部门，抽查地农业部门要及时书面通知被抽查人。

《农产品质量安全法》第三十六条规定，农产品生产者、销售者对监督抽查检测结果有不同意见的，可以从收到检测结果这一天开始五天内，向组织实施农产品质量安全监督抽查的农业部门或者其上级农业部门申请复检。

采用农业部会同有关部门认定的快速检测方法进行农产品质量安全监督抽查检测，被抽查人对检测结果有异议的，可以从收到检测结果时起四小时内申请复检。

过期没有提出书面复检申请的，视为承认检验结果。

复检机构由农业部门指定。复检不能采用快速检测方法。复检结论与原检测结论一致的，复检费用由申请人承担；不一致的，复检费用由原检测机构承担。

检测机构对检测结果的真实性负责，不得瞒报、谎报、迟报检测数据和分析结果。检测机构不能利用检测结果参与有偿活动，不得擅自透露检测结果。因检测结果错误给当事人造成损害的，依法承担赔偿责任。

检测机构伪造检测结果的，由农业部门依照《农产品质量安全法》第四十四条的规定，责令改正，没收违法所得，并处五万元以上十万元以下罚款，对直接负责的主管人员和其他直接责任人员处一万元以上五万元以下罚款；情节严重的，撤销其检测资格；造成损害的，依法承担赔偿责任。

农产品质量安全法律法规解读36
农产品批发市场进场检测，农产品销售企业进货查验

大量的农产品是通过专门从事农产品销售的企业和农产品批发市场，销售出去的。农产品销售企业和农产品批发市场把好农产品质量安全关很重要。

农产品批发市场，是指依法设立的，为农产品进行集中、大宗交易提供场所的有形市场。随着农副产品市场的放开，农产品批发市场已经成为农产品流通的中心环节和衔接生产与消费的桥梁与纽带。目前，一个县城一般都有一个较大规模的农产品批发市场。可以说，一个农产品综合批发市场与蔬菜市场、干鲜果品市场、粮油市场、水产市场和肉禽蛋市场等专业和零售市场相互衔接、相互补充的农产品批发市场体系已基本形成。农产品批发市场在衔接农产品产销、调节市场供求、沟通信息和促进农业生产专业化等方面的作用很大，很多地方就实现了"建一个市场，兴一个产业，活一方经济，富一方百姓"的目标。一些大型农产品区域批发市场，通过方便快捷的地理交通条件和农产品资源上的明显优势，商品辐射到全国，甚至远销国外。

农产品批发市场主要从事批发，其经营的农产品来源五花八门，有来自农业产业化大型企业的，也有来自专业合作社的，还有的来自家庭农场和个体农民。这些产品质量有的有保证，有的并不确定。所以，要加强农产品批发市场和销售者的内部管理，实施产品进场检测，这样才能保证进入农产品批发市场的农产品安全有保障，才能避免不符合农产品质量安全标准的农产品流入市场。《农产品质量安全法》第三十七条明确规定：农产品批发市场应当设立农产品

质量安全检测机构，或者委托具备法定资质的农产品质量安全检测机构，对进场销售的农产品质量安全状况进行抽查检测。农产品批发市场一旦发现不符合农产品质量安全标准的，应当要求销售者立即停止销售，并向农业部门报告。根据《食品安全法》第六十四条的规定，自2015年10月1日后，农产品批发市场发现不符合食品安全标准的，应当向食品药品监督管理部门报告。

法律同时规定，农产品销售企业对其销售的农产品，应当建立健全进货检查验收制度。对购进的农产品质量及相关的标识、证明、记录等进行检查，对符合农产品质量安全标准、符合合同约定要求的予以验收。经查验不符合农产品质量安全标准的，不能购进，已经购进的不能销售。这一规定的目的是保证销售者所销售的农产品质量，同时确保在发生质量安全问题后，能进行责任追究。

农产品质量安全法律法规解读37
农产品质量安全监管其他规定

农产品质量安全关系到每一个人的健康安全，需要全社会全方位进行监管，对此，法律又有哪些规定呢？

《农产品质量安全法》第三十八条规定，国家鼓励单位和个人对农产品质量安全进行社会监督。任何单位和个人都有权对违反本法的行为进行检举、揭发和控告。

违反《农产品质量安全法》的行为有冒用农产品质量安全标志，违法向农产品产地排放或者倾倒废水、废气、固体废物，销售不符合农产品质量安全标准的农产品，等等。对于这些违法行为，违法行为的受害人、其他民众、新闻媒体等，都可以进行检举、揭发和控告。有关部门收到检举、揭发和控告后，要及时处理。消费者购买到不符合农产品质量安全标准的农产品，造成了损害的，可以要求生产者、销售者或者农产品批发市场赔偿。

《农产品质量安全法》规定，农业部门可以对生产、销售的农产品进行现场检查，可以查阅、复制与农产品质量安全有关的记录和其他资料；对经检测不符合农产品质量安全标准的农产品，有权查封、扣押。工商部门可以对农产品销售企业和农产品批发市场销售不符合农产品质量安全标准的农产品，进行处罚。

《农产品质量安全法》第四十条规定，发生农产品质量安全事故时，有关单位和个人要履行两项法定义务：一是采取控制措施；二是及时报告。要立即向当地乡级人民政府和县级农业部门报告。任何单位和个人对农产品安全事故不得瞒报、迟报、谎报或者授意他人瞒报、迟报、谎报，不得阻碍他人报告。收到报告的机关要及时处理并报上一级人民政府和有关部门。发生重大农产品质量安全事故时，农业部门要及时通报同级食品药品监督管理部门。农产品质量安全监督管理人员不依法履行监督职责，或者滥用职权的，依法给予行政处分。

《农产品质量安全法》第四十二条对进口农产品也进行了规定，进口的农产品必须按照国家规定的农产品质量安全标准进行检验；没有制定有关农产品质量安全标准的，要依法及时制定，没有制定之前，可以参照国家有关部门指定的国外有关标准进行检验。

农产品质量安全与大家息息相关，相信通过学习，大家对农产品质量安全有了更全面的了解。

第十一章 水生野生动物保护法规解读

水生野生动物保护法规解读1
法律规范体系

渔业资源保护还有一个很重要的内容，就是水生野生动物保护。说到野生动物保护，大家会想到老虎、大象等，这些都是陆生野生动物，是林业部门负责的事。实际上，还有很多水生野生动物，比如江豚、中华鲟、胭脂鱼、大鲵（俗称娃娃鱼）等，这是渔业主管部门负责的事。

对水生野生动物保护，《渔业法》第三十七条作了原则规定：国家对白鳍豚等珍贵、濒危水生野生动物实行重点保护，防止其灭绝。禁止捕杀、伤害国家重点保护的水生野生动物。因科学研究、驯养繁殖、展览或者其他特殊情况，需要捕捞国家重点保护的水生野生动物的，依照《野生动物保护法》的规定执行。《渔业法》中关于禁渔、水产种质资源保护的规定，也是保护水生野生动物。为了加强水生野生动物的保护，国家制定了《野生动物保护法》和《水生野生动物保护实施条例》。江西省还在1994年制定了《江西省实施〈中华人民共和国野生动物保护法〉办法》，并于1997年8月15日江西省第八届人民代表大会常务委员会第二十九次会议、2012年11月30日江西省第十一届人民代表大会常务委员会第三十四次会议进行了修订，自2013年1月1日起施行。

《野生动物保护法》是1988年11月8日第七届全国人大常委

会第四次会议通过的，从1989年3月1日起施行，2004年、2009年作了修改，共有五章四十二条。野生动物分了水生和陆生两类，水生野生动物的保护管理由渔业主管部门负责，陆生野生动物的保护管理由林业部门负责。

制定《野生动物保护法》的目的是为了保护、拯救珍贵、濒危野生动物，保护、发展和合理利用野生动物资源，维护生态平衡。在中国境内从事野生动物的保护、驯养繁殖、开发利用活动，都要遵守这部法律的规定。《野生动物保护法》保护的水生野生动物，是指珍贵、濒危的水生野生动物。珍贵就是宝贵、有很高价值的意思；濒危就是快要灭绝的意思。珍贵、濒危水生野生动物以外的其他水生野生动物，按照《渔业法》的规定来保护。

为了更好地加强对水生野生动物的保护管理，国务院授权农业部在1993年10月5日发布了行政法规——《水生野生动物保护实施条例》，从发布这天起开始实施，2011年、2013年作了修改。这部条例分了五章总共三十五条。农业部1999年还制定了规章——《水生野生动物利用特许办法》，从1999年9月1日起施行，并于2004年7月1日、2010年11月26日、2013年12月31日修改了三次。这部规章对捕捉、驯养繁殖、运输、出售、收购和进出口等利用水生野生动物的管理作了很具体的规定。

水生野生动物保护法规解读2
基本原则、职责分工

按照《野生动物保护法》和《水生野生动物保护实施条例》的规定，水生野生动物资源属于国家所有。国家对水生野生动物实行加强资源保护、积极驯养繁殖、合理开发利用的方针。加强资源保护,就是保护优先,采取多种措施有效保护,对可能危及濒危物种种群生存繁衍、不利于生态平衡的猎捕活动,坚决制止,不能开展。积极驯养繁殖,就是通过人工繁育养殖,来满足人们需要,同时也可以拯救一些水生野生动物物种。合理开发,就是健康地开发利用,合法地经营。

国家支持鼓励开展水生野生动物科学研究工作,保护依法开发利用水生野生动物资源的单位和个人的合法权益。对于在水生野生动物资源保护、科学研究和驯养繁殖方面成绩显著的单位和个人,由政府给予奖励。

加强对水生野生动物资源的保护和管理,各级政府和部门都有职责。政府要制定保护、发展和合理利用水生野生动物资源的规划和措施。农业部和省农业厅要组织资源调查,建立资源档案。各级渔业主管部门要组织社会各方面力量,采取有效措施,维护和改善水生野生动物的生存环境,保护和增殖水生野生动物资源。

保护水生野生动物资源,社会各界都有义务。对侵占或者破坏水生野生动物资源的行为,有权向当地渔业主管部门检举和控告。任何单位和个人不能破坏受保护的水生野生动物生息繁衍的水域、场所和生存条件。任何单位和个人发现受伤、搁浅和因误入港湾、河汊而被困的水生野生动物时,要及时报告当地渔业主管部门或者渔政监督管理机构;也可以要求附近具备救护条件的单位采取紧急救护措施,并报告渔业主管部门。已经死亡的水生野生动物,由渔业主管部门妥善处理。依法开展捕捞作业时误捕水生野生动物的,要立即无条件放生。

渔业主管部门和所属的渔政监督管理机构,有权对《野生动物保护法》《水生野生动物保护实施条例》的实施情况进行监督检查,被检查的单位和个人要配合。当然,执法人员也不能玩忽职守、滥用职权、徇私舞弊、违反规定的话，由所在单位或者上级部门给予行政处分；情节严重、构成犯罪的，依法追究刑事责任。

水生野生动物保护法规解读3
重点保护水生野生动物种类

珍贵、濒危的水生野生动物分为国家重点保护和地方重点保护两类。地方重点保护水生野生动物，是指国家重点保护野生动物以外，由各个省重点保护的水生野生动物。

国家重点保护的水生野生动物名录，由农业部制定，报国务院批准公布。地方重点保护的野生动物名录，由省级人民政府制定并公布，报国务院备案。

国家重点保护的水生野生动物分为国家一级保护、国家二级保护两种。《濒危野生动植物种国际贸易公约》附录中的水生野生动物也是国家重点保护的水生野生动物，附录一中的水生野生动物按照国家一级保护管理，附录二和附录三中的水生野生动物按照国家二级保护管理。

国家一级保护水生野生动物主要有：

1. 中华鲟，是中国特有的鲟鱼，也是世界现存鱼类中最原始的种类之一，有一亿四千万年的历史，是"水中活化石"，主要分布于长江流域。

2. 鼋（yuán），又叫沙鳖、蓝团鱼，是现存最古老的爬行动物。

另外还有儒艮（rú gèn）、红珊瑚、白鳍豚、中华白海豚、达氏鲟、新疆大头鱼、白鲟、多鳃孔舌形虫、黄岛长吻虫、鹦鹉螺等。

江西省分布的国家二级保护水生野生动物主要有：

1. 大鲵，这个名字可能大家不是很熟悉，但要说出它的另外一个名字，就没人不知道啦。它的另外一个名字就叫"娃娃鱼"。因为它的叫声很像婴儿哭声，所以大家就叫它"娃娃鱼"。人们还叫它人鱼、孩儿鱼、狗鱼、脚鱼、啼鱼。大鲵是世界上现存最大的也是最珍贵的两栖动物。

2.胭脂鱼，又叫黄排、血排、粉排、红鱼等名字，主要生长在长江水系。

常见的还有水獭（所有种类）、鳍足目（所有种）、大头鲤、冠螺、玳瑁、松江鲈鱼、文昌鱼、虎斑宝贝、三线闭壳鱼、花鳗鲡、克氏海马鱼、唐鱼、地龟、云南闭壳龟等。

江西省重点保护的水生野生动物有鲥鱼、长吻鮠、暗色东方鲀（河鲀）、月鳢、斑鳢、鳗鱼、中华鳖、棘胸蛙（石鸡）、崇安髭蟾（角怪）、大蟾蜍（癞蛤蟆）、蝾螈科（所有种）、中华绒螯蟹（河蟹）、栉虾虎（石鱼）、背瘤丽蚌、鹰嘴龟、黑斑蛙（青蛙、田鸡）等。地方重点保护水生野生动物可以参照国家二级保护的规定管理。

水生野生动物保护法规解读4
保护措施

第一，农业部和省级人民政府要在国家和地方重点保护水生野生动物的主要生息繁衍的地区和水域，划定自然保护区，加强对国家和地方重点保护水生野生动物和生存环境的保护管理。违反法律规定，在水生野生动物自然保护区破坏国家重点保护或者地方重点保护水生野生动物主要生息繁衍场所的，由渔业主管部门责令停止破坏行为，限期恢复原状，处以罚款。自然保护区的划定和管理，将在下一节为大家作专门的介绍。

第二，各级主管部门要监视、监测环境对水生野生动物的影响。

由于环境影响对水生野生动物造成危害的，渔业主管部门要会同有关部门进行调查处理。

第三，建设项目对国家重点保护或者地方重点保护水生野生动物的生存环境产生不利影响的，建设单位要提交环境影响报告书；环境保护部门在审批时，要征求同级渔业主管部门的意见。

第四，国家重点保护和地方重点保护水生野生动物受到自然灾害威胁时，当地政府要及时采取拯救措施。因保护国家和地方重点保护水生野生动物，造成农作物或者其他损失的，可以向当地渔业主管部门提出补偿要求，由当地政府给予补偿。

第五，渔业主管部门要定期组织对水生野生动物资源的调查，建立水生野生动物资源档案。

第六，禁止捕捉、杀害国家重点保护和地方重点保护的水生野生动物。因科学研究、资源调查、驯养繁殖、教学展览或者其他特殊情况，需要捕捉国家一级保护水生野生动物的，必须向农业部申请特许捕捉证；捕捉国家二级保护和省级重点保护水生野生动物的，必须向省级渔业主管部门申请特许捕捉证。非法捕杀国家重点保护和地方重点保护的水生野生动物的，依照《刑法》有关规定追究刑事责任；不构成犯罪的，由渔业主管部门没收捕获物、捕捉工具和违法所得，吊销特许捕捉证，并处以相当于捕获物价值十倍以下的罚款，没有捕获物的处以一万元以下的罚款。

《江西省实施〈中华人民共和国野生动物保护法〉办法》第十条规定，每年的11月为江西省野生动物保护宣传月。大家都要来学习了解野生动物保护法律法规知识，共同保护水生野生动物。

水生野生动物保护法规解读5
水生动植物自然保护区

为了切实加强对水生野生动植物资源的保护,农业部于1997年10月17日制定了专门性规章——《中华人民共和国水生动植物自然保护区管理办法》,并分别于2010年11月26日、2013年12月31日、2014年4月25日进行了修订。

水生动植物自然保护区由渔业主管部门管理,水生动植物自然保护区分为国家级和地方级。具有重要科学、经济和文化价值,在国内、国际有典型意义或者重大影响的水生动植物自然保护区,列为国家级自然保护区;其他具有典型意义或者重要科学、经济和文化价值的水生动植物自然保护区,列为地方级自然保护区。建立国家级水生动植物自然保护区,要经过省级人民政府同意,由省级渔业主管部门报农业部,经过农业部评审委员会审评后,由农业部按规定报国务院批准。建立地方级水生动植物自然保护区,由地方渔业主管部门按规定报省级人民政府批准,报农业部备案。

水生动植物自然保护区经过批准后,要确定范围和界线,对外公告,还要设置适当的界碑、标志物和有关保护设施。

为了加强水生动植物自然保护区的建设管理,在保护区内很多活动是不能开展的,特殊情况从事一些活动,要经过渔业主管部门批准。有这样一些规定:

禁止在保护区进行捕捞、开垦、烧荒、开矿、采石、挖沙、爆破等活动。禁止新建生产设施,对于原来的生产设施,污染物的排放要达到国家标准。

禁止任何人进入保护区的核心区。确实因为科学研究需要,一定要进入核心区从事科学研究观测、调查活动的，要事先经过省级渔业主管部门批准（江西省已将该项审批下放至设区市农业局实施，有的设区市已下放至县级渔业主管部门实施）。

禁止在保护区的缓冲区开展旅游和生产经营活动。因为科学研究、教学实习需要进入缓冲区，要事先经过自然保护区管理机构批准，活动成果的副本要提交给自然保护区管理机构。

在保护区的实验区开展参观、旅游活动的，要经过省级渔业主管部门批准（江西省已将该项审批下放至设区市农业局实施，有的设区市已下放至县级渔业主管部门实施）。

外国人进入国家级水生动植物自然保护区的，接待单位要事先报告，经过省级渔业主管部门批准（江西省已将该项审批下放至设区市农业局实施，有的设区市已下放至县级渔业主管部门实施）。

任何单位和个人都有保护水生动植物自然保护区的义务，对破坏、侵占自然保护区的行为有权制止、检举和控告。对违反水生动植物自然保护区规定的行为，由自然保护区管理机构依法给予处罚；构成犯罪的，要追究刑事责任。

水生野生动物保护法规解读6
特许捕捉规定

大家知道，重点保护的水生野生动物，是禁止捕杀的，非法捕杀要被追究刑事责任，不构成犯罪的，要给予行政处罚。那么什么情况下才可以捕捉重点保护的水生野生动物，要经过哪个部门批准呢？

有这五种情况，确实有需要的，可以申请特许捕捉证，捕捉重点保护的水生野生动物：一是进行水生野生动物科学考察、资源调查；二是为了驯养繁殖重点保护的水生野生动物；三是为了承担省级以上科学研究项目或者国家医药生产任务，需要重点保护的水生野生动物；四是宣传、普及水生野生动物知识或者教学、展览的需要；五是其他特殊情况需要。

申请特许捕捉证，法律规定了严格的程序：

捕捉国家一级重点保护水生野生动物的，要由申请人所在地和捕捉地的省级渔业主管部门签署意见，向农业部申请特许捕捉证；

在本省捕捉国家二级重点保护水生野生动物的，要由申请人所在地的县级渔业主管部门签署意见，向省农业厅申请特许捕捉证；

跨省捕捉国家二级重点保护水生野生动物的，要由申请人所在地的省级渔业主管部门签署意见，向捕捉地的省级渔业主管部门申请特许捕捉证。

动物园申请捕捉国家一级重点保护水生野生动物的，经过国家住建部审核同意后，向农业部申请特许捕捉证；申请捕捉国家二级重点保护水生野生动物的，经过省级建设部门审核同意后，向申请人所在地的省级渔业主管部门申请特许捕捉证。

江西省农业厅对办理特许捕捉证规定了时间，捕捉国家二级重点保护水生野生动物的，省农业厅在12个工作日内就可以办理完；捕捉国家一级重点保护水生野生动物，省农业厅在10个工作日内就可以签署意见报农业部审批。

有这三种情况的，不批准发放特许捕捉证：一是申请人有条件以合法的非捕捉方式获得重点保护的水生野生动物的种源、产品或者达到目的的；二是捕捉申请不符合国家有关规定，或者申请使用的捕捉工具、方法、捕捉时间、地点不当的；三是根据当时水生野生动物资源的状况不适合捕捉的。

取得特许捕捉证的单位和个人，一定要按照规定的种类、数量、地点、时间、工具和方法进行捕捉，防止误伤水生野生动物、破坏生存环境。捕捉完后，要及时向捕捉地的县级渔业主管部门或者渔政监督管理机构申请查验。

水生野生动物保护法规解读7
驯养繁殖

重点保护的水生野生动物一般都是有很高的价值，数量又十分少，有的还可能会灭种，所以国家才重点保护，禁止捕杀。但是仅仅禁止捕杀还不行，因为数量很少，靠自然繁殖不能更快更好地保护物种、增殖资源，也没有办法满足人们的需要，必须进行人工驯养繁殖。国家对人工驯养繁殖重点保护的水生野生动物是鼓励的，法律也作了专门的规定。

驯养繁殖重点保护的水生野生动物，要经过农业部或者省农业厅批准，取得驯养繁殖证才可以进行。驯养繁殖国家一级保护水生野生动物的，要由农业部核发驯养繁殖证；驯养繁殖国家二级保护水生野生动物或者省级重点保护水生野生动物的，要由省农业厅核发驯养繁殖证。动物园驯养繁殖国家重点保护的水生野生动物的，农业部或者省农业厅可以委托同级建设主管部门核发驯养繁殖证。

从事驯养繁殖的单位或者个人，要具备三个条件：一是有适合驯养繁殖水生野生动物的固定地方和必要的设施；二是有与驯养繁殖水生野生动物种类、数量相适应的资金、技术和人员；三是有足够的驯养繁殖水生野生动物的饲料来源。

办理驯养繁殖证，向省农业厅提出申请，由省农业厅审批；属于农业部审批的，省农业厅初审后，报农业部批准。驯养繁殖证的有效期是5年，每年要年审一次。为了方便群众，江西省从

2015年开始,驯养繁殖证年检工作下放给设区市及以下渔业主管部门办理。

取得了驯养繁殖证后,要按照规定进行驯养繁殖活动,要更换驯养繁殖的水生野生动物种类的,要经过批准;因特殊情况需要将驯养繁殖的水生野生动物和产品捐赠、转让、交换的,也要经过批准。

从事驯养繁殖的单位和个人,要遵守国家和地方野生动物保护法律法规和政策,主动接受当地渔业主管部门的监督检查和指导,还要遵守这四项规定:一是用于驯养繁殖的水生野生动物来源要符合国家规定,二是建立驯养繁殖物种档案和统计制度,三是定期向核发驯养繁殖证的部门报告水生野生动物的生长、繁殖、死亡等情况,四是不非法利用驯养繁殖的水生野生动物和产品。

没有取得驯养繁殖证或者超过驯养繁殖证规定的范围驯养繁殖重点保护的水生野生动物的,由渔业主管部门没收违法所得,处3000元以下罚款,可以没收水生野生动物,有驯养繁殖证的,吊销驯养繁殖证。

水生野生动物保护法规解读8
经营利用

水生野生动物资源既要保护好,也要合理地开发利用,特别是驯养繁殖的水生野生动物多了,更需要经营利用好。

法律规定,重点保护的水生野生动物和产品是不能买卖的,但是科学研究、驯养繁殖、展览等特殊情况有需要,经过农业部或者省农业厅批准,取得经营利用证后,可以买卖和利用。驯养繁殖重点保护的水生野生动物的单位和个人,可以凭驯养繁殖许可证,向取得经营利用证的单位和个人销售驯养繁殖的重点保护水生野生动物和产品。为了规范"养殖大鲵"（特指人工繁育的大鲵子代个体）及其产品经营利用管理，农业部对养殖大鲵及其产品实行标识管理，自2015年6月1日起，经营利用和运输具有标识的养殖大鲵，不再需要申办相关审批手续，各地渔业部门不再向其发放《经营利用许可证》和《运输许可证》。但是大鲵的捕捉、驯养繁殖，以及没有标识大鲵的经营利用、运输等管理仍按照现行法律规定执行。

申请办理重点保护的水生野生动物经营利用证的单位和个人，要符合三个条件：第一个条件是买卖、利用的水生野生动物物种来源清楚或者稳定；第二个条件是不会造成水生野生动物物种资源破坏；第三个条件是不会影响国家野生动物保护形象和对外经济交往。

办理经营利用证，到省农业厅申请。属于国家一级保护的水生野生动物和产品的，省农业厅受理后12个工作日内签署意见，报送农业部审批，农业部在20天内作出能不能发放经营利用证的决定。属于国家二级或者省级重点保护水生野生动物和产品的，省农业厅受理后12个工作日内作出能不能发放经营利用许可证的决定。

申请办理经营利用证要提供证明材料。医药保健利用水生野生动物和产品，要有卫生部或者省卫生厅提供的关于生产药品和保健品需要用水生野生动物和产品的证明；利用驯养繁殖的水生野生动物子代和产品的，要有农业部或者省农业厅指定的科研单位提供的属于人工繁殖的水生野生动物子代和产品的证明。

经过批准买卖、利用水生野生动物和产品的单位和个人，拿经营利用证件到买卖所在地方的县级以上渔业主管部门备案后，才可以进行买卖、利用活动，还要遵守有关法律法规规定，接受工商、渔业主管部门的监督检查。

地方各级渔业主管部门要对水生野生动物和产品的经营利用建立监督检查制度，加强对经营利用水生野生动物和产品的监督管理。

禁止非法买卖重点保护的水生野生动物和产品。违反规定的，由工商部门或者渔业主管部门没收实物和违法所得,并处以相当于实物价值 10 倍以下的罚款。

水生野生动物保护法规解读9
水生野生动物运输和进出口

运输、携带、邮寄重点保护的水生野生动物和产品,要经过省农业厅批准,取得《运输证》后才可以。

申请运输、携带、邮寄重点保护的水生野生动物和产品出县外的,申请人要向出发地县级渔业主管部门提出申请,由省农业厅审批。

进出口水生野生动物和产品涉及国内运输、携带、邮寄的,申请人拿同意出口批件到出发地省级渔业主管部门办理《运输证》、拿同意进口批件到入境口岸所在地的省级渔业主管部门办理《运输证》。

经批准捐赠、转让、交换水生野生动物或其产品的运输,申请人凭同意捐赠、转让、交换批件到始发地省级渔业行政主管部门办理《运输证》。

运输收购的水生野生动物和产品,申请人拿《经营利用证》和销售单位出具的证明,到收购所在地的省级渔业主管部门办理《运输证》。

运输跨省展览、表演水生野生动物和产品,申请人拿展览、表演所在地的省级渔业主管部门同意接受展览、表演的证明,到出发地的省级渔业主管部门办理前往《运输证》;展览、表演结束后,申请人拿同意接受展览、表演的证明和前往《运输证》回执到展览、表演所在地的省级渔业主管部门办理返回《运输证》。

取得《运输证》的单位和个人,运输、携带、邮寄水生野生动物和产品到达目的地后,要立即向当地县级以上渔业主管部门报告,渔业主管部门及时进行查验,收回《运输证》,并回执查验结果。

出口国家重点保护的水生野生动物和产品,进出口中国参加的国际公约所限制进出口的水生野生动物和产品的,要经过省级渔业主管部门审核后,报农业部审批。动物园因交换动物需要进口重点保护或者限制进口水生野生动物的,要经过国家住建部审核同意后,报农业部审批。

从国外引进水生野生动物的,要向所在地省级渔业主管部门申请。省级渔业主管部门组织科研机构进行科学论证后,在规定日期内报农业部审批。

非法运输、携带重点保护水生野生动物和产品的,没收实物和违法所得,并处以相当于实物价值10倍以下罚款。

伪造、倒卖、转让运输证、驯养繁殖许可证、经营利用许可证的,吊销证件,没收违法所得,并处以1000元至3000元罚款。

第十二章
农民专业合作社法律法规解读

农民专业合作社法律法规解读1
实施时间和立法目的

很多农民朋友们都参加了农民专业合作社，或者和农民专业合作社打过交道，有的还打算组建农民专业合作社。为了规范、促进农民专业合作社的发展，国家制定了《中华人民共和国农民专业合作社法》（以下简称《农民专业合作社法》）。为了贯彻实施《农民专业合作社法》，保护农民专业合作社及其成员的合法权益，江西省结合实际制定了《江西省农民专业合作社条例》。这一节，我们来了解一下《农民专业合作社法》和《江西省农民专业合作社条例》这两部法律法规是什么时候出台的，什么时候开始实施的，立法的目的又是什么？

《农民专业合作社法》是2006年10月31日第十届全国人大常委会第二十四次会议通过的，从2007年7月1日起施行，总共有五十六条，分了九章，包括设立和登记，成员，组织机构，财务管理，合并、分立、解散和清算，扶持政策，法律责任等内容。

《江西省农民专业合作社条例》是在《农民专业合作社法》实施了4年后，2011年12月1日江西省第十一届人大常委会第二十八次会议通过的，从2012年1月1日起实施。《江西省农民专业合作社条例》主要是根据江西的情况对农民专业合作社法的一些规定作了细化和明确，总共有四十六条，分了五章，包括设立和运行、扶持和服务、法律责任等内容。

我国在20世纪80年代确立了以家庭承包经营为基础的农村经营体制，农民有了生产经营自主权，极大地解放发展了农村生产力。但是，随着经济社会的快速发展，由于家庭经营规模小、抵御风险的能力弱，农民在农业生产经营中遇到很多困难。为了解决这些问题，广大农民群众创办了多种类型的农民专业合作组织，进一步提高了农业生产和农民进入市场的组织化程度，推进了农业产业化经营和结构调整，促进了现代农业发展和农民共同致富。但也出现了农民专业合作组织的地位不明确、内部运行不规范、管理不健全、权益难保障等问题。《农民专业合作社法》和《江西省农民专业合作社条例》的出台，就是为解决这些问题。截至2015年10月底，全国农民专业合作社数量达147.9万家。

因此，《农民专业合作社法》和《江西省农民专业合作社条例》第一条就明确了立法的目的，就是支持、引导农民专业合作社的发展，规范农民专业合作社的组织和行为，保护农民专业合作社及其成员的合法权益，促进农业和农村经济的发展。

农民专业合作社法律法规解读2
农民专业合作社的定义

对什么是农民专业合作社，各个国家有不同的说法。我国对农民专业合作社也作了解释，《农民专业合作社法》第二条第一款和《江西省农民专业合作社条例》第二条第二款规定，是在农村家庭承包经营基础上，同类农产品的生产经营者或者同类农业生产经营服务的提供者、利用者，自愿联合、民主管理的互助性经济组织。从这个解释，我们可以理解农民专业合作社有三个主要的特点：

1.农民专业合作社是一种互助性的经济组织,农民之间互帮互助。

2.农民专业合作社由成员自愿联合组成,并实行民主管理。自愿就是指兴办合作社由成员自愿决定,其他人不得非法干预,不得强制要求农民参加或者不参加农民专业合作社。民主管理就是指农民专业合作社作为独立的法人,与公司等企业法人不同,它不是单纯的资本联合,而主要是农民之间的一种劳动、技术、信息联合,他们之间的地位平等。

3.农民专业合作社的成员是同类农产品的生产经营者或者同类农业生产经营服务的提供者、利用者,成员具有特定性。

农民专业合作社的特点也就决定了农民专业合作社的主要目的就是为合作社的成员提供服务。《农民专业合作社法》第二条第二款对农民专业合作社的服务对象和服务内容作了规定:农民专业合作社以其成员为主要服务对象,提供农业生产资料的购买,农产品的销售、加工、运输、贮藏以及与农业生产经营有关的技术、信息等服务。

"以成员为主要服务对象",是指农民专业合作社的经营活动,主要是围绕合作社成员的农业生产经营活动需要来开展,服务对象主要限于本合作社的成员。这里讲的农业生产经营活动主要包括四个方面:一是提供化肥、种子、农机、农药、兽药、饲料等农业生产资料的购买服务;二是提供销售生产出来的农产品的服务;三是提供加工、运输、贮藏农产品的服务;四是提供有关的技术、信息服务。

农民专业合作社法律法规解读3
农民专业合作社应当遵循的原则

农民专业合作社,应当具备一些最基本的条件。也就是说,农民专业合作社应遵循哪些原则?这是这一节我们要了解的内容。

根据《农民专业合作社法》第三条和《江西省农民专业专业社条例》第三条的规定,农民专业合作社应当遵循五个原则:

第一,成员以农民为主体。

农民专业合作社是以农民为主要成员的专业合作社,成员中农民要占大多数,法律对合作社成员中农民占的比例有明确的要求。《农民专业合作社法》第十五条和《江西省农民专业合作社条例》第十条明确规定,农民专业合作社的成员中,农民至少应当占成员总数的百分之八十。成员总数二十人以下的,可以有一个企业、事业单位或者社会团体成员;成员总数超过二十人的,企业、事业单位和社会团体成员不得超过成员总数的百分之五。

第二,以服务成员为宗旨,谋求全体成员的共同利益。

也就是说只要加入了农民专业合作社,就可以获得农民专业合作社提供的农业生产经营等方面的服务、帮助。农民专业合作社必须为全体成员谋利,而不是为少数人谋利。

第三,入社自愿、退社自由。

"入社自愿",就是说当事人根据自己的意愿,决定要不要加入农民专业合作社,其他人不得强制、不得干涉。"退社自由",就是说已经加入农民专业合作社的成员,有权根据自己的意愿,决定要不要退出和什么时间退出农民专业合作社,其他人不得阻碍。

第四,成员地位平等,实行民主管理。

在农民专业合作社的设立与经营中,各个成员的地位是平等的,任何一名成员都没有凌驾于他人之上的权力,也没有比他人更多的特权。成员地位平等是《农民专业合作社法》规定设立与经营农民专业合作社应当遵循的一项基本准则。

农民专业合作社在经营中要实行民主管理,也就是说对于经营服务中的有关事项,应由全体成员按照合作社的章程规定来共同决定。

第五,盈余主要按照农民专业合作社的交易量(额)比例返还。

农民专业合作社作为一种互助性的经济组织,在盈余分配,也就是利润分配上,与一般经济组织不同,它不是按照出资比例进行分配,而是主要按照成员与农民专业合作社的交易量(额)比例返还。同时,还要兼顾股金分红的方式。

农民专业合作社法律法规解读4
农民专业合作社成员及条件

前面我们讲了农民专业合作社的成员主要是农民,还有其他个人和单位。那么究竟哪些人可以加入农民专业合作社,作为合作社成员需要具有哪些条件呢?

《农民专业合作社法》第十四条第一款规定,具有民事行为能力的公民,以及从事与农民专业合作社业务直接有关的生产经营活动的企业、事业单位或者社会团体,能够利用农民专业合作社提供的服务,承认并遵守农民专业合作社章程,履行章程规定的入社手续的,可以成为农民专业合作社的成员。但是,具有管理公共事务职能的单位不得加入农民专业合作社。

从这条规定我们可以知道,可以加入农民专业合作社的有两类:

一类是个人。必须是具有民事行为能力的人，也就是能自己行使民事权利、承担民事义务的人。个人有农民和城市居民。法律没有禁止城市居民加入农民专业合作社，所以城市居民可以加入农民专业合作社。这里还要注意两点，一是《江西省农民专业合作社条例》规定，已转为非农业户口但仍保留承包地的居民，实行家庭承包经营的国有农场、林场、渔场和农垦单位的职工，可以以农民身份申请加入农民专业合作社。二是根据有关规定不得从事经营性活动的人员，不能加入农民专业合作社。

另一类是单位，要求是从事与农民专业合作社业务直接有关的生产经营活动的企事业单位和社会团体。具有公共事务管理职能的单位不能加入农民专业合作社。

按照《江西省农民专业合作社条例》的规定，加入农民专业合作社不受地区范围的限制，农民可以加入本地的也可以加入外地的农民专业合作社，也可以加入多个经营业务范围不同的农民专业合作社。

要加入农民专业合作社，成为农民专业合作社的成员，还必须具备三个条件：

一是能够利用农民专业合作社提供的服务。

二是承认并遵守农民专业合作社章程。章程是农民专业合作社组织和行为的规矩、权利和义务的根据。

三是履行章程规定的入社手续。只有履行了农民专业合作社章程规定的入社手续以后，才能正式成为农民专业合作社成员。按照规定，农民专业合作社应当置备成员名册，并报登记机关，也就是工商部门。

农民专业合作社法律法规解读5
农民专业合作社的法律资格

农民专业合作社作为一种经济组织,与企业和社会团体有相似的地方,又有本质的区别。农民专业合作社是一种新型市场主体,它在法律上有什么样的资格,有哪些财产上的权利和责任呢?

《农民专业合作社法》第四条第一款规定,农民专业合作社依照本法登记,取得法人资格。这一规定明确了农民专业合作社的法人地位,它不同于企业法人,也不同于社会团体法人,更不是个人合伙或者合伙企业,而是一种新的法人。

这里讲的"依照本法登记",是说农民专业合作社按照《农民专业合作社法》的规定,到工商部门登记、取得营业执照后,才能成为一个具有法人资格的经济组织。这里我们要了解一下什么是法人,法人是指依法具有民事权利能力和民事行为能力并独立享有民事权利、承担民事义务的社会组织,不能独立享有民事权利、承担民事义务的社会组织不是法人。

具有法人资格的农民专业合作社,可以以自己的名义,独立地享有财产权及其他权利,独立地从事生产经营活动,独立地承担责任。《农民专业合作社法》第四条第二款规定:农民专业合作社对由成员出资、公积金、国家财政直接补助、他人捐赠以及合法取得的其他资产所形成的财产,享有占有、使用和处分的权利,并以上述财产对债务承担责任。

农民专业合作社的财产,包括成员出资、公积金、国家财政直接补助、他人捐赠以及合法取得的其他资产。

成员出资,是一开始成立农民专业合作社的成员以及以后加入合作社的成员投入的财产，是农民专业合作社对外开展经营活动依法承担责任的基础。对于出资金额多少由成员自己商定，并在合作社章程中明确写明。

公积金，是农民专业合作社在生产经营中根据章程和法律的规定，从获得的利润中按照一定的比例提取的资金，一般是用来扩大经营，或者是弥补原来的亏损。

国家财政直接补助，是国家通过财政支持农民专业合作社发展的补助资金。

他人捐赠，是社会人士为帮助和支持农民专业合作社发展捐赠的财产。

农民专业合作社的财产是一个整体，只能以农民专业合作社的名义占有、支配和使用，而不能由成员以个人的名义占有、支配、分割。农民专业合作社依法成立后，在生产经营过程中对外发生债务承担责任时，只能由农民专业合作社以本身的全部财产对债务承担责任，不需要合作社的成员以个人的其他财产承担债务。

农民专业合作社法律法规解读6
农民专业合作社成员承担的责任

上一节我们讲了农民专业合作社对外的债务是以农民专业合作社的财产来承担，那么作为农民专业合作社的成员对农民专业合作社怎么承担责任？

《农民专业合作社法》第五条规定，农民专业合作社成员以其账户内记载的出资额和公积金份额为限对农民专业合作社承担责任。也就是说这个责任是有限的，不要合作社成员的其他个人财产来承担责任。

《农民专业合作社法》第三十六条规定，农民专业合作社应当为每个成员设立成员账户，主要记载成员的出资额、量化为该成员的公积金份额、该成员与本社的交易量（额）等事项。

在这里，要为农民朋友解释一下三个概念：

一是成员账户，是指农民专业合作社为每一位成员设立明细科目分别核算。设立成员账户的目的，主要是作为成员参与盈余分配、承担责任和办理成员退社时的依据。

二是成员的出资额。包括首次出资及以后追加或者转为出资的出资数额。农民专业合作社对成员的出资依法行使占有、使用和处分的权利。由于农民专业合作社实行"入社自愿，退社自由"的原则，农民专业合作社成员可以在任何时间内自由退社，对于这部分出资在成员退社时应当退还，或者在解散农民专业合作社的时候退还。

三是公积金。《农民专业合作社法》第三十五条规定，农民专业合作社按照章程的规定或者成员大会的决议从当年盈余中提取的公积金，用于弥补亏损、扩大生产经营或者转为成员出资。农民专业合作社每年提取的公积金，应当按照章程规定量化为每个成员的份额，并记载于成员账户。公积金的量化标准主要依据当年该成员与合作社交易量（额）来确定，也可以根据其他标准来量化。

除此之外，还要注意一点，农民合作社的其他财产也要量化记载到成员账户。《江西省农民专业合作社条例》第二十条规定，政府财政给予农民专业合作社的扶持资金和他人捐赠所形成的财产，应当用于农民专业合作社的建设和发展，并按成员人数平均量化到每个成员，分别记入每个成员的账户。也就是说，在农民专业合作社经营期间，公积金和合作社的财产只是平均量化到每个成员账户上，而不是分配给成员。

农民专业合作社法律法规解读7
农民专业合作社的权益

制定《农民专业合作社法》和《江西省农民专业合作社条例》其中一个目的就是保护农民专业合作社的合法权益。那么农民专业合作社的合法权益有哪些,法律对保护合作社合法权益是怎么规定的?

农民专业合作社的合法权益,主要包括财产权、自主经营权、名称权、收益权等方面。

1.财产权。财产是农民专业合作社正常经营的基础。农民专业合作社财产包括成员出资、公积金、国家财政直接补助、他人捐赠以及合法取得的其他资产所形成的财产。对于这些财产,农民专业合作社依法行使财产权,也就是占有、使用和处分的权利,任何人不得干预。

2.自主经营权。农民专业合作社作为法人,依法开展生产经营活动,以成员为主要服务对象,提供农业生产资料的购买,农产品的销售、加工、运输、贮藏以及农业生产经营有关的技术、信息等服务。农民专业合作社有权依据自己的意愿与他人签订合同,进行交易,开展各项经营活动,其他任何机关、单位、个人不得非法干预。

3.名称权。农民专业合作社经依法登记,就取得名称专用权,其他任何单位和个人不得冒用它的名称。

4.收益权。就是农民专业合作社在经营中获得合法收入的权利。

《农民专业合作社法》和《江西省农民专业合作社条例》对保护农民专业合作社的合法权益都作了明确规定。《农民专业合作社法》第六条规定,农民专业合作社及其成员的合法权益受法律保护,任何单位和个人不得侵犯。《江西省农民专业合作社条例》还将保护农民专业合作社的合法权益纳入农民负担监督管理范围。任何单位和组织不得违反法律、法规规定向农民专业合作社收取任何费用，不得以其他形式增加农民专业合作社的负担或者通过农民专业合作社变相增加农民的负担。

对侵犯农民专业合作社合法权益的行为，《农民专业合作社法》第五十三条和《江西省农民专业合作社条例》第四十三条规定，侵占、挪用、截留、私分或者以其他方式侵犯农民专业合作社及其成员的合法财产，非法干预农民专业合作社及其成员的生产经营活动，向农民专业合作社及其成员摊派，强迫农民专业合作社及其成员接受有偿服务，造成农民专业合作社经济损失的，要依法追究法律责任。

农民专业合作社法律法规解读8
农民专业合作社的扶持政策

《农民专业合作社法》实施以来，各级党委和政府十分关注和支持，制定出台了一系列扶持政策，有力地推动农民专业合作社健康规范发展。这一节我们一起来了解对农民专业合作社有哪些扶持措施？

我们先从国家层面来讲讲促进农民专业合作社发展的措施。党和国家十分重视农民专业合作社的发展，制定了一系列政策来扶持农民专业合作社，主要包括财政支持、税收优惠、金融扶持、科技扶持、人才扶持以及产业政策引导等措施。《农民专业合作社法》第八条、第四十九至五十二条作了具体规定，国家支持发展农业和农村经济的建设项目，可以委托和安排合作社实施；财政安排资金支持农民专业合作社开展信息、培训、农产品质量标准与认证、农业生产基础设施建设、市场营销和技术推广等服务；税收上优惠；银行给予贷款资金支持。

近年来，江西省委、省政府高度重视农民专业合作社的发展，出台了一系列扶持措施。《江西省农民专业合作社条例》第四条、第二十七至四十二条专门对扶持农民专业合作社的措施作了规定。

一是财政支持。省、市、县三级政府都应当安排资金扶持农民专业合作社的发展。

二是建设项目支持。政府投入的农业综合开发、扶贫开发、国土绿化、土地整理、中低产田改造、农业机械化技术推广、农田水利建设、水土保持、农业产业化等建设项目，可以委托和安排有条件的农民专业合作社实施。

三是用地政策支持。国土资源部门对农民专业合作社养殖场、实行工厂化作物栽培的农产品生产基地、农机具停放库棚等用地，按照设施农用地管理。国土资源部门对农民专业合作社兴办农产品加工企业用地，在符合土地利用总体规划前提下，应当优先安排用地计划，依法办理审批手续。

四是商品流通支持。为推动农民专业合作社农产品流通，实现农超对接，规定商务部门和供销合作社应当采取扶持措施。

五是科技人才支持。农民专业合作社科技人才严重缺乏，影响了合作社的发展。为破解这个难题，第四十二条规定：鼓励大专院校、科研机构和农业技术推广机构与农民专业合作社联合开展技术研发、试验、示范和推广等合作。鼓励农业产业化龙头企业和其他经济组织以及科技人员、高校毕业生依法加入或者领办农民专业合作社。高校毕业生应聘到农民专业合作社任职的，享受国家和省规定的高校毕业生促进就业的相关待遇。

还对税收优惠、贷款和保险服务作了细化规定。

农民专业合作社法律法规解读9
设立农民专业合作社应当具备的条件

《农民专业合作社法》第十条规定，设立农民专业合作社应当具备五项条件：

1. 有符合法定要求的成员。一是人数要符合规定。成员必须在五人以上。农民专业合作社作为一种互助性的经济组织，如果人数太少，不利于开展互助性的生产经营活动。二是符合法定条件。《农民专业合作社法》第十四条、第十五条规定，农民至少要占成员总数的百分之八十。成员总数二十人以下的，可以有一个单位或团体成员；成员总数超过二十人的，单位和团体成员不能超过成员总数的百分之五。

2. 有符合法定要求的章程。章程是一个组织明确经营范围、成员资格和权利义务、组织机构、经营规则等事项的根本的规章制度。设立农民专业合作社，必须要制定符合自身实际的章程。《农民专业合作社法》第十一条规定，设立农民专业合作社，应当召开由全体设立人参加的设立大会，决定包括通过章程在内的重大事项，其中章程应当由全体设立人一致通过。章程还要在申请设立农民专业合作社时提供给工商部门。

3. 有符合法定要求的组织机构。如果没有组织机构，农民专业合作社就无法开展正常的生产经营活动。一般来讲，农民专业合作社的组织机构有成员大会或成员代表大会、理事长或理事会、执行监事或监事会，还包括经理等。

4. 有符合法定要求的名称、章程确定的住所。一个农民专业合作社要有一个名称，比如"某某蔬菜专业合作社"，来区别于其他的农民专业合作社。这个名称要符合法律、行政法规的规定,不能用外国国家名称和党政军机关、群众组织、社会团体的名称。

住所,就是固定的办公场所。在设立农民专业合作社时要规定办公场所,在章程中还要记明。向工商行政管理部门申请设立农民专业合作社时要提供住所使用证明材料。

5.有符合章程规定的成员出资。农民专业合作社的财产,是先由各个成员出资形成的。成员出资包括出资方式和出资额两方面,都要由章程作出具体规定。出资方式,就是以什么出资入股加入农民专业合作社,是以现金、还是实物或者是土地经营权等;出资额,就是指出资多少。

农民专业合作社法律法规解读10
农民专业合作社设立大会

设立农民专业合作社时,要明确一些事项,就需要召开设立大会,这也是注册登记的一项法定程序。这一节我们来了解有关设立大会的法律规定。

先来了解什么是设立大会?设立大会是指在农民专业合作社成立之前,由全体设立人参加,决定是否设立农民专业合作社并决定农民专业合作社设立过程中以及依法成立之后的重大事项的会议。设立人是在设立时自愿成为成员的人,农民专业合作社成立后加入的成员不是设立人。设立大会是农民专业合作社成立前的权力机构,与成立后的农民专业合作社成员大会相类似。召开设立大会,决定设立农民专业合作社的有关事项,以使农民专业合作社能够及时登记,依法成立。

根据《农民专业合作社法》第十一条的规定,设立大会有三项职权：

1. 通过章程。设立大会的一项主要职权，就是通过农民专业合作社章程，也就是制定章程。与企业设立要有章程一样，农民专业合作社的设立也需要有自己的章程。章程对全体成员都有约束力，是农民专业合作社最根本的规章制度。在讨论章程时，成员对章程的内容还有不同看法或者意见的，要马上修改，大家一致同意才能通过。

2. 选举产生理事长、理事、执行监事或者监事会成员。理事长是农民专业合作社的法定代表人，对外代表农民专业合作社，对农民专业合作社的生产经营活动具有重要影响。理事长的人选，关系到农民专业合作社的发展，关系到农民专业合作社及其成员的合法权益，需要由设立大会选举产生，同时不得兼任监事。

理事会是农民专业合作社经营决策和业务执行机关，对农民专业合作社的业务及经营管理，具有非常重要的作用。理事会的组成，关系到农民专业合作社及其每个成员的权益，理事需要由设立大会选举产生，也不得兼任监事。

执行监事或者监事会是农民专业合作社的内部监督机关，对于保障农民专业合作社合法经营、维护农民专业合作社及其成员的权益，具有十分重要的作用。执行监事或者监事会成员需要由设立大会选举产生。

理事长、理事、执行监事或者监事会成员都应当从本社成员中选举产生；执行与农民专业合作社业务有关公务的人，不得担任农民专业合作社理事长、理事、执行监事或者监事会成员。

3. 审议其他重大事项。主要是指对农民专业合作社设立过程中的一些关系重大、涉及全体成员重要权益的事项，比如设立的费用等。

农民专业合作社法律法规解读11
农民专业合作社章程（1）

前面我们讲了，章程是农民专业合作社开展经营活动的基础和依据，是农民专业合作社设立的必要条件，是农民专业合作社最根本的规章制度，对农民专业合作社的发展至关重要。一个好的章程可以保证农民专业合作社内部管理机构有序、高效运转，能提高农民专业合作社的经济效益，最终给农民专业合作社成员带来更好的收益。这一节我们来了解一下，农民专业合作社的章程包括哪些内容？

《农民专业合作社法》第十二条对章程作了具体的规定。2007年6月，农业部出台了《农民专业合作社示范章程》，农民专业合作社可以根据自己的实际情况，参照这个示范章程，制定和修改本社的章程。总的来说，农民专业合作社章程主要载明的事项包括11项：

1. 名称和住所。章程是约束农民专业合作社内部机构和成员的制度，也是工商部门进行注册登记的法定文件。在章程中明确规定使用的名称与住所，才能区别于其他农民专业合作社，才能方便工商、农业等部门的监督、服务，才能方便正常开展经营活动。

2. 业务范围。农民专业合作社，可以根据自身情况和成员的需要，确定具体的业务范围，以便开展生产经营活动。

3. 成员资格及入社、退社和除名。农民专业合作社可以根据本社的实际情况，在符合法律规定的前提下，对本社成员的资格作出具体、明确的规定。

农民专业合作社对于成员的入社和退社，应当按照"入社自愿、退社自由"的原则。成员的入社、退社毕竟涉及农民专业合作社及其成员之间权利关系的调整,在章程中应当对成员的入社、退社作出具体的、明确的规定。

同时,对成员的除名,也就是开除,在章程中也要明确规定什么情况下要除名,怎么除名。

4. 成员的权利和义务。通过章程规定本社成员在农民专业合作社内所享有的各项权利和承担的各项义务。《农民专业合作社法》第十六条、第十八条对农民专业合作社成员的权利和义务作了明确规定。

5. 组织机构及其产生办法、职权、任期、议事规则。《农民专业合作社法》对农民专业合作社的组织机构用了专门一章规定,对于农民专业合作社内部组织机构的产生和运行,有了基本的法律规定。农民专业合作社需要根据实际情况,对内部组织机构的许多事项,在章程中作出具体、明确的规定。

农民专业合作社法律法规解读12

农民专业合作社章程(2)

上一节我们讲了农民专业合作社章程应当载明的11个事项中的5个,这一节继续来了解其余的6个事项:

6. 成员的出资方式、出资额。《江西省农民专业合作社条例》第十五条进一步明确了成员的出资方式、出资额。农民专业合作社成员可以用现金出资,也可以用实物、知识产权等能够用现金估价并可以依法转让的财产出资,还可以以土地承包经营权(包括林权)入股。但是不得以劳务、信用、自然人姓名、商誉、特许经营权以及被查封、有产权纠纷或者设定担保的财产等作价出资。章程要对成员出资方式以及出资的具体数额等作出规定。

按照《江西省农民专业合作社条例》的规定,成员的出资方式、出资额及成员出资总额,还应当在出资清单上载明,并经全体出资成员签名、盖章确认。

7. 财务管理和盈余分配、亏损处理。农民专业合作社的财务管理,涉及合作社生产经营活动能否正常开展以及成员的合法权益。农民专业合作社应当根据国家财务管理方面的规定,在章程中对本社财务管理作出具体规定。

《农民专业合作社法》第三十七条对农民专业合作社的盈余分配以及亏损处理作了原则性的规定,还需要由农民专业合作社根据自身的情况,在章程中作出具体的规定。

8. 章程修改程序。农民专业合作社的各项活动都必须依据章程的规定来进行,但是由于农民专业合作社的发展和市场的变化,章程规定的内容也需要进行相应的修改,就需要对章程修改的程序作出明确规定。

9. 解散事由和清算办法。因为经营不善出现巨大亏损,或者是章程规定的经营期限已经到期,或者是确定的目标已经完成等情况,都可能使合作社解散。解散后需要对本社的财产和债权、债务进行清算。章程要对解散与清算的具体办法作出规定。

10. 公告事项及发布方式。农民专业合作社成立后,应当依法开展生产经营活动,积极为成员提供服务。为了保证成员以及其他与农民专业合作社有业务联系的人及时了解情况,农民专业合作社应当将有关情况及时告知。因此,章程应当对需要公告的事项以及发布公告的方式作出具体规定。

11. 需要规定的其他事项。农民专业合作社根据具体情况,还可以对其他的重要事项在章程中作出规定。

农民专业合作社法律法规解读13
农民专业合作社设立登记

符合规定条件的农民专业合作社，要向所在地县级工商部门申请设立登记，依法取得农民专业合作社法人营业执照，才能以合作社的名义从事经营活动。

《农民专业合作社法》第十三条第一款规定，申请设立登记时，要向工商部门提交7种材料：

1. 登记申请书；
2. 全体设立人签名、盖章的设立大会纪要；
3. 全体设立人签名、盖章的章程；
4. 法定代表人、理事的任职文件及身份证明；
5. 出资成员签名、盖章的出资清单；
6. 住所使用证明；
7. 法律、行政法规规定的其他文件。

农民专业合作社提交的这些材料一定要真实、合法，不能弄虚作假，不能欺骗。《农民专业合作社法》第五十四条规定，对提供虚假登记材料或者采取其他欺诈手段取得登记的，由工商部门责令改正；情节严重的，会撤销登记。

除了准备好申请材料，还要了解的其他事项有：

第一，工商部门办理登记的时间。工商部门在收到农民专业合作社设立登记的申请文件后，依法进行审查，对符合设立条件，能够当场作出决定的，应当当场受理并核发营业执照。不能当场作出决定的，工商部门应当从受理申请之日起二十日内作出决定。对不予核发的，要向农民专业合作社书面说明理由。办理农民专业合作社设立登记，工商部门不收费。

对符合农民专业合作社设立条件的登记申请不予登记或者对不符合设立条件的登记申请予以登记的，《江西省农民专业专业社条例》第四十三条第一项规定，要依法给予处分，追究责任。

第二，登记事项变更的，要申请变更登记。农民专业合作社取得营业执照后，名称、住所、成员出资、业务范围、法定代表人等法定登记事项发生了变化的，要向工商部门申请办理变更登记手续。

工商部门从农民专业合作社设立、变更或者注销登记之日起二十日内，会将农民专业合作社的有关登记信息通过政府网站向社会公布。

第三，领取营业执照后，要及时办理税务登记和组织机构代码证。要求从领取农民专业合作社法人营业执照之日起三十日内到税务部门办理税务登记。还要及时到质量技术监督部门办理组织机构代码证，质量技术监督部门不收取任何费用，包括工本费。

自2015年国家全面推进商事登记制度改革以来，全面实行了"三证合一（将企业依次申请的工商营业执照、组织机构代码证和税务登记证三证合为一证）、一照一码"登记模式，通过"一口受理、并联审批、信息共享、结果互认"，将由工商行政管理核发工商营业执照、质量技术监督核发组织机构代码证、税务部门核发税务登记证，改为由工商行政管理部门核发加载法人和其他组织统一社会信用代码的营业执照，又进一步压缩了办理登记时间。农民专业合作社在注册登记上更高效、快捷。

农民专业合作社法律法规解读14
农民专业合作社联合社和分支机构的设立

随着农民专业合作社不断发展，经营规模的不断扩大和经营服务的专业化这一矛盾日益凸显出来，就会出现几个合作社开展联合与合作，合并组成一个联合社，或者是合作社下面再建立分社等分支机构的情况。那么成立农民专业合作社联合社和设立分支机构，怎么办理登记呢？我们一起来了解一下。

农民专业合作社联合社是各类农民专业合作社在自愿的基础上，利用资金、技术、品牌、包装等资源，组建起来的跨区域、跨产业的合作社联合体。比如几个乡镇的水稻合作社联合起来组成水稻合作社联合社；一个地方的农机合作社和水稻合作社联合起来组成联合社等。各类农民专业合作社通过捆绑在一起，开展联合与合作，形成产、供、销、运、加等综合性联合体，有力地解决了资金短缺、技术和品牌匮乏、同行业恶性竞争等问题。

为进一步支持和规范农民专业合作社联合社发展，《江西省农民专业合作社条例》赋予农民专业合作社联合社具有经营资格，可以进行工商登记。第十一条规定，农民专业合作社自愿联合组成农民专业合作社联合社的，可以向工商部门申请设立登记，按照法律、法规和章程的规定开展生产经营活动。联合社登记的程序和合作社登记的程序一样，符合法定要求的联合社具有法人资格。

农民专业合作社分支机构是农民专业合作社在其住所以外设立的从事经营活动的机构。

《江西省农民专业合作社条例》对农民专业合作社分支机构登记作了规定，农民专业合作社可以设立分支机构，并比照农民专业合作社登记的规定,向分支机构所在地工商部门申请办理登记。但是农民专业合作社分支机构不具有法人资格,对外的债权债务等责任还是由设立这个分支机构的农民专业合作社来承担。

农民专业合作社分支机构办理登记,应当提交的材料包括法定代表人签署的分支机构设立登记申请书、加盖农民专业合作社印章的《农民专业合作社法人营业执照》复印件、经营场所使用证明、分支机构负责人的任职文件等。

经工商部门准予该农民专业合作社设立分支机构登记的,核发《农民专业合作社分支机构营业执照》。

农民专业合作社法律法规解读15
农民专业合作社成员的权利

农民专业合作社作为一个经济组织,作为成员加入了能够享有哪些权利呢?

根据《农民专业合作社法》第十六条规定,农民专业合作社成员主要享有五项权利:

1. 参加成员大会并享有表决权、选举权和被选举权,按照章程规定对本社实行民主管理。参加成员大会,是农民专业合作社成员掌握和了解合作社生产经营情况、参与决定农民专业合作社生产经营中的重大问题的基本方式,任何人不得剥夺或者限制成员的这项权利。按照《农民专业合作社法》第十七条的规定,在成员大会上,每个合作社成员各享有一票的基本表决权,出资额较大或者与本社交易量较大的成员可按章程规定享有附加表决权。

按照规定,理事长、理事会成员、执行监事或监事会成员由成员大会选举,参加选举和被选举为理事长、理事会成员、执行监事或监事会成员,是农民专业合作社成员的一项重要权利。同时,农民专业合作社成员还有按照章程规定对本社实行民主管理的权利。

2. 利用本社提供的服务和生产经营设施。农民专业合作社以服务成员为宗旨,谋求全体成员的共同利益。作为农民专业合作社的成员,有权利用本社提供的服务和生产经营设施。

3. 按照章程规定或者成员大会决议分享盈余。《农民专业合作社法》第三十七条和《江西省农民专业专业社条例》第二十一条规定,农民专业合作社当年的盈余,在弥补亏损、提取公积金以后,按照章程规定或者成员大会决议确定的具体分配办法,返还给成员。是按照成员与本合作社的交易量(额)比例返还,返还总额不能低于可分配盈余的60%;二是返还后的剩余部分,以成员账户中记载的出资额和公积金份额,以及本社接受国家财政直接补助和他人捐赠形成的财产平均量化到成员的数额,再按比例分配给成员。

4. 查阅相关资料。农民专业合作社成员有权了解农民专业合作社的一切情况,特别是农民专业合作社生产经营决策和财产使用情况,可以通过查阅本社章程、成员名册、成员大会或者成员代表大会记录、理事会会议决议、监事会会议决议、财务会计报告和会计账簿等资料来了解情况。

5. 章程规定的其他权利。除了法律规定的权利,章程如果还规定了成员其他权利的,农民专业合作社成员应该享有这些权利。

农民专业合作社法律法规解读16
农民专业合作社成员的义务

上一节我们介绍了农民专业合作社成员享有的权利。有权利,就有义务。权利和义务是相对应的,享有权利,就应该承担义务。

这一节我们就来了解一下，农民专业合作社成员应承担哪些义务？

我们先来了解什么是农民专业合作社成员的义务？农民专业合作社成员的义务，是指农民专业合作社成员因为成员身份，按照法律规定和章程规定对农民专业合作社应该承担的责任。

《农民专业合作社法》第十八条规定，农民专业合作社成员主要承担五项义务：

1.执行成员大会、成员代表大会和理事会的决议。农民专业合作社成员大会和成员代表大会依法作出的决定，体现了全体成员或者是大多数成员的利益和意志，每一位成员都应该严格遵守、认真执行。

理事会的决策实行集体负责制，理事会对执行成员大会决定的事项和对日常管理工作中的有关事项所作出的决定，每一位农民专业合作社成员也都应该按规定执行。

2.按照章程规定向本社出资。农民专业合作社的财产，由成员出资等组成，特别是在农民专业合作社设立时，财产基本上就是成员的出资。成员应当按照章程的规定向本社出资，包括三个方面的要求：一是应当按照章程规定的出资方式出资；二是按照章程规定的出资数额出资；三是应当按照章程规定的出资时间出资。

3.按照章程规定与本社进行交易。农民专业合作社成员应当与本社进行交易，这也是农民专业合作社区别于其他经济组织的一个特点，也是成员的一项重要义务。农民专业合作社是一种为成员的分散经营提供服务的组织，这种服务大多是以交易的方式进行，可能是交售农产品，也可能是购买生产资料，还可能是有偿利用农民专业合作社提供的技术、信息、运输等服务。所以，农民专业合作社成员应当按照章程规定与本社进行交易。

4.按照章程规定承担亏损。由于存在市场风险和自然风险，农民专业合作社生产经营可能会出现有的年度有盈余，有的年度会亏损。农民专业合作社有盈余时分享盈余是成员的法定权利,农民专业合作社亏损时承担亏损也是成员的法定义务。在出现亏损时,农民专业合作社成员以自己投入农民专业合作社的出资对这种亏损承担责任。

5. 其他义务。除上述义务之外,如果章程规定了其他义务的,农民专业合作社成员应该承担这些义务。

农民专业合作社法律法规解读17
农民专业合作社成员退社

我们前面讲了,"入社自愿,退社自由"是农民专业合作社的基本原则,也是农民专业合作社成员的基本权利。当农民在生产经营过程中不愿意或者不能利用合作社提供的服务时就可以选择退出合作社。如果合作社成员要退出合作社,要怎么办理,涉及要履行的合同、原来的出资和公积金等问题要怎么处理呢?我们在这一节来了解。

加入农民专业合作社,需要履行入社手续。同样的,退出农民专业合作社,也需要遵守一定的程序。《农民专业合作社法》第十九条对成员退出合作社作了规定:

第一,提出申请。农民专业合作社成员要求退社的,应当向理事长或者理事会提出退社申请。只要在规定的时间内提出就行,不需要经过批准。

第二,提出申请的时间。对自然人成员和单位成员,分别规定了不同的时间要求。对于自然人成员要求退社的,应当在财务年度终了的三个月前提出申请。对于企业、事业单位或者社会团体成员要求退社的,应当在财务年度终了的六个月前提出。这里解释一下,财务年度是指合作社财务结算的执行年度。当然，如果合作社章程对成员退社的时间另外有规定的，就按照章程的规定来办。

第三，成员资格的终止时间。成员提出退社申请，不等于立即生效。退社成员的成员资格要从财务年度终了时终止。

成员退社、资格终止后，对原来的出资、公积金还有债务问题怎么处理，《农民专业合作社法》第二十一条作了明确规定：成员资格终止的，对他的出资，合作社应当按照章程规定的方式和期限予以退还。不仅如此，农民专业合作社在退还出资时，还应当连同记载在该成员账户内的公积金份额，以及退社前本社未分配的可分配盈余分摊到该成员的份额一并返还。当然，成员终止资格，对于之前的农民专业合作社的亏损及债务，要按照章程的规定分摊，承担责任。

同时，《农民专业合作社法》第二十条规定，成员在其资格终止前与农民专业合作社已订立的合同，合作社和退社成员双方都应当继续履行。但是，农民专业合作社章程另有规定的，或者与农民专业合作社另外有约定的，按照规定和约定来办。

农民专业合作社法律法规解读18
农民专业合作社成员大会的职权

实行民主管理，是农民专业合作社的主要特点之一。农民专业社只有通过召开成员大会共同决定生产经营的重大事项，才能实现真正的民主管理。这一节我们来了解一下农民专业合作社成员大会有哪些职权？

农民专业合作社的成员大会由农民专业合作社的全体成员组成，成员大会是农民专业合作社的权力机构，负责对农民专业合作社的重大事项作出决议，集体行使权力。成员大会以会议的形式行使权力，不采取常设机构或者日常办公的方式。成员参加成员大会是法律赋予所有成员的权利，也是农民专业合作社"成员地位平等，实行民主管理"原则的体现，所有成员都可以通过成员大会参与合作社事务的决策和管理。按照《农民专业合作社法》第二十二条规定，农民专业合作社成员大会有八项职权：

1. 修改章程。随着经济社会不断发展变化和农民专业合作社的发展壮大，原来制定的章程在某些方面不符合当前经营的需要，需要进行修改完善。修改章程是农民专业合作社经营管理中的重大事项，必须经本社成员表决权总数的三分之二以上成员通过。

2. 选举和罢免理事长、理事、执行监事或者监事会成员。理事长、理事、执行监事或者监事会成员分别是农民专业合作社从事经营管理和监督工作的高级管理人员，他们的行为直接影响到全体社员的利益。对这些人员的选举和罢免应由成员大会决定。

3. 决定重大财产处置、对外投资、对外担保和生产经营活动中的其他重大事项。这些重大事项可不可行、符不符合农民专业合作社和大多数成员的利益，应当由成员大会来作出决定。

4. 批准年度业务报告、盈余分配方案、亏损处理方案。年度业务报告是对农民专业合作社年度生产经营情况进行的总结。盈余分配和亏损处理方案关系到所有成员获得的收益和承担的责任，成员大会有权对其进行审批。不批准的，可以责成理事长或理事会重新拟订方案。

5. 对合并、分立、解散、清算作出决议。农民专业合作社的合并、分立、解散关系合作社的发展和结束，与每个成员的切身利益相关。这些决议至少应当由本社成员表决权总数的三分之二以上通过。

6. 决定聘用经营管理人员和专业技术人员的数量、资格和任期。农民专业合作社是由全体成员共同管理的组织，成员大会有权决定合作社聘用管理人员和技术人员的有关事项。

7. 听取理事长或者理事会关于成员变动情况的报告。成员变动情况关系到合作社的规模、资产和成员获得收益和分担亏损等等，成员大会有必要及时了解。

8. 章程规定的其他职权。章程对成员大会的职权还可以结合本社的实际情况作其他规定。

农民专业合作社法律法规解读19
农民专业合作社成员大会的议事规则

上一节我们讲了农民专业合作社成员大会的职权，知道成员大会是通过会议的形式来行使职权，那么这一节我们就来了解成员大会怎么召集，议事有哪些规则？

按照《农民专业合作社法》第二十四条的规定，农民专业合作社成员大会分为定期会议和临时会议两种。

一是定期会议。"成员大会每年至少召开一次，会议的召集由章程规定"，这是对定期会议的规定。一年召开几次会议、什么时间召开，都应当按照农民专业合作社章程的规定。这种会议通常由理事长或者理事会组织起草有关文件，并在会议上作出报告，然后由成员进行讨论作出决定。进行讨论的事项主要包括年度经营与发展报告、财务会计报告、盈余分配方案等重大事项。会议一般在一年的年中、年初召开。

二是临时会议。"有下列情形之一的，应当在二十日内召开临时成员大会：百分之三十以上的成员提议；执行监事或者监事会提议；章程规定的其他情形"，这是对临时会议的规定。因为农民专业合作社在生产经营过程中可能出现一些特殊情况，需要由成员大会来审议决定,但是又没有到章程规定召开定期成员大会的时间,就可以召开临时成员大会。

《农民专业合作社法》第二十三条对成员大会的议事规则作了具体规定:

1. 召开成员大会必须达到法定人数。"召开成员大会,出席人数应当达到成员总数三分之二以上。"

2. 成员大会"选举或者作出决议"必须符合规定的条件。成员大会选举或者作出决议,应当由本社成员表决权总数过半数通过。也就是说,对理事长或者理事会成员、执行监事或者监事会成员的选举罢免和对一般事项作出的决议,由成员表决权总数过半数同意,可以通过。

3. 成员大会"作出修改章程或者合并、分立、解散的决议"必须符合规定的条件。成员大会作出修改章程或者合并、分立、解散的决议应当由本社成员表决权总数的三分之二以上通过。因为修改章程或者合并、分立、解散是特别重大的事项,所以要求表决权数就更高。这里还要注意一点,章程对表决权数有较高规定的,从其规定。也就是说,章程中对决议事项的表决权数可以在法律规定的基础上再作更高的规定。

农民专业合作社法律法规解读20
农民专业合作社成员代表大会

通过前面两节的学习,我们对农民专业合作社成员大会有了深入的了解,可能有的人会问,如果农民专业合作社成员有很多,召开成员大会不方便怎么办,按照《农民专业合作社法》的规定,可以设立成员代表大会。这一节我们就来了解关于农民专业合作社成员代表大会的规定。

《农民专业合作社法》第二十五条和《江西省农民专业合作社条例》第十三条，对设立成员代表大会作了明确规定。

1.农民专业合作社成员"超过一百五十人"的，可以设立成员代表大会。也就是说低于一百五十人的不设立成员代表大会。符合条件的要不要设立，由农民专业合作社章程予以明确。

2.农民专业合作社成员代表的人数，《江西省农民专业合作社条例》第十三条第三款作了具体规定。成员不足五百人的，成员代表人数不少于成员总数的百分之三十；成员超过五百人的，成员代表人数不少于成员总数的百分之二十。具体要多少成员代表，成员代表怎么选举，都由本社的章程规定。

3.成员代表大会按照章程规定可以行使成员大会的部分或者全部职权。设立成员代表大会，主要是考虑召开成员大会不容易，用成员代表大会来代替成员大会，所以成员代表大会可以行使成员大会的职权。章程可以规定，成员代表大会行使成员大会的全部职权。章程也可以规定，成员代表大会行使成员大会的部分职权，其余的职权还是只能由成员大会行使。

农民专业合作社的成员大会、成员代表大会、理事会、监事会都是要通过召开会议的方式来行使职权，所以要制作会议记录。《农民专业合作社法》第二十七条对会议记录作了规定，应当将所议事项的决定作成会议记录，出席会议的成员、理事、监事应当在会议记录上签名。会议记录的要求包括两个方面：一是会议记录要记载的事项为"所议事项的决定"，二是会议记录必须有签名。所以，农民专业合作社会议记录的内容，要包括会议的时间、地点、参加人员、主持人、讨论的事项、各种意见、对讨论事项的决定、参加人员的签名等栏目。

农民专业合作社法律法规解读21
农民专业合作社的理事长和理事会、执行监事或监事会

农民专业合作社成员大会和成员代表大会，是农民专业合作社的权力机构。成员大会和成员代表大会决定的事要如何执行，以及执行的情况怎么样，这就要依靠执行机构（理事长和理事会）和监督机构（执行监事或监事会）来落实和监督。这一节，我们来了解这方面的规定。

农民专业合作社执行和监督机构的设置，由农民专业合作社根据需要在章程中作出规定。也就是说，不同的农民专业合作社，组织机构的设立也并不完全相同。《农民专业合作社法》第二十六条第一款和《江西省农民专业合作社条例》第十四条第一款规定，农民专业合作社设理事长一名，理事长是农民专业合作社的法定代表人，可以设理事会。也就是说一定要有一个理事长，理事会可以根据实际情况来定，可以设，也可以不设。

按照《农民专业合作社法》第二十六条第二款和《江西省农民专业合作社条例》第十四条第二款的规定，农民专业合作社可以设执行监事或者监事会。也就是说，农民专业合作社可以设执行监事作为监督机构，也可设监事会作为监督机构，也可以都不设。设了执行监事或者监事会的，理事长、理事、经理和财务会计人员不得兼任监事。执行监事或者监事会本来就是监督理事长、理事、经理和财务会计人员的，监督者和被监督者不能是同一个人。

《江西省农民专业合作社条例》第十四条第三款对理事会和监事会成员人数还作了具体规定，成员在三十人以下的，理事会成员一般不少于三人；成员超过三十人不满一百人的，理事会成员一般

不少于五人,至少设执行监事一人;成员一百人以上五百人以下的,理事会成员一般不少于七人,监事会成员一般不少于三人;成员超过五百人的,理事会成员一般不少于十一人,监事会成员一般不少于七人。

按照《农民专业合作社法》第二十六条第三款和《江西省农民专业合作社条例》第十四条第四款规定,理事长、理事、执行监事或者监事会成员,由成员大会从本社成员中选举产生。依照《农民专业合作社法》和章程的规定行使职权,对成员大会负责。理事会与监事会通过召开会议的方式行使权力,召开会议表决实行一人一票。

关于农民专业合作社其他人员的聘任,《农民专业合作社法》第二十八条规定,理事长或者理事会可以按照成员大会的决定聘任经理和财务会计人员,理事长或者理事可以兼任经理。经理按照章程规定或者理事会的决定,可以聘任其他人员。

农民专业合作社法律法规解读22
农民专业合作社管理人员的禁止规定

农民专业合作社的理事长、理事和其他管理人员,直接从事农民专业合作社的管理和生产经营活动,为了保护农民专业合作社和其他成员的合法权益,法律对这些管理人员有严格的要求。这是这一节我们要了解的内容。

《农民专业合作社法》第二十九条第一款规定,理事长、理事和管理人员不得有下列行为:

1. 侵占、挪用或者私分本社资产。侵占本社资产,包括以各种方式把本社现金、实物及其他资产占为自己所有。挪用本社资产,是利用自己掌握本社资产的便利,将资产挪作他用。私分本社资产,是利用自己掌握本社资产的便利,将资产通过修改账目、予以隐匿等方式,在几个人的小圈子内进行私自分配。

2. 违反章程规定或者未经成员大会同意,将本社资金借贷给他人或者以本社资产为他人提供担保。这里讲的资金,包括现金、存款、应收及预付款项等。这里讲的资产是农民专业合作社拥有或者控制的资产。将本社资金借贷给他人或者以本社资产为他人提供担保,涉及本社和成员的重大利益,一定要符合章程规定或者经过成员大会同意。

3. 接受他人与本社交易的佣金归为己有。对理事长、理事和管理人员,农民专业合作社会给一定的工资报酬。他人与本社交易的佣金是农民专业合作社的收入,要归农民专业合作社所有。如果接受他人与农民专业合作社交易的佣金,这既违反了职业道德,又侵犯了农民专业合作社和其他成员的权益,所以要禁止这种行为。

4. 从事损害本社经济利益的其他活动。比如:违反章程规定或者未经成员大会同意对外进行投资;向本社转嫁债务;违反法律、法规或者章程的规定作出决策,损害本社及其成员权益等行为。

对违反了这些规定的,《农民专业专业社法》第二十九条第二款和《江西省农民专业合作社条例》第四十五条规定,所得的收入,应当归本社所有;给本社造成损失的,要承担赔偿责任;构成犯罪的,依法追究刑事责任。

为了保护农民专业合作社和其他成员的权益,《农民专业合作社法》第三十条、第三十一条还规定,农民专业合作社的理事长、理事、经理不得兼任业务性质相同的其他农民专业合作社的理事长、理事、监事、经理。执行与农民专业合作社业务有关公务的人员,不得担任农民专业合作社的理事长、理事、监事、经理或者财务会计人员。

农民专业合作社法律法规解读23
农民专业合作社财务管理

规范的财务管理，能够促进农民专业合作社的发展，保护农民专业合作社及其成员的合法权益。这一节我们来了解一下对农民专业合作社财务管理的规定。

农民专业合作社的财务会计制度，不同于一般企业或事业单位、社会团体的财务会计制度。《农民专业合作社法》第三十二条规定，国家财政部依照国家有关法律、行政法规，制定农民专业合作社财务会计制度。农民专业合作社应当按照国家财政部制定的财务会计制度进行会计核算。

目前，农民专业合作社财务会计制度是按照2007年财政部制定的《农民专业合作社财务会计制度（试行）》执行。《农民专业合作社财务会计制度（试行）》是根据《会计法》《农民专业合作社法》等有关法律、行政法规制定的，内容很全面，包括了会计核算的基本要求、会计科目、会计报表、会计凭证、会计账簿和会计档案等。

农民专业合作社要根据财务会计制度的要求，建立农民专业合作社的财务管理制度。《江西省农民专业合作社条例》第十九条规定，农民专业合作社要建立健全财务管理制度，明确规定成员大会、成员代表大会、理事长、理事、经理、会计人员的财务权限和职责，并经成员大会通过。农民专业合作社应当根据会计业务需要，设置会计账簿，配备会计人员。不具备条件的，可以委托具有相应资质的会计服务机构代理记账、核算或者聘任兼职会计。之所以这样要求，是在配齐财务会计人员、建立健全财务账簿的基础上，便于农民专业合作社成员和行政管理部门对财务会计的运行进行有效地监督。为此,《江西省农民专业合作社条例》第二十六条对报送财务报表作了规定,要求农民专业合作社依照法律、法规的规定,向乡镇人民政府农村经营管理机构报送统计、财务等报表。也就是说,农民专业合作社要接受农经机构的监督,定期报送统计报表和财务会计报表。

《农民专业合作社法》第三十四条还规定,农民专业合作社与其成员的交易、与利用其提供的服务的非成员的交易,应当分别核算。之所以作这样规定,是因为两类交易中利益分配不同、政策不同,也是为了方便向成员返还盈余的需要,才要分别核算。

农民专业合作社法律法规解读24
农民专业合作社财务公开和财务审计

农民专业合作社的财务管理要规范,同时也要通过向所有成员公开合作社财务、事务,对财务进行审计的方式,加强监督。这一节我们就来了解对农民专业合作社财务公开和财务审计方面的规定。

首先是农民专业合作社财务、事务公开。《农民专业合作社法》第三十三条明确规定,理事长或者理事会应当按照章程规定,编制年度业务报告、盈余分配方案、亏损处理方案以及财务会计报告,在成员大会召开的十五天前,置备于农民专业合作社的办公地点,供农民专业合作社成员查阅和监督。《江西省农民专业合作条例》第二十四条规定,农民专业合作社应当向成员实行社务公开,接受成员的监督。农民专业合作社的重大经营决策、政府财政对农民专业合作社的扶持资金和他人捐赠形成财产的到账和使用情况,以及其他涉及成员切身利益的事项应当向成员公开。还应当在会计年度终了时向成员公布经营和财务状况。

其次是农民专业合作社财务审计。农民专业合作社在规范财务管理的基础上，还要进行审计，目的是加强农民专业合作社的内部监督，防止违法乱纪现象发生，避免出现侵犯农民专业合作社成员利益和国家利益的行为，确保农民专业合作社健康发展。《农民专业合作社法》第三十八条和《江西省农民专业合作社条例》第二十五条对财务审计作了规定，设立了执行监事或者监事会的农民专业合作社，由执行监事或者监事会负责对本社的财务进行监督和内部审计，监督和审计结果应当向成员大会报告。也可以委托审计机构进行审计。没有设执行监事或者监事会的农民专业合作社，成员大会可以决定委托审计机构进行审计。财务审计包括年度审计，就是对每一个财务年度的财务情况进行审计；专项审计，就是对财务的某个专门情况进行审计；离任审计，一般是在换了理事长后，对前一任理事长管理财务情况的审计。

农民专业合作社不但要进行财务审计，还要接受有关部门对政府财政扶持资金的监督检查。《江西省农民专业合作社条例》第四十四条规定，农民专业合作社及其管理人员采取弄虚作假、隐瞒真实情况等方式，套取政府扶持项目和资金的，有关部门会依法追回项目资金并追究农民专业合作社及其管理人员的法律责任。

农民专业合作社法律法规解读25

农民专业合作社的合并

农民专业合作社的发展是一个动态变化过程。随着农民专业合作社的发展壮大，部分规模较小、带动能力较弱的农民专业合作社逐渐被整合重组，形成一个更具竞争力的新的农民专业合作社。这一节我们就来了解农民专业合作社的合并，包括合并有哪些形式，以及合并后债权、债务由谁来承担？

农民专业合作社的合并，是指两个或者两个以上的农民专业合作社按照《农民专业合作社法》等有关法律、法规的规定，通过订立合并协议，合并为一个农民专业合作社的法律行为。农民专业合作社的合并有五个特点：第一，是农民专业合作社之间共同的法律行为。第二，是农民专业合作社之间的自由合并。第三，是一种依法进行的合并。第四，合并后，不取消原来农民专业合作社成员的资格。农民专业合作社合并以后原农民专业合作社的成员成为合并后的农民专业合作社的成员。第五，这是一种民事法律行为。

按照合并形式的不同，农民专业合作社合并分为两种：

一种是吸收合并。又叫作存续合并，是指两个或者两个以上的农民专业合作社合并时，其中一个或者一个以上的农民专业合作社并入到另一个农民专业合作社。被合并的农民专业合作社予以解散，到工商部门办理注销登记手续，不再存在。保留的农民专业合作社，继续存在，成员增加，规模扩大，但要及时到工商部门办理变更登记手续。

另一种是新设合并。就是两个或者两个以上的农民专业合作社通过合并协议，组合成为一个新的农民专业合作社的法律行为。新设合并完成后，原来的农民专业合作社都不保留，予以解散，到工商部门办理注销登记手续。新设立的农民专业合作社应当到工商部门办理设立登记手续，取得法人资格。

农民专业合作社合并后，涉及原先的债权、债务的处理问题，《农民专业合作社法》第三十九条作了规定，农民专业合作社合并，应当自合并决议作出之日起十天内通知债权人。通知的方式，可以是电话通知，也可以是书面通知。合并各方的债权、债务应当由合并后存续或者新设的组织承继。也就是说，原来的债权、债务由合并后的农民专业合作社承担。合并后的农民专业合作社有权对原来农民专业合作社的债权进行清理并予以收取，也有义务清偿原来农民专业合作社的债务。

农民专业合作社法律法规解读26
农民专业合作社的分立

有合必有分。上一节我们介绍了农民专业合作社合并的相关规定，这一节我们来了解一下农民专业合作社的分立，它有哪些形式，以及原先的债务怎么承担？

农民专业合作社分立，是指一个农民专业合作社分成两个或者两个以上的农民专业合作社的法律行为。农民专业合作社分立，很大的原因是合作社为了提高管理效率，调整发展规模，把规模缩小。

农民专业合作社分立有两种形式：

一种是新设分立。指将原来具有法人资格的农民专业合作社分割成两个或者两个以上的具有法人资格的新的农民专业合作社。原来的农民专业合作社，就不保留，不再存在，要到工商部门办理注销登记手续；新设立的农民专业合作社，要到工商部门办理设立登记手续。

另一种是派生分立。指在原农民专业合作社还保留的情况下将原农民专业合作社的一部分分出去成立一个或一个以上的新的农民专业合作社。派生分立不消灭原来的农民专业合作社，但是由于原来的农民专业合作社分出一部分，在成员人数、资金数额、生产规模等方面会发生变化。因此，原来的农民专业合作社应当到工商部门进行变更登记。新成立的农民专业合作社，要到工商部门进行设立登记。

按照《农民专业合作社法》第四十条规定，在农民专业合作社分立过程中，农民专业合作社要履行两项义务：一是对财产作相应的分割。分立各方应签订分立协议，对农民专业合作社的债权、债务等作出妥善处理，对其财产作相应分割，以保证分立后各方生产经营业务的正常开展。二是及时通知债权人。农民专业合作社分立涉及债权人的利益，农民专业合作社作出分立决议以后，应当自分立决议作出之日起十天内通知债权人，以便他们向分立后的相关债务人主张权利。

对农民专业合作社原来债务的清偿问题，如果分立前没有与债权人就清偿债务问题达成书面协议的，分立后的农民专业合作社承担连带责任。就是说债权人可以向分立后的任何一个农民专业合作社要求偿还债务，任何一个农民专业合作社都有责任偿还，偿还后，可以要求其他农民专业合作社承担相应的责任。如果分立前债权人与农民专业合作社就债务清偿问题达成了书面协议的，就按照协议办理。

农民专业合作社法律法规解读27
农民专业合作社的解散

近年来，各地农民专业合作社发展势头不减，发展数量年年创新高。同时，有的因合并或分立需要解散；有的由于管理不善、规模较小等，也面临解散的窘境等等。那么，这一节我们就具体来了解农民专业合作社的解散有哪些原因，解散时怎样组织进行清算？

农民专业合作社的解散，是指农民专业合作社因经营的时间到期、大多数成员退出、合作社合并或分立或者是成员大会决定等原因，解散合作社，清理债权债务，最终消灭法人资格的法律行为。

有三个特点:第一,这是对已经成立的农民专业合作社来说的。第二,这是因为出现了法定情况才发生的。第三,债权债务清算后,最终是要消灭农民专业合作社法人资格。

按照《农民专业合作社法》第四十一条第一款的规定,农民专业合作社解散的原因有四个方面:

一是章程规定的解散事由出现。什么情况下农民专业合作社要解散,在章程中可以明确规定。比如章程可以规定农民专业合作社的经营时间,到了时间要解散。那么在经营到期后就可以解散。又比如章程还可以规定农民专业合作社负债到多少程度时要解散,只要出现这种情况,就可以解散。

二是由成员大会决议解散。不论章程是不是对解散农民专业合作社作了规定,只要农民专业合作社成员大会作出决定,就可以解散农民专业合作社。

三是因合并或分立需要解散。农民专业合作社被另一个农民专业合作社合并了,本合作社不存在了,要解散。农民专业合作社分立成几个农民专业合作社,本合作社不保留了,要解散。

四是依法被吊销营业执照或者被撤销而解散。因为从事了违法经营活动,被有关部门撤销,登记机关依法吊销营业执照,就要解散。

农民专业合作社解散后的主要活动就是进行清算。清算是指农民专业合作社依法宣布解散后,按照一定程序了结农民专业合作社的事务,清理债权、债务的行为。清算要由清算组来进行。

清算组的组成,分两种情况:

一种是自行组成清算组。当合作社因为出现章程规定的解散事由、成员大会决议解散、依法被吊销营业执照或者被撤销而解散的情况时,应当在解散事由出现之日起十五天内由成员大会推举成员组成清算组,对农民专业合作社的解散进行清算。

二是由人民法院指定组成清算组。如果在规定的时间内,不能及时自行组成清算组，那么农民专业合作社成员、债权人可以向人民法院申请，由人民法院指定成员组成清算组进行清算。

农民专业合作社法律法规解读28
农民专业合作社清算组的职权

上一节我们讲了农民专业合作社的解散，由清算组进行清算。那么清算组有哪些职权，也就是说清算组要做些什么事情呢？

按照《农民专业合作社法》第四十二条规定，清算组要做五个方面的事情：

1. 接管农民专业合作社。农民专业合作社进入清算时，要由依法成立的清算组接管农民合作社的财产与债权债务清算工作。清算组接管后，负责对财产进行保管、清理、估价、处理和清偿，并办理相关的各种业务。

2. 处理与清算有关的未了结业务。清算组要负责处理被宣布解散的农民专业合作社已经发生的、目前还没有了结的各项业务。

3. 清理财产和清偿债权、债务、分配剩余财产。清算组要负责对被解散的农民专业合作社的财产和债权债务进行清理、登记，制定方案，进行债务清偿和剩余财产分配。

4. 代表农民专业合作社参与诉讼、仲裁或者其他法律程序。被解散的农民专业合作社可能会有法律纠纷或者其他法律事务，参与仲裁、诉讼和有关法律程序的职责就由清算组来承担。

5. 办理注销登记。清算结束后，由清算组制作清算报告，报有关机关或成员大会确认后，到登记机关申请对被解散的农民专业合作社进行注销登记。

为保证对所欠债务的清偿和剩余财产的公平分配，需要通知所有的农民专业合作社成员和债权人并公告,这是清算组要办理的一项重要事项,也是清算的法定程序。按照《农民专业合作社法》第四十三条的规定,清算组应当从成立之日起十天内通知农民专业合作社成员和债权人,并在六十天内在报纸上公告。债权人应当从接到通知之日起三十天内,没有接到通知的从公告之日起四十五天内,向清算组申报债权。如果在规定期间内全部成员、债权人都已收到通知,清算组可以不公告。

债权人申报债权,应当说明债权的有关事项,具体包括债权产生的时间、数额、有没有担保等,并提供证明材料。票据、借据、合同以及其他的债权凭证都是有效的证明材料。

清算组要对债权进行登记。登记时应当一一核查,并做好准确详细的登记。这里要注意一点,在申报债权期间,清算组不能对债权人进行清偿,以防止侵害其他债权人的利益。

农民专业合作社法律法规解读29
农民专业合作社清算组成员的义务

通过前面几节的学习,我们知道农民专业合作社的解散清算,是清算组依法在进行处理。所以,为了保护农民专业合作社成员和债权人的利益,《农民专业合作社法》规定了清算组成员应该承担的义务。

按照《农民专业合作社法》第四十七条的规定,清算组成员要承担两项法定义务:

一是忠于职守。在清算业务过程中,每一个成员都要忠于职守,严格依法开展工作,尽心尽责,不得擅离职守,放弃职责。

二是依法履行清算义务。清算组成员应严格按照法律、行政法规、地方性法规所规定的清算原则、清算方法和清算程序等来履行清算义务，不得利用职务为自己或与自己有利害关系的人谋取利益。如果清算组成员因为故意或者重大过失给农民专业合作社成员及债权人造成损失的，还应当承担赔偿责任。

在清算农民专业合作社财产时，对农民专业合作社接受国家财政直接补助形成的财产（接受国家财政直接补助形成的财产，是指农民专业合作社从事国家支持和鼓励的经营活动，国家财政予以补助所形成的财产，比如水利设施、蔬菜大棚等一些基础设施），《农民专业合作社法》作了专门规定。根据《农民专业合作社法》第四十六条的规定，在农民专业合作社解散或者破产清算时，这种财产不属于成员出资，也不属于农民专业合作社赢利所形成的财产，因此，不能作为经营收益或者剩余资产分配给合作社成员。具体的处置办法由国务院规定。

前面我们讲了，农民专业合作社资不抵债时，要依法申请破产。《农民专业合作社法》第四十八条规定，农民专业合作社破产适用企业破产法的有关规定。但是，破产财产在清偿破产费用和共益债务后，应当优先清偿破产前与农民成员已发生交易但尚未结清的款项。这条规定是对农民专业合作社破产财产优先清偿顺序的规定，享有优先受偿权的只限于农民成员，体现了对农民成员权益的特殊保护。

农民专业合作社法律法规解读30
农民专业合作社清算的原则

我们前面了解了清算组的职权，怎样进行清算才是清算工作的重点。这一节我们来具体了解相关的规定。

在进行清算之前,首先要制定一个清算方案。我们先来了解一下,什么是清算方案。清算方案是指解散农民专业合作社时,由清算组制定并实施的,清偿农民专业合作社员工工资及社会保险费用、所欠税款和其他各项债务,以及分配剩余财产的办法。

《农民专业合作社法》第四十五条对清算方案作了规定,清算方案由清算组制定并组织实施,但在实施前,清算方案要经过成员大会通过或者申请人民法院确认。制定和实施清算方案需要坚持三个原则:

一是清偿全部债务原则。要对全部债务清偿,如果发现农民专业合作社的财产不能够清偿农民专业合作社的全部债务,必须停止清算程序,及时依法向人民法院申请破产,按破产程序办理。

二是符合法定顺序原则。首先,应该先清偿农民专业合作社员工的工资及社会保险费用,其次清偿所欠国家的税款,最后再清偿其他各项债务。如果还有剩余的财产,就在农民专业合作社成员中分配。清算组不能违反法律规定,改变清偿的顺序。

三是按照章程有关财产分配或者成员大会已有的分配决议分配剩余财产的原则。认定一个农民专业合作社是不是达到破产条件,主要是看这个农民专业合作社能不能清偿全部债务。宣告农民专业合作社破产的机关为人民法院,农民专业合作社本身和其他人员都无权宣布农民专业合作社破产。清算组发现农民专业合作社的财产不足以清偿债务的,应当依法向人民法院申请破产。

另外,根据《农民专业合作社法》第四十四条的规定,农民专业合作社解散或者人民法院受理破产申请时,不能办理成员退社手续。之所以作出这样的规定,主要是因为:一是农民专业合作社成员入社时出了资,这个出资作为成员本人和本社承担债务的基础,在本社解散或者破产清算时,就要以这个出资去清偿对外所欠的债务,如果允许成员退社,抽走出资,就会削弱本社对外承担债务的能力。二是成员退社需要对其出资与其在本社的权益进行清算,而在解散和破产时本社也要进行清算,如果在此过程中对其成员进行退社清算,不利于对该成员的权益维护,也增加清算工作负担。

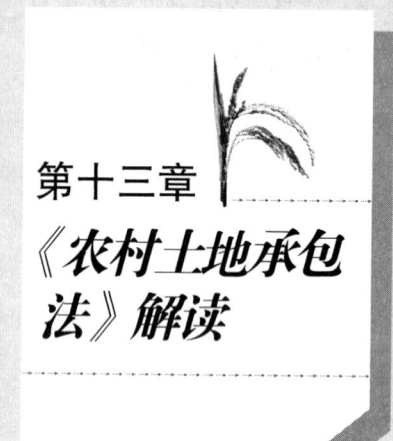

第十三章 《农村土地承包法》解读

《农村土地承包法》解读1
实施时间和立法目的

农村土地，关系到广大农民朋友们的切身利益，关系到广大农民朋友们的长远生计。特别是2013年11月召开的十八届三中全会，明确提出要赋予农民对承包地占有、使用、收益、流转及承包经营权抵押、担保权能，允许农民以承包经营权入股发展农业产业化经营，大家就更关注了，想进一步了解这方面的法律规定。那么从这一节开始，我们就一起来学习农村土地承包方面的法律法规。

农村土地承包政策性、法律性都很强，国家在这方面制定了2部法律、1部行政法规、4部农业部规章。

一部法律是《中华人民共和国农村土地承包法》（以下简称《农村土地承包法》），于2002年8月29日由第九届全国人大常委会第二十九次会议通过，自2003年3月1日起施行，2009年8月修改了一次。这部法律分五章，总共六十五条，主要规定了家庭承包、其他方式的承包、争议的解决和法律责任等方面的内容。

另外一部法律是《中华人民共和国农村土地承包经营纠纷调解仲裁法》，于2009年6月27日第十一届全国人大常委会第九次会议通过，自2010年1月1日起施行。这部法律分四章，总共五十三条，主要规定对农村土地承包经营纠纷怎么进行仲裁、调解，公正、及时解决纠纷，维护当事人的合法权益，促进农村经济发展和社会稳定。

一部行政法规是国务院1998年12月27日第257号令公布的《基本农田保护条例》，自1999年1月1日起施行。这部法规分六章，总共三十六条，主要规定了对基本农田的特殊保护措施。

另外，农业部还出台了一系列配套规章：《中华人民共和国农村土地承包经营权证管理办法》《农村土地承包经营权流转管理办法》《农村土地承包仲裁委员会示范章程》和《农村土地承包经营纠纷仲裁规则》等。江西省还出台了地方性法规《江西省实施〈中华人民共和国农村土地承包法〉办法》。

我们知道，我国虽然幅员辽阔，国土面积有960万平方公里，但也是人口大国，人均耕地面积只相当于世界人均耕地的三分之一。怎么有效利用有限的耕地，更好地保障农民土地承包经营权，是《农村土地承包法》要切实解决的实际问题。

所以，《农村土地承包法》第一条明确了立法的目的：一是稳定和完善以家庭承包经营为基础、统分结合的双层经营体制；二是赋予农民长期而有保障的土地使用权，维护农村土地承包当事人的合法权益；三是促进农业、农村经济发展和农村社会稳定。

《农村土地承包法》解读2
农村土地承包经营制度

学习《农村土地承包法》，很关键的是了解农村土地承包经营制度。这一节我们就来讲讲农村土地承包经营制度。

首先，我们要搞清楚什么是"农村土地"。根据《农村土地承包法》第二条的规定，农村土地是农民集体所有和国家所有依法由农民集体使用的耕地、林地、草地,以及其他依法用于农业的土地。对这条规定,我们从两个方面来理解:第一,这里讲的农村土地专门指农业用地,不包括农村的宅基地和其他建设用地;第二,农村土地一定是农民集体所有或者是国家所有依法由农民集体使用,不包括国家所有的其他土地,比如说国有农场的耕地、国有林场的林地就不是农村土地。

经过30余年的改革,我国农村建立了以家庭承包经营为基础、统分结合的双层经营体制。家庭承包经营制度符合发展规律,也符合农业生产特点,不仅能适应传统农业,也能适应现代农业。家庭承包经营不仅是集体经济的一个经营层次,更是双层经营体制的基础。所以《农村土地承包法》第三条规定,国家实行农村土地承包经营制度。农村土地承包采取农村集体经济组织内部的家庭承包方式,不宜采取家庭承包方式的荒山、荒沟、荒丘、荒滩等农村土地,可以采取招标、拍卖、公开协商等方式承包。也就是说,一个农村集体经济组织的农村土地,是由这个组织内部成员以家庭为单位来承包经营的,组织外部的成员没有这个权利。只有条件差、实在不适合家庭承包的荒山、荒沟、荒丘、荒滩,才可以采取招标、拍卖、公开协商等方式让非集体经济组织成员承包。

对农村土地这种承包关系,按照《农村土地承包法》第四条的规定,国家要依法保护,长期稳定。概括起来就是两个字"长"和"稳"。长就是时间长,目前法律规定耕地的承包期是30年,林地是30至70年;稳就是稳定不变,承包期到了后基本上是继续承包下去,只有严格按照法律规定,才能收回或者调整承包地。只有农村土地承包关系保持稳定,才能调动广大农民的生产积极性,才能增加土地投入,才能保障农业、农村经济发展和社会稳定。

这里要注意,农村土地承包不是分田地、实行土地私有,土地的所有权性质是不变的。原来这个土地属于农村集体经济组织所有的,还是农村集体经济组织所有;是国家所有的,还是国家所有。成员家庭只是取得了承包经营权,没有所有权。

《农村土地承包法》解读3
保障农民享有承包土地权益

要怎样保障农民享有承包土地权益呢?《农村土地承包法》对这个问题作了三条原则性规定。

第一,农村集体经济组织成员有权依法承包由本集体经济组织发包的农村土地。只要是这个组织的成员,就要"按户承包,按人分地",也就是"人人有份",不论年龄、民族、学历、宗教信仰等情况,就是去当兵、读书都有份。任何组织和个人都不能剥夺和非法限制组织成员承包土地的权利,特别是村支部、村委会。

第二,妇女与男子享有平等的权利。受中国几千年来重男轻女封建传统的影响,在一些农村还有歧视妇女的现象,妇女在农村土地承包中的权利受到侵害。比如在妇女出嫁后在新居住地没有取得承包地的情况下收回原承包地;有的农村妇女离婚后,不在原居住地生活,但在新居住地没有取得承包地,原集体经济组织就收回承包地,等等。所以,《农村土地承包法》特别强调承包中要保护妇女的合法权益,任何组织和个人不得剥夺、侵害妇女享有的土地承包经营权。

第三,坚持公开、公平、公正原则。公开,是指土地承包中,要保护集体经济组织成员的知情权,不能暗箱操作。一是要信息公开,向组织成员宣传有关土地承包的法律、法规和政策文件,公布要发包的土地位置、面积、质量等级等情况。公开的方式,根据具体情况可以用不同的形式,比如可以张贴公告、广播或者召开村民会议，但是一定做到透明、及时、准确。二是要程序公开。要公开的程序包括由本集体经济组织成员的村民会议选举产生承包工作小组；由承包工作小组依照法律法规规定拟订承包方案并向本集体经济组织全体成员公布；依法召开村民会议，讨论通过承包方案。三是要结果公开。承包结束后，发包方和承包方要签订书面承包合同，确定各自的权利和义务。每一户承包土地的情况要进行公开，接受本集体经济组织成员的监督。

公平，是指所有集体经济组织成员，不分年龄、性别、民族、信仰等条件，依法平等地享有、行使承包本集体经济组织土地的权利。承包合同中不能对承包方的权利进行不合理的限制、干涉生产经营自主权。

公正，是指在承包过程中，要严格按照法定的条件和程序办事，平等地对待每个组织成员，不能厚此薄彼，亲亲疏疏。

《农村土地承包法》解读4
发包方的权利和义务

在土地承包中，发包方有哪些权利和义务？

我们先搞清楚农村土地由谁发包，谁是发包方？根据《农村土地承包法》第十二条规定，农民集体所有的土地依法属于村农民集体所有的，由村集体经济组织或者村民委员会发包；已经分别属于村内两个以上农村集体经济组织的农民集体所有的，由村内各该农村集体经济组织或者村民小组发包。村集体经济组织或者村民委员会发包的，不得改变村内各集体经济组织农民集体所有的土地的所有权。国家所有依法由农民集体使用的农村土地，由使用该土地的农村集体经济组织、村民委员会或者村民小组发包。也就是说，村民委员会和村民小组都可以是发包方。

知道了发包方,我们就来了解发包方享有的权利和义务。

按照《农村土地承包法》第十三条的规定,发包方享有两个方面的权利:第一就是发包的权利,发包本集体所有的或者国家所有依法由本集体使用的农村土地;第二就是监督的权利,监督承包方按照承包合同约定的用途合理利用和保护土地,制止承包方损害承包地和农业资源的行为。比如承包方在耕地上建房、挖土、挖沙、挖石、采矿,发包方就有权利制止。发包方行使这些权利,可以保护集体土地所有权,保护土地资源,实际上也保护了其他成员的土地承包经营权。

享有权利的同时,也要承担必需的义务。根据《农村土地承包法》第十四条规定,发包方要承担这些义务:一是维护承包方的土地承包经营权,不得非法变更、解除承包合同;二是尊重承包方的生产经营自主权,不得干涉承包方依法进行正常的生产经营活动;三是依照承包合同约定为承包方提供生产、技术、信息等服务;四是执行县、乡(镇)土地利用总体规划,组织本集体经济组织内的农业基础设施建设;五是法律、行政法规规定的其他义务。归纳起来就是两个方面义务——保护和服务,维护承包方的承包经营权和生产经营自主权,服务生产经营和组织农业基础设施建设。这些义务是法律规定的,要严格履行,不能在承包合同中减轻或者免除。

《农村土地承包法》解读5
承包方的权利和义务

我们再来了解承包方的权利和义务。

先搞清楚谁是承包方?《农村土地承包法》第十五条规定,家庭承包的承包方是本集体经济组织的农户。根据这个规定，可以明确两点：一是承包方只能在本集体经济组织内部，本集体经济组织以外的单位、农户和个人都不能作为家庭承包的承包方，只能依法通过其他方式取得土地承包经营权。二是承包方是农户家庭，农民个人不是承包方。当然，在计算每个农户家庭承包的土地面积时，一般按农户的人口，也就是"按户承包，按人分地"。这里还要分清一个情况，不适合用家庭承包方式的"四荒地"可以通过招标、拍卖、公开协商等方式承包给本组织内部的农户，也可承包给组织外部的单位或个人。

那么承包方享有哪些权利，又必须承担哪些义务呢？

根据《农村土地承包法》第十六条规定，承包方享有这些权利：

一是依法享有承包地使用、收益和土地承包经营权流转的权利，有权自主组织生产经营和处置产品。也就是怎么种、种什么，生产出来的产品怎么卖、卖给谁，要不要将土地交给其他人种、给谁种，这些是承包方的基本权利。

二是承包地被依法征收、征用、占用的，有权依法获得相应的补偿。征收是国家为了公用事业建设，将集体所有的土地转化为国有。征用是国家为了公用事业建设，使用集体所有的土地。占用是办乡镇企业、村民建住宅、建设乡村公益事业经依法批准使用农民集体所有的土地。征收、征用、占用承包地的补偿包括土地补偿费、安置补助费和地上附着物、青苗补偿费。土地补偿费是给发包方和承包方因为投入而造成损失的补偿；安置补助费是用于被征地的承包方的生活安置；地上附着物和青苗的补偿费是对承包方在土地上的房屋、水井及生长作物等的补偿。

三是法律、行政法规规定的其他权利。比如在同等条件下本组织内部成员对流转的土地承包经营权有优先权。

享有权利也要承担义务，根据《农村土地承包法》第十七条规定，承包方承担这些义务：一是维持土地的农业用途，不得用于非农建设。比如不能用来建工厂，也不能用来建住宅。二是依法保护和合理利用土地，不得给土地造成永久性损害。比如要防止水土流失和土壤污染，不能将农田里的泥土用来烧砖，不然的话这样就造成了农田的永久性损害，土地就不能用来农业生产。三是法律、行政法规规定的其他义务。

《农村土地承包法》解读6
土地承包的原则和程序

原则就是基本的准则、规定。按照《农村土地承包法》第十八条的规定，土地承包要遵循四个原则：

1. 按照规定统一组织承包时，本集体经济组织成员依法平等地行使承包土地的权利，也可以自愿放弃承包土地的权利。这里要强调一点，任何单位和个人都不能强迫组织成员放弃承包土地的权利。

2. 民主协商，公平合理。民主协商要求发包方在发包过程中充分听取和征求本集体经济组织成员的意见。公平合理要求本集体经济组织成员之间承包的土地在土质的好坏、离村庄的远近、离水源的远近等方面不能有太大的差别，就是有差别也要合理。

3. 承包方案要依法经过本集体经济组织成员的村民会议三分之二以上成员或者三分之二以上村民代表的同意。村民会议是村民集体讨论决定涉及全村村民利益问题的一种组织形式，由本村 18 周岁以上的村民组成。农村土地承包方案是涉及村民利益的重大事项，肯定要由村民会议讨论通过。但是在外出人员比较多或者村民居住分散，全体村民不容易召集的情况下，也可以采取选派代表参加会议的形式。

4. 承包程序要合法。程序就是工作的步骤、顺序，要按照《农村土地承包法》第十九条规定的程序来操作：一是本集体经济组织成员的村民会议选举产生的承包工作小组。一般来讲，是由村党支部、村民委员会的部分成员和一定数量的村民代表组成。二是承包工作小组依照法律、法规的规定拟订并公布承包方案。公布方案一般是在全村人都关注的位置张贴公告，或者是在每一个村民小组张贴公告，或者是发到每一个农户家里。三是依法召开本集体经济成员的村民会议，讨论通过承包方案。要有村民会议三分之二以上成员或者三分之二以上村民代表同意，才能通过。四是公开组织实施承包方案。按照承包方案规定的原则、方法和要求，将土地承包到每一个农户家庭。五是签订承包合同。按照承包方案承包土地后，由村集体经济组织与承包方签订承包合同，完成整个承包工作。承包合同一般要求一式三份，发包方、承包方各一份，农村承包合同管理部门存档一份。

《农村土地承包法》解读7
土地承包期限和承包合同

这一节我们来学习《农村土地承包法》关于土地承包期限和承包合同的规定。

农村土地承包和其他承包一样也有一个期限，但是这个期限是面对亿万农民的特殊期限，是保障农民的土地承包经营权、长期稳定土地承包关系的期限。期限太短，不利于土地承包经营权的稳定和农业的发展；期限太长，又不利于对土地利用方式的适当调整和利益的协调。所以，家庭承包要规定一个合适的期限，才能确保农户家庭的土地承包经营权的稳定，消除广大农民的顾虑，提高农民在承包地上进行长期投资的主动性和积极性。《农村土地承包法》第二十条规定,耕地的承包期为三十年。草地的承包期为三十年至五十年。林地的承包期为三十年至七十年;特殊林木的林地承包期,经国家林业局批准可以延长。

之所以作出这种区分,主要是考虑到不同性质土地的投资收益期限差别大。一般来说,在耕地上进行投资见效比较快,大多数情况下,当年投入就能取得收益。草地的投资需要好几年时间才能取得收入。林地的投资回报期更长,一般需要多年、十多年才能有收益,有的林木的生长期达七八十年,在小树成长阶段基本没有收益,必须规定更长的承包期,才能更好地保护承包方的收益权,调动承包方植树造林的积极性。

下面我们来了解一下,土地承包合同有哪些内容?《农村土地承包法》第二十一条规定,发包方要与承包方签订书面承包合同。承包合同一般包括以下条款:(1)发包方、承包方的名称,发包方负责人和承包方代表的姓名、住所;(2)承包土地的名称、坐落、面积、质量等级;(3)承包期限和起止日期;(4)承包土地的用途;(5)发包方和承包方的权利和义务;(6)违约责任。由此,可以看出土地承包合同和其他合同内容差不多,包括了合同双方的名称、标的物的名称用途、双方的权利义务等。但对合同生效的时间,《农村土地承包法》作出明确规定,承包合同从成立这天起生效。承包方从承包合同生效时取得土地承包经营权。也就是说,承包合同经过双方依法签订,就有法律效力,承包方就取得了土地承包经营权。

为了保障农民土地承包经营权,《农村土地承包法》第二十三条规定,县级以上地方政府要向承包方颁发土地承包经营权证、林权证等证书,并登记造册,确认承包方的土地承包经营权。

《农村土地承包法》解读8
土地承包经营权证颁发程序

县级以上地方政府要向承包方颁发土地承包经营权证，确认承包方的土地承包经营权。这一节，我们就来了解有关土地承包经营权证颁发程序方面的规定。

为了加强农村土地承包经营权证管理，农业部在2003年10月专门出台了一部规章——《中华人民共和国农村土地承包经营权证管理办法》。对承包耕地、园地和"四荒地"等农村土地从事种植业生产的，地方政府要按照这个《办法》的规定，颁发农村土地承包经营权证，确认土地承包经营权。对承包草原、水面、滩涂从事养殖业生产的，依照《草原法》《渔业法》的规定确权发证。对承包林地的，按照国家林业局的规定由林业部门确权发证。

土地承包经营权证是农村土地承包合同生效后，国家依法确认承包方享有土地承包经营权的法律凭证，只能承包方使用。这个证件有这几项内容：名称和编号；发证机关和日期；承包期限和开始、截止日期；承包土地名称、位置、面积、用途；农村土地承包经营权变动情况等。

土地承包经营权证是由政府颁发的，按承包方式分了两类，有不同的程序。

对实行家庭承包的，按三个程序颁发：

第一，土地承包合同生效后，发包方要在30个工作日内，将土地承包方案、承包方和承包土地的详细情况、土地承包合同等材料一式两份报乡镇农经站。

第二，乡镇农经站对发包方报送的材料进行初审。材料符合规定的,及时登记造册,由乡镇政府向县级以上地方政府提出书面申请。材料不符合规定的,要在15个工作日内补正。

第三,县级以上农业部门对乡镇报送的申请材料进行审核。材料符合规定的,编制农村土地承包经营权证登记簿,报同级政府颁发农村土地承包经营权证。

对实行招标、拍卖、公开协商等方式承包的,程序有点不一样:

第一,土地承包合同生效后,承包方填写农村土地承包经营权证登记申请书,报承包土地所在的乡镇农经站。

第二,乡镇农经站对发包方和承包方的资格、发包程序、承包期限、承包地用途等进行初审,并在农村土地承包经营权证登记申请书上签署初审意见。

第三,承包方拿乡镇政府初审通过的农村土地承包经营权登记申请书,向县级以上地方政府申请登记。

第四,县级以上农业部门对登记申请进行审核。申请材料符合规定的,编制农村土地承包经营权证登记簿,报请同级政府颁发农村土地承包经营权证。

《农村土地承包法》解读9
土地承包经营权证管理

因为承包经营期间会有一些变化,就会涉及经营权证的变更、换发、补发和收回,这一节,我们来了解这方面的规定。

首先,我们讲讲土地承包经营权证的变更。由于农村土地承包的期限长,承包期内承包方可以采取转包、出租、入股、转让和互换等多种方式流转土地承包经营权,那流转后要不要变更经营权证呢? 按照《农村土地承包经营权证管理办法》第十四条的规定,有三种情况：第一种是承包期内承包方采取转包、出租、入股方式流转土地承包经营权的，不需要办理农村土地承包经营权证变更；第二种情况是采取转让、互换方式流转土地承包经营权的，当事人可以要求办理农村土地承包经营权证变更登记，也可以不办理变更；第三种情况是因为转让、互换以外的其他方式使农村土地承包经营权分开或者合在一起，这种情况要办理农村土地承包经营权证变更。

办理变更手续，只要当事人到乡镇农经站申请，并提供申请书、原来的土地承包经营权证、当事人签订的合同这些资料，乡镇农经站就会上报县级农业部门办理变更登记。

其次，接着了解土地承包经营权证的换发、补发。土地承包经营权证因为保管不好，会出现损坏、丢失的情况，根据《农村土地承包经营权证管理办法》第十七条的规定，承包方要向乡镇农经站申请换发、补发。乡镇农经站审核后，报请县级农业部门办理换发、补发手续。换发、补发后的土地承包经营权证，会注明"换发""补发"字样。

最后，我们讲讲土地承包经营权证的收回。承包期内，如果发生这四种情况，根据《农村土地承包经营权证管埋办法》第二十条的规定，要依法收回农村土地承包经营权证：一是承包期内，承包方全家迁入设区的市，转为非农业户口的；二是承包期内，承包方提出书面申请，自愿放弃全部承包土地的；三是承包土地被依法征用、占用，导致农村土地承包经营权全部丧失的；四是其他收回土地承包经营权证的情况。

出现了这些情况，发包方要依法收回土地承包经营权证。如果承包方没有正当理由拒绝交回土地承包经营权证的，由县级农业部门注销证件，并公告。

《农村土地承包法》解读10
承包期内承包地的收回

接下来这几节我们要讲讲保护农村土地承包经营权的规定。这一节,我们来了解发包方能不能收回承包地的问题。

我国农村人多地少,农民对土地的依赖性较强,土地还是农民的基本生产资料和主要生活来源,需要长期稳定土地承包关系。所以《农村土地承包法》第二十六条第一款规定,承包期内,发包方不得收回承包地。除了法律对收回承包地有特别规定以外,在承包期内,不论承包方发生什么样的变化,比如承包方家庭有人去世;子女读书、参军或者在城市工作;妇女结婚,在新的居住地没有取得承包地;承包方进城打工等这些情况,只要作为承包方的农户家庭还在,发包方就不能收回承包地。

现在各个地方城镇化进程进一步加快,很多农民到小城镇居住,如果在承包期内,承包方全家都迁到小城镇落户,按照《农村土地承包法》第二十六条第二款规定,发包方不能收回承包地,要根据承包方本人的意愿,保留他的土地承包经营权,他可以回来耕种,也允许他依法采取转包、转让、出租、入股等方式,将承包地流转给其他人经营。当然,承包方也可以自愿交回承包地。这里要注意,小城镇是指县级市的市区、县城和其他圩镇。作出这个规定,主要考虑了农民迁入小城镇后的保障问题,农民在小城镇一旦失去了非农职业或者生活来源,他在农村的承包土地还可以保障基本生活,这样有利于调动农民进入小城镇的积极性,推动城镇化建设。

当然,发包方也不是绝对不能收回承包地,按照《农村土地承包法》第二十六条第三款规定,承包期内,承包方全家迁入设区的市,转为非农业户口的,要将承包的耕地和草地交回发包方。承包方不交回的,发包方可以收回承包的耕地和草地。这样规定,主要是考虑到承包方如果全家迁入了设区的城市,转为了非农业户口,实际上就有更多的就业机会,可以享受城市居民的社会福利,即使失业了,也有失业救济金和低保等保障。而农村人多地少,需要把地承包给其他农户。这里要注意,承包方要交回的承包地只是耕地和草地,不需要交回林地,因为林地的承包期长,投入大,收益慢,风险大,稳定林地承包经营权,有利于调动承包方植树造林的积极性。

不管是承包方交回承包地,还是发包方依法收回承包地,发包方都要补偿承包方在承包地上的投入。

《农村土地承包法》解读11
承包期内承包地的调整

我们继续讲讲保护土地承包经营权的规定,下面来了解承包期内能不能调整承包地的问题。

农村实行家庭承包经营制以来,中央一直强调要稳定和完善农村土地承包关系。但是,一些地方对承包地三年或五年进行一次重新调整,不利于土地承包关系的稳定,带来了不少问题:一是影响农民对家庭承包经营制的信心;二是影响农民对土地的投入,结果会造成土地肥力下降,一些农民还进行掠夺式经营,破坏土地;三是更加造成各家各户的承包地分散不集中,不利于推广使用先进的农业技术和农业机械化作业。所以《农村土地承包法》第二十七条第一款规定,承包期内,发包方不得调整承包地。法律这样规定,维护了土地承包关系的长期稳定,给农民吃了一颗定心丸。

但是我们要看到，耕地的承包期30年，草地的承包期30年到50年，在这样长的承包期内，农村的情况会发生很大的变化，完全不允许调整承包地也很难做到。如果出现个别农户因为自然灾害严重毁损承包地、承包地被依法征用占用、人口增减导致人地矛盾突出等特殊情况，还不允许对承包地进行小调整，就会使一部分农民失去土地，没有最基本的生活来源，不利于社会稳定。所以《农村土地承包法》第二十七条第二款规定，承包期内，发生了自然灾害严重毁损承包地等特殊情况，可以对个别农户之间承包的耕地和草地进行适当的调整。这种调整是小调整，只限于人地矛盾突出的个别农户，不能对所有农户进行普遍调整。可以进行小调整的土地只能是耕地和草地，对于林地，即使有这些特殊情况，也不允许调整。调整土地要按严格按照规定的程序进行，要经本集体经济组织成员的村民会议三分之二以上成员或者三分之二以上村民代表同意，并报乡镇人民政府和县级农业部门等主管部门批准。这里还要注意一点，如果承包合同中约定了不能调整，那就不能调整。

为了解决人地矛盾突出的问题，《农村土地承包法》第二十八条规定，三种土地要用于调整承包土地或者承包给新增人口，不能随意以招标、拍卖、公开协商等方式承包出去：一是集体经济组织依法预留的机动地；二是通过依法开垦等方式增加的土地；三是承包方依法自愿交回的土地。

《农村土地承包法》解读12

土地承包经营中妇女合法权益的保护

这一节来了解怎么保护妇女的土地承包经营权。

很长时间以来，很多地方在土地承包经营过程中妇女的合法权益往往得不到很好的保护，以各种方式侵害妇女的土地承包经营权的现象时有发生，而且有的地方还比较严重，造成了许多纠纷，导致矛盾激化，影响了农村社会发展和稳定。主要有这些情况：一是承包过程中违反法律规定，歧视妇女，忽视妇女权益；二是剥夺出嫁、离婚、丧偶妇女的土地承包经营权；三是集体经济组织分配利润或者征用土地补偿费时，侵犯妇女应该享有的土地权益。针对这些情况，《农村土地承包法》就特别考虑保护妇女的土地承包经营权，第六条就作了原则性规定：农村土地承包，妇女与男子享有平等的权利。承包中应当保护妇女的合法权益，任何组织和个人不得剥夺、侵害妇女应当享有的土地承包经营权。

按照农村习惯，男女结婚后，一般女方随男方生活。为了保护出嫁、离婚、丧偶妇女的土地承包经营权，《农村土地承包法》第三十条又作了专门规定：承包期内，妇女结婚，在新居住地没有取得承包地的，发包方不得收回其原承包地；妇女离婚或者丧偶，还在原居住地生活或者不在原居住地生活但在新居住地没有取得承包地的，发包方不得收回其原承包地。根据这个规定，要确保农村出嫁妇女有一份承包地：一是妇女结婚的，嫁入方所在地要解决她的承包地。如果有依法预留的机动地、通过依法开垦等方式增加的土地或者承包方依法自愿交回的土地，可以分给嫁入妇女一份承包地。没有这些土地，在土地小调整时，要分给嫁入妇女一份承包地。如果当地没有多余的土地，也不进行小调整，而是实行"增人不增地，减人不减地"的办法，那么出嫁妇女娘家所在地不能收回其原承包地。二是妇女离婚或丧偶的，如果她还在原居住地生活，原居住地要保证她有一份承包地；如果她迁到其他地方，那么新居住地要为妇女解决一份承包地，在解决之前，妇女原居住地要保留妇女的土地承包经营权，不能收回承包地。

为了保护妇女的土地承包经营权，《农村土地承包法》第五十四条规定，发包方剥夺、侵害妇女土地承包经营权的，要承担停止侵害、返还原物、赔偿损失等民事责任。

《农村土地承包法》解读13
土地承包经营权的继承

《农村土地承包法》规定了耕地承包期30年，草地承包期30到50年，林地承包期30到70年。如果在承包期内承包方家庭有人死亡，那么他的家人可以继承土地承包经营权吗？这个问题在农村经常会遇到，这也是一个法律性、政策性很强的问题，大家一定很关心。下面我们就一起来看看《农村土地承包法》对这个问题的规定。

《农村土地承包法》第三十一条规定，承包人应得的承包收益，依照继承法的规定继承。林地承包的承包人死亡，其继承人可以在承包期内继续承包。大家看了这条规定可能觉得还是不懂，我们可以从这几点来理解。

1. 怎么会出现土地承包经营权的继承问题。我们知道，土地承包是以家庭为单位来承包，家庭中部分成员去世，只要还有符合承包土地条件的成员，作为承包方的家庭就还在，就继续承包，不存在继承的问题。比如，一个三口之家，老婆去世，但是老公和小孩还在，那么这个家庭继续承包。只有在承包经营的家庭不存在的情况下，才会有土地承包经营权继承的问题。承包经营的家庭不存在主要有两种情况：一种是家庭全部成员都去世了；第二种是家庭中符合条件可以承包土地的成员去世了，其他的成员因为大学毕业参加工作等原因户口迁到设区的市了，不符合可以承包土地的条件，或者是分家立户，已经有了一份承包地。

2.承包经营的家庭不存在,这个家庭的亲属可不可以继承土地承包经营权。承包经营的家庭不存在,承包地不能继承,要由发包方收回。为什么这样规定呢,一个是考虑现在农村人多地少,人地矛盾突出;另一个考虑就是如果继承人不符合承包土地条件还可以通过继承的方式来承包,不公平。尽管承包地不可以继承,但是承包人应得的承包收益,比如已经收获的粮食、没有收割的农作物等,作为承包人的个人财产,是可以依照《继承法》的规定继承。到底怎么继承,哪些人可以继承,每个人可以分到多少财产,就请大家看看《继承法》的规定。

3.我们前面讲的承包地是指耕地和草地,对林地另外有规定,林地的承包家庭不存在的,继承人在承包期内可以继续承包,一直到承包期满。这是考虑到林地特殊,投资周期长,见效慢,风险大,所以《农村土地承包法》有许多方面将林地和耕地、草地区别对待。

《农村土地承包法》解读14
土地承包经营权的流转

承包方有流转土地承包经营权的权利。对于流转,《农村土地承包法》作了规定,农业部也制定了专门的规章——《农村土地承包经营权流转管理办法》。

《农村土地承包法》第三十二条规定,通过家庭承包取得的土地承包经营权可以依法采取转包、出租、互换、转让或者其他方式流转。流转,从字面上理解,就是将承包地转给其他人经营。具体的流转方式包括转包、出租、互换、转让、入股等。

这条规定明确了土地承包经营权可以流转,要不要流转,流转给哪个人,怎么流转,这些都是承包方自己做主,任何单位和个人包括发包方都不能强迫和限制。《农村土地承包经营权流转管理办法》第七条还规定，流转的收益是归承包方所有，任何组织和个人包括发包方都不能侵占、截留、扣缴。

接受流转的土地承包经营权的一方，叫作受让方。受让方可以是本集体经济组织的其他农户，也可以是其他按规定允许从事农业生产经营的组织和个人。

土地承包经营权流转是自由的，但是要遵守法律规定。《农村土地承包法》第三十三条规定了流转要遵守的五个原则，也就是基本规定：一是平等协商、自愿、有偿的原则。平等是指流转当事人双方的法律地位平等。自愿是指当事人双方完全自愿流转，承包方不能强迫受让方接受流转，受让方也不能强迫承包方一定要流转，其他组织和个人也不能强迫或者阻碍当事人双方流转。有偿是指流转要公平，有一定的价格，当然只要当事人自愿也可以无偿。

二是不改变土地所有权的性质和土地的农业用途的原则。不论怎么流转，土地还是这个集体经济组织所有，流转的只是承包经营权。土地只能用于农业生产经营，不能作其他用途。

三是流转的期限不能超过承包期剩余年限的原则。土地承包经营权流转是有期限的，不能超过土地承包经营权的剩余期限。比如，土地承包经营权期限30年，承包方自己使用了20年，那么流转出去的期限就不能超过10年。在签订流转合同时，一定要注意流转期限的问题。

四是受让方要有农业经营能力的原则。如果受让方不能从事农业生产，就不能接受流转。

五是本集体经济组织成员优先原则。在同等条件下，本集体经济组织的成员比外人优先取得流转。

《农村土地承包法》解读15
土地承包经营权流转方式

这一节为大家介绍土地承包经营权流转的方式。

土地承包经营权流转的方式多种多样,主要的就是转包、转让、互换、入股和出租这五种。

1. 转包。指农户将承包期内的部分或者全部土地承包经营权以一定期限转给本集体经济组织内部的其他农户从事农业生产经营,接受转包的农户要向转包给他的农户支付转包费。承包方转包不需要经过发包方同意,但是转包合同要报给发包方。这里要注意,转包是内部成员之间才能转包,一般是家庭劳动力少、没有能力经营的农户才会转包出去。转包后,原来的土地承包关系不变。

2. 转让。指承包农户经过发包方同意,将部分或全部土地承包经营权转给他人,由他人承担原来土地承包合同的权利和义务,承包农户就失去了原来的土地承包经营权。所以转让有严格的条件,就是承包方要有稳定的非农职业或者有稳定的收入来源,有切实的生活保障。不然的话,就不能转让。农户将土地承包经营权转让给他人,一定要经过发包方同意,才能申请办理农村土地承包经营权证变更登记。

3. 互换。指农村集体经济组织内部的农户之间为方便耕种和各自需要,交换各自的土地承包经营权。互换后,双方都取得了对方的土地承包经营权,失去了自己原来的土地承包经营权。互换后,当事人可以申请办理农村土地承包经营权证变更登记。

4. 入股。指农户将土地承包经营权作为资本投资,加入农民合作社或者农业企业,占有一定的股份,由合作社和企业对土地进行统一经营，农户在合作社和企业中按股分红。

5.出租。指农户将承包的部分或全部土地承包经营权以一定期限出租给他人从事农业生产经营。这种方式不改变原来的土地承包关系，农户出租土地承包经营权不需要经过发包方的同意，承租土地的人要向出租土地的农户交纳租金。

在这五种流转方式中，目前转包、出租是农村土地流转的主要形式，主要租给专业大户、农民合作社和农业企业，可以将土地集中起来，形成规模效益。随着城镇化进程的逐步加快，农户以土地入股的方式流转正成为一种趋势，流转比例将大幅增加。不管采取什么方式流转，都要遵守《农村土地承包法》的相关规定，特别是土地承包经营权流转遵循的五个原则。

《农村土地承包法》解读16
"四荒地"的承包管理

农村土地中，一般的耕地、草地、林地都是通过集体内部成员家庭承包方式进行承包。但是对于一些荒山、荒地、荒丘、荒滩，也就是我们讲的"四荒地"，内部成员一般不愿意承包；还有的集体有一些鱼塘，数量少，也不适合家庭承包，像这些农村土地就要通过其他方式承包给有经营能力的人。《农村土地承包法》第三条和第四十四条规定，不适合采取家庭承包方式的四荒地等农村土地，可以采取招标、拍卖、公开协商等方式承包。

招标，就是向社会发布发包土地的招标公告，符合条件的人都可以参加投标竞争，由中标的人承包土地。拍卖，就是公开竞买，由出价最高的人承包土地。公开协商，就是双方协商，但是协商的内容和程序要公开。现在采用最多的方式还是拍卖。不管用哪一种方式承包农村土地，发包方和承包方都要签订承包合同，协商确定承包的期限和双方的权利、义务。

按照《农村土地承包法》第四十六条的规定，在对四荒地用招标、拍卖、公开协商等方式实行承包经营时，村集体可以直接进行；也可以将四荒地土地承包经营权折股分给组织成员后，再实行承包经营或者股份合作经营。将四荒地承包经营权折股分配给本集体的成员后，实行承包经营的，组织成员可以分享承包费等收益；而实行股份合作经营的，组织成员既可以参加经营，取得收入，还能获得股份分红，分享经营收益。这样，不管集体成员有没有承包"四荒"土地，都能获得一定的经济利益，有利于保护组织成员、特别是没有承包能力的成员的利益。

《农村土地承包法》第四十七条、第四十八条对四荒地的承包经营作了具体规定。四荒地可以由本集体内部的成员承包，也可以由本集体外部的单位或者个人承包经营，不管谁承包都要按照公开竞争的办法来确定。但是在同等条件下，本集体内部成员享有优先承包权。将四荒地发包给本集体外部的单位或者个人承包，要事先经过本集体村民会议三分之二以上成员或者三分之二以上村民代表的同意，并报乡镇人民政府批准。确定了由本集体外部的单位或者个人承包的，还要对承包方的资产信用情况和经营能力进行审查后，才能签订承包合同。

承包四荒地进行经营，要符合国家有关法律、法规，根据实际情况开发利用，重点要放在治理水土流失和生态建设上，可以用作农业，也可以用于造林、种草，要尽可能不进行大范围的开垦种田。

《农村土地承包法》解读17
"四荒地"的流转和继承

家庭承包方式取得的土地承包经营权,承包方可以流转,承包收益还可以继承。那么通过招标、拍卖、公开协商等方式承包的土地承包经营权,能够流转和继承吗?

我们先来了解流转问题。《农村土地承包法》第四十九条规定,通过招标、拍卖、公开协商等方式承包农村土地,经依法登记取得土地承包经营权证或者林权证等证书的,其土地承包经营权可以依法采取转让、出租、入股、抵押或者其他方式流转。

对这条规定,我们可以从这几点来理解:

第一,通过招标、拍卖、公开协商等方式承包的土地承包经营权,是可以流转的。

第二,流转之前一定要经过依法登记取得土地承包经营权证或者林权证等证书。也就是说,只要取得了承包经营权,就可以依法流转。

第三,流转的方式可以是转让、出租、入股、抵押或者其他方式。流转方式和家庭承包取得的土地承包经营权流转方式基本上相同,但是也有不同的地方:比如家庭承包方式取得的土地承包经营权依法转让,要经过发包方的同意,通过招标、拍卖、公开协商等方式承包的土地承包经营权转让,不需要经过发包方的同意。

接下来了解继承问题。《农村土地承包法》第五十条规定,土地承包经营权通过招标、拍卖、公开协商等方式取得的,该承包人死亡,其应得的承包收益,依照继承法的规定继承;在承包期内,其继承人可以继续承包。

这条规定明确了通过招标、拍卖、公开协商等方式承包的,收益作为个人财产可以继承,取得的土地承包经营权也可以继续承包。这和家庭承包方式取得的林地承包经营权就是一样的。也就是说,不管是耕地、草地,还是林地,只要在承包期内都可以继续承包。

作出这样的规定,主要是考虑到这种承包经营权并不是在本集体内人人平分的,而是通过招标、拍卖或者公开协商等方式,出钱买来的,一般期限较长,投入很大,应该允许继续承包。

《农村土地承包法》解读18
土地承包经营纠纷的解决

农村土地承包经营涉及农民的切身利益,在发包和承包经营过程中,难免会引起争议,发生纠纷。有承包方和发包方的纠纷,但多数是承包方和受让方及其他人的纠纷。怎么样解决好这些纠纷,不仅关系到农民的合法权益,而且关系到农村社会稳定,需要法律规定解决争议的办法。下面我们就来了解这方面的知识,今后无论是在生活还是工作中碰到这样的纠纷,都可以通过法律规定的途径来解决问题。

《农村土地承包法》第五十一条规定,因土地承包经营发生纠纷的,双方当事人可以通过协商解决,也可以请求村民委员会、乡(镇)人民政府等调解解决。当事人不愿协商、调解或者协商、调解不成的,可以向农村土地承包仲裁机构申请仲裁,也可以直接向人民法院起诉。

这条规定,明确了解决土地承包经营纠纷有四种办法:

第一是协商。发生土地承包经营纠纷后,当事人双方在自愿和互相谅解的基础上,依照法律的规定,直接进行协商,自行解决。用这种方式,既节省时间,又节省人力物力,有利于化解矛盾,是最好的解决办法。

第二是调解。出现纠纷后，双方当事人不能协商解决的，可以请求村民委员会调解，也可以请求乡镇人民政府调解。当然，还可以请求其他部门来调解，比如请农业部门、林业部门、乡镇农经站。通过调解来解决纠纷是我国的传统，一般当事人会选择双方都信得过的人来调解，通过相互谅解、让步，达成协议，解决纠纷。调解必须是在当事人自愿的基础上进行，如果当事人不同意调解，或者是达不成调解协议，调解就失败了；或者虽然达成了调解协议，但是当事人任何一方在履行协议过程中反悔的，也可以随时终止履行，这种情况调解也失败。

第三是仲裁。当事人之间不愿协商、调解，或者通过协商、调解解决不了纠纷，可以向农村土地承包仲裁机构申请仲裁。农村土地承包经营纠纷仲裁时限为60日，案情复杂经批准可延长，但延长时限不得超过30日。

第四是起诉。也就是到法院打官司。分为两种情形：一是在双方不愿意协商、调解，或者通过协商、调解方式不能解决纠纷，也不愿意申请仲裁，那就可以直接向人民法院起诉。依照《民事诉讼法》的规定，通过诉讼的方式保护自己的土地承包权。二是当事人对农村土地承包仲裁机构的仲裁裁决不服的，也可以向人民法院起诉。但要在收到裁决书之日起30日内起诉。

《农村土地承包法》解读19
发包方侵害土地承包经营权行为的法律责任

在农村土地承包中，发包方侵害承包方土地承包经营权的现象时有发生。为了保护承包方的合法权益，《农村土地承包法》规定了七种突出的侵害土地承包经营权的行为要承担民事责任。

第一，干涉承包方依法享有的生产经营自主权。比如发包方强制要求承包方种植某一农作物，指定使用某一种牌子的农资等。

第二，违反规定收回、调整承包地。《农村土地承包法》明确规定，承包期内，没有发生法律规定的特殊情况，不经过法律规定的程序，发包方不能收回和调整承包地。发包方违反规定收回或调整承包地，是对农民土地承包经营权最大的侵害。

第三，强迫或者阻碍承包方进行土地承包经营权流转。承包方依法、自愿、有偿进行土地承包经营权流转，国家允许，也是支持和保护的。承包方有权自主决定要不要流转、怎么流转、流转给谁。任何单位和个人，包括发包方在内，都不能强迫或者阻碍。

第四，假借少数服从多数强迫承包方放弃或者变更土地承包经营权而进行土地承包经营权流转。法律规定了特殊情况下对个别农户之间的承包地进行适当调整的严格程序，不按程序假借少数服从多数强迫承包方放弃或者变更土地承包经营权的行为，侵害了承包方的权益。

第五，以划分"口粮田"和"责任田"等为由收回承包地搞招标承包。

第六，将承包地收回抵顶欠款。有的村债务负担重，就采取将农民的承包地收回抵顶欠款，这是严重的违法行为。

第七，剥夺、侵害妇女依法享有的土地承包经营权。妇女与男子享有平等权利，有的地方承包时不能做到男女平等，有的还非法剥夺妇女的承包权。

按照《农村土地承包法》第五十四条的规定，如果发包方有这七种侵权行为或者其他的侵权行为，就要承担停止侵害、返还原物、恢复原状、排除妨害、消除危险、赔偿损失等民事责任。

这里向大家解释一下这些民事责任：停止侵害是指发包方停止

违法行为。返还原物是指发包方将非法占有的财物返还给承包方。恢复原状是指将损坏的东西重新修复。排除妨害是指将妨害承包方权利的障碍排除。消除危险是指发包方的行为有可能侵害承包方的权益时,发包方要消除这种情况。赔偿损失是指发包方实施违法行为,给承包方造成了损害,要赔偿承包方的损失。发包方要承担什么样的民事责任,要根据发包方的侵害行为和造成的后果来具体看。

《农村土地承包法》解读20
土地承包合同的无效

承包土地要签订承包合同,但是这个承包合同一定要符合法律规定,不然的话,就会无效,得不到法律的保护。我们来了解这方面的规定。

《农村土地承包法》第五十五条规定,承包合同中违背承包方意愿或者违反法律、行政法规有关不得收回、调整承包地等强制性规定的约定无效。

按照这条规定,有两种内容如果约定在承包合同中是无效的。

第一是违背承包方意愿的约定无效。农村土地承包合同是发包方和承包方明确土地承包经营权的合同,是一种民事行为,双方的权利义务要依照法律法规的规定来设定。签订土地承包合同首先就要遵守《合同法》关于"合同当事人的法律地位平等,一方不得将自己的意志强加给另一方"的规定。也就是说,发包方和承包方在法律上处于平等地位,平等对话。但是由于在土地承包过程中,发包方作为掌握了土地的集体,相对于承包方来讲处于强势地位,可以采取很多手段要求承包方签订违背真实意愿、同意发包方不公平要求的合同。所以,为了保护承包方的合法权益,第五十五条明确规定，承包合同中违背承包方意愿的约定无效。

第二是违反法律、行政法规有关不得收回、调整承包地等强制性规定的约定无效。《农村土地承包法》第十四条第一项规定，发包方"不得非法变更、解除承包合同"，除此之外，《农村土地承包法》对发包方不得收回、调整承包地的强制性规定还有四个条款：一是第二十六条规定，承包期内，发包方不得收回承包地；二是第二十七条规定，承包期内，发包方不得调整承包地；三是第三十五条规定，承包期内，发包方不得单方面解除承包合同，不得假借少数服从多数强迫承包方放弃或者变更土地承包经营权，不得以划分"口粮田"和"责任田"等为由收回承包地搞招标承包，不得将承包地收回抵顶欠款；四是第三十条对妇女结婚、离婚或者丧偶，发包方不得收回其原承包地的相关规定。根据《农村土地承包法》的这些规定，除了法律规定的特殊情况外，任何收回、调整承包地的行为都是违反法律的，都是无效的。

这里我们要注意一点，合同无效分为整个合同无效和合同部分条款无效。合同部分条款无效的，其他部分还有效。如果在承包合同中，有的条款违反了法律法规规定，那么只是这个条款无效，其他的还有效。

《农村土地承包法》解读21
违反土地管理法规行为的法律责任

现在各地正大力推进城镇化建设，农村土地承包经营权流转和征地补偿，是一个大家都很关注的问题。征地和分配土地补偿费用都要依法进行，违法要承担法律责任。究竟要承担哪些法律责任？我们一起来了解一下。

《农村土地承包法》第五十八条规定,任何组织和个人擅自截留、扣缴土地承包经营权流转收益的,应当退还。也就是说,土地承包经营权流转的转包费、租金、转让费等收益,归承包方所有。这也是我们坚持土地承包经营权依法自愿有偿流转原则的具体体现。

《农村土地承包法》第五十九条规定,违反土地管理法规,非法征收、征用、占用土地或者贪污、挪用土地征用补偿费用,构成犯罪的,依法追究刑事责任;造成他人损害的,应当承担损害赔偿等责任。

这里有两种情况:

第一种情况是违反土地管理法规,非法征收、征用、占用土地。我们知道土地资源是有限的,特别在我国人均土地面积不到世界的三分之一,需要用最严格的法律制度保护宝贵的土地资源。《土地管理法》对征地规定了严格的条件:第一,只有国家为了公共利益的需要,才可以对农村土地征收、征用,其他任何单位和个人都没有征地权;第二,要依法经过批准;第三,要依法进行补偿。对农用地转为建设用地还规定了严格的审批程序:省政府批准的大型基础设施建设项目、国务院批准的建设项目,由国务院批准;在土地利用总体规划范围内的,由原来批准土地利用总体规划的机关批准;其他建设项目,由省政府批准。违反这些规定征收、征用、占用农民承包土地的行为就是非法行为,构成了犯罪的,要依照《刑法》的有关规定,追究刑事责任;造成他人损害的,要承担赔偿损害、返还财产、恢复原状等民事责任。

第二种情况是贪污、挪用土地征用补偿费用。《土地管理法》规定,征收土地的,按照被征收土地的原来用途给予补偿。《农村土地承包法》第十六条在承包方享有的权利中也明确规定,承包地被依法征收、征用、占用的,有权依法获得相应的补偿。土地征用补偿费用包括了土地补偿费、安置补助费以及地上附着物补偿费、青苗补偿费。土地征用补偿费用是对土地所有权的补偿，这些钱属于被征地的村集体和农民，任何单位和个人贪污、挪用这些钱都是违法行为。贪污、挪用土地征用补偿费用，构成了犯罪，要按照《刑法》相关规定进行处罚。如果是国家工作人员，可能构成贪污罪或者挪用公款罪；如果不是国家工作人员，可能构成侵占罪或者挪用资金罪。当然除了承担刑事责任外，还要根据情况承担损害赔偿、返还财产、恢复原状等民事责任。

《农村土地承包法》解读22

承包方违法使用或永久性损害土地行为的法律责任

在土地承包经营中，承包方有两个主要的义务：一个就是维持土地的农业用途，不能用于非农建设；另一个就是保护和合理利用土地，不能给土地造成永久性损害。这两个义务一定要履行，不履行的话就要承担法律责任。

《农村土地承包法》第六十条规定，承包方违法将承包地用于非农建设的，由县级以上地方人民政府有关行政主管部门依法予以处罚。承包方给承包地造成永久性损害的，发包方有权制止，并有权要求承包方赔偿由此造成的损失。

为什么这样规定呢？因为土地是农业生产的基础，可以说没有土地就没有农业，保护了土地就保护了农业。特别是耕地，保护了耕地就保护了我们的生命线。国家实行土地用途管制制度，通过编制土地利用总体规划，规定土地用途，将土地分为农用地、建设用地和未利用地，严格限制农用地转为建设用地，对耕地实行特殊保护。《土地管理法》对农用地转为建设用地规定了严格的审批程序，要将农用地转为建设用地，必须经过相应的人民政府批准。没有经过依法批准就不能将承包地用于非农建设。如果承包方没有经过批准，或者用欺骗手段骗取批准，将承包地用于非农建设，县级以上国土部门会根据情况，按照土地管理法规的规定，给予相应的罚款、没收违法所得、责令限期改正或者治理、责令限期拆除在非法占用的土地上新建的建筑物和其他设施等处罚。

将承包地用于非农建设不但违法，而且会给土地造成永久性损害。我们知道，耕地的耕作层是经过多年耕种形成的，要形成好的土壤结构要经过很长时间的耕作、施肥和培养，良好的土壤结构对农业生产非常重要。但是如果承包方把土地改作其他用途，比如建房，挖砂、采石、采矿、取土，甚至建设小砖窑、小煤窑等，就会占用和破坏大量的良田，破坏土地种植的条件，甚至会给承包地造成永久性的损害，难以恢复或者根本没有办法恢复耕种条件。对于这种行为，发包方有权利制止，还有权利要求承包方赔偿造成的损失。当然发包方制止承包方的行为时，要依法用合理方式进行，可以要求承包方停止违法行为；承包方不停止的，可以请求国土部门制止，也可以请农村土地承包仲裁机构或者人民法院责令承包方停止。承包方要立即停止违法行为，并承担赔偿损失、恢复原状等责任。

《农村土地承包法》解读23

国家机关及其工作人员违法干涉或侵害土地承包经营权的法律责任

党和国家强调依法治国、依法行政，其中依法行政是关键。依法行政，要求国家机关和工作人员要依法履行自己的职责，为社会和公民提供职权范围内的公共服务，维护公共利益和社会秩序；又要防止国家机关和工作人员滥用职权，侵犯公民、法人及其他组织的合法权益。在土地承包经营权方面,《农村土地承包法》第五条规定,农村集体经济组织成员有权依法承包由本集体经济组织发包的农村土地。任何组织和个人不得剥夺和非法限制农村集体经济组织成员承包土地的权利。第九条规定,国家保护承包方的土地承包经营权,任何组织和个人不得侵犯。第十条规定,国家保护承包方依法、自愿、有偿地进行土地承包经营权流转。为了防止在土地承包经营中,发生国家机关和工作人员利用职权侵犯承包方合法权益的问题,《农村土地承包法》第二十五条又进一步作出规定,国家机关和工作人员不得利用职权干涉农村土地承包或者变更、解除承包合同。

国家机关和工作人员要真正做到依法行政,遵守这些法律规定,不但要靠自觉,关键还要明确违反了这些规定要承担的法律责任,这样才有约束力。所以,《农村土地承包法》第六十一条规定,国家机关及其工作人员有利用职权干涉农村土地承包,变更、解除承包合同,干涉承包方依法享有的生产经营自主权,或者强迫、阻碍承包方进行土地承包经营权流转等侵害土地承包经营权的行为,给承包方造成损失的,要承担损害赔偿等责任;情节严重的,由上级机关或者所在单位给予直接责任人员行政处分;构成犯罪的,依法追究刑事责任。

这条规定就明确了国家机关和工作人员侵害土地承包经营权要承担民事、行政和刑事方面的法律责任:第一是民事责任,赔偿给承包方造成的损失。根据情况还可能承担停止侵害、返还财物等民事责任。第二是行政责任,给予直接责任人员行政处分。行政处分有6种:警告、记过、记大过、降级、撤职、开除,具体给予哪一种行政处分,要根据违法的性质、情节严重的程度来决定。第三是刑事责任。国家机关和工作人员侵害土地承包经营权,使公共财产、国家和人民利益遭受重大损失的,构成了犯罪,就要追究刑事责任。

第十四章 《农村土地承包经营纠纷调解仲裁法》解读

《农村土地承包经营纠纷调解仲裁法》解读1
实施时间和立法目的

农村土地承包经营纠纷，如果双方协商不好，可以通过调解、仲裁来解决，也可以直接到法院打官司。打官司，有专门的法律《民事诉讼法》。对于调解、仲裁，国家也专门制定了《农村土地承包经营纠纷调解仲裁法》。两种办法比起来，还是用调解、仲裁的办法，省钱省力省时间。从这一节开始，我们就一起来学习农村土地承包经营纠纷调解仲裁方面的法律规定。农民朋友们今后遇到农村土地承包经营纠纷，就知道怎么用法律来保护合法权益了。

这一节，我们先来了解一下《农村土地承包经营纠纷调解仲裁法》出台的有关情况。

《农村土地承包法》在第五十一条、第五十二条讲了调解仲裁的规定，但是内容简单、原则，具体怎么操作，比如当事人怎么申请、调解组织和仲裁机构怎么受理、仲裁机构怎么组成、怎么运转、仲裁决定有什么样的法律效力等，这些都没有具体地规定，不好操作。所以，在2003年《农村土地承包法》实施后，很需要专门针对调解和仲裁出台一部法律。

2009年6月27日第十一届全国人大常委会第九次会议通过了《农村土地承包经营纠纷调解仲裁法》，自2010年1月1日起施行。

这部法律分四章，总共五十三条。主要就是从农村实际、方便群众出发，将调解和仲裁紧密结合，确立了调解仲裁组织的法律地位，明确了调解仲裁的法律效力，规定了调解仲裁的原则、方式和程序。对用调解、仲裁的方法解决土地承包经营纠纷作了一个规范、统一的规定，具有重要的作用。

所以，《农村土地承包经营纠纷调解仲裁法》第一条就明确了制定这部法律的目的：公正、及时解决农村土地承包经营纠纷，维护当事人的合法权益，促进农村经济发展和社会稳定。

为实施好《农村土地承包经营纠纷调解仲裁法》，进一步规范农村土地承包经营纠纷仲裁行为，农业部和国家林业局还联合制定了两部规章——《农村土地承包仲裁委员会示范章程》《农村土地承包经营纠纷仲裁规则》，出台了一个文件——《农村土地承包经营纠纷仲裁法律文书示范文本》，江西省农业厅也出台了《江西省农村土地承包经营纠纷仲裁员管理办法》。

《农村土地承包经营纠纷调解仲裁法》解读2
适用范围和基本原则

这一节，我们来了解《农村土地承包经营纠纷调解仲裁法》的适用范围，就是哪些纠纷可以通过这部法律来解决？

《农村土地承包经营纠纷调解仲裁法》第二条第一款规定，农村土地承包经营纠纷调解和仲裁，适用本法。这里讲的调解包括了村民委员会和乡镇人民政府的调解，也包括了仲裁委员会在仲裁中的调解。村民委员会和乡镇人民政府的调解除了要遵守《农村土地承包经营纠纷调解仲裁法》的规定，还要遵守《人民调解法》等有关法律法规的规定。仲裁委员会在仲裁中的调解就要遵守《农村土地承包经营纠纷调解仲裁法》的规定。

按照《农村土地承包经营纠纷调解仲裁法》第二条第二款的规定,可以通过这部法律来解决的纠纷有六种:第一,因为订立、履行、变更、解除和终止农村土地承包合同发生的纠纷;第二,因为农村土地承包经营权流转发生的纠纷;第三,因为收回、调整承包地发生的纠纷;第四,因为确认农村土地承包经营权发生的纠纷;第五,因为侵害农村土地承包经营权发生的纠纷;第六,法律、法规规定的其他农村土地承包经营纠纷。这里讲的农村土地承包经营纠纷就是民事纠纷,不包括当事人一方是行政机关的行政争议,仲裁委员会不能受理行政争议。所以第二条第三款规定,因为征收集体所有的土地及其补偿发生的纠纷,不属于农村土地承包仲裁委员会的受理范围,可以通过行政复议或诉讼等方式解决。

调解仲裁的目的是解决好纠纷,所以法律规定要遵循公开、公平、公正,便民高效,根据事实,符合法律,尊重社会公德的原则。公开,就是信息要透明,保障社会公众的知情权,没有特殊情况要公开开庭审理。公平,就是严格依法办事,保持中立,不偏向哪一方。公正,就是既要保证程序公正,也要保证裁决结果符合法律和政策规定,确保当事人的合法权益和社会正义。便民高效,就是要方便当事人,减轻当事人负担,尽可能快地处理和化解纠纷。根据事实,就是一切从事实出发,讲证据。符合法律,就是在事实的基础上,根据法律规定,作出决定。尊重社会公德,就是要适当参照村规民约和民风民俗。

《农村土地承包经营纠纷调解仲裁法》解读3

调解

这一节我们来了解一下什么叫调解,有了土地承包经营纠纷,请谁来负责调解？

调解，实际上就是指当事人以外的单位或者个人，依据法律、法规和政策，在分清是非、明确责任的基础上，通过对当事人说服教育、耐心疏导，使当事人双方相互谅解、平等协商，自愿达成协议，来解决纠纷。

调解活动有几个特点：第一是双方自愿。一方不愿意，就没有办法进行调解。第二是要依法。第三是要查清楚事实，明确责任。第四是调解协议一般没有强制约束力。也就是双方达成了协议，还可以反悔，不能申请法院强制执行。这个和仲裁裁决、法院判决不同，仲裁裁决、法院判决生效后，是有强制约束力的，一方不执行，另一方可以申请法院强制执行。

农村土地承包经营纠纷的调解，按照负责调解的组织来分，主要有三类：第一类就是村民委员会和乡镇人民政府调解。这一类调解是《农村土地承包法》和《农村土地承包经营纠纷调解仲裁法》明确规定了的。村民委员会和乡镇人民政府来调解承包经营纠纷更有利，因为发生纠纷的承包地就在本乡本村范围内，容易查清楚事实，分清楚是非，当事人更愿意听。但是这种调解达成的协议书没有强制约束力，当事人可以随时反悔。第二类就是农村土地承包仲裁委员会调解。《农村土地承包经营纠纷调解仲裁法》第十一条规定，在仲裁中，要进行调解。如果当事人愿意调解，达成了协议，仲裁庭要制作调解书。在当事人签收调解书之前，随时可以反悔。反悔了就表示调解不成，仲裁庭要作出裁决。当事人签收了调解书，调解书就有强制约束力了，一方不执行，另一方可以申请法院强制执行。第三类就是人民法院调解。也就是在打官司中，法院要进行调解。这类情况和农村土地承包仲裁委员会调解一样。

在解决纠纷的办法中，村民委员会、乡镇人民政府的作用至关重要，这是最方便经济、最不伤和气、大家最容易接受的办法，也是实践中最行之有效的。如果通过仲裁和到法院打官司来解决，往往会赢了官司丢了感情。所以村民委员会和乡镇人民政府要加强农村土地承包经营纠纷的调解工作，帮助当事人达成协议解决纠纷。要做好调解工作，需要乡村干部认真学习农村土地承包方面的政策法规，提高调解的能力和水平，还需要多向农民群众宣传政策法规，增强法制观念。

《农村土地承包经营纠纷调解仲裁法》解读4
调解的程序

调解要依法，包括了两个方面：一方面是调解协议要合法；另一方面是调解要按照法律规定的程序进行。这一节我们就来了解调解的程序。

调解首先要当事人申请。按照《农村土地承包经营纠纷调解仲裁法》第八条的规定，当事人申请农村土地承包经营纠纷调解，可以书面申请，也可以口头申请。书面申请，一般就是写一个调解申请书。考虑到农村有一些人因为没有文化等不能写调解申请书，为了方便群众，法律规定也可以口头申请，由村民委员会或者乡镇人民政府当场记录。不管是书面申请，还是口头申请，都要说清楚申请人的基本情况包括双方当事人的姓名、性别、年龄、住址，如果是单位，就要说清楚法定代表人是谁，担任什么职务；还要说清楚调解什么纠纷，有什么事实和理由；最后，要签名，还要写上申请的时间。

这里要注意，因为调解要双方自愿，所以一般是双方当事人一起申请调解。如果是一方提出申请，村民委员会、乡镇人民政府可以征求另一方的意见，说服他接受调解。如果他不同意，就自然不能通过调解来解决。

对村民委员会或者乡镇人民政府调解的过程,《农村土地承包经营纠纷调解仲裁法》第九条作了明确规定:先要充分听取当事人对事实和理由的陈述,搞清楚事实情况,了解双方的争议。再就是在分清责任、明确是非的基础上,讲解有关法律和政策,耐心疏导,注意以理服人,不能以势压人,力争帮助当事人达成协议,解决纠纷。

如果调解成功,村民委员会或者乡镇人民政府就要制作调解协议书。调解协议书中,一般包括当事人基本情况,双方协议的内容和履行的期限。调解协议书要由双方当事人签名、盖章,不会写自己的姓名或者没有印章的,可以按指印。经过调解人员签名并加盖调解组织印章后生效。

尽管调解协议书没有强制约束力,但实际上也是一个民事合同,如果一方不履行生效的调解协议书,另一方可以按照《民事诉讼法》《合同法》的规定,到人民法院起诉,要求对方履行。

最后,如果调解不成,调解就到此结束,当事人可以向县里的农村土地承包仲裁委员会申请仲裁,也可以到法院打官司。

《农村土地承包经营纠纷调解仲裁法》解读5
仲裁委员会

农村土地承包经营纠纷的仲裁是由专门的农村土地承包仲裁委员会负责的。这一节我们来了解一下仲裁委员会的设立和职责。

《农村土地承包经营纠纷调解仲裁法》第十二条第一款规定,农村土地承包仲裁委员会,根据解决农村土地承包经营纠纷的实际需要设立。农村土地承包仲裁委员会可以在县和不设区的市设立,也可以在设区的市或者其市辖区设立。一般来讲,只有在县(比如万安县）和不设区的市（比如瑞金市），才有农村土地，可能会发生纠纷，需要设立仲裁委员会。一般的市辖区基本上没有或者很少有农村土地，比如南昌市的东湖区、西湖区，就没有必要设立仲裁委员会；但是有的市辖区，比如赣州市新成立的南康区，还有大量的农村土地，就需要设立仲裁委员会。还有的设区的市，范围小，在市里设仲裁委员会就行了，没有必要县里、区里都设。

第十二条第二款规定，农村土地承包仲裁委员会要在当地人民政府指导下设立。农村土地承包仲裁委员会的日常工作，比如登记仲裁申请、组织仲裁员培训、管理仲裁文书和仲裁档案等，由当地农村土地承包管理部门也就是农业局承担。

按照《农村土地承包经营纠纷调解仲裁法》第十三条的规定，仲裁委员会由当地人民政府及有关部门代表、有关人民团体代表、农村集体经济组织代表、农民代表和法律、经济等相关专业人员组成，这些人员都是兼职的。仲裁委员会成员总数为单数，其中农民代表和法律、经济等相关专业人员不能少于总数的二分之一。当地人民政府的代表，一般是当地分管农业的政府领导。有关部门代表，主要是农业、林业部门的代表，有的地方国土局、司法局也会派代表。

仲裁委员会设主任一人，副主任一到二人，由仲裁委员会全体组成人员选举产生。仲裁委员会组成人员的任期一般是三到五年，任期届满前一个月，完成换届。任期内组成人员发生更换的，由仲裁委员会重新确定人选；主任、副主任更换的，要经过仲裁委员会全体会议选举决定。仲裁委员会要制定章程，规定组成人员的产生、任期和议事规则等。

根据《农村土地承包经营纠纷调解仲裁法》第十四条规定，仲裁委员会主要有三项职责：一是聘任、解聘仲裁员；二是受理仲裁申请；三是监督仲裁活动。

《农村土地承包经营纠纷调解仲裁法》解读6
仲裁员

农村土地承包经营纠纷，具体是由仲裁员组成的仲裁庭来仲裁的，所以仲裁员的作用很重要。那么仲裁员需要具备哪些条件呢？

按照《农村土地承包经营纠纷调解仲裁法》第十五条规定，仲裁委员会聘任的仲裁员首先要公道正派，这是基本条件。其他三项条件，符合一项就可以了：一是从事农村土地承包管理工作满五年。县乡农经站的人员长期负责农村土地承包管理工作，调处过各种纠纷，要尽可能把这些人员当中有五年工作经验的骨干聘为仲裁员。二是从事法律工作或者人民调解工作满五年。比如律师、法官、检察官、司法工作人员、人民调解员等，只要有五年工作经验就可以。三是在当地威信较高，并熟悉农村土地承包法律以及国家政策的居民。

除了具备以上条件以外，江西省还实行资格管理制度。《江西省农村土地承包经营纠纷仲裁员管理办法》第七条就作了明确的规定，参加省里组织的业务培训，经考试合格，取得仲裁员上岗证书的，才能聘为仲裁员。

聘任仲裁员可以是专职，也可以是兼职，聘期一般是三年，到期后可以继续聘任。仲裁委员会对聘任的仲裁员要制作仲裁员名册，统一建档管理。

在按条件选聘好了仲裁员后，要加强对仲裁员的管理。

第一，加强培训。根据《农村土地承包经营纠纷调解仲裁法》第十六条的规定，农村土地承包仲裁委员会要对仲裁员进行农村土地承包法律以及国家政策的培训。省级农业部门要制定仲裁员培训计划，加强对仲裁员培训工作的组织和指导。

第二，加强考核。仲裁委员会要建立仲裁员考核制度，考核结果作为续聘或者解聘仲裁员的依据。

第三，严明纪律。根据《农村土地承包经营纠纷调解仲裁法》第十七条规定，在仲裁活动中，仲裁员要遵守农村土地承包仲裁委员会章程和仲裁规则的规定，不能索贿受贿、徇私舞弊，不能侵害当事人的合法权益。仲裁员有索贿受贿、徇私舞弊、枉法裁决和接受当事人请客送礼等违法违纪行为的，仲裁委员会予以除名；构成犯罪的，依法追究刑事责任。

为有效解决纠纷矛盾，提高仲裁员的业务能力，《江西省农村土地承包经营纠纷仲裁员管理办法》第十一条对仲裁员的解聘也作了明确的规定，列出了9种情形，如存在没有正当理由多次拒绝接受当事人选定或仲裁委员会指定处理案件；没有正当理由多次不按要求参加培训、考核等活动；故意隐瞒要回避的事实，导致严重后果；缺少仲裁相关业务知识或工作能力，没有办法完成仲裁工作任务；连续两年考核不合格的等情况，仲裁委员会予以解聘。

《农村土地承包经营纠纷调解仲裁法》解读7
申请仲裁

农村土地承包经营纠纷仲裁，第一个程序就是当事人申请。我们看看法律对当事人申请有些什么规定。

第一，申请仲裁要符合一定的条件。按照《农村土地承包经营纠纷调解仲裁法》第二十条的规定，要同时符合四个条件：一是申请人与纠纷有直接的利害关系，就是这个纠纷直接损害了申请人自己的土地承包经营权。如果这个纠纷和自己没有直接利害关系，就没有资格申请仲裁。二是有明确的被申请人，就是和自己发生纠纷的人是谁，是谁侵犯了自己的承包经营权，要明确。如果要告谁都不知道，是没有办法申请仲裁的。三是有具体的仲裁请求、事实和理由，就是要明确请求仲裁的事项、事实根据和理由。不能没有目的地乱告，也不能捕风捉影，无中生有。四是属于仲裁委员会的受理范围，就是申请仲裁的纠纷属于《农村土地承包经营纠纷调解仲裁法》第二条第二款规定的这几类纠纷。超出了这个范围，就不能用仲裁的办法来解决。

第二，申请仲裁要在一定时间内。《农村土地承包经营纠纷调解仲裁法》第十八条规定，农村土地承包经营纠纷申请仲裁的时效期间为两年，从当事人知道或者应当知道其权利被侵害这天起计算。就是在两年这个时间内，当事人没有申请仲裁，而是过了这个时间来申请仲裁，仲裁委员会是不会受理的。这个时间和《民事诉讼法》的规定是一样的，主要的目的就是督促当事人尽快保护自己的合法权益，稳定土地承包经营秩序。但出现特殊情况的，申请时间可以延长：一是当事人在这个时间内申请了调解，或者是向对方提出了要求，时间要重新开始计算；二是尽管过了这个时间，但是对方同意要求的，时间也重新开始计算；三是在这个时间的最后六个月内，因为不可抗力或者其他原因，当事人不能申请仲裁的，时间计算中断，从原因消除这天起，继续计算。

第三，申请仲裁的方式要符合规定。《农村土地承包经营纠纷调解仲裁法》第二十一条规定，要提出书面申请。将仲裁申请书送到纠纷涉及的土地所在地的农村土地承包仲裁委员会，可以自己直接送过去，也可以邮寄或者委托他人代交。仲裁申请书要写明申请人和被申请人的基本情况，仲裁请求和所根据的事实、理由，并提供相应的证据和证据来源。对书面申请有困难的，申请人可以口头申请，由仲裁委员会记入笔录，经申请人核实后签名、盖章或者按指印。

《农村土地承包经营纠纷调解仲裁法》解读8
受理仲裁

当事人申请了仲裁，接下来就是仲裁委员会受理了。受理，包括了仲裁委员会审查和决定、通知当事人、被申请人答辩等事项。

第一，仲裁委员会对仲裁申请书进行审查，决定受理还是不受理。按照《农村土地承包经营纠纷调解仲裁法》第二十二条的规定，符合第二十条规定条件的，仲裁委员会要受理；但是，有这些情况的，仲裁委员会不受理：一是不符合申请条件的，不受理；二是人民法院已经受理的纠纷，不能受理；三是法律规定要由其他机关处理的纠纷，比如征地、占地纠纷要由政府和法院处理，仲裁委员会就不能受理；四是对这个纠纷已经有法院作了裁判，或者是仲裁委员会作了裁决，或者是政府作了处理决定，并且生效了。这种情况仲裁委员会也不能受理。

作出不予受理或者终止仲裁程序的，《农村土地承包经营纠纷调解仲裁法》第二十三条规定，仲裁委员会要从收到仲裁申请后五个工作日内书面通知申请人，并说明理由。如果是在受理仲裁后，才发现有不能受理的情况，就要终止，也就是结束仲裁程序，要从发现后五个工作日内书面通知申请人，并说明理由。

第二，通知当事人。按照《农村土地承包经营纠纷调解仲裁法》第二十三条和第二十四条的规定，仲裁委员会决定受理的，要从收到仲裁申请后五个工作日内，将受理通知书、仲裁规则、仲裁员名册送达申请人；从受理仲裁申请后五个工作日内，将受理通知书、仲裁申请书副本、仲裁规则、仲裁员名册送达被申请人。

受理通知书是告诉当事人仲裁委员会已经受理了这个案子。仲裁规则是告诉当事人仲裁程序怎么进行的。仲裁员名册是提供给当事人选定仲裁员的。把仲裁申请书副本送给被申请人,就是让他知道,谁告他,告他什么事。

第三,被申请人答辩。就是针对申请人申请的事项和理由进行答复和辩解。《农村土地承包经营纠纷调解仲裁法》第二十五条规定,被申请人要从收到仲裁申请书副本后十天内向仲裁委员会提交答辩书;书面答辩有困难的,可以口头答辩,由仲裁委员会记入笔录,被申请人核实后由签名、盖章或者按指印。仲裁委员会收到答辩书后五个工作日内将答辩书副本送达申请人。

同时,《农村土地承包经营纠纷调解仲裁法》第二十六条还规定,因为另一方当事人的原因可能使以后裁决执行不了,一方当事人可以申请财产保全。

《农村土地承包经营纠纷调解仲裁法》解读9
仲裁庭

申请受理后,要对纠纷进行仲裁,首先就是要组成仲裁庭。

根据《农村土地承包经营纠纷调解仲裁法》第二十七条和《农村土地承包经营纠纷仲裁规则》第二十一条和第二十二条的规定,仲裁庭由三名仲裁员组成,其中设一名首席仲裁员,负责主持仲裁活动。事实清楚、权利义务关系明确、争议不大的农村土地承包经营纠纷,也就是小案子、简单的案子,经过双方当事人同意,可以由一名仲裁员仲裁,叫作独任仲裁员。

双方当事人要在收到受理通知书后起五个工作日内,从仲裁员名册中选定仲裁员:首席仲裁员由双方当事人共同选定,其他两名仲裁员由双方当事人各选定一名;当事人不能选定的,由仲裁委员会主任指定。独任仲裁员由双方当事人共同选定；当事人不能选定的，由仲裁委员会主任指定。

对于仲裁庭的组成情况，仲裁委员会要在仲裁庭组成后的两个工作日内通知当事人。

仲裁庭组成后，就要开始做一些开庭前的准备工作。《农村土地承包经营纠纷仲裁规则》第二十三条规定，首席仲裁员要召集其他两名仲裁员审查阅读案件材料，了解纠纷的情况，研究双方当事人的请求和理由，审查核实证据，整理争议的焦点。仲裁庭认为有必要，还可以要求当事人在一定时间内补充证据，也可以自己调查取证。

仲裁裁决是由仲裁员组成的仲裁庭作出的，如果仲裁员与当事人一方有各种各样的关系时，就会影响到仲裁裁决。为了防止仲裁员徇私舞弊，保证对案件公平、公正处理，法律规定仲裁员不能办理与本人有一定关系的案件，也就是我们所说的回避制度。

《农村土地承包经营纠纷调解仲裁法》第二十八条规定，有4种情况，仲裁员必须回避：一是本案当事人或者当事人、代理人的近亲属；二是与本案有利害关系；三是与本案当事人、代理人有其他关系，可能影响公正仲裁；四是私自会见当事人、代理人，或者接受当事人、代理人的请客送礼。

仲裁员有要回避的情况，要及时、主动向仲裁委员会提出。当事人认为仲裁员要回避的，有权利向仲裁委员会提出回避申请。当事人提出回避申请，要在第一次开庭前提出，还要说明理由；在第一次开庭后知道的，可以在最后一次开庭结束前提出。

仲裁委员会收到回避申请或者发现仲裁员有回避情况后，两个工作日内由仲裁委员会主任决定仲裁员到底要不要回避。作出决定要及时通知当事人，并说明理由。

《农村土地承包经营纠纷调解仲裁法》解读10
开庭审理

组成了仲裁庭后,接下来的程序就是开庭审理了。法律对开庭有些什么规定呢?

首先是开庭的方式。按照《农村土地承包经营纠纷调解仲裁法》第三十条和《农村土地承包经营纠纷仲裁规则》第三十四条的规定,仲裁要开庭进行,一般情况下开庭要公开,开庭的时间、地点等信息要对外公告,公众经过审查可以旁听。但有两种情况是不公开的:一种是涉及国家秘密、商业秘密和个人隐私的;另一种是当事人约定不公开的。

其次是开庭的地方。开庭可以在纠纷涉及的土地所在地的乡镇或者村进行,也可以在仲裁委员会所在地进行。当事人双方要求在乡镇或者村开庭的,要在乡镇或者村开庭。主要考虑就是方便当事人,起到以案释法的作用。

再次是开庭的程序。《农村土地承包经营纠纷调解仲裁法》第三十一条规定,仲裁庭要提前五个工作日将开庭时间、地点通知当事人、第三人和其他仲裁参与人。当事人可以请求换一个时间和地点,要不要换,由仲裁庭决定。

《农村土地承包经营纠纷仲裁规则》第三十八条第一款规定,开庭前,仲裁庭要先查明当事人、第三人、代理人和其他仲裁参与人有没有到庭,还要逐一核对身份。

如果申请人或被申请人没有到庭的,仲裁庭如何处理?仲裁庭可以依照《农村土地承包经营纠纷调解仲裁法》第三十五条的规定执行,申请人没有正当理由不到庭的或者未经仲裁庭许可中途退庭的，可以视为撤回仲裁申请。被申请人没有正当理由不到庭的或者未经仲裁庭许可中途退庭的，可以缺席裁决。

这里解释一下，第三人是指除当事人以外的，和案件有利害关系的人；其他仲裁参与人就是指代理人、证人、鉴定人这些参加仲裁活动的人。每一个案子一定有双方当事人，但是根据案子的情况，不一定有其他的参与人，比如有的案子当事人没有请代理人；有的案子不需要证人出庭作证。

开庭时，按照《农村土地承包经营纠纷调解仲裁法》第三十六条至第四十三条规定的程序和要求进行：一是由首席仲裁员或者独任仲裁员宣布开庭，宣读仲裁庭组成人员名单、仲裁庭纪律、当事人权利和义务、询问当事人要不要申请仲裁员回避。二是申请人和代理人讲纠纷事实、仲裁请求和理由，被申请人和代理人讲答辩意见和理由，第三人讲自己的意见和理由。三是举证和质证。当事人对自己的请求要提供证据，在开庭的时候，要交换证据，相互质证。四是辩论。申请人和代理人先发言，再由被申请人和代理人发言，然后相互辩论。辩论结束时，首席仲裁员或者独任仲裁员要征求当事人和第三人的最后意见。

在开庭过程中，记录人员要如实记录开庭情况，并形成笔录。经过了这些程序后，仲裁庭在作出裁决前，一般还会进行调解。如果调解不成功，就进入下一程序，就是裁决。

《农村土地承包经营纠纷调解仲裁法》解读11
裁决和送达

这一节我们讲讲仲裁最后两个程序——裁决和送达。

经过开庭，查清楚事实后，仲裁庭要根据认定的事实，依据法律和国家政策作出裁决。《农村土地承包经营纠纷调解仲裁法》第四十四条规定，在裁决时，仲裁庭先对案件进行讨论，根据多数仲裁员的意见作出裁决，少数仲裁员的不同意见可以记入笔录。仲裁庭不能形成多数意见时，按照首席仲裁员的意见作出裁决。如果仲裁庭只有一名仲裁员，就是独任仲裁员，那就根据他的意见作出裁决。

一般来讲，仲裁庭要在受理仲裁申请后六十天内作出仲裁裁决。案情复杂需要延长的，经过仲裁委员会主任批准可以延长，但是延长的时间不能超过三十天。就是说一个案子，最多九十天就要作出裁决。

作出裁决后，仲裁庭要制作裁决书。《农村土地承包经营纠纷调解仲裁法》第四十五条明确了裁决书要记载的内容，包括仲裁请求、争议事实、裁决理由和依据、裁决结果、裁决日期、当事人不服仲裁裁决的起诉权利和期限等六项内容。裁决书由仲裁员签名，加盖仲裁委员会的印章。仲裁庭要在三个工作日内将裁决书送达当事人、第三人。

《农村土地承包经营纠纷仲裁规则》第五十五条和第五十六条对送达的方式和情形作了具体规定。一般是直接送给当事人或者代理人签收。如果当事人或者代理人不接收，邀请村民委员会或者当事人所在单位的代表到场作证，将裁决书放在当事人或者代理人的住处，就算送达了。直接送达有困难的，比如路程远，可以通过邮寄送达，也可以委托他人送达；找不到当事人的，可以公告送达。

当事人收到裁决书后，不服仲裁裁决的，可以在三十天内向仲裁委员会所在地的基层人民法院起诉，过期不起诉的，裁决书就发生法律效力。

当事人对发生法律效力的裁决书，要按照规定的期限履行。一方当事人不履行生效裁决书确定的义务，另一方当事人可以向被申请人住所地或者财产所在地的基层人民法院申请执行。

为更好地维护申请人的合法权益,防止侵害行为进一步发生,仲裁庭可以在仲裁受理后先行裁定,保护农业生产。为此,《农村土地承包经营纠纷调解仲裁法》第四十二条明确规定,对权利义务关系明确的纠纷,经当事人申请,仲裁庭可以先行裁定维持现状、恢复农业生产和停止取土、占地等行为。一方当事人不履行先行裁定的,另一方当事人可以向人民法院申请执行,但是要提供担保。

第十五章 《基本农田保护条例》解读

《基本农田保护条例》解读1
实施时间和立法目的

在农村土地中，最重要的就是耕地了，农民朋友们把它叫作"口粮田""吃饭田""保命田"，保护耕地最关键的就是保护基本农田。大家学习了农村土地承包和承包经营纠纷调解仲裁方面的法律法规，也要了解基本农田保护方面的法律知识，才知道怎么更好地通过法律来保护"吃饭田"。为了做好基本农田保护工作，国务院制定了专门的行政法规——《基本农田保护条例》。从这一节开始，我们从六个方面来学习这部条例。下面来了解一下这部条例出台的有关情况。

《基本农田保护条例》是国务院在1998年12月27日公布的，自1999年1月1日起施行，到现在已经实施了17年，2011年1月8日修改了一次。这部条例总共有三十六条，分了总则、划定、保护、监督管理、法律责任、附则这六章。这部条例是根据《农业法》和《土地管理法》制定的，是我国第一部专门规范基本农田保护管理工作的行政法规。

我国人口多耕地少，要实现"饭碗要牢牢端在自己手中，自己的饭碗要装自己产的粮"的目标，保证谷物基本自给、口粮绝对安全，靠发挥科技作用、靠好的种子，但基本的是要确保基本农田总量不减少、用途不改变、质量不降低。划定基本农田保护区，对基本农田实行特殊保护，对保证国家粮食安全，促进经济持续健康发展、社会和谐稳定，有重要的保障作用。

具体来讲，划定基本农田实行特殊保护有这些作用：一是通过划定基本农田保护区，进一步宣传了《土地管理法》和"十分珍惜、合理利用土地和切实保护耕地"的基本国策，增强了全社会保护耕地的意识。二是通过划定基本农田保护区，协调了农业用地与建设用地的矛盾，比较好地处理了"一要吃饭，二要建设"的关系。三是通过划定基本农田保护区，严格控制了对耕地的占用，切实保护了耕地。四是通过划定基本农田保护区，稳定了农民承包经营土地的思想，调动了农民的生产积极性。五是通过划定基本农田保护区，增加对基本农田的投入，加强农田基础设施建设，大力实施土地整理，有效改善农业生产条件，提高农田生产能力，从而促进农业生产发展。

所以《基本农田保护条例》第一条明确了制定这部条例的目的：通过对基本农田实行特殊保护，促进农业生产和社会经济的可持续发展。

《基本农田保护条例》解读2
基本农田保护的方针和政府责任

这一节我们来了解一下什么是基本农田，对基本农田的保护有哪些基本的规定？

《基本农田保护条例》第二条第二款规定，基本农田，是指按照一定时期人口和社会经济发展对农产品的需求，依据土地利用总体规划确定的不得占用的耕地。

不是所有的耕地都是基本农田，一般是产量高、质量好的那些耕地才会被划为基本农田。通过制定土地利用总体规划，将基本农田的数量和范围确定下来，划为特殊区域，也就是基本农田保护区，实行特殊保护措施。

为了做好保护工作，《基本农田保护条例》第三条规定了十六字方针：全面规划、合理利用、用养结合、严格保护。归纳起来讲就是数量上不能减少，质量上要有提高，利用上要科学合理。

在确保数量方面，要求：划定的基本农田保护区，任何单位和个人不能违法改变，确实需要修改的，要经过国务院或者省政府批准。除了国家重点建设项目外，其他非农业建设一律不能占用基本农田，符合法律规定确实需要占用的，要经过国务院批准。

在提高质量方面，要求：不能破坏基本农田耕作层。加大基本农田建设力度，资金项目向基本农田保护区倾斜。通过推广绿肥种植、秸秆还田等技术，培肥地力。

在合理利用方面，要求：优化土地利用结构与布局，实现集中连片。建立保护和补偿机制，大力实施生态环境保持工程，促进基本农田可持续利用。

保护基本农田，政府的责任重大。《基本农田保护条例》第四条规定，县级以上地方各级人民政府要将基本农田保护工作纳入国民经济和社会发展计划，作为政府领导任期目标责任制的一项内容，上一级人民政府要监督实施。乡镇人民政府作为最基层的政府，要负责本乡镇的基本农田保护管理工作。

保护管理基本农田，要求政府的有关部门分工负责。《基本农田保护条例》第六条规定，国土资源部和农业部按照职责分工，负责全国的基本农田保护管理工作。各级地方国土部门和农业部门按照职责分工，负责本行政区域范围内的基本农田保护管理工作。一般来讲，国土部门主要是负责保护基本农田的数量，农业部门主要是负责提高基本农田的质量。各级政府的发展改革、财政、建设、水利、林业部门都有责任按照本部门的职责做好基本农田保护管理工作。

保护基本农田，社会各界也有责任。《基本农田保护条例》第五条规定，任何单位和个人都有保护基本农田的义务，有权检举、控告侵占、破坏基本农田的行为。对在基本农田保护工作中取得显著成绩的单位和个人，国家要给予奖励。

《基本农田保护条例》解读3
基本农田的划定

这一节我们来了解一下怎么划定基本农田。

第一，要规划好。按照《基本农田保护条例》第八条的规定，各级人民政府在编制土地利用总体规划时，要将基本农田保护作为一项内容，明确基本农田保护的布局安排、数量指标和质量要求。县级和乡镇土地利用总体规划还要确定基本农田保护区。

在数量指标上，《基本农田保护条例》第九条要求各个省划定的基本农田要占全省耕地总面积的百分之八十以上，具体数量指标根据全国土地利用总体规划逐级分解下达。

第二，要确定基本农田保护区的范围。按照《基本农田保护条例》第十条的规定，有四类耕地要划入基本农田保护区：第一类是经国务院有关主管部门或者县级以上地方政府批准确定的粮、棉、油生产基地内的耕地；第二类是有良好的水利和水土保持设施的耕地，正在实施改造计划和可以改造的中、低产田；第三类是蔬菜生产基地；第四类是农业科研、教学试验田。

根据土地利用总体规划，铁路、公路等交通沿线，城市和村庄、集镇建设用地区周边的耕地，要优先划入基本农田保护区。这是因为这些地方的耕地位置好、交通方便,一般质量也好,但是在划定基本农田的时候,要注意计划好建设用地。

另外,需要退耕还林、还牧、还湖的耕地,不要划入基本农田保护区。这是考虑要通过退耕还林、还牧、还湖,保护生态环境。

第三,按程序划定基本农田保护区。《基本农田保护条例》第十一条规定,基本农田保护区以乡镇为单位划区定界,由县级国土部门和农业部门组织实施。划定的基本农田保护区,由县级人民政府设立保护标志,予以公告,县级国土部门要建立档案,并抄送农业部门。保护标志一般是在显著位置竖一块比较大的标志牌,上面写上基本农田保护区的范围、面积等内容。任何单位和个人都不能破坏或者擅自改变基本农田保护区的保护标志,违反规定的,由国土部门或者农业部门责令恢复原状,可以处1000元以下罚款。

基本农田保护区划定后,要经过省政府或者授权市政府组织国土部门和农业部门来验收确认。

《基本农民田保护条例》第十二条规定,在划定基本农田保护区时,要注意保护农民的土地承包经营权,不能改变土地承包者的承包经营权,更不能以划定基本农田保护区为理由,违反规定收回、调整承包地。

《基本农田保护条例》解读4
保护基本农田数量的措施

对基本农田的保护既要保护基本农田的数量,还要保护基本农田的质量。这一节来了解保护基本农田数量的措施。

国家明确规定"十分珍惜和合理利用每一寸土地,切实保护耕地",这是基本国策。基本农田是耕地当中最好、最重要的部分,是确保国家粮食安全最基本的依靠，保护耕地最重要的就是把基本农田保护好。没有这么多面积的基本农田，就生产不出来足够数量的粮食和其他农产品，就保证不了供应。所以《基本农田保护条例》第十四条规定，地方各级人民政府要采取措施，确保土地利用总体规划确定的本行政区域范围内基本农田的数量不减少。这就通过法律明确规定，对基本农田的数量实行严格的保护，这是地方各级政府的责任。

要确保基本农田的数量不减少，关键是严禁改变或者占用基本农田。《基本农田保护条例》第十五条规定，基本农田保护区经过依法划定后，任何单位和个人不能改变或者占用。一般建设项目要避开基本农田区，国家能源、交通、水利、军事设施等重点建设项目选址确实没有办法避开基本农田保护区，需要占用基本农田，涉及农用地转用或者征收土地的，必须经过国务院批准。这个程序规定很严格，一般的耕地面积超过525亩以上的，才要国务院批准，但是基本农田不管多少面积，都要经过国务院批准，主要是防止地方建设占用基本农田。

同时，《基本农田保护条例》第十六条规定，经过国务院批准占用基本农田的，当地人民政府要按照国务院的批准文件修改土地利用总体规划，还要补充划入数量和质量相当的基本农田。占用单位要按照占多少、垦多少的原则，负责开垦与所占基本农田的数量和质量相当的耕地，所占用基本农田耕作层的土壤要用于新开垦耕地、劣质地或者其他耕地的土壤改良；没有条件开垦或者开垦的耕地不符合要求的，要按照省、自治区、直辖市的规定缴纳耕地开垦费，专款用于开垦新的耕地。

要确保基本农田的数量不减少，还要严禁破坏基本农田的行为。《基本农田保护条例》第十七条规定，禁止任何单位和个人在基本农田保护区内建窑、建房、建坟、挖砂、采石、采矿、取土、堆放固体废弃物或者进行其他破坏基本农田的活动。就是占用基本农田发展林果业和挖塘养鱼，也不行。

《基本农田保护条例》解读5
保护基本农田质量的措施

这一节，我们来了解对基本农田质量的保护措施。主要有四个方面的措施：

一是不能闲置、荒芜。闲置、荒芜，会降低基本农田的地力。经常性的耕种，可以保持和培肥地力。所以《基本农田保护条例》第十八条规定，禁止任何单位和个人闲置、荒芜基本农田。经国务院批准的重点建设项目占用基本农田的，满1年不使用而又可以耕种收获的，要由原来耕种该幅基本农田的集体或者个人恢复耕种，也可以由用地单位组织耕种；1年以上没有动工建设的，要按照各个省的规定缴纳闲置费；连续2年没有使用的，经国务院批准，由县级以上人民政府无偿收回用地单位的土地使用权；该幅土地原来为农民集体所有的，要交由原农村集体经济组织恢复耕种，重新划入基本农田保护区。

承包经营基本农田的单位或者个人连续2年弃耕抛荒的，原发包单位要终止承包合同，收回发包的基本农田。

二是培肥地力。按照《基本农田保护条例》第十九条规定，第一要提倡、鼓励、支持用有机肥。有机肥可以增加和更新土壤有机质，促进微生物繁殖，改善土壤的理化性质和生物活性。常见的有机肥有农家肥、田里种的绿肥。第二要合理施用化肥和农药。化肥有较好的肥效，农药可以防治病虫害，但是会造成一定的环境污染，过量使用化肥还会造成土壤板结、酸化。所以要推广配方施肥和植物病虫害专业化统防统治与绿色防控技术，以减少化肥和农药的施用量。这也是江西省大力推进化肥农药减量控害增效工程的主要目的。

三是加强管理。《基本农田保护条例》第二十条和第二十二条规定，县政府要根据当地实际情况制定基本农田地力分等定级办法，由农业部门和国土部门组织实施，对基本农田地力分等定级，建立档案。县级以上农业部门还要逐步建立基本农田地力与施肥效益长期定位监测网点，定期向政府提出基本农田地力变化状况报告以及相应的地力保护措施，并为农业生产者提供施肥指导服务。也就是说，要坚持因地制宜、分类指导，加强基本农田的监督管理和技术服务。

四是防止污染。《基本农田保护条例》第二十三条至第二十五条规定，县级以上农业部门和环保部门要对基本农田环境污染进行监测和评价，定期向本级人民政府提出环境质量与发展趋势的报告。经过批准占用基本农田兴建国家重点建设项目的，要遵守国家环境保护规定，要有基本农田环境保护方案。另外，还要注意向基本农田保护区提供肥料和作为肥料的城市垃圾、污泥的，要符合国家有关标准，不能造成污染。

《基本农田保护条例》解读6
监督管理

对基本农田的保护，关键的问题是各级政府和部门要加强监督管理。

一是层层落实责任。按照《基本农田保护条例》第二十七条的规定，在建立了基本农田保护区的地方，省政府要和市政府，市政府要和县级政府，县级政府要和乡镇人民政府签订基本农田保护责任书；乡镇人民政府要根据与县级人民政府签订的基本农田保护责任书的要求，与农村集体经济组织成者村民委员会签订基本农田保护责任书。

这个层层签订的基本农田保护责任书要明确基本农田的范围、面积、地块，基本农田的地力等级，保护措施，当事人的权利与义务，奖励与处罚等五项内容。

这样每一级地方政府都有责任，责任一级一级落实下去，一直落实到最基层的组织——村民委员会。最后，还要通过在农村土地承包经营权证书上标注基本农田的形式落实到承包农户，确认基本农田面积、位置和质量，明确承包农户保护基本农田的责任、权利和义务。

二是加强监督检查。《基本农田保护条例》第二十八条规定，县级以上地方人民政府要建立基本农田保护监督检查制度，定期组织国土部门、农业部门和其他有关部门对基本农田保护情况进行检查，将检查情况书面报告上一级人民政府。被检查的单位和个人要如实提供有关情况和资料，不能拒绝。

现在，国家利用卫星遥感手段，定期对基本农田保护区进行监测，可以及时掌握耕地质量变化状况，定期发布质量监测信息。各个地方每年也要根据监测结果，汇总基本农田保护情况，逐级上报。

三是查处破坏基本农田的违法行为。《基本农田保护条例》第二十九条规定，县级以上地方人民政府国土部门、农业部门对本行政区域范围内发生的破坏基本农田的行为，有权责令纠正。对这些违法行为，依违法程度和危害后果不同，不仅要责令改止，而且还要罚款甚至追究刑事责任。如对违反规定，占用基本农田建窑、建房、建坟、挖砂、采石、采矿、取土、堆放固体废弃物或者从事其他活动破坏基本农田，毁坏种植条件的违法行为，由国土部门责令改正或者治理，恢复原来的种植条件，处以占用基本农田的耕地开垦费1倍以上2倍以下的罚款；构成犯罪的，依法追究刑事责任。

后 记

　　为更好地宣传普及农业法律法规，形成学习农业法律法规、尊崇农业法律法规的社会环境，增强农业部门工作人员依法行政能力，提高农村干部群众和涉农生产经营者守法用法的意识和能力，我们组织编写了这本江西省农业普法读本——《农业法规轻松学》。

　　本书分别由以下同志分工撰写、审核、修改：萍乡市农业行政执法支队黄世松，江西省农业厅政策法规处林国水、金石洁、彭嘉瑶，南昌大学科学技术学院饶琛丽：第一章、第二章、第八章、第十章、第十一章；上饶市农业行政综合执法支队胡海阳，江西省农业厅政策法规处董蕾、王凌春、陈奔，都昌县农业局吴宏图，江西科技师范大学王齐睿：第三章、第四章、第五章、第九章、第十三章、第十四章、第十五章；吉安市农业行政执法支队李洪、江西省农业厅政策法规处郭黎明：第六章；兴国县农业和粮食局钟人祥、江西国风律师事务所曹健：第七章；吉安市农业局农村经济与政策法规科倪赣军、江西广播电视台刘佳：第十二章。江西省农业厅政策法规处胡仲明、邱和生对全书内容进行了审核、修改、统稿。本书的编写得到了有关领导和同志的大力支持和帮助，在此表示感谢。

　　由于编者水平有限，如有错误之处，敬请读者批评指正。

编者

2015 年 12 月